Feéria

John T. Kruse

Feéria

História, Tradição, Mitos, Cultura e Magia Sobre o Reino das Fadas e o Povo Feérico

Tradução

Sandra Trabucco Valenzuela

Editora Pensamento
SÃO PAULO

Título do original: *Faery – A Guide to Lore, Magic & World of the Good Folk.*

Publicado originalmente por Llewellyn Publications, Woodbury, MN 55125 – USA – www.llewellyn.com.

1ª edição 2025.

Editor: Adilson Silva Ramachandra
Gerente editorial: Roseli de S. Ferraz
Gerente de produção editorial: Indiara Faria Kayo
Revisão técnica: Adilson Silva Ramachandra
Editoração eletrônica: Cauê Veroneze Rosa
Preparação e revisão: Adriane Gozzo

Dados Internacionais de Catalogação na Publicação (CIP)
(Câmara Brasileira do Livro, SP, Brasil)

Kruse, John T.
Feéria : história, tradição, mitos, cultura e magia sobre o reino das fadas e o povo feérico / John T. Kruse ; tradução Sandra Trabucco Valenzuela. -- 1. ed. -- São Paulo : Editora Pensamento, 2025.

Título original: Faery : a guide to the lore, magic & world of the good folk

ISBN 978-85-315-2397-7

1. Contos de fadas - Grã-Bretanha 2. Folclore - Grã-Bretanha 3. Mitologia celta I. Título.

24-229198 CDD-398.20941

Índices para catálogo sistemático:
1. Contos de fadas : Grâ-Bretanha : Folclore 398.20941
Eliete Marques da Silva - Bibliotecária - CRB-8/9380

Direitos de tradução para o Brasil adquiridos com exclusividade pela EDITORA PENSAMENTO-CULTRIX LTDA., que se reserva a propriedade literária desta tradução.
Rua Dr. Mário Vicente, 368 – 04270-000 – São Paulo – SP – Fone: (11) 2066-9000
http://www.editorapensamento.com.br
E-mail: atendimento@editorapensamento.com.br
Foi feito o depósito legal.

Para Sue, por seu amor e apoio,
Rhiannon, Fliss e a Senhora da Árvore Anciã.

SUMÁRIO

Prefácio 17

Prefácio à Edição Brasileira 20

SEÇÃO 1

Introdução

Capítulo 1: Encontrando o Povo Feérico 30

Minha Filosofia sobre o Feérico 31

Seres Feéricos e Cultura 33

Capítulo 2: História e Tradições Feéricas 36

Elfos Anglo-Saxões 36

Fontes Saxônicas 37

Caminhos Élficos 38

Traços Comuns 39

O Mundo Feérico no Mabinogion 40

A Feéria Medieval 43

Resumo 46

Capítulo 3: Introdução aos Seres Feéricos 48

Nomeando os Seres Feéricos 48

Tipos de Seres Feéricos 50

Feéria 50
Elfos 50
Pixies 51
Brownies 51
Trows 52
Derricks 53
Espíritos do Pomar 53
Os Tiddy Ones dos Pântanos de Lincolnshire 53
Feéricos da Ânglia Oriental 54
Duas Tribos 54
Feéricos Adversos 56
Seres Feéricos e Mundo Feérico 59
Onde Fica o Mundo Feérico? 59
Como o Mundo Feérico é Alcançado? 60
Quem Pode ser Encontrado no Mundo Feérico? 61
Encontros com o Feérico 64
Resumo 66

SEÇÃO 2

Encontrando Seres Feéricos

Capítulo 4: Identificando Seres Feéricos 70
Qual é o Tamanho Feérico? 70
Cheiro 72
Perfume de Pixie 72
Feéricos Fétidos 74

Beleza dos Feéricos 75
Feéricos Aéreos? 78
Formas de Pensamento 78
Ilusões Sólidas ou Transparentes? 80
Feéricos Peludos: Aparências Físicas Alternativas 81
Afiado e Magro 81
Pequenos Animais 82
Formas Peludas 83
"Ents" Feéricos 84
Monstros 84
Algumas Outras Formas 84
Linguagem e Fala dos Feéricos 86
"Línguas Ocultas" 86
Vozes Prateadas 88
Inteligência e Humor Feéricos 90
Inteligência dos Seres Feéricos 90
Temperamento Feérico 92
Alegria feérica? 93
Resumo 94

Capítulo 5: Espaços Favorecidos para Seres Feéricos 96
Plantas do Mundo Feérico 96
Árvores 96
Flores e Ervas 100
Fungos 101
Anéis de Fadas 103
Animais da Feéria 106
As Cabras da Feéria 106
Corcéis de Feéricos 107

Rebanhos Feéricos 108
Animais de Estimação dos Pixies 109
Florestas e Bosques 111
Ilhas Feéricas 113
Feéria à Beira-Mar 115
Os Seres Feéricos e a Água 118
Feéricos e a Água Corrente 119
Magia da Água das Fadas 120
Resumo 123

Capítulo 6: Tempo Feérico 124
Dias dos Seres Feéricos 124
Horas Feéricas do Dia 125
Tempo Feérico e Tempo Humano 126
Festivais Feéricos 127
Evidência 127
Primeiro de Maio 128
Halloween: o Dia das Bruxas 128
Outros Festivais 129
Temporadas dos Feéricos 129
Yule 130
Outras Épocas do Ano 130
Tempo dos Feéricos 131

SEÇÃO 3

Vida Feérica

Capítulo 7: Sociedade Feérica 136

Governo Feérico 136

Reino das Fadas 137

Comunidade Secreta 138

Posição ou Honra? 139

Indústria e Artesanato Feéricos 140

Trabalhadores Feéricos 140

Arquitetura Feérica 141

A Roda Feérica 144

Outros Ofícios e Ocupações Feéricas 147

Religião e Ética Feérica 148

Cristandade 149

Salvação do Feérico 149

Sinos do Inferno 151

Pixies Pagãos 152

Violência dos Seres Feéricos 152

Guerra das Fadas 153

Violência Feérica Contra os Humanos 154

Flecha de Elfo 155

Crueldade Feérica 156

Violência como Modo de Vida? 157

Capítulo 8: Cultura Feérica 159

Lazer do Povo Feérico 159

Música Feérica 160

Colinas da Música 160
Aprendendo Músicas Feéricas 161
Orquestras Feéricas 163
As Partituras Feéricas 164
O Efeito da Música das Fadas 165
O Significado da Música Feérica 166
Alimentos Feéricos 167
Feéricos Vegetarianos 168
Pães Feéricos 169
Feéricos e os Laticínios 172
Extraindo a Bondade 175
Sexualidade Feérica 176

SEÇÃO 4

Contato com o Feérico

Capítulo 9: Contatos Amistosos com os Seres Feéricos 182
Seres Feéricos em Casa 182
Voo Feérico 185
Cuidados com as Crianças Feéricas 187
Presentes dos Seres Feéricos 190
Oferendas 191
Polidez e Respeito 194
Gentileza e Compartilhamento 195
Resumo 197

Capítulo 10: Contatos Perigosos:
Danos Provocados por Seres Feéricos 199
Travessuras 200
Seres Feéricos Desviando Nossos Caminhos 202
Ouvindo às Escondidas 204
A Vingança dos Seres Feéricos 205
Feéricos e seus Roubos 206
Feéricos Vampiros 208
Respiração 208
Sangue 209
Resumo 210

Capítulo 11: Contatos Perigosos:
Danos Feitos aos Feéricos 211
Dúvidas e Insultos 211
Mesquinhez e Ingratidão 214
Enganando o Bom Povo 216
Invasões 217
Captura de Feéricos 221
Mortes em Cativeiro 223
Feéricos Resgatados 224
Fugitivos Élficos 225
Feéricos Libertados 225
Matando Seres Feéricos 226
Resumo 229

Capítulo 12: Abdução por Parte dos Seres Feéricos 230
Levando Adultos e Crianças 230
Quem é Levado e Por Quê? 231

Anfitrião do Mundo Feérico 233
Proteção de Adultos Contra Abduções 234
Resgate dos Abduzidos 236
Tomando o Gado 238
Estoques e Substitutos 239
Changelings 241
Quem é Levado e Como? 241
O Que é Um Changeling? 244
Expondo o Changeling 246
Expulsão do Changeling 246
Explicação dos Changelings 251
Elfo-Adulto 252
Riscos Físicos Dentro da Terra Feérica 253
Riscos Psicológicos da Feéria 254
Estudos de Caso da Cornualha 256
A Possessão Feérica e a Medição da Cinta 258
Resumo 261

Capítulo 13: A Mágica e Cura Feérica 262
Ilusão Feérica 263
Feitiços para Invocar o Feérico 264
Feitiços para se Livrar dos Feéricos 269
Transferência de Magia Feérica pelo Toque 272
Unguento Feérico 275
Esporos de Samambaia 278
Encantamentos Manuais 280
Livros de Feitiço 281
Prevendo o Futuro 283
"Faça Três Desejos" 286

Cura Mágica Pelos Seres Feéricos 287
Conclusão 292

SEÇÃO 3

Tempos Modernos

Capítulo 14: Elfos e Feéricos Ainda Hoje? 296
Sempre Indo Embora, Mas Nunca Partindo 297
Descrença Moderna 300
"Os Feéricos Ainda Viajam" 301
Novas Formas do Feérico 302
Considerações Finais 305

Nota do Editor 306
Pequeno Dicionário do Mundo Feérico 307
Glossário de Termos 315
Referências Bibliográficas 326

PREFÁCIO

Morgan Daimler

As fadas, em geral, e outros seres feéricos são um assunto que intriga pessoas em todo o mundo e ao longo do tempo. Eles aparecem nas primeiras mitologias irlandesas escritas e preenchem as páginas da fantasia urbana moderna; já cativaram o público de Shakespeare e hoje fascinam os espectadores contemporâneos. As fadas saltitam nas obras de arte do início da era moderna e nos cartões comemorativos e pôsteres do século XXI. Canções foram escritas sobre elas, e há, inclusive, várias canções supostamente transmitidas por pessoas que ouviram música das próprias fadas, em primeira mão. Os seres feéricos encontram-se em todas as formas de arte e expressão humana, talvez porque estejam intrinsecamente ligados a nós. Por mais estranhas que possam parecer, muitas vezes, nas ações e nos humores, esses seres estão intimamente ligados à humanidade. No entanto, no nosso mundo ocidental, acelerado e tecnologicamente moderno, o feérico permanece envolto em mistério.

Talvez parte disso possa ser atribuída à lenta erosão e à perda do folclore mais antigo e das crenças populares que formaram a espinha dorsal das crenças nesses seres. Acredita-se que – pelo menos desde a época do poeta londrino Geoffrey Chaucer (1340?-1400), considerado o "Pai da literatura inglesa" – a fé no Povo Feérico estava diminuindo. Embora nunca tenha parecido verdade, todas as gerações afirmaram que a crença no Mundo Feérico havia se reduzido, e era mais forte na época de seus avós. No entanto, no século XXI, poderá haver, pela primeira vez, alguma mudança nessa afirmação.

Isso não ocorre porque os seres feéricos estão realmente partindo, mas porque foram repensados na cultura popular, com as crenças dominantes substituindo o *boggart* do folclore por Harry Potter, e as fadas com o mesmo tamanho humano, pela minúscula Sininho e seus amigos da Disney. O paganismo também não está isento dessas fadas recém-reformuladas, com muitos livros voltados para o público pagão adotando alegremente esses estranhos seres ou buscando, no Movimento Nova Era e em seu entendimento vitoriano, a forma de suas próprias fadas.

Poderíamos ficar tentados a pensar que essas fadas reinventadas são a soma do que os seres feéricos, na totalidade, se tornaram hoje, mas não é assim; em vez disso, eles são a ilusão de que as fadas aceitaram tudo isso, o que obscurece o folclore mais antigo presente na cultura, que é, muitas vezes, mais sombrio e profundo. Porém, o folclore e a fé genuína persistem, mas não são tão acessíveis ao público mais amplo, residindo aí um problema considerável para aqueles "caçadores do feérico" que não se inserem numa cultura viva que ainda inclui a crença neles. Com certeza, muitas obras folclóricas mais antigas podem agora ser encontradas em domínio público. Mas devem ser analisadas em seu contexto e lidas com a compreensão dos conceitos com que foram escritas; essa tarefa pode ser complicada se o leitor não estiver ciente de quais são os problemas das obras. Também é possível se conectar às culturas vivas numa escala individual; entretanto, isso é igualmente bastante complicado e, por vezes, muito difícil. As conexões individuais são, em última análise, apenas uma solução de curto prazo para reviver e revitalizar as crenças no feérico. A única maneira de levar o folclore a um público mais amplo e de preservar as crenças e ideias que o rodeiam tal como existem hoje é escrever sobre ele, de preferência de forma ponderada, que identifique suas fontes. Fico bastante satisfeito em ver que John Kruse assumiu esse esforço.

Para entender, de fato, quem e o que são as fadas e o feérico, temos de olhar além da fachada atual que se estruturou em torno do tema, o *glamour* moderno que as reveste em formas amigáveis e inofensivas. Para encontrar o coração ainda pulsante do Feérico, temos de nos aprofundar no folclore e nas culturas vivas que preservam essas crenças. Essa é uma missão desafiadora e única, em um mundo repleto tanto de pistas falsas quanto de informações verdadeiras; porém, existem bons recursos a serem encontrados. O presente livro escrito por Kruse, *Feéria - História, Tradição, Mitos, Cultura e Magia Sobre o Reino das Fadas e o Povo Feérico*, é um dos raros que cumpre suas promessas, pois oferece aos leitores um vislumbre do outro mundo e uma compreensão dos seres que nele habitam. Ao abordar o folclore, Kruse não negligencia as crenças modernas vivas, incluindo um equilíbrio teórico bem delineado, com base na crença popular estabelecida.

Feéria – História, Tradição, Mitos, Cultura e Magia Sobre o Reino das Fadas e o Povo Feérico, de Kruse, é uma contribuição muito necessária ao *corpus* do conhecimento das fadas e do Mundo Feérico no mercado editorial, ainda mais essencial porque o tema da feéria britânica tem sido, infelizmente, negligenciado nos últimos anos. Nada tão completo sobre o assunto foi produzido desde o *Dictionary of English Folklore*, de Simpson e Roud, e vale ressaltar que, as lacunas pertinentes ao aprofundamento sobre o feérico, deixadas no trabalho de Simpson e Roud, foram preenchidas por Kruse, que muito vai além, incluindo material prático e análises cuidadosas. Embora exista um entrelaçamento natural entre a tradição das fadas e da feéria britânica – e especificamente da inglesa –, estas são, de fato, um nicho essencial, muitas vezes encoberto em favor das tradições celtas mais populares. Estou muito satisfeito em ver um trabalho tão aprofundado e cuidadoso sobre o assunto, sendo que os leitores, sem dúvida, ficarão intrigados e, ao mesmo tempo, instruídos, à medida que avançarem neste guia detalhado de Kruse pelo Reino das Fadas e na introdução aos seus habitantes.

Morgan Daimler
Autor de *Fairies: A Guide to the Celtic Fair Folk*
e de *A New Fairies Dictionary*

PREFÁCIO À EDIÇÃO BRASILEIRA

O universo feérico nasce das mitologias celta, nórdica e saxônica, as quais se difundem ao longo dos séculos por toda a cultura ocidental, ganhando novos contornos e expressões, presentes de modo marcante em nosso mundo contemporâneo. Fadas, elfos, sereias, *trows*, *boggarts*, *pixies*, *knockers*, espíritos domésticos, monstros e uma ampla gama de seres sobrenaturais compõem esse arcabouço mítico, tão conhecido por todos nós e que é desvendado de maneira clara e contundente neste livro de John Kruse, *Feéria – História, Tradição, Mitos, Cultura e Magia Sobre o Reino das Fadas e o Povo Feérico,* lançado pela Editora Pensamento, com tradução nossa.

O que é a Feéria? Quem são os seres sobrenaturais que lá vivem? Que aspecto eles têm? Quais são seus gostos e hábitos mais comuns? Como entrar em contato com eles? Quais são os riscos decorrentes desse contato? Essas são apenas algumas das questões às quais este livro responde, explicando aos leitores, com base em depoimentos reais, colhidos ao longo da história, quais são os cuidados que devem ser tomados para estabelecer interações seguras e surpreendentes.

Conhecer o Reino Feérico é hoje uma urgência para quem estuda, trabalha, reflete, vivencia ou apenas se encanta com os mistérios do mundo transcendente, buscando na cultura pop – disseminada em filmes, séries de TV, HQs, animações, RPG, games, livros e artes plásticas – ampliar a conexão com a prática da magia proveniente de tempos ancestrais que, cada vez mais, se vê resgatada como alternativa ao ceticismo do presente.

O interesse contemporâneo pelo universo da fantasia que, por definição, se reveste de magia e da existência de outras dimensões, aponta a necessidade de incrementar e aprofundar conhecimentos sobre antigas culturas, seus mitos e lendas, seus cultos e rituais, o uso de ervas, o preparo de alimentos e a preservação da terra e da água. Os mundos extraordinários representados nos atuais romances de fantasia como *Crônicas de Gelo e Fogo*, de George R. R. Martin (fonte da série *Game of Thrones), Corte de Espinhos e Rosas*, de Sarah J. Maas, e a série *Outlander*, baseada nos livros de Diana Gabaldon, são marcados por traições e romances proibidos, amizades leais, guerras e batalhas épicas, viagens no espaço-tempo por portais, cenários de devastação em oposição a espaços paradisíacos de preservação e cuidado com a natureza, realidades paralelas, criação de mundos ficcionais, convivência e relacionamento entre humanos e seres sobrenaturais ou de outras dimensões, negação de interesses meramente capitalistas e presença da magia como elemento fundamental. Portanto, a relevância do universo feérico na atualidade demanda obras como esta, capaz de atender tanto a curiosidade quanto a necessidade de conhecer mais a fundo a Terra das Fadas.

Fascinado pelos encantos da Feéria, o autor deste livro — que atua profissionalmente na área do Direito — destaca-se como escritor e pesquisador do Reino das Fadas e do folclore, com várias publicações que contemplam o tema, dedicando-se especialmente aos mitos e às narrativas encontrados na Grã-Bretanha, cuja origem remonta às crenças das diversas culturas presentes na região, como as do povo gaélico (da Escócia e Irlanda), celta e anglo-saxão.

Falar de fadas é resgatar todo o Mundo Feérico (*Faery*), definido por J. R. R. Tolkien — filólogo, linguista e criador do universo mágico de *O Senhor dos Anéis* e *O Hobbit*, entre outros — , no ensaio "*On Fairy-stories*" (no Brasil, publicado como "Sobre Histórias de Fadas"), como o "Belo Reino", ambiente que abriga muitos seres e cenários distintos, como elfos, fadas, bruxas, *trolls*, gigantes e dragões: "contém os mares, o sol, a lua, o céu e a terra, e todas as coisas que estão nele: árvore e pássaro, água e pedra, vinho e pão, e nós, os mortais, quando estamos encantados".* Como recorda Tolkien, vale frisar que há um engano na compreensão inicial do termo "*faery*", isto é, o termo se refere ao espaço habitado pelas fadas e não a uma espécie sobrenatural determinada:

> *Fairy*, como substantivo mais ou menos equivalente a elfo, é uma palavra relativamente moderna, quase não utilizada antes do período Tudor.

* Tolkien J.R.R., *On Faery-Stories*, disponível em: https://l1nq.com/NjCeB. Acesso em: 31 out. 2024 (tradução nossa).

> A primeira citação no *Oxford Dictionary* (a única antes de 1450) é significativa. Ela é tomada do poeta Gower: *as he were a faierie* [como se ele fosse uma fada]. Porém, não foi isso que Gower disse. Ele escreveu: *as he were of faierie*, "como se tivesse vindo de *Faërie*" [o Belo Reino]. Gower estava descrevendo um jovem galante que queria enfeitiçar o coração das donzelas na igreja.*

De acordo com Tolkien, o Belo Reino é uma terra mágica, porém, perigosa, repleta "de armadilhas para os incautos e calabouços para os demasiado audazes".** Em *Feéria – História, Tradição, Mitos, Cultura e Magia Sobre o Reino das Fadas e o Povo Feérico*, o mesmo conceito tolkieniano é defendido pelo autor, que alerta para os riscos de estabelecer contato com o chamado "Bom Povo" (*Good Folk*) sem a devida atenção e respeito.

O espaço habitado pelos seres sobrenaturais é conhecido por nomenclaturas diversas: Mundo Feérico, Reino das Fadas, Terra das Fadas, Belo Reino, *Faeryland*, *Faery* ou *Faerie*, Feéria ou até mesmo Elfame. Esse espaço mágico se torna visível apenas aos seres humanos especiais dotados, de algum modo, da segunda visão, a qual permite a percepção do fabuloso transcendente. Entretanto, essa não é a única maneira de ver Elfame.

As fadas abrangem um coletivo de seres sobrenaturais que vivem num plano diverso do nosso, mas que, pelo caráter associado ao maravilhoso, podem interagir com os seres humanos, usando, muitas vezes, o "brilho mágico" (*glamour*), que funciona como uma névoa que produz uma nova realidade, escondendo tudo o que os feéricos não desejam revelar. Se um feérico precisar do auxílio de um humano para ajudar num parto, por exemplo, certamente essa pessoa será levada ao Mundo Feérico, porém, sua percepção do real estará encoberta pela névoa mágica e ela poderá enxergar apenas o que lhe for permitido. Desse modo, há relatos de pessoas que viram aposentos luxuosos, mas, ao passarem uma pomada feérica nos olhos, observaram que o lugar era, na realidade, uma caverna.

Na obra, o autor discute como se dá o relacionamento entre os seres feéricos e os seres humanos, focando conceitos advindos de uma tradição que remonta mais de dois mil anos atrás, nas regiões que compreendem as ilhas e a parte continental da Grã-Bretanha. Ele defende a presença ativa do feérico, que segue interagindo conosco numa dimensão mágica, folclórica e cultural, com base em códigos estabelecidos no plano mítico, que excedem perspectivas espaço-temporais comuns.

---

* Tolkien J.R.R., *On Faery-Stories*, disponível em: https://l1nq.com/NjCeB. Acesso em: 31 out. 2024 (tradução nossa).

** Tolkien J.R.R., *On Faery-Stories*, disponível em: https://l1nq.com/NjCeB. Acesso em: 31 out. 2024 (tradução nossa).

Nesse contexto, o livro ressalta que os feéricos são associados à natureza, às pedras monolíticas, aos túmulos e a outros monumentos antigos das Ilhas Britânicas, trazendo reminiscências de tradições seculares, que se mantêm vivas em práticas socioculturais e são revigoradas constantemente, seja pela memória coletiva, seja pelas histórias vivenciadas e contadas de geração em geração.

Portanto, o "Bom Povo" se nutre da fé que os seres humanos têm em sua existência no mundo sobrenatural. Essas presenças são diversas e estendem sua influência variando a iconografia, de acordo com a região e com o modo como as pessoas estabelecem vínculos com elas.

O livro esclarece como se deu a construção imagética dessas figuras do sobrenatural, num amálgama de impressões e experiências dos sucessivos povos que ocuparam o litoral da Grã-Bretanha. Assim, mitos e lendas Vikings, que dão conta de elfos de luz e elfos das trevas, ecoam na existência de Elfame, lar subterrâneo dos elfos nas lendas inglesas e nórdicas. Elfos da antiga Escandinávia adoravam dançar e cantar em círculos, enquanto os da Dinamarca tinham especial apreço pela arrumação e limpeza: todos esses aspectos encontram-se também nos diferentes seres feéricos do folclore da Grã-Bretanha.

Boa parte desse imaginário feérico foi fixado pela arte ao longo dos séculos. As lendas arturianas estão entre as principais fontes que permitiram chegar até nós muitos elementos da mitologia celta: como os romances de cavalaria do poeta Chrétien de Troyes (séculos XII e XIII), por exemplo, *O conto do Graal* ou *Percival* (c. 1190); "*Romance da história do Graal,* de Robert Boron, de 1200-1210, esta última a versão mais conhecida da lenda, *A lenda dourada* (o ciclo de Eterno Retorno), *Os penitenciais* e os *Contos populares*"*(, entre outros.

Por sua vez, peças de Shakespeare, poemas de John Milton e W. B. Yeats, pinturas da Irmandade Pré-Rafaelita e do Romantismo constituem outros exemplos de como o Reino das Fadas se torna temática recorrente na criação artística, graças à permanente tentativa de compreender um mundo cifrado por meio de imagens e gestos simbólicos. Em *Sonhos de uma Noite de Verão*, por exemplo, Shakespeare nos traz uma leitura lúdica sobre amor e magia, com a presença de Oberon, rei dos elfos, e Titânia, rainha das fadas, e as travessuras de Puck.

Nada mais equivocado que considerar uma fada um simples e ingênuo ente feminino (às vezes alado), que carrega uma varinha de condão cuja missão é propiciar a felicidade aos seres humanos, oferecendo-lhes riqueza ou as benesses de um matrimônio vantajoso. Embora essa figura de seres feéricos sorridentes

* Valenzuela, Sandra Trabucco. "Contos de fadas: origens, conceitos e reflexões sobre o gênero". Disponível em: https://www.revistas.usp.br/revusp/article/view/223195/203429. Acesso em 31 out. 2024.

e bondosos e, às vezes, até atrapalhados, seja hoje bastante popular, esta obra nos oferece um panorama da multiplicidade de aspectos que os feéricos podem assumir: fadas vampiras, fadas élficas, fadas boas e más, espíritos domésticos sensíveis — como os *brownies* — que podem ser generosos, mas também vingativos como os *pixies*, e seres de caráter perigoso, como as chamadas "damas do lago" e outros híbridos e figuras monstruosas e assustadoras. Se muitos feéricos são inteligentes e brincalhões, outros são até mesmo um tanto tolos, como os *boggarts*. No entanto, em todos os casos, é preciso cautela ao abordar seres feéricos, pois, despertar neles o rancor contra um humano, mesmo que de modo involuntário, pode produzir consequências nefastas.

Para dar consistência às proposições sobre o universo feérico, o autor realizou uma pesquisa detalhada, debruçando-se tanto sobre obras antigas como atuais, para encontrar relatos sobre avistamentos feéricos, dando voz àqueles que, de alguma forma, afirmaram ter mantido contato com o sobrenatural. Compõem esse repertório o resgate de depoimentos, testemunhos, defesas em julgamentos por acusações de bruxaria, compêndios de medicina medieval, além de histórias pessoais, publicadas anteriormente com nomes, datas e locais.

De acordo com os levantamentos apresentados por Kruse, o contato entre seres humanos e feéricos tende a ocorrer com mais facilidade em certas datas festivas, como *Halloween*, Primeiro de Maio e Solstícios, embora haja preferência quanto a horários e dias da semana mais prováveis para estabelecer contato. Por outro lado, vale recordar que o tempo feérico difere da contagem estabelecida pelos seres humanos, isto é, se um humano ingressar no Mundo Feérico, pode acreditar que permaneceu nele por uma noite, mas ao retornar, perceberá que podem ter se passado dias, ou anos ou até mesmo séculos.

Conforme o autor, não há dúvidas sobre a proximidade entre seres feéricos e seres humanos, a qual é percebida inclusive pelo uso de nomes próprios e apelidos atribuídos aos seres feéricos, que expressam certa intimidade: Puck, Puckerel, Robin Goodfellow, Rawhead e Bloody Bones o Feio, por exemplo.

Fadas, *trows*, elfos, sereias, *goblins, hobs, pixies, brownies, derricks* e toda sorte de espíritos travessos — do bem e do mal — compartilham conosco o espaço de vales e colinas, fontes e riachos, cavernas e minas, pântanos e lagoas, nos quais se localizam os acessos aos portais exclusivos para Elfame, situados, em geral, nos subterrâneos da terra. Há um intercâmbio necessário — porém, tenso — entre as esferas das profundezas e da superfície: os seres feéricos podem auxiliar os seres humanos em serviços domésticos em troca de laticínios, por exemplo, ou garantir boa fortuna como gratidão; em contrapartida, podem se vingar daqueles que cometem a imprudência de espionar suas atividades feéricas ou porque deixaram de retribuir seus favores com a dignidade esperada.

A abdução de bebês e sua troca por *changelings* estão entre os principais temores despertados pelos seres mágicos. Ao comentar casos em que os pais tiveram seus filhos abduzidos, o autor expõe as possíveis motivações para isso e como as famílias, em tempos remotos, lidavam com esses possíveis sequestros: quando uma criança parecia fraca ou doente, logo se cogitava que aquele, na realidade, não seria um bebê real, mas sim, um *changeling*, substituto feérico ou estoque de madeira deixado pelos seres mágicos. Outro modo de violência feérica era o sequestro de adultos, capturados para cumprir finalidades específicas, como realizar partos, tocar instrumentos numa festividade ou, apenas prestar serviços domésticos na Feéria. Como proteção, o autor do livro indica feitiços e amuletos que costumavam ser utilizados pelas pessoas para evitar ocorrências desse tipo.

Contudo, atos de violência também podem ser praticados contra os seres feéricos. Nesse ponto, o autor agrega o neologismo "ninfocídio" para identificar crimes fatais cometidos pelos seres humanos por motivações mesquinhas, como manter, a qualquer custo, um ser feérico em seu convívio ou tentar aprisioná-los, explorando-os contra a sua vontade, por tempo indefinido. Nesse ponto, o livro nos revela outra faceta da vida dos feéricos: eles não são seres imortais e podem padecer vítimas de truculência, tristeza, fome, doenças ou, ainda, de senilidade.

Para compreender a sociedade feérica — seus usos e costumes, estamentos, atividades artísticas, lazer (jogos, música e dança) e, especialmente, o manuseio da roda de fiar — o autor recorre a informações e detalhes extraídos tanto dos contos de fadas, como das histórias contadas por moradores das Ilhas Britânicas e relatos diante de tribunais. Destaca-se a discussão pertinente à ética e à religiosidade dos seres feéricos, evidenciando suas posições quanto ao respeito à natureza, aos relacionamentos amorosos (incluindo com seres humanos) e à imposição de castigos e repreensões. O autor critica determinadas releituras do feérico, datadas da Inglaterra Vitoriana, que, de modo falacioso, mencionavam os "Bons Vizinhos" agindo com brutalidade contra animais e seres humanos, gerando medo, repulsa e desaprovação.

O livro discute a presença feérica nos lares, a qual nem sempre é desejada, uma vez que a permanência desses seres é muitas vezes, incômoda e inconveniente aos seres humanos, causando-lhes transtornos e dificuldades. Considerando que nem sempre as ações humanas são interpretadas corretamente pelos seres sobrenaturais, a imprevisibilidade reativa a ofensas ou o desrespeito (mesmo que involuntário) podem torná-los perigosos. Para evitar travessuras, furtos e retaliações dos feéricos, o autor retoma recomendações consideradas eficientes para contornar essas situações complicadas.

A magia presente na Feéria constitui o elemento primordial da existência dos habitantes do Reino das Fadas. É essa capacidade que desperta em nós tanta curiosidade e vontade de conhecer os mistérios do que está além da perspectiva material. A presente obra reflete sobre esses poderes mágicos, abordando o uso de feitiços, capas de névoa, profecias, emprego de brilho feérico e unguento das fadas, mudanças de forma (*shapeshifter*), conhecimento e capacidades de cura. Segundo o autor, essas habilidades sobrenaturais podem ser transmitidas aos seres humanos para que possamos fazer uso delas. Como exemplo, o livro cita uma obra publicada em 1600, por Elias Ashmole, que oferece uma receita de um unguento para os olhos, destinado aos momentos em que se deseja convocar fadas ou quando a visão que se tem delas não é perfeita. Uma das chaves para acessar os mistérios feéricos é conhecer o poder das plantas e ervas, fortalecendo uma relação de respeito pela natureza, já que é por meio dessa simbiose que os poderes emanados da terra se manifestam.

Por fim, o autor dá um novo alento a uma discussão que se estende por séculos: será que o universo feérico ainda sobrevive nos dias atuais? A mesma pergunta é periodicamente reformulada ao longo da história. O poeta inglês, Geoffrey Chaucer, no século XIII, foi o primeiro a declarar que os seres feéricos haviam desaparecido; a ele seguiram-se muitos outros ao longo dos séculos, todos com a percepção de que o feérico já não mais era relevante no momento em que viviam e que a fé na magia teria desaparecido nas gerações que os precederam. Porém, essas assertivas declarando a extinção da presença do feérico reiteram-se em momentos diferentes da história, o que garante — segundo o autor — que as afirmações anteriores não se concretizaram.

Dando sequência a esse debate, o livro demonstra que, desde o século XVII e, mais ainda, nos últimos cento e cinquenta anos, o impacto da Teosofia e do pensamento Rosacruz vem crescendo e conquistando força junto à tradição feérica, e dessa influência resulta a compreensão de que os seres feéricos são espíritos da natureza, com a missão de proteger o meio ambiente.

Portanto, a Feéria contemporânea está mais viva que nunca, ampliando sua presença com contribuições recentes advindas (como já reiteramos) da cultura pop, mas também pela inclusão e diálogo com outras mitologias, bem como pelas associações formuladas pela *Wicca* britânica e pela revisitação a conceitos feéricos tradicionais.

Este livro se destina a um público ávido por conhecer e difundir o Mundo Feérico, compreendendo o papel que o pensamento mágico desempenha na vivência do mundo contemporâneo, pontuado pela tecnologia, e que possibilita ao ser humano observar a linha tênue que se esboça entre a realidade e a fantasia, num espaço em permanente tensão entre o real e o virtual.

A magia, a fantasia e os mitos nutrem o imaginário nos processos antropológicos, alicerçando a tentativa de compreender o mundo natural e os fenômenos cotidianos. Portanto, conhecer e entender o Reino Feérico é, sem dúvida, uma chave que permite o acesso aos segredos desse fascinante universo configurado por nossos "Bons Vizinhos".

Feéria - História, Tradição, Mitos, Cultura e Magia Sobre o Reino das Fadas e o Povo Feérico, de John T. Kruse, oferece justamente a oportunidade de conhecer a Terra Feérica — um universo amplo e extraordinário — em suas nuances, povoada de seres constituídos de reflexo da fé na transcendência do real, resgatando a ancestralidade e tradições de tempos remotos e projetando para o futuro a importância, a beleza e a crença no imaginário mítico e seus encantos.

Profa. Dra. Sandra Trabucco Valenzuela
Pós-doutora pela Universidade do Minho
Ph.D. pela Universidade de São Paulo (USP)
Docente da Faculdade de Tecnologia (Fatec)
e da Pós-graduação da Faculdade de Filosofia,
Letras e Ciências Humanas da Universidade
de São Paulo - FFLCH - USP.

SEÇÃO 1

Introdução

Capítulo 1

Encontrando o Povo Feérico

Este livro é sobre o relacionamento secular entre seres humanos e seres feéricos. Essa interação, esse diálogo, entre mortal e sobrenatural é absolutamente central para o conhecimento do Feérico. É somente por meio desse relacionamento que podemos entrar em contato com nossos vizinhos, os feéricos. Eles vêm de outro reino ou dimensão; podem visitar nosso mundo; contudo, existem principalmente fora dele. Ao contrário de nós, eles não se preocupam muito com livros, registros e a história dos eventos no tempo; nada disso tem qualquer significado ou utilidade para eles, e, por isso, nunca teremos um relato dos feéricos sobre seu próprio mundo. A única maneira de compreendê-los é pelas lentes de como lidamos com eles e do modo como eles nos tratam.

Há quase um século, a pesquisadora de folclore galês, Mary Lewes, escreveu sobre o que chamou de "o caminho da fé no feérico". Ela descreveu como isso "nos leva a uma região onde, de maneira estranha, nos sentimos em casa; como se algo ou alguém em nós tivesse vivido o 'era uma vez' naquele espaço sereno do mundo feérico, onde todas as coisas aconteciam como desejávamos e onde o único perigo residia no conhecimento e no exercício daquelas emoções que se apoderam e perturbam nosso plano humano".[1]

1. Lewes, *The Queer Side of Things*, p. 111.

No poema "The Fairies' Cobbler" (O Sapateiro da Feéria), Rosamund M. Watson descreve uma visita dos seres feéricos, que chegam fazendo um som semelhante ao de folhas velhas e secas, usando suas formas esguias sombrias à luz do entardecer, enquanto seus olhos brilham com intensidade. O sapateiro ergue os olhos para cumprimentá-los porque "senti que o Povo Feérico estava próximo".[2] Há muitos anos, sinto-me fascinado e familiarizado pesquisando a tradição feérica britânica imersa nos mitos do País de Gales e da Irlanda e encantado pelos romances do rei Arthur. Neste livro, quero guiar outras pessoas pelos curiosos e sinuosos caminhos que segui, na esperança de que todos possam sentir os seres feéricos por perto.

Minha Filosofia sobre o Feérico

Pode ser útil começar, neste trabalho, por ser explícito a respeito de minha abordagem sobre o tema, para delinear algumas das ideias fundamentais que estão por trás do que escrevi. Quais são meus pressupostos básicos sobre o feérico? Que suposições e preconceitos posso estar transferindo para minha interpretação das fontes folclóricas?

Em primeiro lugar, concentrei-me quase com exclusividade no folclore das Ilhas Britânicas, e com isso me refiro à Bretanha com as Ilhas Orkney, as Ilhas Shetland e a Ilha de Man. Na Grã-Bretanha continental (Inglaterra, País de Gales e Escócia), existe um núcleo comum de ideias e conhecimentos partilhados, cujas raízes profundas remontam a, pelo menos, dois mil anos. Ao longo desse tempo, estivemos em contato constante e evolutivo com nossos vizinhos sobrenaturais. Cada região e cada povo têm as próprias concepções e classificações sobre o feérico, e sinto que tomar exemplos livremente de muitas fontes diversificadas acaba resultando em perda de clareza e de foco. Este não é um livro de folclore comparativo, no qual tento descobrir os fatores pessoais e sociais que podem ter dado origem à crença nos seres feéricos em uma comunidade. Em vez disso, esta obra é uma descrição de quem são os seres feéricos britânicos, o que fazem e o que querem. A tradição feérica das Ilhas Britânicas é um todo integrado: ideias e processos comuns podem ser rastreados ao longo dos tempos e das regiões. Por essa razão, evitando uma abordagem de "seleção e mistura" e concentrando-nos

2. Watson, "The Fairies' Cobbler", *The Poems of Rosamund Marriott Watson.*

em um corpo consistente e coerente de conhecimento do feérico, podemos compreender o temperamento e a conduta desses seres com muito mais precisão e chegar bem mais próximo a analisar o que os motiva.[3]

As principais características das minhas crenças feéricas são bastante claras. Primeiro, vejo os seres feéricos presentes entre nós, aqui e agora. Por exemplo, o povo feérico que descrevi nos meus romances mora entre os vizinhos humanos (talvez, em áreas periféricas), mas, ao mesmo tempo, não se inserem totalmente no presente. Sua cultura material e seu discurso são ligeiramente diferentes dos nossos, o que pode, como consequência, provocar mal-entendidos de ambos os lados.

Vejo os seres feéricos como sendo muito parecidos com os humanos; eles têm a mesma estatura e forma – portanto, não têm asas –, embora possam ser marcados pela cor dos cabelos ou dos olhos. Porém, sua expectativa de vida é muito diferente. Os feéricos estão preparados para interagir com os humanos – social, intelectual e, muitas vezes, sexualmente. Pode existir também um elemento de exploração por parte deles – em especial, porque, ao mesmo tempo, gostam de proteger sua privacidade. Eles toleram o contato com os humanos de acordo com seus termos e em horários e locais de sua escolha. No entanto, desejam manter-se afastados de nós e se ressentem de qualquer intrusão indesejada. Os seres feéricos não devem ser contrariados ou ignorados; além disso, invasões ao seu território podem acarretar punições. Atrair a antipatia dos feéricos deve ser evitado, porque eles são poderosos, têm habilidades mágicas e não hesitarão em usar a força contra os humanos que os ofenderem.

Com base no que foi dito, penso que os feéricos têm as próprias metas, objetivos e agenda. A interação com os humanos é realizada para seus próprios fins. O sexo, por exemplo, pode ser prazeroso, mas também serve a outros propósitos maiores. Os feéricos esperam respeito e cumprimento de seus desejos.

Por último, mas muito importante: vejo os seres feéricos como uma parte atemporal da terra. Parece-me natural associá-los a pedras monolíticas, túmulos e outros monumentos antigos das Ilhas Britânicas.

Esse é um resumo dos principais temas e características que uniram, em minha percepção, toda a ficção sobre a feéria que escrevi, permeando minha abordagem ao grande corpo de conhecimento sobre o feérico do qual dispomos. Esses, então, são os pressupostos que trouxe ao escrever este livro. Inevitavelmente, eles moldaram minha abordagem à forma como o texto foi imaginado e organizado.

---

3. Morgan Daimler fez recentemente algo muito semelhante para a tradição das fadas celtas, cobrindo a Irlanda e partes da Grã-Bretanha, em *Fairies: A Guide to the Celtic Fair Folk*.

Seres Feéricos e Cultura

Quaisquer que sejam nossas opiniões sobre a existência (ou não) do Bom Povo e de um mundo sobrenatural, não há como negar o profundo impacto do Feérico (ou da ideia dele) em nossa arte e cultura. A razão para toda essa criatividade é que o tema da Feéria é tão rico quanto complexo, ao meu ver. Os seres do mundo feérico podem oferecer aos artistas todas as emoções: obsessão sexual, amor, medo, ciúme, alegria ilimitada, mistério e misticismo – a lista é longa. Seus temas têm sido fontes de inspiração persistentemente ricas para uma série de artistas, seja na literatura, na música ou nas artes visuais. Apresentarei alguns exemplos, embora tenha certeza de que a prova dificilmente será necessária para a maioria dos leitores do presente livro.

Os seres feéricos – genericamente chamados de "fadas" – têm sido influentes no palco, seja inspirando a arte erudita de Shakespeare ou em espetáculos de pantomimas e peças populares, como *Peter Pan*, de J. M. Barrie. Foram fontes de inspiração para romances e contos (para adultos e crianças), como os de Charles Kingsley e George MacDonald; de Enid Blyton, Beatrix Potter e E. Nesbit; de Tolkien, Alan Garner e J. K. Rowling. No romance e nas lendas, os temas feéricos são fortes, encontrados constantemente em muitos dos mitos arturianos e em histórias relacionadas, incluindo o *Mabinogion*, coletânea de manuscritos em prosa escritos em galês medieval.

O Bom Povo sempre proporcionou rica fonte de inspiração para a poesia, como se observa em Robert Herrick e Michael Drayton, passando por Keats e Blake, até Walter de la Mare e Ivor Gurney. Nas artes visuais, inspirou inúmeras pinturas, desde as visões de pesadelo de Fuseli até Froud; nas ilustrações de Rossetti e Burne-Jones, percorrendo Edmund Dulac, Arthur Rackham e Henry Justice Ford, até as fadas das flores de Cicely Mary Barker e Margaret Tarrant. Há, inclusive, esculturas inspiradas em fadas, como as bonecas de Wendy Froud ou as criações em arame de Robin Wright. Nos tempos modernos, os Seres Feéricos colonizaram, com sucesso, o cinema e os desenhos animados, por isso temos tanto filmes de fantasia, como *Peter Pan*, da Disney, e *O Cristal Encantado*, bem como documentários e histórias "baseadas em fatos reais", como as fotos do caso Cottingley. Por fim, e de forma poderosa, há músicas influenciadas pelo feérico, que vão desde balés, óperas, baladas, ópera ligeira – como Gilbert e Sullivan – até *rock* clássico e contemporâneo (como Led Zeppelin ou Sigur Rós).

É claro que o valor adicional de todos os aspectos citados complementa a evidência folclórica. Tal como acontece com as histórias tradicionais feéricas coletadas por folcloristas nas áreas rurais, essas diversas mídias extras nos dão uma visão das crenças contemporâneas sobre a conduta e a aparência da Feérica. Esses são recursos ricos, mas também apresentam uma desvantagem. O perigo da natureza muito fértil da crença feérica é que ela criou uma abundância de imagens (em peças de teatro e histórias, bem como em imagens), e estas são, muitas vezes, mais familiares para nós que o folclore original. Como resultado, confundimos os dois ou permitimos que as representações artísticas substituam o material de origem: lembramo-nos de Shakespeare e Peter Pan e nos esquecemos de nossos *pixies* e *brownies* caseiros e autênticos (retomarei o tema diversas vezes ao longo do livro). O que muitas vezes consideramos conhecimento sobre o feérico não apresenta nenhuma semelhança com o folclore tradicional.

Além disso, as obras sobre o feérico inspiraram, por sua vez, outras artes relativas à feéria. Por exemplo, *Sonho de uma noite de verão*, de Shakespeare, tem sido a fonte de muitas obras de arte (para pintores como Joseph Paton, Richard Dadd, John Everet Millais e muitos outros). Num bom exemplo, a famosa peça inspirou uma pintura de Thomas Stothard, *Oberon e Titânia*, que, por sua vez, inspirou o poema de Letitia Elizabeth Landon, *The Fairy Queen Sleeping* (A Rainha das Fadas Adormecida). Da mesma forma, Louisa Anne Meredith escreveu *The Enchanted Island* (A Ilha Encantada), em 1825, como reação ao ver a pintura homônima de Francis Darby; "Esta é a casa das fadas", afirma o verso.

Proponho aqui uma sugestão radical: mesmo que se prove que o feérico não existe, o impacto disso na cultura humana seria quase inalterado. Poderíamos, inclusive, afirmar que, se o feérico não existisse, teria sido necessário inventá-lo para que pudéssemos nos munir de fontes de imagens e ideias tão ricas e frutíferas como as que ele nos propicia.

O Bom Povo inspirou nossa criatividade durante séculos, quer a fonte última dessa inspiração seja nossa própria imaginação ou uma força sobrenatural externa. O poder desse estímulo criativo expresso e reconhecido pelos artistas que trabalham nesse gênero. Não se trata apenas do trabalho produzido, mas do impacto transformador sobre os próprios artistas. Entrevistado por Signe Pike, para o livro *Faery Tale*, o pintor Brian Froud disse que muitos dos seus leitores e fãs sentem que, com a redescoberta da sua fé no Mundo Feérico, "sentem que estão voltando para casa. Contam-me que querem ir embora e escrever, ou fazer alguma coisa...". Sua esposa concordou: "Muitas vezes, as pessoas oferecem uma resposta criativa ao nosso trabalho". Ela inicia seus *workshops* de marionetes com meditação, na qual "você, de modo real e genuíno, toca o Reino Feérico – você está nele, quer perceba ou não. Então, quando você volta e constrói um boneco, ele está imbuído de personalidade própria". No ato de criação imaginativa do feérico, ao que parece, há uma recriação do criador.[4]

Na introdução a *Art of Faery* (2003), de David Riche, Brian Froud argumenta ainda que "O feérico faz uma mediação da arte, dos momentos misteriosos de nossa relação criativa com o mundo". Embora o século XX tenha enfatizado nossa alienação do mundo, o ressurgimento da arte visionária da feéria nas últimas décadas e no novo milênio sugere a reversão dessa situação e, por meio desse ressurgimento, "o início de uma jornada espiritual. Pintar o Mundo Feérico não é infantil – embora muitos considerem isso ingênuo – na abertura a impulsos criativos e emocionais".[5]

Nossa cultura é mais rica por causa dos seres feéricos, e, por sua vez, somos mais ricos para eles. Na verdade, eu diria que foi um processo de enriquecimento mútuo que já dura séculos. Antes de examinar detalhadamente essa relação profunda e complexa tal como existe hoje, quero passar um pouco de tempo esboçando sua evolução e alguns dos seus conceitos perenes.

---

4. Pike, *Faery Tale* (London: Hay House, 2010).
5. Riche e Froud, *The Art of Faery*. Prefácio.

Capítulo 2

História e Tradições Feéricas

A forma como os humanos compreendem seus vizinhos feéricos evoluiu ao longo dos séculos – e continua a evoluir. Neste livro, baseio-me no rico e extenso folclore de todas as Ilhas Britânicas para formular uma imagem tão detalhada quanto possível do Bom Povo que habita essa terra.

Na visão britânica, o Povo Feérico é um amálgama complexo de elementos, cujo núcleo foi trazido pelos sucessivos invasores do litoral, aos quais foram acrescentados conceitos derivados da cultura clássica e continental. Nossa perspectiva e nossas reações mudaram com o passar do tempo, mas existe um corpo fundamental de conhecimento que se manteve constante durante, pelo menos, um milênio. No presente capítulo, esboço como nossa compreensão do Mundo Feérico se aprofundou e se tornou mais rica ao longo de nossos muitos séculos de contato.

Elfos Anglo-Saxões

Quando os imigrantes saxões chegaram à costa britânica, no século VI, trouxeram consigo um corpo estabelecido de crenças sobre feéricos e elfos. Descrevo aqui os elementos centrais dessa mitologia, antes de que ela interagisse com as ideias insulares britânicas existentes.

Fontes Saxônicas

Temos uma ideia de em que nossos ancestrais saxões acreditavam com base em diversas fontes. Existem produções literárias próprias – poemas, contos e textos médicos – que fornecem informações valiosas. Existem textos nórdicos contemporâneos que examinam o panteão Viking. Por último, podemos comparar as crenças populares escandinavas – especialmente dinamarquesas – mais recentes com as histórias da feéria inglesa, as quais compartilham elementos; é razoável sugerir que ambas derivam de uma mitologia antiga e comum, compartilhada por saxões e dinamarqueses em sua terra natal e, provavelmente, por todas as tribos germânicas continentais.

O mito Viking é um bom ponto de partida para nós, pois fornece uma declaração clara das ideias do Norte da Europa sobre os elfos. No início de 1200, na Islândia, o estudioso Snorri Sturluson compilou a chamada *Edda em Prosa*, registro de mitos e lendas nórdicas. A história *Gylfaginning* descreve os céus e os muitos lugares esplêndidos que existem:

> Existe um lugar chamado Alfheim [a casa dos elfos]. Lá vivem os chamados elfos da luz, enquanto os elfos negros vivem no chão. Os primeiros são diferentes dos segundos na aparência e ainda mais diferentes na natureza. Os elfos da luz são mais belos que o sol, mas os elfos negros são mais negros que o breu.

Vikings estabeleceram a diferença entre os elfos de luz que viviam no céu e os elfos das trevas que viviam no subsolo. Na crença britânica muito posterior, encontramos histórias de *Elfame* das Terras Baixas da Escócia. Parece inevitável que essa versão local de uma terra dos seres feéricos subterrâneos – o *elf-hame* ou "lar dos elfos" – seja remanescente direto das primeiras lendas inglesas e nórdicas. Como veremos adiante, esse lugar é concebido como um reino subterrâneo, onde reside o Bom Povo, a chamada "corte *seelie*".

Quanto à divisão do feérico anglo-saxão em elfos de luz e elfos das trevas, ou bons e maus, há várias referências posteriores a "seres feéricos brancos" fantasmagóricos no folclore inglês e um eco que pode ser particularmente significativo. Ao ser interrogado sob a acusação de bruxaria, em 1566, John Walsh de Netherbury, em Dorset, disse aos inquisidores "que existem três tipos de seres feéricos: brancos, verdes e pretos. Os pretos são os piores...". Se as cores refletirem mais que o mero gosto por roupas, e são simbólicas de suas naturezas, poderia haver aqui outra sobrevivência da oposição luz/trevas. Vale destacar, ainda, o termo do inglês antigo *aelfscyne* (de modo genérico, "elfo brilhante"), que foi, em alguns textos, aplicado a mulheres. A palavra parece implicar algo como "lindo como um elfo" ou mesmo "encantadoramente brilhante"; talvez nessa sugestão de luz ou brilho haja mais um indício da dicotomia dos elfos de luz e das trevas.[6]

Caminhos Élficos

Com base nas evidências limitadas, pode ser possível esboçar uma mitologia anglo-saxônica básica de um *elf-home*, ou lar élfico, dividido entre os elfos bons (de luz) e os elfos maus (das trevas). Além disso, não é seguro prosseguir. Felizmente, embora não possamos ter a exata certeza de onde os antigos elfos ingleses viviam, temos algumas evidências diretas das concepções saxãs sobre seu humor e comportamento.

Os elfos são mencionados em diversos textos médicos como causadores de doenças, principalmente dores internas ou distúrbios mentais. Por exemplo, pode haver um feitiço para curar "um ponto específico", como segue:

> Fora pequena lança, se aqui estiver...
> Para eles, outra lança desejo enviar de volta...
> Um dardo voador contra eles em troca...
> Se fosse um tiro dos deuses, ou se fosse um tiro dos elfos,
> Ou se fosse tiro de bruxa, agora eu vou te ajudar:
> Esse é o remédio...[7]

Esses elfos saxões parecem estar machucando as pessoas, ao lançar sobre elas pequenos dardos ou flechas. Posteriormente, o "tiro de elfo" era uma causa reconhecida de doenças em pessoas e no gado, surgindo como diagnóstico importante nos livros médicos saxões. Uma seleção de ervas foi empregada no tratamento de seres humanos e animais afetados por essas doenças.

Os textos médicos redigidos em inglês arcaico também se referem a outras doenças dos "elfos", como *aelfsogetha* – que parece ser algo como bronquite ou azia – e *aelfsidenn*, que significa, literalmente, "encantamento dos elfos" e parece ser uma febre noturna, marcada por pesadelos. Há também uma cura para

6. "The examination of John Walsh before Maister Thomas Williams" (Londres: John Awdley, 1566).
7. O feitiço "Wiðfærstice" (contra a dor aguda) encontra-se nos textos médicos em inglês arcaico conhecido como *Lacnunga*.

a doença chamada *waeteraelfaedle* (doença do elfo aquático), caracterizada por unhas lívidas, olhos lacrimejantes e olhar abatido do paciente. Esse termo pode indicar outra subdivisão-chave dos elfos; certamente, em tempos posteriores, na Escócia, houve distinção entre feéricos terrestres (ou vestidos) e feéricos aquáticos. Da mesma forma, porém, o nome dessa doença pode muito bem ser lido como "doença aquosa dos elfos" e, portanto, estar mais preocupado com os sintomas que com a identidade do agente que a provoca.[8]

Os elfos anglo-saxões parecem ter sido imaginados como humanos tanto em tamanho como em forma, mas com natureza semidivina. Os elfos escandinavos compartilhavam desse caráter e eram objeto de sacrifícios, chamados *aelfblot*. Por exemplo, na *Saga Kormaks*, um homem ferido foi instruído a sacrificar um touro e depois levar o animal para um monte, "onde os elfos habitam... e tingem a parte externa do monte de vermelho, usando o sangue do touro, ao preparar para os elfos um banquete com a carne; e você será curado". Existem registros de práticas semelhantes também na Grã-Bretanha.

Traços Comuns

Muitos são os atributos compartilhados entre os seres feéricos das antigas terras inglesas na Dinamarca e no norte da Alemanha e os feéricos ingleses que vieram depois, incluindo uma série de características que se tornarão familiares à medida que avançarmos na leitura deste livro. Essas características comuns sugerem fortemente que esse conhecimento foi trazido pelos anglo-saxões quando se estabeleceram na Grã-Bretanha.

Os elfos continentais podem ser encontrados vivendo sob colinas, as quais periodicamente se erguem ou se abrem para revelar banquetes e música em seu interior. Para os hóspedes humanos, é perigoso residir com os elfos sob as colinas, porque o tempo passa de maneira diferente por lá, mas também porque a alimentação não é segura para as pessoas.

Os elfos escandinavos adoram cantar e dançar, dando preferência às danças em círculos, em locais gramados, que deixem marcas no chão. Existe forte ligação entre os elfos e certas árvores, especialmente os carvalhos. As árvores mais velhas surgem também no folclore dinamarquês, que fala da Velha Senhora da Árvore Anciã, que deve ser apaziguada antes que se apanhe qualquer pedaço

8. John Campbell, *Popular Tales of the West Highlands*, p. 64.

de sua madeira. Esse espírito aparece ainda em Lincolnshire, sugerindo que os colonos dinamarqueses trouxeram a crença consigo para a Ânglia Oriental.

Os elfos dinamarqueses amam limpeza e arrumação, pelas quais os seres humanos são recompensados (ou punidos). Esses elfos têm aversão a ruídos altos, o que pode afastá-los; revelam preferência pelo uso de verde e vermelho, com ênfase no uso de bonés vermelhos. Os elfos têm o poder de se tornar invisíveis, mudar de forma, ver o futuro ou conceder prosperidade. Seus nomes têm poder mágico, por isso devem ser escondidos dos seres humanos. Apesar de todas essas habilidades mágicas, eles ainda precisam usar parteiras humanas e não conseguem atravessar água corrente.

Os elfos levam para si crianças humanas e deixam seres feéricos em seu lugar, os chamados *changelings* – isto é, "crianças trocadas" –, que podem ser expostos por truques ou pela ameaça de queimaduras. Há também uma espécie de ser mágico que vive com os humanos, faz trabalhos agrícolas, rouba forragem e grãos dos vizinhos, porém se torna tão apegado a uma família que é impossível fugir deles, mesmo quando se muda de casa. No entanto, se forem insultados, vão se tornar um incômodo.

O enorme número de paralelos entre o folclore feérico dinamarquês e os contos ingleses confirma a existência de uma fonte comum. Todas essas evidências indicam que um rico conjunto de crenças foi importado pela costa da Bretanha, para ali se misturar com a mitologia da população britânica local e, assim, produzir o complexo e desenvolvido conhecimento sobre o feérico, o qual será examinado aqui em detalhes.

O Mundo Feérico no *Mabinogion*

O que o povo britânico poderia ter entendido sobre o feérico na época em que os anglo-saxões chegaram? O *Mabinogion* é uma coletânea de contos medievais galeses que nos conecta à antiga mitologia celta e nos dá as primeiras menções literárias do herói romântico posterior, o rei Arthur. Muito poderia ser escrito (e de fato tem sido) sobre as ligações entre esses contos e as lendas arturianas mais conhecidas; ainda mais pode ser dito sobre as relações entre os mitos galeses e os antigos mitos irlandeses. Aqui, concentro-me apenas nos vestígios da tradição das fadas presentes nesses relatos.

É justo dizer que o *Mabinogion* está impregnado de magia. Os feitiços feéricos – o uso de dissimulação, engano e transformação – são um tema que permeia as diferentes histórias. O aspecto encantatório dos contos é tão fundamental e tão sutil que quase podemos ignorá-lo. No entanto, o caráter sobrenatural de muitas das histórias compartilha sua natureza e sua fonte com o Feérico. Constituem tanto contos de fada quanto narrativas de heróis, pseudo-história ou amor cortês.

Existem várias características que mostram claramente a presença feérica no *Mabinogion*. Em vários contos, a ação se passa em montes antigos - colinas cobertas de grama são um típico refúgio dos seres feéricos. Nas histórias de "Pwyll e Manaw yddan", a colina Gorsedd, em Narberth, tem papel central, assim como o tem nas histórias de Owein e de Peredur - nesta última narrativa, um monte também é explicitamente declarado como sendo um túmulo, o que sublinha a ligação entre os feéricos e os antigos habitantes.

O unguento mágico aparece igualmente nos contos. Num incidente da história de Peredur, uma pomada é usada para reviver cavaleiros mortos em combate. O poder de conceder a imortalidade ou de superar a morte é algo que discutiremos mais adiante. Há, ainda, os cães das fadas - logo no início da história "Pwyll Prince de Dyfed", o herói homônimo se depara com Arawn, senhor de Annwfn, que está caçando com cães sobrenaturais arquetípicos - brancos com orelhas vermelhas. Esse é claramente um grupo feérico, e Arawn parece ser o senhor do Mundo da Feéria.

Na história "Culhwch ac Olwen", os muitos membros da corte do rei Arthur são listados. Entre eles, está seu mensageiro, Sgilti Light Foot (ou Sgilti Pé Leve), que pode correr por sobre florestas, no topo das árvores, sobre montanhas e pontas dos juncos. Essa habilidade corresponde a um traço dos seres feéricos registrado muito mais recentemente em Llanberis, no norte de Gales: dizia-se que a feéria galesa, as *Tylwyth Teg*, eram tão leves e ágeis que podiam dançar nas pontas dos juncos. Os personagens dos contos de *Mabinogion* se deslocam com um movimento deslizante revelador, com destaque para Rhiannon, na história de Pwyll: ela não pode ser perseguida, nem lenta nem rapidamente, e se move sempre de modo misterioso à frente daqueles que a seguem. Esse caminhar é claramente feérico e uma característica vista, com frequência, nos "círculos feéricos".

Por fim, devemos abordar a identidade e a natureza dos seres chamados *Coranyeit* ou *Corannyeid* (em galês moderno, *coraniaid*), os quais, na história de "Lludd e Llefelys", são responsáveis por trazer as pragas à Grã-Bretanha. Essas criaturas misteriosas parecem seres feéricos de alguma espécie - ou são, no mínimo, seres estranhos com poderes mágicos. Sua nomenclatura está ligada tanto ao adjetivo galês *corr* (anão), que sugere "feéricos diminutos", como aos seres bretãos, chamados *korriganed*. Estes últimos se assemelham muito aos *pixies* do sudoeste britânico, mas é difícil identificar evidências claras entre os *korrigans* e os *Coraniaid*. Tudo o que sabemos é, como se diz, que esses complicados seres dos contos galeses são provenientes da Ásia.

Os *Coraniaid* costumam ser classificados como uma das três *gormessoedd* (dominações estrangeiras ou invasões) do País de Gales; isso ocorre porque têm um dom infeliz: podem ouvir tudo o que é dito, por mais baixa que seja a voz, desde que o vento consiga levá-la. Como resultado, ninguém poderia conspirar contra eles e, aparentemente, nunca podem ser prejudicados. Talvez, por causa dessa habilidade, é que devemos sempre nos referir aos feéricos por pseudônimos, como *Tylwyth Teg*, *Bendith y Mamau* (as bênçãos da mãe) ou "Bons Vizinhos", para não insultá-los ou aborrecê-los. Ainda se acredita em toda a Grã-Bretanha, do País de Gales às Ilhas Shetland, que os seres feéricos estão nos ouvindo e que é melhor evitar termos de que não gostam, como "coisa feérica" ou *trows*, e usar alguma outra expressão mais educada.

Por fim, os *Coraniaid* podem ser expulsos, lançando sobre eles uma mistura composta por insetos esmagados e água. Os seres humanos presentes saem ilesos, mas os intrusos são destruídos. Embora esse detalhe seja muito intrigante, nunca encontrei uma explicação satisfatória: alguns comentários sugerem que a cantárida pode fazer parte desse composto. A palavra galesa usada no conto (*pryfet*) não é de grande ajuda na resolução do mistério, pois significa simplesmente "insetos", em sentido geral. Nada fica claro; assim, há, pelo menos, algum paralelo com o uso de várias plantas, como a sorveira, ou de substâncias agressivas usadas para repelir seres feéricos (por exemplo, houve um caso nas Ilhas Hébridas em que urina já velha foi usada para capturar o gado feérico que estava na praia e conseguir pegá-lo).[9] Essas medidas podem ser desagradáveis para os seres humanos, porém nenhuma delas é fatal.

Seja pelo tamanho dos *Coraniaid*, sua malevolência ou seus sentidos sobrenaturais, há claramente grande dose de natureza feérica. Uma observação final pode confirmar tal identificação. Em 1779, um clérigo chamado Edmund Jones escreveu *A Geographical, Historical, and Religious Account of the Parish of Aberystruth* (Um Relato Geográfico, Histórico e Religioso da Paróquia de Aberystruth).[10] Ele tinha motivos para criticar (extensivamente) o apego tolo dos paroquianos a antigos delírios relacionados às *Tylwyth Teg*. No fim do século XVIII, entre as crenças predominantes na região, vigorava a de que os feéricos sempre sabem o que foi dito ao ar livre, sobretudo à noite. Essa parece uma preservação direta das lamentáveis habilidades de escuta dos *Coraniaid*.

9. MacPhail, "Folklore from the Hebrides II", p. 384.
10. Jones, *A Geographical, Historical, and Religious Account of the Parish of Aberystruth*.

A Feéria Medieval

À medida que avançamos da Inglaterra anglo-saxônica para a Grã-Bretanha medieval, uma série de características importantes da tradição feérica permanece vigente e, de fato, persiste na crença moderna. Embora tenhamos parado de falar sobre "elfos", dando preferência a "feéricos", os seres descritos, bem como suas características essenciais, permanecem iguais.

Os Seres Feéricos continuaram a habitar um mundo paralelo, como ilustram várias histórias. O reino feérico subterrâneo é visitado nas lendas de *Elidyr* e do rei Herla, assim como na história das *Crianças Verdes de Woolpit*, que se perdem na zona rural de Suffolk. Uma característica notável e várias vezes mencionada é a curiosa meia-luz que prevalece no Mundo Feérico; não há sol nem lua, mas uma luminosidade tênue, como a luz de uma tocha. Apesar de seu reino ser separado do nosso, os feéricos têm a habilidade de entrar em nosso mundo e sequestrar crianças – a história de "Malekin", de Ralph de Coggeshall, demonstra isso. Malekin foi roubada pelos feéricos de um milharal, onde sua mãe trabalhava durante a colheita; depois disso, como se fosse um fantasma, a criança poderia entrar em contato com o mundo humano, mas sem conseguir retornar a ele. Além do acesso direto ao nosso mundo, o Mundo Feérico conta com portais. No conto de Elidyr, a personagem ingressa na terra feérica passando pela margem de um rio; na história do rei Herla, o portal se localiza na caverna, em um penhasco; já as Crianças Verdes seguem um longo túnel que as leva para fora da Terra de São Martinho. Guilherme de Newbury (1136-1198) identificou um banquete feérico sob um túmulo, que, como se sabe, é um espaço feérico por excelência, enquanto Gervásio de Tilbury (c. 1150-c. 1228) descreveu como um pastor de porcos, em Peak Castle, no Distrito de Peak, ao perseguir uma porca desgarrada até uma caverna, encontrou-se, de repente, no Mundo Feérico.

Da mesma forma, os seres feéricos medievais podem ser encontrados morando em lares humanos. Gervásio de Tilbury acrescenta que os *portunes*, seres muito semelhantes aos *brownies*, trabalham nas fazendas, desempenhando qualquer tarefa que lhes seja exigida, por mais árdua que seja; realizam serviço doméstico e nunca fazem mal aos moradores; à noite, entram na casa e cozinham rãs. Os *portunes* também gostam de travessuras, andando a cavalo durante a noite ou conduzindo os cavalos dos viajantes noturnos para os lagos; um sermão do século XIII comenta a respeito de "todos aqueles que tiveram seus caminhos desviados, à noite, por *goblins* e ficaram vagando de um lado para outro". Outra história relata que duas entidades feéricas, sem qualquer motivo, teriam derrubado o cavaleiro de seu cavalo, para, depois, sentar-se na estrada, rindo-se dele maliciosamente.

Relatos medievais também nos dizem que o tempo passa de maneira diferente no Reino Feérico: quando o rei Herla regressou ao mundo dos homens, foi alertado para que não descesse do cavalo até que um pequeno cão que lhe fora dado saltasse, primeiro, ao chão. Alguns membros da comitiva se esqueceram dessa ordem e desceram de seus cavalos. Então, instantaneamente, transformaram-se em pó, pois haviam estado ausentes por centenas de anos, embora parecesse, a eles, que tivessem se passado apenas algumas horas. Dizem que o rei Herla e sua comitiva ainda cavalgam, esperando que o cão salte.

A história de Malekin apresenta, igualmente, uma característica típica: ela afirma estar há sete anos no Reino Feérico e que deve permanecer por mais sete anos, para, então, poder voltar para casa. Sete é um número mágico comum nas medições de tempo do feérico. Esperas de um ano e um dia também são comuns entre os eventos, sendo bastante encontrados nos contos medievais. O rei Herla celebrou seu casamento e, um ano depois, visitou o rei do Mundo Feérico para a celebração do casamento dele. O mesmo compromisso de se encontrar um ano depois está presente, ainda, em *Sir Gawain e o Cavaleiro Verde* (ou *D. Galvão e o Cavaleiro Verde*). Na história de Gervásio de Tilbury sobre a porca desgarrada numa caverna do distrito de Peak, a estação do ano no Mundo Feérico era inversa à do humano naquela região: o inverno deles era o nosso verão.

Tanto adultos como crianças podem ser abduzidos. Em uma história, um agricultor chamado Richard, de Sunderland, está cortando juncos para fazer palha quando três homens vestidos de verde e montados em cavalos verdes aparecem e o levam embora. Ele é conduzido a uma bela mansão e lá lhe é oferecida cerveja em um chifre verde, a qual, sabiamente, ele se recusa a beber. Os seres tentam persuadi-lo a permanecer com eles, mas o agricultor recusa; então, ao voltar para casa, acaba ficando mudo como forma de punição.

A presença de lindas mulheres do reino feérico são uma característica comum dos romances medievais. Elas dançam à noite e, às vezes, se casam com seres humanos – porém, estão sempre sujeitas a condições que, no devido tempo, serão inevitavelmente determinantes. A história de Eadrico, o Selvagem, resume a beleza irresistível da noiva élfica e sua inevitável perda. No poema de Layamon, intitulado *The Brut* (ou a *Crônica de Britânia*), a adorável rainha élfica Argante leva Arthur para Avalon, após a batalha de Camlann, para curá-lo e tomar conta dele. Os leitores devem se recordar das *aelfscyne*, ou mulheres élficas brilhantes, do mito saxão, descritas anteriormente; essas donzelas mágicas são sua encarnação posterior. Por último, evidências sugerem que as mulheres feéricas poderiam ter sexualidade independente (ou serem livres e luxuriosas, para as mentes medievais), além de serem muito bonitas. Existem relatos assustadores súcubos, em fontes do século XIII, falando de mulheres élficas visitando homens durante a noite. Conta-se, ainda, que a irmã das Crianças Verdes cresceu com moral pouco rígida – indicador, talvez, do nascimento no Mundo Feérico.

O casamento entre seres humanos e feéricos ocorre, mas está sujeito a condições. Como já mencionado, as donzelas do Reino Feérico se casam com maridos humanos, mas sempre há um porém. Na história de Eadrico, o Selvagem, o herói foi alertado para que nunca mencionasse as irmãs da esposa; porém, é claro que ele finalmente o faz, e ela some no mesmo instante. Walter Map descreveu a experiência de Gwestin de Gwestiniog, que capturou uma esposa feérica no Lago Llangorse, em Brecon Beacons. Ela viveu com ele e constituiu família; entretanto, ele foi advertido para nunca golpeá-la com uma rédea. Contudo, por acidente, isso aconteceu, e ela e todas as crianças, exceto uma, desapareceram subitamente. Como veremos, essa é a primeira de muitas histórias do País de Gales. O resultado inevitável desses relacionamentos foram os filhos. Aprendemos com as histórias medievais outro fato comum do feérico: esses seres, muitas vezes, precisam da ajuda humana, especialmente no parto. Gervásio de Tilbury conta uma história que introduz a temática das parteiras no Mundo Feérico, o que será, mais tarde, um elemento frequente em muitos contos maravilhosos.

O banquete é um dos principais passatempos dos contos feéricos medievais, a exemplo da história do rei Herla e do relato de William de Newbury sobre uma taça mágica roubada de um banquete sob um carrinho de mão. Os seres feéricos medievais têm gosto especial por produtos lácteos, como se pode ler no relato de Gerald de Gales sobre as visitas de Elidyr à terra feérica durante a infância, na qual menciona a dieta vegetariana e a preferência por *junkets* (mistura de coalhada e creme, adoçada e aromatizada). A cor verde também é um traço essencialmente feérico, como já vimos no relato de Richard de Sunderland. As *Crianças Verdes de Woolpit* surgiram na Terra Média tingidas de verde e, no início, só comiam feijões-verdes, embora sua cor tenha desaparecido à medida que sua dieta foi-se modificando.

Outro passatempo ou hábito dos feéricos medievais é abençoar ou atormentar os seres humanos: de acordo com o historiador Layamon, o rei Arthur foi abençoado pelos elfos ao nascer (nosso primeiro conto de fadas-madrinhas). Por outro lado, Gervásio de Tilbury fala sobre um chifre feérico roubado por um caçador, em Gloucestershire, o que lhe trouxe má sorte, e o homem acabou executado por roubo.

Alguns feéricos medievais são de tamanho diminuto. Diz-se que os *portunes* de Suffolk têm apenas "meia polegada de altura" – isto é, 1,27 cm (provavelmente, houve um engano na escrita e, em vez de polegada, seria meio pé de altura, algo em torno de 15 centímetros). Por sua vez, os feéricos encontrados em uma caverna sob o High Peak são do tamanho de "galos e galinhas", de acordo com Gervásio de Tilbury no livro *Otia Imperialia*, e aqueles, na história do rei Herla, são descritos de diversas maneiras como sendo tão grandes quanto macacos, pigmeus e anões, e, por fim, como tendo a metade do tamanho dos seres humanos. Os feéricos encontrados por Elidyr são igualmente pequenos, mas, ao contrário disso, as Crianças Verdes, feéricos que vivem sob o túmulo na história de Guilherme de Newbury e os portadores do chifre feérico, em Gloucestershire, apresentam proporções semelhantes às dos seres humanos. É claro que as mulheres feéricas que se casam com homens mortais devem se aproximar da estatura humana, mas há algumas mais altas que a média: as donzelas feéricas vistas dançando por Eadrico, o Selvagem, são descritas como se tivessem maior estatura que as mulheres humanas.

Alguns feéricos medievais dão avisos e têm conhecimento prévio dos acontecimentos. Esse poder sobrenatural é mencionado na história do rei Herla, e Gervásio de Tilbury descreve o *grant*, uma criatura parecida com um potro que alerta os aldeões sobre o fogo. Na Idade Média, a honestidade e o cumprimento das promessas eram vitais para os feéricos. Esse é um elemento da história do rei Herla (e de *Sir Gawain e o Cavaleiro Verde*), mas também está presente na história de Elidyr, que relata que os seres sobrenaturais que conheceu nunca faziam juramentos e abominavam mentir.

Os feéricos medievais podem desaparecer à vontade (como na história do rei Herla) e geralmente permanecem invisíveis à visão humana (como acontece com o *changeling* Malekin). Essa ocultação pode ser anulada de duas maneiras: uma pessoa pode aplicar uma pomada mágica ou pode ser possível obter a segunda visão por meio do contato com um "vidente".

Resumo

Todas essas características serão reconhecidas no estudo mais recente sobre a feéria, a ser examinado mais adiante, neste livro. Em outras palavras, a maioria dos aspectos de nossa compreensão da natureza, das preferências e das aversões do Bom Povo foi posta há cerca de mil anos. Sempre podemos aprender mais, é claro; porém, a maioria de nossas ideias atuais a respeito de nossos Bons Vizinhos já era perfeitamente familiar aos escritores que acabamos de mencionar, bem como ao seu público.

O Povo Feérico sempre esteve conosco, mas nosso conhecimento e compreensão a respeito foram expandidos e aperfeiçoados à medida que pudemos partilhar perspectivas e experiências de toda a Grã-Bretanha ao longo dos últimos duzentos anos ou mais. É com base nesse conhecimento totalmente amadurecido e elaborado sobre os seres feéricos que desenvolvo o restante desta obra.

Capítulo 3

Introdução aos Seres Feéricos

No presente capítulo, discuto alguns dos elementos fundamentais para o nosso conhecimento sobre o Mundo Feérico. Antes de examinarmos os aspectos detalhados do nosso relacionamento com os seres sobrenaturais, precisamos esclarecer alguns fatos importantes: quais termos usar ao falar sobre o Bom Povo, como esses seres estão agrupados, como é o Reino Feérico e – talvez o mais importante – como nós mesmos podemos vivenciar um encontro com esses seres.

Nomeando os Seres Feéricos

Existem muitas maneiras de classificar e muitos nomes diferentes para identificar alguns seres mágicos conhecidos na Grã-Bretanha. Por exemplo, em uma peça do período Tudor, um personagem lista os diversos nomes pelos quais são chamados, que incluem Puck, Puckerel, Hob Howlard, Robin Goodfellow, Pickhorne, Hobgoblin (Goblinoide), Rawhead, Bloody Bones, o Feio (Bicho-Papão) e Bugbear (Goblinoide) – e essa é uma das listas mais curtas do período.[11]

11. Gascoigne, *The Bugbears*, Ato III, linhas 47 e 55.

Cada um dos seres mencionados tem o próprio caráter e a localização preferida. Alguns tipos são encontrados em todas as regiões, e outros pertencem a determinados espaços.

Antes de examinarmos a terminologia específica, vale a pena falar um pouco sobre nossa escolha vocabular. Sabemos, com certeza, que os seres feéricos não gostam do termo "feéria", o que significa que, com frequência, são usadas expressões ou epítetos para se referir a eles, mesmo por parte dos descrentes declarados. Via de regra, é melhor evitar referências que possam atrair a atenção deles para você e, se for necessário mencionar os seres feéricos, utilizar eufemismos elogiosos. Alguns dos rótulos escolhidos são meramente descritivos, quer da aparência do ser sobrenatural, quer do local onde se encontram, e essa abordagem neutra pode muito bem ser a mais segura. Por exemplo, no extremo norte da Grã-Bretanha, onde se fala o gaélico, *Sidh* ou *Sith* é o termo preferido; entretanto, acredita-se que o nome atribuído ao Bom Povo se refere ao fato de viverem sob as colinas, embora possa ser um eufemismo que denota "povo de paz". Esse tipo de nome complementar é bastante popular. Mary Lewes observou um fato significativo: no País de Gales, não há nomes galeses que envolvam referências ao feérico, indicando o respeito cauteloso demonstrado pelos galeses aos seres sobrenaturais, chamados por eles de *Tylwyth Teg* (a bela família).[12]

Nesse sentido, também vale ressaltar o poder existente nos nomes pessoais. Há uma série de histórias que examinaremos adiante, nas quais seres mágicos que ajudam mulheres a completar tarefas impossíveis também escondem seus nomes como forma de obter o domínio sobre essas mulheres. Para os humanos, esconder o próprio nome dos seres feéricos é tão importante quanto tratá-los corretamente, evitando qualquer desrespeito. Isso é algo muito bem ilustrado pela série de histórias *ainsel*, como a de Meg Moulach: uma criança feérica conhece um humano e lhe pergunta o nome, ao que ele responde *my ainsel* (eu mesmo[a]). Mais tarde, essa criança se fere durante uma brincadeira e corre até os pais para se queixar. Quando questionada sobre o nome de quem lhe causou o ferimento, a resposta da criança foi *my ainsel*, ou seja, "eu mesma". Se fosse dado o nome de alguém, essa pessoa teria sofrido as consequências pelo ocorrido. Feéricos e elfos ocultam seus nomes para nos impedir de obter poder sobre eles, e vice-versa. Em outras palavras, se tiverem queixa contra uma pessoa, será mais difícil encontrá-la se não souberem seu nome! No entanto, sempre me senti bastante desconfortável com essa linha de pensamento sobre os seres feéricos. Por um lado, parece sugerir que

12. Terrell, *The Wee Folk of Menteith*, p. 48; Lewes, *The Queer Side*, p. 117.

os humanos são mais inteligentes que os Bons Vizinhos e que um pouco de astúcia pode enganá-los ou induzi-los a trair os próprios nomes. Ao mesmo tempo, introduz um elemento de engano no relacionamento, uma falta de abertura e honestidade que vai diretamente contra outros preceitos sobre a promoção de boas relações com o feérico.

Tipos de Seres Feéricos

Existe a tendência a generalizar os tipos e as características dos seres feéricos (pela qual, é claro, serei responsabilizado neste livro), mas muitos deles eram muito limitados na localização, muito individuais no comportamento e muito locais nos interesses e nas preocupações. Devemos sempre ter em mente essas diferenças pessoais e regionais, mas ainda podemos estabelecer algumas categorias amplas. Os tipos mais comuns e difundidos que discutiremos são:

Feéria

Ao longo deste livro, usarei esse termo (variando entre o Feérico) como categoria geral para todos os seres sobrenaturais de descrição geralmente humanoide. Eles podem assumir a forma animal de vez em quando, mas sua forma básica é muito próxima da nossa, embora com diferenças de tamanho, aparência e habilidades.

"Seres Feéricos", por sua vez, podem ser chamados de *pixy* ou *brownie*, e muitos têm nomes próprios especiais que usarei. Porém, esses termos também são um rótulo conveniente para grande número de seres sobrenaturais feéricos que não apresentam nome individual familiar ou não podem ser facilmente incluídos em uma categoria regional. Como regra geral, os seres feéricos habitam o Mundo Feérico, embora, em breve, observaremos que é um pouco mais complicado que isso.

Elfos

Antes que os britânicos adotassem a palavra francesa "fada", chamavam seus seres sobrenaturais nativos de "elfos". Essencialmente, não há diferença entre os dois no folclore britânico. O termo "elfo" foi tomado do galês, resultando na palavra *ellyll*, indicando que a mesma família feérica foi encontrada habitando todas as Ilhas Britânicas. Nossa tendência agora é distinguir entre elfos e fadas, mas isso não tem nada que ver com o folclore tradicional. A partir do século XIX, as fadas tenderam a se reduzir a pequenas meninas com asas, enquanto a influência dos mitos nórdicos, nas histórias de J. R. R. Tolkien, preservou os elfos como figuras altas e semelhantes a guerreiros. Essas são histórias inspiradoras, porém é preciso esquecê-las para fins de investigação dos relatos populares reais. São inúteis e enganosas.

Pixies

Os *pixies*, ou *piskies*, ou *pisgies*, são o povo sobrenatural do sudoeste da Inglaterra. Há uma percepção bastante consistente deles como sendo pequenos e com disposição travessa, que trajam roupas verdes e usam bonés vermelhos. Entretanto, estão longe de ser os únicos habitantes sobrenaturais da região: lá se encontram sereias e a *bucca*.

De vez em quando, também ouviremos sobre *spriggans* – classe de seres feéricos originária do folclore da região da Cornualha –, que não parecem ser um tipo totalmente diferente de feérico, mas, sim, uma espécie de *pixy* permanentemente mal-humorado e desagradável. Descritos como severos e feios, seu papel específico parece ser o de proteger outros feéricos contra invasões ou insultos pelos humanos (ver as histórias *The Miser on the Faerie Gump* [O Avarento em Faerie Gump] ou *The Faeries on the Eastern Green* [Os Feéricos de Eastern Green], ambas de Penwith, na Cornualha Ocidental). Eles estão intimamente ligados a locais antigos, como fortalezas nascolinas, onde guardavam ouro, enterrando-o. Nesse quesito, os *spriggans* parecem se relacionar com os *Redshanks* ou Daneses de Somerset. É notável que possam ser encontrados em diferentes pontos da região.

Existem ainda alguns relatos de *pixies* domésticos que vivem nas casas das pessoas e realizam tarefas domésticas para elas. Esses seres começam a ser conhecidos como *brownies*.

Brownies

Um tipo importante e muito conhecido ser feérico britânico é o *brownie*, espírito doméstico que coabita prestativamente com pessoas em fazendas e casas.

Brownies podem ser encontrados desde Lincolnshire até o norte, chegando às Terras Baixas da Escócia. Às vezes, são chamados de *dobbies* ou de *broonies*, nas áreas mais ao norte.

Os nomes mais antigos de *Puck* e *Hobgoblin* (Duende Macabro) - entendidos como outros espíritos domésticos - foram amplamente absorvidos por essa criatura normalmente amigável. *Brownies* são distintos da maioria dos seres feéricos descritos neste livro. Podem ser caracterizados como reservados e introspectivos. Em contraste, são apegados e subservientes aos humanos; são dedicados às suas funções e extremamente diligentes no desempenho; estando muito próximos de suas famílias humanas, poderão, inclusive, migrar com elas, em alguns casos. Os *brownies* são fiéis e confiáveis e podem ser valiosos na execução de tarefas e trabalhos importantes, como guardar tesouros ou crianças, ou buscar uma parteira. No entanto, podem tender a fazer travessuras, ofender-se facilmente e reagir de maneira exagerada, sendo, ainda, muito exigentes quanto à recompensa que recebem pelo serviço prestado. Os *brownies* poderão aceitar comida como recompensa, mas não aceitarão roupas (ou, pelo menos, certos tipos de roupa). Esses espíritos domésticos vivem nas fazendas ou muito perto delas; o restante do Bom Povo viverá no Mundo Feérico - também chamado *Faery* ou Feéria.

Trows

Os *trows* são seres feéricos que habitam as Ilhas Orkney e as Ilhas Shetland, ao norte da Escócia. Geralmente reservados e pouco amigáveis, são uma família de feéricos constituída de seres pequenos, feios e que residem sob as colinas. O nome está relacionado ao *troll* nórdico, lembrando-nos da longa herança Viking nessas ilhas. Os *trows* costumam ser descritos como mal-humorados e melancólicos, embora um especialista local acredite que foram temidos e odiados mais do que mereciam. Eles não toleram que os seres humanos usem a palavra *trow* e desaparecerão no instante em que ela for pronunciada. É por esse motivo que costumam ser chamados de "o povo cinzento".[13]

13. Saxby, *Shetland Traditional Lore*, p. 132; Marwick, *The Folklore of Orkney and Shetland*, p. 36.

Derricks

Os Derricks são uma espécie de elfo ou *pixy* que habita a costa sul da Inglaterra. Os de Hampshire são aparentemente mais amigáveis e úteis que os da região de Dorset. Podem guardar tesouros enterrados.

Espíritos do Pomar

Pomares e outros bosques frutíferos da Inglaterra são habitados por vários espíritos (*sprites*) mágicos – como o Velho Goggy –, responsáveis por protegê-los de ladrões e crianças. Esses seres são um bom exemplo daqueles membros das espécies feéricas que parecem ter apenas um papel a desempenhar (pelo menos, no que diz respeito à sociedade humana).

Os Tiddy Ones dos Pântanos de Lincolnshire

Essa região tão especial é o lar dos Tiddy Ones, também chamados Yarthkins, Strangers e Greencoaties. Estão enraizados no solo local e atuam como espíritos da fertilidade, ajudando no crescimento e no amadurecimento da vida vegetal; recebem homenagens ou oferendas da população local, por meio dos primeiros frutos e da primeira degustação de qualquer refeição ou bebida. Se negligenciados, podem ser vingativos, afetando as colheitas, os rendimentos e até mesmo a taxa de natalidade. Foram descritos como tendo um palmo de altura, membros finos e mãos, pés e cabeça grandes. Têm nariz comprido e boca larga e emitem ruídos estranhos. Costumam dançar em pedras grandes e planas ao luar.

Um espírito específico da região de Fenland, o Tiddy Mun, parecia controlar as enchentes nos dias anteriores à drenagem dos pântanos. De vez em quando, surgia em lagoas à noite, podendo arrastar suas vítimas para dentro delas, contudo; era geralmente solidário com a população local. Seus laços estreitos com a gestão dos níveis de água enfatizam sua natureza e função local.

Feéricos da Ânglia Oriental

Em Norfolk e Suffolk, as pessoas se referiam aos feéricos como *feriers, frairies* ou *farisees*. Esses seres locais eram conhecidos por serem muito pequenos e reservados. Viviam no subsolo e raramente eram vistos, o que, talvez, tenha sido uma sorte, pois, acima do solo, poderiam ser perigosos para os seres humanos. Esses feéricos montavam gado e cavalos à noite.

Duas Tribos

Existem muitos tipos de criaturas feéricas e várias maneiras de agrupá-las, além dos tipos regionais ou familiares, como *pixies* e *brownies*. Esses seres podem ser categorizados por viverem em grupos ou não ou pelas atitudes em relação à humanidade.

Quando pensamos nos seres sobrenaturais, comumente imaginamos os seres feéricos das comunas, das montanhas ou, às vezes, até de tropas. O folclore sugere que os feéricos das comunas costumam ser geralmente favoráveis, ou, pelo menos, não ativamente hostis com os seres humanos, embora seu estado de espírito possa ser mutável. Muitos dos demais seres feéricos, que são, com frequência, solitários, tendem, por natureza, a ser antagônicos aos humanos, se não totalmente fatais.

Essa distinção entre feéricos "bons" e "maus" remonta aos tempos mais antigos. Como já vimos, os Vikings distinguiam entre elfos da luz e elfos das trevas. Na tradição da feéria escocesa – que é bem posterior –, sobrevive uma distinção bastante clara e definida entre o que é corte *seelie* e corte *unseelie* (os nomes vêm do anglo-saxão *sælig*, que significa "abençoado" ou "feliz"). Primeiro, os feéricos gentis e benevolentes, que ajudam os idosos e os pobres, auxiliam aqueles que trabalham duro, confortam os angustiados e recompensam as boas ações; entretanto, esses "feéricos-guia" podem agir de forma vingativa contra os seres humanos se sentirem que foram desprezados.

Segundo, existe o tribunal invisível, composto pela multidão dos mortos não santificados. Eles são bastante hostis à humanidade, capturam indivíduos perdidos e os fazem disparar tiros de elfo contra outras pessoas ou contra o gado. Esses seres "perversos" infligem danos às pessoas e podem sequestrar crianças não batizadas; podem fazer a barba dos homens que capturaram e se ressentem particularmente daqueles que se vestem com a cor verde dos feéricos. Algumas das feras da feéria escocesa são solitárias e mortais, como o *kelpie* e o *njugl*, e parecem estar entre a corte invisível.

No País de Gales, pode ser encontrada uma dicotomia: o *Tylwyth Teg* pode ser bom e mau. Na área ao redor de Nant y Bettws, os feéricos "eram ladrões sem igual", pois roubavam leite, queijo e manteiga das fazendas e furtavam carteiras nos mercados locais, segundo testemunhas. Ao lado deles, porém, vivia outro ramo da chamada "Bela Família", com certeza mais bonito e sempre tratava os humanos próximos com honestidade e bondade.[14]

Na Inglaterra, há alguns pequenos vestígios de uma tradição de tribos compostas por feéricos bons e maus, embora estejam presentes somente em algumas alusões literárias. Em 1625, o reverendo Thomas Jackson escreveu, em *A Treatise Concerning the Original of Unbelief* (Tratado sobre a Descrença Original), a seguinte afirmação (embora atribuísse todas essas histórias a referências satânicas):

> **Assim, os Seres Feéricos são, pela diferença de eventos que lhes são atribuídos, divididos em bons e maus; porém, na verdade, trata-se apenas de um e do mesmo demônio maligno que se intromete em ambos...**[15]

Essa indicação de dois temperamentos diferentes também se reflete na peça *The Buggbears*, de George Gascoigne, publicada em 1565, que afirma:

> **... o branco e o vermelho são assustadores... alguns são adoráveis e gentis; alguns, simpáticos e companheiros; alguns, constantes; e outros, mutáveis; alguns, das colinas; outros, dos bosques e vales; uns, das águas; e outros, dos riachos, nós... que conhecemos essa arte... podemos reconhecê-los pela aparência.**[16]

A tendência de nós, seres humanos, dividirmos os feéricos em bons e maus parece ser antiga e comum. No entanto, é provável que haja muitos pensamentos positivos envolvidos de nossa parte. É mais sensato enfatizar que todos os feéricos são potencialmente travessos ou maliciosos: alguns agem apenas dessa maneira; outros são bem-intencionados na maior parte do tempo, mas podem ficar

---

14. Rhys, *Celtic Folklore*, p. 83.
15. Jackson, *A Treatise Concerning the Originals of Unbelief*, p. 178.
16. Gascoigne, *The Buggbears*, linha 47.

ofendidos ou irritados rapidamente. No centro de nossas relações com o Bom Povo, deve estar a consciência de que se trata de seres mutáveis e imprevisíveis.

Feéricos Adversos

Qualquer pessoa interessada na tradição feérica logo notará que esse Reino é um lugar onde as contradições abundam. Morgan Daimler, uma autoridade no que concerne às fadas, afirmou, recentemente, que, "quando se trata de Feéria, a única generalização possível é que não é fácil fazer qualquer generalização".[17]

Inconsistência e incerteza parecem comuns nos estudos sobre o feérico. Há nítida falta de consenso quanto à aparência dos chamados *Fae* ou seres feéricos (altura, traços faciais, presença ou ausência de asas) ou em relação ao vestuário. É claro que se um não humano fosse apresentado a um grupo de humanos de diversas idades e etnias, cada um vestido com trajes típicos tradicionais de sua região, ele também ficaria intrigado ao tentar determinar como é a aparência do humano "comum". Do mesmo modo, há muitos tipos de seres feéricos, e, portanto, a falta de consistência nas conclusões não deve ser objeto de preocupação.

Os incrédulos dirão que é difícil destacar a inconsistência nos relatos, tendo em vista que estamos discutindo um conjunto de seres totalmente imaginários. Por sua vez, quem acredita nas fadas pode explicar as contradições apontando a variedade de formas assumidas pelos feéricos, suas habilidades mágicas e seu conhecido senso de maldade. Janet Bord argumenta isso no livro *Fairies*: as discrepâncias nas descrições da altura dos feéricos podem ser atribuídas ao encantamento e à ilusão.[18] Sem dúvida, o maior problema em qualquer tentativa de racionalizar ou generalizar o comportamento feérico é a existência de diferenças irreconciliáveis entre descrições. Vou destacar apenas algumas aqui para demonstrar meu ponto de vista.

Como veremos adiante, as parteiras humanas são frequentemente levadas para o Mundo Feérico para auxiliar nos partos. Relatos desses incidentes são extremamente comuns. Dada a aparente incapacidade de lidar com os partos, é estranho que a rainha Mab tenha a reputação de ser parteira das fadas, e venha de Baslow, em Derbyshire, a tradição de que as fadas dançam

17. Daimler, *Fairies: A Guide to the Celtic Fair Folk*, p. 173.
18. Bord, *Fairies: Real Encounters With Little People*.

em círculo, num campo, em torno de uma pequena mulher vendada chamada "a parteira". Quando uma mulher local está prestes a dar à luz, as fadas trazem para casa uma pequena mulher encapuzada que ajuda no parto antes de ser levada novamente.[19]

Adiante, veremos também que o Bom Povo pode insistir em seu código de comportamento e impô-lo aos seres humanos – e, ainda assim, agir de formas consideradas questionáveis. Esses seres amam as virtudes da limpeza, da justiça, da bondade e da castidade. Em Fife, na Escócia, conta-se que foi demolida uma casa onde fora cometido um homicídio, provavelmente porque o fato ofendeu muito a sensibilidade feérica. A Sra. Bray sugeriu (talvez sem muita seriedade) que virar as roupas do avesso funciona para libertar uma pessoa do encantamento dos *pixies*, porque eles não suportam desordem no vestuário.

Os feéricos odeiam a ganância. Um *pixy* da Cornualha ficou tão irritado com um agricultor que pressionava e intimidava a própria família e seus trabalhadores a realizarem seu trabalho que o castigou com um truque, a fim de modificar seu comportamento. Um dia, correndo para o mercado com seu cavalo a puxar a carroça, o fazendeiro sempre tinha a visão da torre da igreja à frente; porém, por mais que se esforçasse, nunca conseguia chegar mais perto dela, deixando a ambos – ele e o cavalo – exaustos e tristes ao final do dia. Os feéricos nos castigam e nos ensinam lições, mas isso não impede suas próprias brincadeiras, sua eventual crueldade nem seus roubos.[20]

Os seres feéricos são reservados, mas não fazem qualquer cerimônia para invadir lares e roubar edifícios e propriedades humanas. São orgulhosos e independentes; contudo, por vezes, parecem muito dependentes da ajuda humana, na medida em que, aparentemente, não conseguem realizar simples reparos em suas propriedades ou lidar com questões de saúde, como o parto. Faz parte dessas contradições o fato de haver sempre provas em contrário: acabamos de observar isso em relação às parteiras.

Outro exemplo vem de Worcestershire. Existem inúmeros relatos de fadas que procuram ajuda para consertar cadeiras e cascas quebradas; às vezes, porém, a ajuda é revertida. Em Osebury, no rio Teme, a tradição é que uma casca quebrada deixada na caverna de um feérico seja remendada para você. Nas Ilhas do Norte, acreditava-se que, se uma roda giratória não funcionasse bem, deixá-la exposta durante a noite em um monte feérico iria consertá-la. Essa vontade de ajudar é, mais uma vez, contraditória: em geral, os feéricos são egoístas ao extremo, e isso

19. Addy, *Household Tales*, p. 134.
20. *County Folklore*, vol. 7, p. 33; Harris, *Cornish Saints and Sinners*, p. 20.

também se aplica aos seres domésticos, como os *brownies*, tidos como "trabalhadores, atenciosos e dispostos a servir": eles demonstram "fidelidade sem igual" e estão sempre promovendo os interesses de seus senhores.[21]

Aqui está outro quebra-cabeça. O ferro é conhecido como material que repele os feéricos. Assim, uma criança no berço pode ser protegida por uma tesoura pendurada sobre ele; tesouras colocadas em uma chaminé evitam incursões de feéricos por esse acesso, e, ainda, viajantes sábios carregarão metal com eles, mesmo que seja algo tão pequeno quanto um alfinete, como defesa contra encontros sobrenaturais e para evitar serem desviados de seu percurso. Muitas vezes, surgem histórias sobre resgates de cônjuges sequestrados em colinas feéricas, nos quais o salvador colocou sua faca ou um prego na soleira, a fim de impedir que a entrada da colina se feche novamente e o prenda (às vezes, será necessário equipar-se com muitos implementos de metal, pois haverá pessoas fugindo da colina – caso contrário, alguém poderia acabar ficando preso). Essa lista poderia ser consideravelmente ampliada, mas o princípio está muito bem estabelecido e parece consistente. No entanto, como explicar o uso de ferramentas de metal pelos seres feéricos – o que muitas vezes fazem, como fica evidente nas histórias sobre a busca de ajuda humana para consertar baldes, picaretas e similares danificados? Ainda mais aberrante, talvez, seja a história de um rapaz raptado nas Ilhas Shetland e que regressa à casa especializada em forjar foices, ofício aprendido enquanto vivia com os *trows*. Afirma-se que os seres feéricos são ferreiros e metalúrgicos experientes, ao mesmo tempo em que são repelidos pelo ferro...[22]

Pode confortar os leitores descobrir que amplo conhecimento do feérico não torna esses seres necessariamente mais previsíveis ou compreensíveis. Brian Froud, renomado ilustrador e *designer* conceitual do universo feérico, foi entrevistado pela escritora Signe Pike para seu livro *Faery Tale*. Froud descreveu sua reação às primeiras pesquisas sobre a Feéria e às contradições que encontrou: "Isso é muito típico dos seres feéricos, na verdade. De certa forma, esse fato simplificou tudo para mim e, ao mesmo tempo, tornou tudo muito complicado".[23]

Os feéricos são frequentemente considerados criaturas que estão "entre e a meio-termo". Assim, é justo que nosso conhecimento sobre eles seja do mesmo modo: indeterminado e instável. Também é típico dos feéricos quererem esconder algo de nós – seja seu nome ou o conhecimento completo de suas personalidades.

---

21. Roy Palmer, *Folklore of Worcestershire*, p. 180; Marwick, *The Folklore of Orkney*, p. 41; Crofton Croker, *Fairy Legends & Traditions*, p. 48.
22. Ver, por exemplo, Simon Young e Ceri Houlbrook, *Magical Folk*, pp. 38, 133, 135.
23. Pike, *Faery Tale*, p. 86.

Concluirei essa breve pesquisa sobre a adversidade, com a citação de algumas palavras muito apropriadas extraídas de outro livro sobre o tema e que foi lançado recentemente. Ao observar as descrições conflitantes dos feéricos, a autora Morgan Daimler afirma: "Nenhuma das descrições está errada e nenhuma está exatamente correta, e essa é a primeira lição sobre o Feérico: é de toda forma e sempre uma contradição."[24]

Seres Feéricos e Mundo Feérico

Mundo Feérico, Terra Feérica, Reino Feérico, *Faeryland*, *Faery* ou *Faerie*, Feéria ou mesmo Elfame é o lugar onde os seres feéricos habitam e de onde se originam. Para nós, seres humanos, o problema é definir sua natureza e encaixá-la no mundo que conhecemos. Essa dificuldade tornou-se maior nos últimos séculos à medida que o conhecimento e o controle sobre nosso ambiente físico se expandiram.

Onde Fica o Mundo Feérico?

O "ambiente natural" da Feéria, como podemos chamá-la hoje, sempre foi uma preocupação da humanidade – principalmente para que possamos ficar atentos e evitá-la. Essas precauções são agravadas pelo fato de os feéricos habitarem ambas as partes: o mundo cotidiano que nos rodeia e, ao mesmo tempo, sua própria esfera, em grande parte, exclusiva deles.

Todos os locais isolados, inacessíveis, desabitados e intocados foram considerados locais *Fae* ou feéricos. Outro Reino Feérico tem sido, muitas vezes, pensado como estando abaixo do solo; isso pode significar que colinas proeminentes são habitadas ou que o portal para o Mundo Feérico pode ser encontrado por meio de cavernas e similares, sob lagos ou no fundo de poços. Por exemplo, em Dartmoor, área ao redor de Lustleigh, sudoeste da Inglaterra, havia um labirinto de tocas de coelho, o qual se acreditava servir também como "tocas de *pixies*": lugares onde os *pixies* se esconderiam dos humanos, caso não conseguissem escapar para seus refúgios secretos. Locais antigos – círculos de pedra, túmulos e similares – também têm fortes associações com seres feéricos, os quais podem

24. Daimler, *Fairies*, p. 12.

chegar às suas casas subterrâneas a partir de entradas sob pedras monolíticas ou morar, de fato, em túmulos.[25]

Hoje, a associação entre a Feéria e o mundo natural parece óbvia e fundamental para seu caráter. Na verdade, essa crença é relativamente nova e deriva de várias fontes. Primeiro, os seres humanos tornaram-se cada vez mais urbanos, separando-se do mundo rural e fazendo-o parecer mais singularmente feérico. Ao mesmo tempo, ao longo do último século, os seres feéricos passaram a ser cada vez mais vistos como espíritos da natureza, seres cujo propósito principal ou único é motivar e moldar os processos da natureza, com ênfase no crescimento das plantas. Como tal, pode-se acrescentar que eles tendem a perder parte de sua personalidade individual e a se incorporar a esses sistemas naturais, de modo que – por exemplo – não é claro se vivem em árvores ou são, de fato, espíritos dessas árvores.

Outra origem de nosso conceito sobre "feéricos da natureza" é muito mais antiga e remonta ao nosso deslocamento recente para as cidades. As representações humanas dos tipos de seres sobrenaturais sempre tenderam a espelhar nossa própria sociedade, e, por isso, para as pessoas da Idade Média, parecia óbvio que os seres feéricos vivessem num mundo muito parecido com o delas, com a mesma organização e as mesmas ocupações.

Havia reis e rainhas feéricas, e a corte da Feéria saía para caçar veados com cães de caça. Na Idade Média, ainda vivíamos muito mais perto da natureza, com contato bem mais próximo com os ciclos de crescimento, as estações, as florestas e a vida selvagem. Os seres feéricos, portanto, não foram imaginados de maneira diferente – e, embora a sociedade humana tenha se desenvolvido rapidamente desde então, nossas percepções sobre os feéricos tendem a permanecer fixadas pelas descrições dessas histórias antigas. Seja como for, parece-nos certo e apropriado afirmar que os seres feéricos vivam nas florestas e estejam intimamente associados às flores, às folhagens e às nascentes. Essa ligação com as florestas ganhou mais força especialmente nos últimos séculos.

Como o Mundo Feérico é Alcançado?

Alguns locais são habitualmente frequentados pelos seres feéricos; outros são lugares limiares, são "portais" onde podemos encontrá-los e obter acesso à Feéria. O folclore e as baladas tradicionais sugerem que os pontos mais

25. Ver capítulo 4 de meu livro *British Fairies*.

prováveis tendem a ser singulares ou perceptíveis de alguma forma. Colinas diferentes e solitárias são locais de destaque, como já mencionado, mas outros a serem observados incluem árvores solitárias (especialmente espinheiros e macieiras), poços naturais e margens verdejantes, sobretudo aquelas onde crescem margaridas. A experiência sugere que os encontros com feéricos acontecem, em geral, nesses locais, e é a partir deles que a jornada para a Feéria normalmente começa.

Quem Pode ser Encontrado no Mundo Feérico?

Parece desnecessário perguntar quem vive no Mundo Feérico; porém, como já sugeri, os próprios seres feéricos não são os únicos residentes. Vários seres humanos também serão encontrados por lá, quase todos tendo chegado, de uma forma ou de outra, contra a vontade.

Uma das teorias sobre as origens dos seres feéricos é que eles são os espíritos dos ancestrais mortos – aqueles que partiram e foram transformados em seres imortais. Em outras palavras, o Mundo Feérico seria o mundo dos humanos falecidos. Por exemplo, em West Country, acredita-se que os *pixies* sejam as almas de crianças não batizadas ou de druidas virtuosos e outros não cristãos. A associação dos *pixies* com pedras monolíticas, carrinhos de mão longos e círculos de pedra reforça naturalmente essa ideia. Outros argumentam que a preferência dos feéricos pelo verde simboliza a morte e a decadência, em vez de indicar crescimento vibrante e vigoroso, como se supõe comumente.

Quando foram inicialmente encontradas, as chamadas *Crianças Verdes de Woolpit* comiam apenas feijões-verdes, o que Katharine Briggs sugeriu que poderia ligá-las ainda mais à morte.

É muito provável que, ao menos em parte, a razão para associar os feéricos aos mortos seja a crença de que a Terra Feérica seja subterrânea. Ao descrever Dartmoor, foi dito que "*Pixyland* – ou Terra dos *Pixies* – é um reino sombrio em algum lugar abaixo dos pântanos, onde os *pixies* desaparecem quando se aproxima o amanhecer". Como se fossem cadáveres, eles se escondem sob a relva; como fantasmas, desaparecem quando a luz do dia chega.[26]

---

26. Page, *An Exploration of Dartmoor and its Antiquities*, p. 37.

A evidência não é completamente consistente, mas, no geral, nada indica que o Reino Feérico seja idêntico ao inferno ou ao purgatório. A crença escocesa dava conta que a Terra Feérica era uma "Terra Média", a meio caminho entre a terra dos homens vivos e a dos mortos. Há um conto escocês em que vizinhos mortos são vistos colhendo milho e frutas no Mundo Feérico, aparentemente como consequência de suas más ações na vida, mas isso não significa necessariamente que estejam sofrendo um castigo eterno. A morte pode ter sido o disfarce para seu rapto para a Terra Feérica, e, uma vez lá, eles são tratados como mão de obra escravizada. No entanto, em algumas partes da Grã-Bretanha, a distinção entre feéricos e fantasmas tornou-se realmente muito confusa. Uma história de Lancashire ilustra como os ancestrais, os mortos inquietos e os seres feéricos se fundiram em um só: um *boggart* – bicho-papão – assombrava um túmulo pré-histórico perto de Over Darwen, e, ainda na década de 1860, as crianças que passavam por lá tiravam os sapatos e os tamancos, temendo acordar o ser que descansava no túmulo.[27]

No folclore remanescente, os feéricos não parecem, portanto, realmente ser nossos ancestrais falecidos: embora os mortos estejam definitivamente presentes no Mundo Feérico, não pertencem à Feéria e, na verdade, podem nem estar mortos. Com certeza, os feéricos não estão mortos nem são fantasmas. Em vez disso, seria melhor considerá-los guardiões dos mortos. Na história de "Cherry of Zennor", que circula na Cornualha, há alguns detalhes sombrios, um dos quais fala sobre um grupo de pessoas aparentemente mortas em uma sala, da qual Cherry (a empregada) é excluída por seu mestre feérico. Um dia, ela o espiona no quarto pelo buraco da fechadura e o vê libertando uma mulher de uma caixa semelhante a um caixão, enquanto todas as estátuas "mortas" ganham vida e dançam.

Vale dizer ainda que as histórias nos contam que apenas certos grupos de pessoas falecidas acabam no Reino Feérico. No poema "Sir Orfeo", escrito no período do Inglês Médio (entre os séculos XI e XIV), o cavaleiro visita o castelo do rei feérico em busca da esposa sequestrada. Lá, o rei vê muitas pessoas "consideradas mortas, mas não estão". Algumas delas estavam sem cabeça, outras não tinham membros, havia pessoas gravemente feridas, loucas, afogadas, queimadas, engasgadas com comida ou mortas no parto. De todas elas, o poeta afirma: "Cada uma delas estava assim quando foi tirada deste mundo e veio para a Terra dos Feéricos por encantamento". Com base nessa história,

27. Hardwick, *Traditions, Superstitions and Folklore* (Chiefly of Lancashire and the North of England), p. 141; Aitken, *Forgotten Heritage*, pp. 14 e 15.

parece que o Reino Feérico não é a terra dos mortos como um todo. As pessoas levadas para lá são aquelas que morreram precocemente, por violência ou em circunstâncias que envolvem algum mistério – especialmente a suspeita de intervenção sobrenatural. Histórias semelhantes vêm dos julgamentos de bruxas na Escócia: ouvimos falar de habitantes da Terra Feérica que estão lá porque morreram em batalha ou na hora mágica do pôr do sol. Katharine Briggs, conhecedora de assuntos feéricos, disse-o bem quando escreveu que, "em geral, pode-se dizer que os Mortos que habitam a Terra Feérica não têm o direito de estar entre os mortos".[28]

Portanto, existem vários humanos no Mundo Feérico que foram abduzidos para lá involuntariamente: há aqueles levados para realizar tarefas gerais e aqueles procurados por uma habilidade ou qualidade específica. Foram sequestrados do próprio mundo por vários meios: pela aparência da morte ou por serem atraídos para uma dança feérica, por exemplo. Para esses convidados involuntários, o Mundo Feérico é uma espécie de prisão. Ficam presos no reino sobrenatural ao consumir a comida e a bebida de lá. Por exemplo, numa história da Cornualha intitulada *Fairy Dwelling on Silena Moor* (Morada Feérica em Silena Moor), um fazendeiro chamado Noy se perde na charneca e se depara com uma festa em uma casa. Há uma garota servindo os convidados, que é sua ex-noiva, que aparentemente morrera três ou quatro anos antes. Noy é advertido pela ex a não comer a comida do banquete – havia algum tempo, ela mesma comera aquela comida e, como resultado, fora levada a um estado em que parecia estar morta para o mundo humano, quando, na verdade, era um corpo falso (um tronco) deixado em seu lugar, enquanto ela fora sequestrada e levada como serviçal dos *pixies*. Comparável a essa narrativa é o caso de Katherine Fordyce, de Unst, nas Ilhas Shetland, que se acreditava ter morrido durante o parto, mas que, na realidade, fora raptada para atuar como babá dos *trows*. Katherine também comeu comida feérica e acabou presa com eles. Todas essas pessoas foram roubadas de seus lares terrenos e colocadas para trabalhar servindo aos Seres Feéricos.[29]

Felizmente, o estado permanente de morte terrena não precisa se aplicar a todos aqueles sequestrados para o Mundo Feérico, porque as pessoas têm a possibilidade de escapar; o encantamento feérico pode ser superado. Um relato de Skye revela que basta molhar o olho esquerdo com saliva para dissipar o encantamento feérico e deixar para trás o cativeiro. A mulher dessa história

28. Briggs, "The Fairies and the Realms of the Dead", *Folklore*, vol. 81 (1970), p. 96.
29. Ver também Gwyndaf, in Narvaez, *The Good People: New Fairylore Essays*, p. 160; Bruford in Narvaez, *Good People*, p. 131; Campbell, *Popular Tales of the West Highlands*, vol. 2, p. 65, "The Tacksman of Auchriachan".

retornou ao lar; porém, é preciso dizer que ela teve sorte única e sua fuga foi muito fácil.

Os rituais mágicos podem, por vezes, reverter o aparente estado de morte, sob o pretexto de que as pessoas foram raptadas. No poema intitulado "Childe Rowland e Burd Ellen", o rei dos elfos sequestra Ellen; a seguir, seus irmãos são mortos tentando resgatá-la; contudo, Rowland consegue, afinal, libertá-la, fazendo com que o rei dos elfos livre Ellen do feitiço que a mantém prisioneira e que ele ressuscite os irmãos, tocando seus olhos, suas orelhas, seus lábios, suas narinas e as pontas dos dedos com um líquido vermelho-sangue. No poema "Comus", de John Milton, dois irmãos partem em busca da irmã sequestrada, Delia, e Sabrina, fada do rio Severn, a liberta tocando seu peito, seus lábios e as pontas dos dedos com gotas de uma fonte mágica.

Portanto, parece prevalecer a ideia de que o estado de morte associado a ser "levado" para a Feéria é apenas uma ilusão ou um feitiço que pode ser cancelado com a aplicação de um líquido mágico (mais adiante, abordaremos em mais detalhes a questão dos feéricos poços mágicos).[30]

Encontros com o Feérico

A tradição da feérica britânica nos diz muito sobre a sociedade e o comportamento dos seres mágicos e sobre a maneira como eles interagem com a humanidade. Aceitando que os contatos entre os feéricos e a humanidade ocorrem há séculos – e continuam até hoje –, é apropriado falar sobre como você pode vivenciar isso se tiver a sorte de encontrar um ser do Bom Povo.

A sensação de conhecer um feérico está no cerne de muitas tradições folclóricas, mas também temos evidências atualizadas do *Censo das Fadas de 2014-2017 (Fairy Census)*. Com base nesses relatos contemporâneos de testemunhas de todo o mundo, podemos dizer que a experiência tem muito mais probabilidade de ser positiva que o contrário, embora algumas pessoas relatem sentir emoções confusas. As testemunhas referem-se a sentimentos de felicidade, amor, espanto, calma e paz como resultado de encontros feéricos gentis, alegres e brincalhões. Isso não significa, no entanto, minimizar o fato de que alguns dos encontros foram desagradáveis, envolvendo medo, sobressalto, pânico e sentimento de hostilidade ou

30. Bett, *English Myths and Traditions*, pp. 25-8.

malevolência por parte dos seres feéricos. Reações opostas podem ser sentidas ao mesmo tempo: um encontro com o sobrenatural pode produzir alegria e revelação combinadas com choque ou profunda surpresa ao ver uma entidade sobrenatural. Por exemplo, uma testemunha resumiu seus sentimentos como estando "totalmente chocada, mas cheia de admiração". Muitos dos relatos ecoam essa emoção ou são temperados pela consciência de que os feéricos podem demonstrar animosidade, mas também amizade.[31]

Se você tiver a sorte de ter um encontro, quantos feéricos espera ver? Sem dúvida, a maioria dos avistamentos foi de um único feérico; muitos, em todos os casos, costumam apresentar hábitos solitários. Ocasionalmente, podem ser vistos grupos de até cinco ou seis Seres Feéricos; quando isso acontece, não raro, é porque se reuniram para dançar juntos. Grupos maiores de feéricos são vistos muito raramente. Nas Ilhas Britânicas, a melhor oportunidade de encontrar tal assembleia parece ser na Ilha de Man. Os *Manx Fae* - isto é, os seres feéricos que habitam a Ilha Man - aparentemente gostam de se reunir em grande número: uma vez foi relatado um "pequeno exército" deles; em outra ocasião, um homem encontrou entre mil e dois mil feéricos parecidos com garotinhas, todos cantando.[32]

Se estiver ocorrendo uma reunião, como você deve se comportar? A especialista em história dos Feéricos, Katharine Briggs, certa vez deu alguns conselhos sábios sobre como lidar com os Seres Feéricos: é preciso destreza e presença de espírito ao encontrá-los; caso contrário, você nunca poderá escapar. Deve-se evitar a falsidade - mas também respostas diretas às perguntas feitas. É melhor descrever as coisas a nomeá-las abertamente. Evite recusar alguma coisa diretamente de uma fada - e sempre tenha a última palavra.

Os seres sobrenaturais nem sempre querem ser vistos e nem sempre estão felizes. Os feéricos podem ser muito curiosos sobre os humanos, mas isso comumente se manifesta como travessura, de modo que um encontro pode ser fonte de admiração, mas também de aborrecimento, se o ser feérico estiver pregando peças. Janet Bord propôs que as pessoas são mais propensas a ver feéricos se estiverem ligeiramente distraídas ou distantes; contudo, se isso acontecer, é preciso estar alerta e ter cuidado![33]

---

31. *Fairy Census* nº 131.
32. *Yn Lioar Manninagh*, vol. III.
33. Bord, *Fairies*, p. 35.

Resumo

As pessoas têm estado em contato com os Seres Feéricos pelo menos nos últimos dois mil anos. No decurso dessa relação duradoura, passamos a conhecer intimamente os costumes e os desejos dos nossos Bons Vizinhos mais próximos – como vivem, como pensam, o que lhes agrada e o que os aborrece. É esse conhecimento prático acumulado, fruto de boas e más experiências, que explorarei nos capítulos seguintes.

SEÇÃO 2

Encontrando Seres Feéricos

Capítulo 4

Identificando Seres Feéricos

Independentemente de concepções mais poéticas ou místicas, a crença popular tradicional não duvida de que os feéricos são presenças reais e sólidas no nosso mundo, seres com os quais podemos interagir, como com qualquer ser humano. Aceitando essa realidade física, precisamos discutir os elementos íntimos desse relacionamento. Como reconhecer os seres feéricos? Que odor eles têm? Como podemos nos comunicar com eles? Como respondem a nós?

Qual é o Tamanho Feérico?

Essa é uma questão sem solução definitiva porque, como discuti no capítulo anterior, parece haver muitos tipos diferentes de feéria. A resposta, portanto, parece depender do tipo de fada em questão.

Os *Tylwyth Teg*, do País de Gales, foram descritos como semelhantes a homens e mulheres em aparência e comportamento; porém, sua estatura é a de crianças de seis anos. Outra testemunha galesa confirmou essa altura e salientou a tez distinta: tinham linda pele branca, mas os cabelos e os olhos brancos eram assustadores.[34]

---

34. Robin Gwyndaf, "Fairylore: Memorates and Legends from Welsh Oral Tradition", in Narvaez, *Good People*; J. Simpson, *Folklore of the Welsh Border*, p. 73; Lewes, *Stranger than Fiction*, p. 160; Jones, *Parish of Aberystruth*, pp. 75 e 84.

Os *pixies* de Dartmoor, por outro lado, são descritos como pequenas criaturas muito menores que as crianças, que podem entrar em sinos de flores e em muitos outros lugares nos quais meninas e meninos não conseguiriam rastejar, o que significa que não é possível retirá-los de lugar nenhum, nem de recipientes. No entanto, podem mudar de tamanho; a altura média de um *pixie* é de 18 centímetros de altura, mas seu tamanho pode variar entre 30 centímetros e 1 metro. Por causa do seu pequeno porte, costuma-se dizer que parecem bonecos.[35]

Muito mais ao norte, os *trows* das Ilhas Orkney também são descritos como sendo pequenos e feios (mais à frente, ainda neste capítulo, retomaremos a questão da boa aparência). Diz-se que as fadas escocesas das Terras Baixas que vivem sob as colinas são feéricos do tamanho de crianças – embora uma fonte as tenha descrito de maneira vívida, porém inútil, como não sendo maiores que uma garrafa. Esses diminutos Seres Feéricos podem ser encontrados ao longo da Feéria e têm exatamente a mesma altura e forma dos humanos adultos.[36]

Para aumentar a confusão, alguns feéricos podem mudar de tamanho e até de forma. Essa é uma característica particular dos feéricos da Cornualha. Os *spriggans* são conhecidos por serem capazes de inchar até alcançarem o tamanho de um gigante, e a mesma habilidade é vista na história de "Cherry of Zennor". O *hobgoblin* inglês Puck é especialmente conhecido pela habilidade de se transformar em uma variedade de pessoas diferentes, assim como em gado, animais selvagens, anfíbios e pássaros. Embora Puck possa se transformar no que quiser, a maioria dos outros feéricos são estritamente limitados no que podem se tornar. O *kelpie* escocês pode aparecer como um homem bonito ou em forma de cavalo. O *hyter* da Ânglia Oriental é um espírito pode assumir a forma de uma andorinha, enquanto os *pixies* da Cornualha podem se metamorfosear em cabras (de modo a roubar os melhores ordenhadores dos rebanhos humanos) e em uma variedade de pequenos pássaros, como pisco-de-peito-ruivo, escrevedeira-amarela e as lavandisca. No entanto, há um problema na capacidade de transformação dos *pixies* da Cornualha: ao que parece, cada transformação os encolhe, de modo que eles podem se reduzir a praticamente nada, ficando do tamanho de uma formiga.

Em resumo, talvez seja melhor antecipar que, se você tiver a sorte de conhecer algum ser proveniente do Mundo Feérico, esse será bem pequeno e muito rápido. Como vimos, muitas vezes são feitas comparações com bonecos, e, mesmo que não

---

35. Bray, *Peeps on Pixies*, p. 11; Page, *Dartmoor*, p. 39; Bottrell, *Traditions and Hearthside Stories*, vol. 1, p. 77.
36. Bruford, "Trolls, Hillfolk, Finns and Picts", in Narvaez, *Good People*; Aitken, *Forgotten Heritage 1*; Bennett, "Balquhidder revisited", in Narvaez, *Good People*; John Campbell, *Waifs & Strays of Celtic Tradition*, vol. 5, p. 86; *County Folklore*, vol. 4, p. 14; Coxhead, *Devon Traditions & Fairy Tales*, p. 49.

possam assumir a forma deles, também não é incomum que testemunhas comparem os feéricos a alguns animais pequenos e velozes, como esquilos ou bandos de animais selvagens, e pássaros, como perdizes ou pardais. Isso pode prepará-lo para o que pode ser apenas um vislumbre fugaz de um ser ansioso para fugir de você.[37]

Cheiro

Mesmo que o encontro seja apenas muito breve, vestígios dos feéricos podem permanecer para trás para ratificar o que você viu. Quando a questão é levantada, parece óbvio perguntar qual é o cheiro de um ser feérico. Se estivermos em contato próximo com outros seres vivos, teremos consciência de seu odor. Reconhecemos cavalos ou cabras pelo cheiro característico, por isso é razoável perguntar se os feéricos têm ou não o próprio cheiro, pelo qual são reconhecidos. Embora não seja objeto de muita discussão, ainda há evidências espalhadas por fontes que respondem afirmativamente a essa questão. Isso também não deveria nos surpreender, já que essa é uma característica feérica reconhecida mundialmente. Nas Filipinas, por exemplo, afirma-se que o cheiro de terra úmida num dia quente, como se tivesse acabado de cair uma chuva torrencial, é sinal da presença de seres sobrenaturais. Na língua tagalo, das Filipinas, isso é chamado de *maalimuom* ou *masangsang*.[38]

Nossos Bons Vizinhos apresentam, portanto, aromas reveladores. Relatos sugerem que podemos considerá-los agradáveis ou repulsivos.

Perfume de *Pixie*

O escritor inglês John Aubrey, em suas *Miscelâneas* (1695), tem o seguinte registro de 1670:

> Não muito longe de Cirencester, houve uma aparição. Questionado se era um espírito bom ou mau, não deu resposta, porém disse que desapareceu com um perfume curioso — e um som muito melodioso. M. W. Lilly acredita que foi um ser feérico.

37. Bord, *Fairies*, p. 34.
38. Licauco, *Dwarves and Other Nature Spirits*, p. 8.

O relato de Aubrey sugere (em minha opinião) que o cheiro não era desagradável. Um conto proveniente da Cornualha, intitulado *O Avarento de Gump em St. Just*, parece confirmar isso. Descreve-se como o aparecimento dos *spriggans* foi acompanhado do cheiro das flores, perfumando o ar. Enquanto isso, outros feéricos espalhavam flores, as quais instantaneamente criaram raízes. Em Staining Hall, em Lancashire, há um local assombrado por um *boggart* que se afirma ser o fantasma de um escocês assassinado. O doce odor do tomilho permanece ali.[39]

A ligação do século XX forjada entre o Bom Povo e as flores consolidou definitivamente a ideia de que o perfume floral é exalado por seres esvoaçantes: no verso "What the Toys Do at Night" ("O que os brinquedos fazem durante a noite"), por exemplo, os feéricos emergem das flores abertas e "voam com suas asas perfumadas". O escritor Geoffrey Hodson, especializado em Feéria, via esses seres como espíritos da natureza que ajudam as plantas e as flores a crescer e a se reproduzir e, certamente, ele sentiu o aroma das flores na sua presença. Na verdade, ele demonstrou, por meio de uma sinestesia, a percepção do cheiro das flores como sendo semelhante a acordes musicais – afirmação essa que faz eco à de John Aubrey.

Acredita-se que aromas doces atraem esses espíritos. O filósofo e mago renascentista Cornelius Agrippa descreveu em *A Filosofia Oculta* como invocar seres como ninfas, sátiros, druidas, *hobgoblins* e feéricos dos rios, dos bosques, das fontes, dos campos e dos prados. Ele recomendou o uso de "perfumes odoríferos com sons doces e instrumentos musicais" em combinação com círculos mágicos, encantamentos e oferendas de comida e bebida.[40]

Evidências muito mais recentes também sugerem que os feéricos podem, pelo menos de tempos em tempos, ser detectados pelo perfume. Um relato de encontro com um feérico alado que lavava as asas em um riacho na floresta no Maine, nos EUA, registra que um odor de canela permeou o ar. Uma adolescente que vivia em Nova Jersey, na década de 1980, também relatou ter conhecido uma pequena feérica chamada Goldenrod: "Eu não estava com medo, e o quarto cheirava bem", lembrou ela.[41]

---

39. Hunt, *Popular Romances of the West of England*, p. 85; Thornber, *A Historical and Descriptive Account of Blackpool and its Neighbourhood*, p. 38.
40. Livro III, caps. 16, 19 e 32; Livro IV.
41. *Fairy Census*, n°s 290 e 336.

Feéricos Fétidos

Apesar dos encontros agradáveis que acabamos de descrever, a maior parte dos relatos sugere que o cheiro deixado pelos seres feéricos não é de todo agradável. Pode ser um odor natural de planta ou algo totalmente nocivo.

Como acabei de observar, ao longo do último século e meio, o papel dos seres feéricos como espíritos da natureza tem sido cada vez mais enfatizado. Acompanhando essa tendência estão os frequentes incidentes em que um odor úmido de vegetação ou do solo é detectado. Lemos sobre um "estranho cheiro de terra" associado a seres semelhantes a gnomos – ou odores como fungos.[42] Um "aroma sombrio" foi exalado por um feérico escuro alado, e um "forte cheiro de decomposição" foi associado a um ser parecido com uma árvore. Em Dartmoor, em Devon, dizia-se que alguns cavalos eram capazes de "cheirar um *pixy*", o que significa que podiam detectar o cheiro fétido e úmido dos pântanos sob os quais viviam.[43]

Uma criatura que se assemelhava a um gato apoiado nas patas traseiras, vista em Indiana, exalava "odor desagradável".[44] Isso nos apresenta o último grupo de encontros. Uma jovem da Yorkshire vitoriana disse ao reverendo M. C. F. Morris que "nunca vira os feéricos, mas podia senti-los. Qual era o odor? Se você já esteve em um local de culto muito lotado, onde as pessoas estão reunidas há algum tempo, então conhece o cheiro".[45]

Na melhor das hipóteses, portanto, os feéricos exalam cheiro de umidade e deterioração; na pior, cheiram a sujeira (apesar dos relatos generalizados de que eles exigem que a água seja deixada à noite para o banho). O fedor pode ser ainda mais ofensivo que isso. Para os ingleses, os dragões são conhecidos pelo cheiro de ovos podres ou de galinheiro sujo. Na Ilha de Man, as regiões superiores dos vales da ilha são os melhores lugares para ver, ouvir e sentir o cheiro dos feéricos. Aparentemente, o que se encontra é um odor rançoso e azedo. A natureza desse odor perturbador pode ser explicada por meio de um conto irlandês: Biddy Mannion foi sequestrada para atuar como enfermeira do bebê doente do rei e da rainha da Feéria. Depois de cuidar, com sucesso, da criança, ela foi autorizada a voltar para casa, mas não sem antes passar uma pomada nos olhos. Isso revelou que ela estava numa caverna horrível, repleta de ossos de homens

42. Johnson, *Seeing Fairies*, pp. 186, 33 e 36.
43. *Fairy Census*, nos 53 e 54; *Transactions of Devonshire Association*, vol. 49, 1917, p. 65.
44. Johnson, *Seeing Fairies*, p. 214.
45. Morris, *Yorkshire Folk Talk*, 1892, c. XI, "Customs and Superstitions".

mortos, que tinha "cheiro terrível de mofo". Essa parece ser uma demonstração vívida da associação entre os feéricos e os mortos.[46]

As evidências são escassas, mas o pouco que existe certamente nos dá uma perspectiva nova e intrigante sobre os habitantes do mundo feérico. Podemos pensar, ao menos por enquanto, que os tipos de feéricos alados têm maior probabilidade de cheirar bem que os *pixies* e os gnomos. O que podemos dizer é que, para alguns, a experiência de encontrar seres sobrenaturais não é apenas uma impressão visual e auditiva; se você sentir um odor inexplicável no ar, isso pode muito bem indicar a presença muito recente de seres do Bom Povo.

Por último, e para ser justo, deve-se acrescentar que nós também temos um cheiro característico, do qual os feéricos, por sua vez, não gostam muito. Numa história da Ilha de Man, um homem estava escondido numa casa quando os feéricos chegaram para uma visita. Essa presença humana, dentro de um barril, foi facilmente exposta pelo olfato sensível dos seres feéricos.[47]

Beleza dos Feéricos

Durante séculos, os seres humanos consideraram irresistíveis os encantos físicos de homens e mulheres feéricos. Seja pelas muitas rainhas feéricas sedutoras que aparecem nos romances medievais, a *Sidhe Leanan* irlandesa e sua contraparte masculina; a *geancanach*; ou as sereias com seus cabelos longos, todos, enfim, são tão desejáveis que abandonaríamos tudo o que conhecemos para estar com um amante feérico. Ao longo da história, a beleza das feéricas foi exaltada acima da dos seres humanos – esse é o caso da esposa elfa de Eadrico, o Selvagem, na história do século XII sobre seu destino; o mesmo aconteceu no País de Gales, nos relatos das donzelas do lago e das moças da *Tylwyth Teg* (família feérica) que atraíam os homens para suas danças.[48]

Embora não esteja claro se há realmente uma divisão dos feéricos em bons e maus, *seelie* e *unseelie*, a opinião parece ser consensual de que há dois tipos físicos: os atraentes e os não atraentes. A maioria dos elfos e feéricos é, no mínimo, comum ou pouco marcante nas características, mas alguns, com bastante frequência, superam a aparência humana, com "rostos estranhamente belos".

46. *Yn Lioar Manninagh*, vol. 4, p. 161.
47. *Yn Lioar Manninagh*, vol. III.
48. Rhys, *Celtic Folklore*, pp. 3, 23, 44, 85-86, 90, respectivamente.

Embora os Seres Feéricos possam ser mais baixos que nós em estatura, certamente não são considerados menos bonitos. No País de Gales, as *Tylwyth Teg* eram "de compleição mais bela que qualquer um", e costumava haver certas famílias no norte, cuja famosa boa aparência era o legado de uma ancestral reconhecida como feérica. Outra história galesa nos informa que o ideal de beleza *Tylwyth Teg* é o cabelo ruivo e o nariz alongado.[49]

Os olhos dos seres feéricos geralmente são o que mais despertam a atenção. Por exemplo, uma testemunha escocesa recordou "seus olhos selvagens e sobrenaturais, todos de um azul brilhante e cintilante...". Outro escreveu que "seus olhos brilham como diamantes", além do que "seus lábios são de coral; seus dentes, de marfim...". Os olhos dos feéricos são diferentes: podem ser muito brilhantes, mas também muito pequenos ou de cores estranhas.[50]

Em segundo lugar, existem certos tipos de feéricos conhecidos por serem feios ou deformados; entre aqueles que vêm à mente estão os *hobs* e os *brownies* peludos, os notoriamente pequenos e feios *trows*, das Ilhas Shetland, e a fiandeira Habetrot, com lábio inferior distendido (deformado por ter passado anos puxando a linha). Menções a alguma característica repulsiva – um dente extralongo ou um nariz deformado – são bastante comuns, mas não há referências a orelhas pontudas. Alguns feéricos da Ilha de Man foram vistos com orelhas grandes "como garrafas de vinho", e outros, com penas crescendo nos cabelos (ou mesmo com penas em vez de cabelo).[51]

De onde vieram, então, as típicas orelhas pontudas? A fonte é a arte visual. Representações populares de feéricos datam do século XVI, e certas convenções foram fixadas muito cedo. Um tipo de ser feérico é a criatura chamada Puck peludo, também conhecida como Robin Goodfellow. Ele deriva substancialmente de imagens clássicas do sátiro, muitas vezes com chifres e orelhas pontudas de cabra. Por outro lado, em contraste com esses *goblins*, as jovens mulheres nuas derivadas das ninfas clássicas passaram a ser aceitas como a imagem-padrão do elfo ou dos seres feéricos.

É completamente ausente do folclore britânico a combinação de beleza e deformidade, como aquela encontrada nas *elle-maids* dinamarquesas, as quais têm belos rostos, mas costas encovadas, ou rabos de vaca. Existem pouquíssimos exemplos britânicos como esse. Um deles é a *Glaistig*, das Terras Altas, uma

---

49. Walter de la Mare, *The Unfinished Dream*, 1922; Rhys, *Celtic Folklore*, pp. 86 e 96; E. Owen, *Welsh Folklore*, p. 15.
50. Hogg, "Odd Characters", in *Shepherd's Calendar*, vol. 2.150; Crofton Croker, *Fairy Legends*, p. 14; Gill, *Second Manx Scrapbook*, c. VI.
51. Gill, *Second Manx Scrapbook*, c. VI; Dathen, *Somerset Fairies and Pixies*, p. 30.

mulher adorável que usa um longo vestido verde que esconde o corpo de cabra e seus cascos. Alguns feéricos vistos uma vez na Ilha de Man pareciam lindas garotinhas – exceto pelas mãos, parecidas com escamas de peixe.[52]

Embora exista uma dicotomia clara entre feéricos adoráveis e feéricos feios, certas espécies desses seres sobrenaturais podem ter componentes adoráveis e horríveis – assim como os vizinhos humanos. Diz-se que alguns dos *pixies* de Devonshire são "seres delicados... de extrema beleza; outros são de figura e rosto estranhos, rudes e fantásticos". Diz-se que uma das características distintivas dos *pixies* é o estrabismo pronunciado.[53]

De vez em quando, há relatos de feéricos cujas características não são apenas pouco atraentes e, sim, estão mais para assustadoras. Mencionei anteriormente uma descrição da *Tylwyth Teg* como tendo olhos e cabelos brancos. Data do início do período vitoriano a história de John Jones, um agricultor das proximidades de Aberystwyth: numa noite de luar, a caminho de casa pela Rhosrhydd Moor, ele percebeu que dois meninos o seguiam. Embora fosse tarde, ele inicialmente presumiu que fossem apenas garotos da região que estavam brincando. No entanto, num dado momento, Jones viu os meninos saírem da estrada e começarem a dançar de maneira "sobrenatural", percebendo, então, que ambos eram "absolutamente brancos". Igualmente sinistra foi uma criança feérica perdida encontrada em Middleton-in-Teesdale trajando roupas verdes e cujos olhos eram vermelhos. Compare com isso o relato de que os feéricos das Ilhas Shetland têm pele amarela, olhos vermelhos e dentes verdes.

Contudo, o que impressiona sobretudo ao ler os contos populares mais antigos é quão raramente uma característica física (além da altura) é observada como identificando um indivíduo como feérico. O que tende a indicar que um ser é Feérico são as roupas – não se trata do estilo, mas, sim, da cor. Um homem ou uma mulher vestindo roupa verde será implicitamente entendido como feérico; nas Ilhas Shetland, porém, a cor é o cinza. Bonés vermelhos são outro indicador comum da natureza Feérica.

Embora seja muito difícil deixar de lado ideias preconcebidas que chegam até nós por meio de livros e filmes, o material tradicional indica que muitos seres feéricos serão visualmente belos, mesmo que alguns possam parecer também um tanto pálidos, contraídos e enrugados. De qualquer modo, para o bem ou para o mal, pode muito bem haver algo em sua aparência que os diferencie da espécie humana.

---

52. Jenkinson, *Practical Guide to the Isle of Man*, p. 75.
53. Bray, *Peeps on Pixies*, p. 12; Worthy, *Devonshire Parishes*, p. 28; Page, *Dartmoor*, p. 38.

Feéricos Aéreos?

Apesar do que foi mencionado sobre a possibilidade de relações sexuais com os feéricos, existe, porém, uma opinião geral de que esses seres sobrenaturais não têm forma física fixa e, quando se apresentam diante de nós, moldam-se de acordo com nossas expectativas. Foi por essa razão que me referi à forma como ideia preconcebida moldada pela arte.

Ao que parece, na esmagadora maioria dos relatos folclóricos, há poucas dúvidas sobre a realidade física do Bom Povo. Entre as únicas exceções, há um caso em que alguns seres pequenos foram vistos dançando em um prado perto de Stowmarket, em Suffolk, sendo descritos como "luzes e sombras, não sólidas", além de um incidente no País de Gales, quando uma jovem transpassou a mão por uma mulher *Tylwyth Teg* enquanto caminhava ao lado dela.

A noção de mutabilidade física parece ter sido mencionada pela primeira vez num contexto sobre feéricos escrito por W. B. Yeats, na introdução do livro *Faery and Folk Tales of the Irish Peasantry* (*Contos de Fada da Irlanda*), publicado pela primeira vez em 1888. Muitas gerações de místicos e escritores ocultistas reconheceram a existência de seres espirituais – escreveu ele –, seres "que não têm forma inerente, mas mudam de acordo com seu capricho ou com a mente de quem os vê".[54]

Formas de Pensamento

Yeats não criou a ideia do corpo espiritual mutável. A teosofia vitoriana formulou o conceito de "formas de pensamento". Mahatma Koot Hoomi, um dos mentores de Madame Blavatsky, escreveu que "os pensamentos são coisas... são entidades reais". Essa ideia foi elaborada por Charles Leadbeater e Annie Besant no livro *Formas-Pensamento* (*Thought Forms*), de 1905; eles afirmaram que os pensamentos produziam vibração radiante que transmitia suas emoções e apresentavam forma fluídica. No devido tempo, essa ideia foi aplicada aos espíritos e princípios básicos da natureza. Para se tornarem visíveis, estes assumem corpos etéricos, moldados por histórias folclóricas e pela imaginação humana. Robert Ogilvie Crombie, da Fundação Findhorn – comunidade da Escócia que colabora para a criação de um futuro positivo e sustentável –, explicou que, embora sua forma natural seja um redemoinho de luz, uma essência elemental "pode assumir

54. Yeats, *Faery and Folk Tales of the Irish Peasantry*, p. 2.

qualquer uma dessas formas de pensamento e, então, surgir personificada como aquele ser específico... elfo, gnomo, fauno, fada, e assim por diante". Por sua vez, em 1917, o escritor e conferencista da Seção Inglesa da Sociedade Teosófica, Edward L. Gardner, tinha concepção semelhante, porém não exatamente igual: ele acreditava que as meninas Elsie e Frances, do caso de Cottingley, tinham habilidades parecidas com as dos médiuns e, assim, puderam materializar os feéricos que fotografaram através do ectoplasma, o que explicaria a aparência contemporânea das fadas retratadas.[55]

A ideia de feéricos como formas de pensamento foi desenvolvida por Geoffrey Hodson no livro, de 1929, *Angels and the New Race* (*Anjos e a Nova Raça*). Segundo ele, os feéricos não têm corpo físico, mas são formados de luz, embora no "mesmo molde" dos humanos. Em *O Reino dos Deuses*, de 1952, Hodson elaborou ainda mais essas ideias, propondo que o arquétipo para a forma de feéricos era o corpo humano, e sua aparência era ainda determinada por nossas expectativas quanto ao que poderíamos ver.

Essas ideias foram incorporadas, em grande parte, pelo pensamento atual sobre os feéricos. No livro *Faery Tale*, de 2009, a escritora Signe Pike entrevistou o artista Brian Froud, que lhe contou:

> muitas vezes, pensa-se que os feéricos usam nossos próprios padrões de pensamento para se manifestar. Por exemplo, quando um ser feérico aparece para uma pessoa, ele normalmente será bastante semelhante às criaturas observadas nos livros de histórias. Isso ocorre porque, se você visse um círculo de energia, realmente saberia que era um feérico? Não. Então, eles tentam "falar" a nossa linguagem visual. Vemos asas e vestidos esvoaçantes, cabeças e olhos.[56]

É claro que existem muitos céticos que consideram os seres feéricos inteiramente ilusórios e imaginários, mas isso ocorre por razões bem diferentes. Dito isso, se esses seres sobrenaturais são apenas formas mutáveis que respondem aos nossos próprios pensamentos, isso poderia explicar sua evolução nos últimos séculos, através dos quais adquiriram varinhas e asas, tornando-se parecidos com os *leprechauns* e os feéricos das flores que estampam livros e pinturas contemporâneas, ensinando-nos a ter essas imagens como expectativa.

---

55. Besant & Leadbeater, *Thought-Forms*, p. 21; Crombie, *Encounters with Nature Spirits*, Prólogo.
56. Pike, *Faery Tale*, p. 91; ver também Bord, *Fairies*, p. 12; Dathen, *Somerset Fairies and Pixies*, pp. 14, 16 e 31.

Ilusões Sólidas ou Transparentes?

Duvido de que os feéricos tenham tão somente a aparência que esperamos que tenham. Se sim, qual foi o ponto de partida para essas expectativas? Existem relatos convincentes sobre "feéricos" que não se parecem em nada com nossas expectativas (ver a próxima seção) e desafiam qualquer sugestão de que estas sejam puramente subjetivas. Se eles se apresentam como esperamos, seria impossível para as testemunhas virem seres que desafiam todas as nossas ideias preconcebidas sobre o sobrenatural.

Mais importante ainda, é difícil conciliar a teoria com casos que parecem ser relatos de encontros genuínos com feéricos sólidos e físicos. Se feéricos são apenas círculos de energia, é difícil combinar isso com os casos em que sua presença física foi central para um incidente ou já parecia estar estabelecida antes do encontro com o ser humano. Estou pensando aqui nos casos em que seres humanos e feéricos tiveram relações sexuais, com bebês nascendo dessas uniões – essas crianças, muitas vezes, precisam ser fisicamente entregues por parteiras humanas que frequentam uma colina de feérica. Também estou pensando em casos em que celebrações da Feéria foram acidentalmente vistas por pessoas – os muitos casos em que os feéricos foram encontrados dançando e depois atraíram parceiros humanos, ou nas histórias de festas feéricas descobertas sob colinas habitadas pelo Bom Povo. Numa história contada por William de Newburgh – os leitores devem se lembrar –, o homem que descobriu a celebração também conseguiu fugir com uma taça de ouro. Todos esses são incidentes bastante sólidos, em que a forma humana dos feéricos foi central para o ocorrido e também, como sugeri, já estava estabelecida de maneira independente de qualquer observação do tipo Schrödinger. Os feéricos tradicionais também se preocupam muito em pegar e consumir alimentos humanos – trata-se de um prazer carnal muito difícil de ser conciliado com algumas das ideias de uma natureza insubstancial e espiritual.

Nossos antepassados definitivamente conceberam os Seres Feéricos como reais e tangíveis, sendo tão consistentes na aparência que a classificação em grupos padronizados foi possível, permanecendo aplicável por centenas de anos. Qualquer mutabilidade na aparência era tão somente uma escolha do próprio ser feérico, resultante de sua magia e brilho feérico. Assim, neste livro, aceito que eles tenham forma fixa e física e que podemos interagir com eles como seres constantes e previsíveis em seus corpos – e, ainda, em suas personalidades.

Feéricos Peludos: Aparências Físicas Alternativas

Ao longo deste livro, a suposição fundamental é a de que os feéricos a que nos referimos são seres sólidos, semelhantes aos humanos, muito parecidos conosco em forma e, às vezes, em tamanho. Existe, no entanto, um conjunto de avistamentos consistentes em si e que desafiam nossas ideias convencionais. Todos os feéricos se adaptaram aos seus ambientes; alguns se parecem muito mais com gnomos ou *goblins* que com o arquétipo das fadas das flores femininas, e alguns, aparentemente, não se parecem em nada com feéricos.[57]

Afiado e Magro

Entre os avistamentos registrados ao longo do último século, há alguns que, embora em número muito pequeno, são impressionantes pelo fato de contrastarem tão fortemente com nossa imagem convencional de beleza e feminilidade feéricas. Já estamos habituados com a ideia de orelhas pontudas, mesmo em feéricos atraentes e infantis, mas rostos pontiagudos e corpos visivelmente desproporcionais são muito menos esperados. Apesar disso, tais características aparecem de modo consistente o bastante para exigir que revisemos nossos conceitos sobre seres sobrenaturais (ou, pelo menos, sobre os *pixies*).

Um bom exemplo vem de Worcestershire, de 2006. Duas pessoas, que bebiam num *pub*, numa área rural, viram uma pequena criatura, mais ou menos do tamanho de uma criança, mas com membros desengonçados, pular uma cerca nos fundos da cervejaria e desaparecer campo adentro. Tinha pele morena e estava nua. Por si só, esse avistamento pode parecer uma aberração, mas não é o único. Muitas testemunhas no livro de Marjorie Johnson, *Seeing Fairies*, comentaram quão "leves" e "magras" eram as criaturas que tinham visto. Essas descrições são ainda mais comuns no *Censo das Fadas de 2017*, no qual testemunhas descrevem características como "braços... um pouco longos demais e dedos pontiagudos", ou membros "muito finos".[58]

57. Para conhecer outros exemplos de feiura, ver Dathen, *Somerset Fairies and Pixies*, pp. 15, 30, 61-2 e 70.
58. Young & Houlbrook, *Magical Folk*, p. 41; Johnson, *Seeing Fairies*, pp. 71, 85, 115, 182 e 243; *Census* n°s 61, 97, 109, 129, 147, 181, 350, 354, 428 e 456; ver também Bord, *Fairies*, pp. 55 e 65.

Também é notável como vários *pixies* de Somerset têm membros finos e, especialmente, dedos longos, semelhantes a galhos, parecendo ter articulação extra. A impressão de juntas extras é igualmente comentada no *Censo das Fadas*. A semelhança dos dedos com gravetos também nos conecta à categoria de avistamentos "semelhantes a entidades", a qual revisaremos um pouco mais adiante.[59] Outra característica notável identificada é o formato dos rostos e dos narizes, fazendo-os parecer pássaros: a forma de bico surge bem pronunciada entre *pixies*.[60]

Esses seres de forma humanoide, mas bem diferentes de nós – desengonçados e com características caricaturais –, são familiares e estranhos. Não se parecem com os feéricos artísticos e elegantes, porém lembram muito algumas imagens mais grotescas retratadas por Brian Froud e outros. Como Froud reside em Dartmoor, talvez muitas de suas imagens tenham sido informadas por avistamentos de *pixies*.

Pequenos Animais

Não é incomum ouvir falar de feéricos e *pixies* sendo descritos como peludos e desgrenhados, com cabelos escuros e despenteados; no entanto, um pequeno número de encontros ocorreu com mamíferos que exibiam características humanas. Diz-se que alguns seres feéricos vistos na Ilha de Man, no início do século XIX, eram como cachorrinhos correndo por aí – exceto pelo fato de usarem gorros vermelhos.[61]

Alguns feéricos são felinos em vez de caninos. Durante o verão de 1920, o observador de feéricos, Tom Charman, passou nove semanas em New Forest e encontrou repetidamente pequenas criaturas parecidas com gatos. Seres semelhantes foram descritos a Marjorie Johnson por testemunhas de toda a Grã-Bretanha, mas também de Indiana, nos Estados Unidos, em que um gato, apoiado nas patas traseiras e vestindo calças marrons, quando incomodado, saltava "como coelho".[62]

Essa comparação com "leporídeos" é igualmente bastante comum. Jon Dathen entrevistou um fazendeiro de Somerset que narrou um avistamento de sua infância, cerca de setenta anos antes: tarde da noite, ele desceu as escadas e encontrou uma pessoa pequena, "como se fosse uma lebre usando roupas", sentada em frente ao fogo da casa da fazenda. Ela tinha orelhas compridas, bigodes

59. Dathen, *Somerset Fairies and Pixies*, pp. 30 e 61; *Census* nºs 68 e 327.
60. Dathen, *Somerset Fairies and Pixies*, pp. 14, 30, 61 e 70; Johnson, *Seeing Fairies*, p. 121; Census nºs 325, 345, 354 e 470.
61. Jenkinson, *Practical Guide to the Isle of Man*, p. 39.
62. Johnson, *Seeing Fairies*, pp. 213-14.

e dentes salientes, mas conseguia falar, e explicou que tinha ido até lá para escapar do frio. Mais tarde, ao longo da vida, o fazendeiro ouviu falar de outros avistamentos de *pixies* do tipo lebre, enquanto outras testemunhas descreveram os "homens-carvalho" de Somerset como sendo peludos, com narizes e caudas longas. Testemunhas compararam os *pixies* a pequenas cabras ou ouriços (mais uma vez, Brian Froud parecia ter conhecimento desses avistamentos quando ilustrou o livro *Faeries*, em 1978). Por fim, uma testemunha galesa, da época vitoriana, viu, certa vez, algumas criaturas misteriosas do tamanho de porquinhos-da-índia, cobertas de manchas vermelhas e brancas.[63]

Formas Peludas

Alguns relatos levam a questão da pelagem ainda mais longe. Uma mulher de férias na região central da Cornualha, durante a década de 1930, descreveu como regularmente encontrava um par de *pixies* que vivia em penhascos, ambos com cerca de 60 centímetros de altura. O macho era um ser humano pequeno com algumas características distintas, mas a fêmea era coberta de pelos castanho-escuros curtos, com anéis amarelos no corpo e nos braços, parecidos com os de uma abelha.[64]

Dois outros relatos são ainda mais surpreendentes. No início da década de 1940, uma mulher que passeava pelo campo em Kent viu uma bola de tênis peluda subindo uma ladeira em sua direção. A bola se abriu por um instante ao se aproximar de onde ela estava sentada, revelando que dentro dela havia um *pixie* – e então desapareceu. Mais uma vez, foi na década de 1930, também na Cornualha, que uma testemunha, durante uma caminhada pela costa, avistou um *pisky*, que logo se transformou em "um longo e peludo rolo preto, que saltou na grama e depois desapareceu". Por mais estranhos que pareçam esses relatos modernos, tais descrições não são totalmente desconhecidas em fontes mais antigas. Dizem que os *pixies* de Devon se movem como "bolas de samambaia ou de urze varridas pelo vento", e um *brownie* galês chamado *pwcca* parece um punhado de grama sendo soprado.[65]

---

63. Dathen Somerset, *Fairies and Pixies*, pp. 103-104, 21 e 68; Rhys, *Celtic Folklore*, p. 215.
64. Johnson, *Seeing Fairies*, p. 53.
65. Johnson, *Seeing Fairies*, pp. 28 e 236; *Choice Notes & Queries*, p. 35; R. King, "Folklore of Devon-Shire", *Fraser's Magazine*, vol. 8, p. 781.

"*Ents*" Feéricos

Nos últimos cento e cinquenta anos, a identificação dos feéricos com o meio ambiente e os processos naturais tornou-se cada vez mais comum. Alguns feéricos são vistos trajando roupas feitas de folhas e flores; porém, pode não ser tão surpreendente descobrir que é mais comum encontrar seres sobrenaturais que se assemelham mais a vegetais que a animais. Trata-se de criaturas cujos corpos parecem compostos de matéria vegetal; talvez possam ser subdivididas em *ents*, isto é, árvores ambulantes e entidades híbridas menores.[66]

Os seres-árvores podem ter 2 metros de altura ou mais, além de rostos aparecendo na casca de seus "corpos". Os feéricos da vegetação são menores; parecem ter aparência muito mais mista. Alguns têm corpos feitos de folhas e gravetos animados, outros são compostos de uma mistura de elementos de plantas e insetos, e há, ainda, pequenas criaturas semelhantes a folhas.[67] Com mais evidências, muito provavelmente será possível analisar em detalhes esses tipos.

Monstros

Por último, há uma coleção de relatos de testemunhas capaz de testar ao máximo nossas concepções sobre os feéricos. Existem estranhas criaturas híbridas: peixe-libélula, pardal-sapo ou pássaro-borboleta. Existem também formas semi-humanas: seres parte humanos e parte insetos, répteis, cães, aranhas ou sapos, bem como feéricas que parecem ter uma combinação de características tradicionais de fadas e sereias. Uma espécie feérica apareceu como um enorme girino, e outra, como um macaco vestido com folhas.[68]

Algumas Outras Formas

Existem vários outros tipos de feéricos já observados que, embora se enquadrem nas imagens convencionais dos Seres Feéricos, apresentam algumas características únicas. Alguns feéricos remontam às nossas ideias convencionais

66. Johnson, *Seeing Fairies*, pp. 48 e 95; Dathen, *Somerset Fairies and Pixies*, p. 29.
67. *Trees: Fairy Census*, nºs 39, 54, 57, 97, 276 e 390; *Sticks: Fairy Census* nº 324; Johnson, *Seeing Fairies*, p. 24; *Insects*: *Fairy Census* nºs 129, 228, 244 e 428; *Leaves: Fairy Census* nº 175.
68. *Hybrids: Fairy Census* nºs 69, 74 e 271; Johnson, *Seeing Fairies*, p. 54; *Semi-human: Fairy Census* nºs 293, 116, 191 e 359; Johnson, *Seeing Fairies*, p. 125; *Faery-mermaid: Fairy Census* nºs 234 e 261; Monsters: Johnson, *Seeing Fairies*, pp. 54, 94 e 125.

sobre alienígenas. As fronteiras entre "alienígenas" e "feéricos" são cada vez mais incertas e permeáveis, ao que parece. No livro *Seeing Fairies*, um pequeno número de testemunhas mencionou seres com rostos pronunciados e pontiagudos ou olhos pretos em forma de fenda. Relatos desse tipo de ser são claramente mais elevados no *Censo*, sugerindo que o conceito-padrão atual de um "alienígena cinzento" pode estar moldando as experiências com os feéricos.[69]

Alguns feéricos são apenas pura luz. Sua luminosidade é frequentemente mencionada, mas a última transformação é a erradicação total do corpo: o ser feérico é reduzido a um ponto de luz, o qual, muitas vezes, é visto disparando. Testemunhas citadas por Johnson vivenciaram isso apenas algumas vezes. No *Censo*, 14% dos casos foram avistamentos de luzes brilhantes, dos quais quase três quartos estavam em movimento. Podemos suspeitar aqui da influência de Sinhinho na mente daqueles que tiveram essa experiência, e que ela é, provavelmente, forte; porém, essas ideias não são de todo sem precedentes tradicionais. Em Dartmoor, em 1876, dizia-se que os *pixies*, às vezes, eram vistos como manchas brancas movendo-se no escuro. Seres feéricos vistos em casas de Stowmarket, em Suffolk, em meados do século XIX, fugiam da chegada dos ocupantes; contudo, sua presença recente na casa era revelada porque, se subíssemos as escadas, faíscas de fogo tão brilhantes como estrelas surgiriam em volta dos nossos pés. Em alguns casos, isso pode ter sido um brilho residual, mas nem sempre: se o fogo dos *trows* das Ilhas Shetland se apagasse, eles simplesmente tomariam um pouco mais de uma lareira humana, e o furto seria revelado pelo rastro de faíscas visto atravessando a sala.[70]

É perceptível ao longo do recente *Censo das Fadas* como as imagens contemporâneas moldam as descrições das pessoas sobre suas experiências. Os seres avistados são frequentemente comparados às fadas da Disney (como Sininho), às obras de arte de Brian Froud e, em um caso, ao personagem Gollum, da versão cinematográfica de *O Senhor dos Anéis*. Devemos estar atentos à forma como nossas expectativas e interpretações podem ser moldadas pelo que já sabemos. Ao mesmo tempo, porém, os relatos aqui descritos divergem tão acentuadamente das imagens convencionais que isso lhes confere mais autenticidade. As pessoas podem ser menos propensas a inventar algo que se pareça tão pouco com o que nos dizem como é um ser feérico.

---

69. Johnson, *Seeing Fairies*, pp. 120, 121 e 240; ver, por exemplo, *Census* nºs 154, 267 e 361.
70. Johnson, *Seeing Fairies*, pp. 37, 51, 226, 266 e 313; *Transactions of Devonshire Association*, vol. 8, p. 57; *County Folklore Printed Extracts* vol. 2, p. 36; Marwick, *The Folklore of Orkney*, p. 35.

Por si só, muitos desses relatos são tão anômalos que não fazem sentido; porém, se agrupados, começa a se desenhar um tipo de padrão, sendo, então, possível começar a identificar certas "espécies" avistadas regularmente. Talvez esses seres sejam tão diferentes da ideia-padrão de uma fada que exijam um novo nome, mas, atualmente, "ser feérico" é a única categoria na qual podemos incluí-los.

Essa pesquisa sobre a fisicalidade feérica pode ter levantado mais perguntas que respostas. Nesse caso, você deve se lembrar de tomar cuidado com a poderosa influência das imagens difundidas, derivadas de livros, filmes e pinturas. Nossas definições de "feérico" podem ser muito restritas, e a variedade de formas entre esses seres pode ser muito maior do que a maioria de nós pode imaginar.

Linguagem e Fala dos Feéricos

Para interagir com os feéricos, precisamos ser capazes de nos comunicar, de alguma forma, com eles. Infelizmente, nosso discurso acaba sendo um campo de algumas dúvidas e disputas. Semelhante à questão da música feérica – que examinaremos adiante –, a fala é um ponto de contato entre o mundo humano e o feérico, mas a transmissão do som entre os dois parece estar sujeita a interrupções e distorções, o que inibe naturalmente o livre fluxo de informações. Devemos considerar aqui dois aspectos distintos do discurso dos seres feéricos: as palavras usadas e a maneira como eles falam.

"Línguas Ocultas"

Na literatura, o tratamento típico da questão do discurso dos feéricos é usá-lo como fonte de humor ou considerá-lo uma área tão obscura e insolúvel que pouco significado pode ser acrescentado. Os dois extremos são ilustrados pelos dois especialistas que seguem. Ben Jonson, em *The Alchemist*, optou pela abordagem frívola e zombeteira. Seus elfos entram gritando "Titi, titi, titi...", o que, supostamente, significa: "Belisque-o ou ele jamais confessará". Dapper, personagem ingênuo dessa cena, declara ter dito a verdade, ao que os elfos respondem "Ti, ti, ti, ti, to, ta" – ou seja, "ele está equivocado". Bobagens semelhantes são ditas pelos feéricos em *Amyntas*, de Thomas Randolph, escrito em 1632. Você pode estar se perguntando se tudo isso é apenas uma brincadeira com o nome Titânia, o que, certamente, não nos ajuda a conversar com feéricos reais. Também foi observado (mais ou menos com seriedade) que, se você observar as muitas fontes folclóricas, os feéricos sempre tendem a falar em rima.[71]

Outra visão da linguagem feérica pode ser representada pelo reverendo Edmund Jones, na discussão sobre as crenças feéricas contemporâneas em Gwent, no País de Gales, na década de 1770. Sua descrição é típica de muitos textos e relatos galeses daquela época: ele afirma que os seres feéricos frequentemente conversam entre si, "mas as palavras raramente são ouvidas". Isso ocorre porque eram indistintos ou não falavam nem galês nem inglês. Problemas de comunicação semelhantes ocorreram também com os *trows*, numa região muito mais ao norte, nas Ilhas Shetland. Por exemplo, uma menina, certa vez, viu uma "mulher cinzenta" vagando e "fazendo barulho, como se estivesse repreendendo alguém", em uma "língua secreta". O discurso relatado foi, ao mesmo tempo, difícil de ouvir e também incompreensível.[72]

Às vezes, há uma barreira linguística completa e nenhuma comunicação é possível. Felizmente, com mais frequência, os Feéricos parecem se sentir à vontade na língua local, seja inglês, galês ou qualquer outro idioma. Alguns relatos recentes sugerem, ainda, que o irlandês antigo ou alguma língua não local, porém conhecida, como o dinamarquês ou o sueco, pode ser ouvida.[73]

Sobre a natureza da linguagem feérica, temos a sorte de contar com o testemunho detalhado da observadora de fadas e poetisa irlandesa Ella Young[74]. Young ouviu tanto o canto das fadas como a música e tentou registrar as palavras que ouviu. Se, de fato, o relato dela fornecer uma transcrição mais precisa da fala real, temos, ao menos, a evidência mais tentadora de que dispomos sobre o idioma do Povo *Sidhe* irlandês. Young redigiu um relato em seu diário durante o verão de 1917, no qual descreve o que ouvira no extremo noroeste da Irlanda. No dia 28 de agosto, ouviu "uma grande litania de cânticos e respostas com palavras numa língua desconhecida: *abaktha... nyetho... wyehoo*". Em 1º de setembro, um coro cantou repetidamente a palavra *Beeya*; isso foi seguido, em 9 de outubro, por vozes cantando "*Balaclóo... Beeya...*" e culminou, em 17 de outubro, com um extenso "canto gregoriano", do qual ela gravou o que pôde: *Hy bermilu, hydramel, heroó, wyehóobilik, keyóubilik, wyehóo, balalóo...*

71. Halliwell, *Popular Rhymes and Nursery Tales*, p. 190.
72. Jones, *Aberystruth*, p. 69; Saxby, *Shetland Traditional Lore*, pp. 149-150; ver também Dathen, *Somerset Fairies and Pixies*, p. 69; e Hunt, *Popular Romances of the West of England*, p. 85.
73. *Fairy Census* nºs 238 e 310.
74. Young, *At the Gates of Dawn*, 2011.

É claro que tudo isso pode ser produto de uma mente iludida: em 8 de setembro, Young escreveu com toda franqueza: "minha cabeça tem estado bastante normal há vários dias", e, em consequência disso, ela não teria ouvido nem música nem o canto dos seres. Tudo o que podemos dizer é que, se for genuíno, é um testemunho imaculado da linguagem feérica. As experiências de Young são anteriores a Tolkien e à sua confecção de línguas élficas baseadas no galês e no finlandês; não poderia haver imitação de sua influência generalizada, nem, aliás, o gaélico parece ter moldado o que ela ouviu. Se seus trechos de versos se assemelham a alguma coisa, é à língua algonquina, dos povos originários da América do Norte, na Nova Inglaterra. Vale a pena registrar que Young não estava sozinha nas afirmações de ter conhecido seres feéricos e conversado com eles. Uma figura tão respeitada quanto o poeta William Butler Yeats fez as mesmas afirmações por volta da mesma época.

Infelizmente, mesmo que sejam autênticas, as palavras transcritas por Young podem, em termos práticos, permanecer um completo absurdo: sem uma "pedra de Roseta" para nos dar uma chave para a tradução, ela poderia muito bem ser uma língua *nonsense,* sem sentido. No entanto, como esperava o poeta Philip Dayre, no poema "An Invocation", se reaprendêssemos a fala esquecida dos feéricos, talvez seríamos capazes de recuperar os estreitos laços com a natureza. A restauração dessa unidade perdida pode ser a recompensa que aguarda a pessoa que encontrar a chave para a fala feérica.

Vozes Prateadas

Ainda assim, independentemente das palavras pronunciadas, o discurso dos seres feéricos será diferente pelo tom: com frequência, afirma-se que as vozes feéricas são "agudas", "semelhantes a um sino", "ressonantes", "entrecortadas e muito rápidas" e "como se tilintasse". Muitas vezes, são comparadas às vozes das crianças, estridentes e tagarelas. A senhorita Eva Longbottom contou a *Sir* Arthur Conan Doyle sobre seus encontros com alguns seres feéricos que tinham "doces vozes prateadas"; eles falavam e cantavam, disse ela, mais com sons que com palavras claras, usando uma língua própria. Esse chilrear, chiar e ressoar pode, por si só, causar problemas de compreensão. Dizem que as vozes feéricas são altas demais para permitir discernir todas as palavras – ou mesmo para ouvir.[75]

---

75. Doyle, *The Coming of the Fairies*, p. 168; Johnson, *Seeing Fairies*, pp. 34, 35, 279 e 44, 51, 59 e 255; ver também Dathen, *Somerset Fairies and Pixies*, p. 133; e *Fairy Census* nº 350 – "como pequenos sinos" ou nº 355 –, "chilreando, gemendo, tagarelando".

Os Vikings pensavam que os elfos falavam em voz baixa, emitindo um som sussurrante como o vento. Os *brownies* escoceses são "difíceis de olhar, mas fáceis de ouvir" – ou seja, podem parecer rudes por serem muito peludos, mas falam suavemente. Vários casos modernos também relatam vozes suaves e sibilantes, que soavam como o suspiro do vento ou "sussurros gorgolejantes".[76]

Às vezes, a comparação feita é com o canto de um animal, como o de um pássaro: diz-se que os *vila* ou *willis*, de origem sérvia, soam como um pica-pau, e, no poema "A Ruína", Walter de la Mare descreveu grupos feéricos "conversando como gafanhotos". Testemunhas usaram expressões como "trinado", "esquilo briguento" e "chilrear" para descrever sua voz. Um fazendeiro de Somerset costumava ouvir os *pixies* quando era menino, no início do século XX, e sua descrição era de "vozes meio próximas, meio distantes, rindo, brincando, brigando e até cantando algumas canções estranhas, em alguma língua esquisita, como se fossem pássaros". Outra vez, o mesmo homem ouviu os *pixies* debulhando grãos em seu celeiro, cantando enquanto trabalhavam, com "vozes roucas de pássaros". Por último, uma das testemunhas do *Censo das Fadas* descreveu, de maneira memorável, que as pequenas figuras que encontrou emitiam som "semelhante, mas não exatamente como o dos gatinhos quando miavam uns para os outros".[77]

Os problemas de compreensão podem não ser apenas questões de altura. Uma das testemunhas do *Censo das Fadas* descreveu seu encontro em Lancashire nesses termos: "A voz dela era quase como se estivesse entrando e saindo da nossa realidade". Esse efeito ondulatório também é descrito por aqueles que ouviram música feérica; comparável também é a dificuldade de focar no discurso ouvido por uma testemunha no Kentucky, a qual estava ouvindo "vozes que pareciam estar perto de mim, um pouco além do meu alcance, e também muito longe de mim, todas ao mesmo tempo... desaparecendo dentro e fora da distância... as vozes desvaneciam-se, contorciam-se e mudavam, como se estivessem vindo até mim transportadas pelo vento". Pode ser semelhante uma experiência em que as vozes cantadas foram percebidas de uma só vez por um homem do estado de Nova York, "numa espécie de efeito cascata auditivo".[78]

Parece haver muitas barreiras à comunicação com os Seres Feéricos, mas há duas razões para os leitores e leitoras não se desesperarem. Primeiro, muitos relatos contemporâneos indicam que a comunicação falada é desnecessária. Muitos

---

76. Crofton Croker, *Fairy Legends*, p. 85; *County Folklore*, vol. 3, p. 25; *Census* n°s 127 e 286; ver também Hogg, "Odd characters", in *Shepherd's Calendar*, vol. 2, p. 150.

77. *Somerset Fairies and Pixies*, pp. 101 e 106; *Census* nº 78; in *Fairies at Work and Play*, Hodson descreve espíritos da natureza aos quais chama de "criaturas da grama", fazendo um "curioso barulho de tagarelice" (cap. III).

78. *Fairy Census* n°s 70, 286 e 337.

seres feéricos parecem se comunicar por telepatia, não por palavras, e o significado é perfeitamente compreendido pelas testemunhas. As conversas podem muito bem ser realizadas dessa forma, superando, assim, todos os problemas de linguagem.[79]

Em segundo lugar, talvez tenhamos apenas de aceitar que vivemos numa dimensão diferente daquela dos seres feéricos, e que a comunicação entre nós pode simplesmente não ser possível. Edward L. Gardner comentou a respeito desse assunto. Ele adotou a visão teosófica da natureza feérica e afirmou que os seres feéricos não possuem linguagem como tal (ou melhor, nenhuma que, ao menos, os ouvidos mortais possam ouvir). O colega de Gardner, Geoffrey Hodson, apoiou isso; ele descreveu ter visto *manikins*, feéricos e *brownies* cujas bocas se moviam, como se estivessem cantando ou gritando, mas nada se ouvia. Em vez de palavras, os seres sobrenaturais de Gardner se comunicavam por meio de música – então, talvez, quando algumas testemunhas presumiram que os sons que ouviam vinham de instrumentos, na verdade vinham dos próprios seres mágicos.[80]

Para finalizar, vale a pena acrescentar que, quando são relatados casos de vozes de feéricos, costuma-se dizer que eles parecem estar rindo. Esse é um detalhe tranquilizador, implicando que a maioria dos encontros pode ser amigável e divertida. Tradicionalmente, na Cornualha, o ditado era "rir como um *pixy*". Relatos recentes parecem apoiar essa ideia de um temperamento normalmente feliz.

Inteligência e Humor Feéricos

Se esperamos interagir de maneira feliz e segura com nossos Bons Vizinhos, é importante compreender um pouco como pensam e reagem. Embora exista o risco de generalizar excessivamente, também existe o risco de constituir uma visão demasiado benigna sobre eles ou de assumir que podem ser iguais a nós.

Inteligência dos Seres Feéricos

Todas as evidências indicam que nossos Bons Vizinhos são, via de regra, tão astutos e inteligentes quanto qualquer ser humano. No entanto, as tradições também

79. *Fairy Census* nos 55, 78, 164, 181, 211 e 361, entre muitos outros exemplos.
80. Conan Doyle, *The Coming of the Fairies*, c. VIII; Hodson, *Fairies at Work and Play*, c. III, e *The Kingdom of Faerie*, cc. IV e VI; ver também *Census* nº 154.

sugerem que os feéricos domésticos, os *brownies* e os *dobbies* podem estar entre as espécies de raciocínio mais lento. Por exemplo, existe uma criatura escocesa chamada *Brownie Clod*. Seu nome pode derivar, em parte, do hábito de jogar punhados de terra nos transeuntes, mas ele também é conhecido por ter feito uma barganha muito desvantajosa com alguns homens que exploraram a propensão de sua espécie para o trabalho duro e incessante em troca de uma ínfima recompensa. Vários *boggarts* parecem igualmente lentos em termos de compreensão: há uma história bem conhecida sobre um fazendeiro, cujo campo foi reivindicado por um *boggart* - um bicho-papão. Eles chegaram a um acordo para a disputa: em anos alternados, concordaram em reduzir pela metade o que crescia acima e abaixo do solo. No primeiro ano, o *boggart* escolheu tirar o "fundo" das colheitas, e o agricultor plantou trigo. No ano seguinte, o *boggart* teve direito às copas, e o agricultor plantou nabos.

Alguns seres feéricos são, no mínimo, bastante ingênuos. Existem várias versões da balada escocesa intitulada *Lady Isabel e o Cavaleiro Elfo*: o cavaleiro elfo corteja a jovem apenas com o propósito de assassiná-la, pois já matara sete donzelas antes. Porém, nas diferentes narrativas da história, Isabel sempre engana o elfo e o mata. Numa versão, ela pede um último beijo antes que ele a afogue em um poço e, então, o derruba; em outra, o plano do elfo é afogá-la no mar, e a jovem pede a ele que desvie o olhar enquanto ela se despe: esse é um erro fatal resultante da boa educação cortesã. Mencionei anteriormente as histórias de *ainsel* que seguem a mesma tendência à ingenuidade.

Por último, embora não seja necessariamente indicativo de obscuridade, há uma história que indica que esses espíritos são bastante simples e literais. Um fazendeiro de Lake District, com seus campos repletos de grãos maduros e prontos para serem colhidos, desejou que sua colheita estivesse no celeiro antes que o bom tempo mudasse. O *hobthrush* da fazenda ouviu o desejo e trabalhou a noite toda para realizar a colheita. No dia seguinte, o dia ainda estava ensolarado, e o fazendeiro desejou que suas plantações tivessem amadurecido por mais um dia no campo, e que o entusiasmado *hobthrush* estivesse no lago do moinho. Em vez disso, seus grãos foram jogados no lago.[81]

81. Briggs, *Remains of John Briggs*, p. 224.

Temperamento Feérico

Parece extremamente difícil para nós, seres humanos, compreender verdadeiramente como o Bom Povo pensa e sente, e o resultado disso é que alguns escritores foram longe ao descrever o temperamento dos seres sobrenaturais. A escritora galesa, Mary Lewes, sentiu que a história da donzela do lago Myddfai, que chorou num casamento e riu num funeral, revelou a completa ausência de emoções reconhecíveis do ser feérico e sua total incapacidade de empatia com os sentimentos humanos mais comuns. Por outro lado, um relato escocês retratou os feéricos como sendo totalmente livres de muitas falhas humanas: eles "não são limitados como nós por fraquezas como inveja, ódio, despeito, falsidade ou intemperança". Ao contrário, são um "Povo Guia", travessos, talvez, mas nem um pouco irritáveis, e, no geral, são "liliputianos benignos, bem-humorados, amáveis e alegres...".[82]

Em Herefordshire, acredita-se que todos os seres sobrenaturais são irritadiços por natureza, de modo que o velho ditado costumava dizer que as pessoas de Knighton eram briguentas, "exatamente como os feéricos". Parece que o temperamento varia entre as famílias feéricas. Nas Ilhas Shetland, diz-se que os feéricos locais são mais gentis, delicados e inofensivos que os *trows*. São mais tranquilos e sempre alegres, enquanto os *trows* tendem a ser taciturnos e mudam de acordo com o tratamento que recebem dos seres humanos. Há muitas evidências de que espíritos domésticos, como *brownies*, podem ser melindrosos e temperamentais; parece que seus sentimentos são facilmente feridos, e eles podem rapidamente se ofender com qualquer desrespeito – sejam reais ou apenas percepções – e responder com irritação. Por exemplo, o *boggart* da fazenda Syke Lumb, perto de Blackburn, quebrava os potes de creme, soltava o gado, derrubava carroças e arrancava as roupas de cama sempre que estava irritado. Os seres feéricos domésticos são especialmente sensíveis a repreensões ou críticas ao seu trabalho. Na famosa história do *brownie* de Cranshaws, em Berwickshire, o feérico ficou ofendido com as críticas ao seu trabalho de aparar a grama e jogou penhasco abaixo toda a colheita de feno. Um desentendimento muito semelhante num sítio perto de Levenshulme, em Lancashire, terminou com as colheitas de volta aos campos, e o *boggart*, desaparecido para sempre.[83]

---

82. Lewes, *The Queer Side*, p. 126; Terrell, *Wee Folk of Menteith*, pp. 48 e 51.

83. Leather, *Folklore of Herefordshire*, p. 43; Hardwick, *Traditions, Superstitions and Folklore*, p. 125; Henderson, *Notes on the Folklore of the Northern Counties of England and the Borders*, p. 250; Bowker, *Goblin Tales of Lancashire*, p. 52; Nicholson, *Folklore of East Yorkshire*, p. 79.

Alegria Feérica?

O humor feérico pode ser mutável, mas terminaremos esta parte do livro com o que pode parecer uma pergunta estranha: os seres feéricos são felizes?

Alguns argumentam que não: há relatos frequentes de feéricos suplicando pela salvação cristã final, e isso, por certo, sugere profunda insatisfação com o próprio estado, uma vez que lhes falta uma alma imortal. Numa descrição de Perthshire, em 1810, o autor escocês Patrick Graham retratou os seres feéricos como

> uma raça de seres rabugentos e reparadores que, tendo apenas uma escassa porção de felicidade, supostamente invejam a humanidade pelos seus prazeres mais completos e substanciais. Supõe-se que desfrutem, nos recantos subterrâneos, de uma espécie de felicidade sombria, de festões brilhantes, que, no entanto, trocariam de bom grado pelas alegrias mais sólidas dos mortais.[84]

Desconfio da ideia de que os feéricos tenham inveja dos seres humanos e estejam constantemente tentando nos imitar. De uma perspectiva cristã, os Seres Feéricos realmente vivem uma espécie de meia-vida miserável e marginal. *Trows*, em particular, já foram descritos como "melancólicos e mórbidos". Nada está claro, porém, que eles vejam, de fato, as coisas da mesma maneira. Por exemplo, outro escocês que realmente conheceu os seres feéricos lembrou-se de como sussurravam sobre ele, com "a repetição de seu nome de vez em quando, o que sempre era feito com um toque de piedade".[85] Talvez sejamos nós, mortais, que deveríamos sentir pena de nós mesmos: nossa vida é cheia de preocupações e angústias, enquanto os feéricos vivem uma existência despreocupada, repleta de dança e música.

Outro escritor escocês descreve os Seres Feéricos como "um povo sociável, apaixonadamente dado a diversões festivas e à hilaridade alegre". Sem dúvida, isso é o que a maioria das pessoas acredita e o que você encontrará descrito repetidas vezes em poemas e histórias que celebram os "feéricos brincalhões" e como, para "elfos alegres [...] Em festiva alegria, as horas passam sem sentir". *Sir* Walter Scott expressou isso de modo adorável: "É alegre, é alegre o País da Feéria,/ Quando os pássaros encantados estão cantando...". Há, ainda, o ditado

84. Graham, *Sketches Descriptive of Picturesque Scenery*, p. 103.
85. Edmondston, *A view of the Zetland Isles*, p. 189; Hogg, "Odd Characters," p. 150.

da Cornualha "rindo como um *pixie*" – embora devamos admitir que isso possa se referir à diversão de conduzir um prínicipe até alguma pessoa infeliz, durante a noite.[86]

Como conclusão, talvez a melhor visão seja a mais equilibrada e realista. A vida dos feéricos é, em muitos aspectos, muito parecida com a dos humanos, e eles têm, é claro, uma variedade de disposições: alguns são bons e outros são maus; alguns são alegres e outros são tristes. Os roubos que praticam foram atribuídos à sua natureza "naturalmente rancorosa", mas, provavelmente, é menos claro que isso. O famoso especialista Crofton Croker descreveu o temperamento dos seres feéricos como sendo "uma estranha combinação de bem e mal, duplicidade e sinceridade [...] eles podem ser generosos e prestativos ou maldosos; gostam de provocações e zombarias, mas não aceitam ser ridicularizados. São fiéis e cumprem seus votos; são sutis e astutos".[87]

Resumo

No sudoeste da Escócia, registrou-se o seguinte conselho sobre o Bom Povo: "Os feéricos são pessoas estranhas. Se não gostam de você, sua vida pode se tornar miserável. Se gostam de você, então as coisas podem ser muito melhores, ou piores...".[88]

Como enfatizei no capítulo anterior, existem tipos de seres sobrenaturais diferentes, de acordo com a região, que podem parecer bastante opostos em termos de comportamento. Embora as atitudes mais recentes tenham sofrido certa mudança, no passado as pessoas viam os Seres Feéricos com boa dose de cautela e respeito apreensivo. À luz do que acabou de ser dito sobre o temperamento dos seres feéricos (embora possa parecer falta de deferência o que acabei de mencionar), sugiro que o folclore pinte o retrato de um povo que tem disposição bastante infantil. Esses seres podem ser caprichosos; podem guardar rancor; passar da amizade à inimizade com pouco aviso ou provocação. Podem ser muito brincalhões, mas, ao mesmo tempo, permanecerão muito conscientes do respeito que sentem que lhes é devido.

---

86. Stewart, *The Popular Superstitions and Festive Amusements of the Highlanders of Scotland*, p. 90; George Meredith, *The Poetry of Shakespeare*; Charlotte Dacre, *Will o' Wisp*; Scott, Alice Brand.
87. MacGregor, *Peat Fire Flame*, p. 1; Lewes, *Queer Side*, p. 11; Crofton Croker, *Fairy Legends*, p. 35 e 99.
88. Browning, *Dumfries & Galloway Folk Tales*, p. 52.

Claramente, os Seres Feéricos são um povo que deve ser abordado com cautela – mesmo que de maneira provisória. No entanto – como acabamos de ver –, podem nem sempre ter a aparência que achamos que deveriam ter. Assim, quanto mais informações pudermos reunir sobre onde podemos encontrá-los e o que podem estar fazendo nesse momento, melhor para nós.

Capítulo 5

Espaços Favorecidos para Seres Feéricos

O Bom Povo habita duas esferas: a terra feérica e o mundo humano. Já discutimos o que e onde o Feérico pode estar. Neste capítulo, examinamos os lugares neste mundo que podem ser frequentados por seres feéricos, mas também consideramos como os elementos cotidianos do ambiente humano podem ser imbuídos do encantamento feérico. Isso pode significar que formas paralelas podem existir no outro mundo, ou que plantas e animais comuns podem assumir significados e poderes especiais ou serem preenchidos com a presença de feéria.

Plantas do Mundo Feérico

Grande variedade de plantas se associam aos feéricos, tanto boas quanto ruins. Se você pensa em entrar em contato com Seres Feéricos, mas deseja fazê-lo respeitosamente, ou se preocupa com a influência dos feéricos e busca proteção contra eles, essas ligações são muito importantes.

Árvores

Mais adiante, falarei sobre a conexão entre os feéricos e a floresta; porém, é sabido que certas espécies de árvores têm fortes ligações com os seres sobrenaturais.

As árvores mais comuns às quais os feéricos estão associados são:

Espinheiro-Branco: essa árvore é considerada mágica em toda Grã-Bretanha e Irlanda. Por exemplo, afirma-se que os feéricos da Nortúmbria preferem particularmente dançar em torno de espinheiros. Do outro lado da fronteira, nos chega uma história escocesa sobre um homem que arava um campo e fez esforço especial para proteger um velho espinheiro, conhecido por ser ponto de encontro feérico, deixando um círculo de grama não arado ao seu redor. Como recompensa, recebeu um banquete feérico, bem como uma vida inteira de sorte e sabedoria.

Sabugueiro ou "Árvore Anciã": mencionei anteriormente a Velha Senhora da Árvore Anciã. Acreditava-se que tinha propriedades mágicas gerais. Na Escócia, pensava-se que protegia contra o mal, de modo que uma cruz de sabugueiro seria colocada em celeiros e estábulos para proteger o gado contra os feéricos. No entanto, o sabugueiro é tão poderoso que, na ilha escocesa de Sanday, se dizia que passar por cima de um sabugueiro que crescesse no cemitério da igreja garantia a morte em um ano. Na Ilha de Man, o lar específico dos feéricos são os sabugueiros, e na Irlanda acredita-se que a seiva dessas árvores concede segunda visão do grupo dos feéricos.[89]

Carvalho: é amplamente conhecido o fato de que os carvalhos têm preferência especial como locais tanto para as danças feéricas como para suas moradias. Em *A Descoberta da Bruxaria*, de 1584, Reginald Scot listou os muitos tipos diferentes de seres feéricos com os quais as mães assustavam os filhos. Ele incluiu "o homem do carvalho", ser sobrenatural cujas características e hábitos estão agora quase totalmente perdidos para nós, embora uma testemunha moderna em Somerset o tenha descrito como pequena criatura peluda com cauda. Esses seres foram vistos dançando sob carvalhos em Lancashire, em East Yorkshire e no centro e no sul de Gales. Nos terrenos de Downing House, perto de Whiteford, no norte do País de Gales, há um grande "carvalho dos feéricos". Quando uma criança fica irritada de repente e é suspeita de ser um *changeling* – criança trocada –, se for deixada de fora durante a noite, sob os galhos da

89. Dathen, *Somerset Fairies and Pixies*, p. 54; Dalyell, *The Darker Superstitions of Scotland*, p. 401.

árvore, os feéricos devolverão o bebê humano na manhã seguinte. Cortar carvalhos pode levar a uma resposta vingativa dos feéricos, seja a morte ou "uma dor estranha e muito forte, que não admite remédio". Na região sul de Gales, os feéricos gostavam de dançar sob as macieiras e também sob os carvalhos.[90]

Nogueira: uma nogueira costumava crescer em Llandyn Hall, perto de Llangollen, no País de Gales, em torno da qual os feéricos se reuniam à noite para realizar suas cerimônias de casamento. Infelizmente, a árvore foi derrubada no século XIX, embora esses seres tenham se vingado disso: acreditava-se que um dos trabalhadores envolvidos na derrubada foi morto pela queda de um galho.

Sorveira ou "cinzas da montanha": as sorveiras, por sua vez, são árvores que repelem os feéricos. Neste livro, a sorveira será vista repetidamente, sendo usada para proteção contra seres feéricos e suas depredações. Colocada sobre sua porta, a árvore permitirá que você assista ao desfile feérico, sem ser atraído pela procissão. Uma cruz de sorveira usada por você evitará que os feéricos o capturem, e um galho de sorveira pode ser usado para resgatar uma pessoa presa em uma dança feérica. A aversão dos Seres Feéricos à sorveira-brava é amplamente demonstrada por um método escocês de expulsar um *changeling* que envolvia colocar o suspeito bebê feérico em uma peneira e segurá-lo sobre um fogo feito de madeira de sorveira-brava.[91] O poder protetor dessa árvore é claramente demonstrado em uma história de Middridge, em Northumberland. Havia uma antiga pedreira fora da aldeia, e dizia-se que andar por ela nove vezes colocaria você no poder feérico. Um jovem imprudente ousou fazer isso e se viu perseguido implacavelmente pelo ser feérico conjurado. O rapaz só escapou porque teve o cuidado de encher os bolsos com cascas de sorveira. Ele as jogou atrás de si enquanto fugia, e, assim, o ser feérico foi atrasado por ter de fazer uma pausa para pegar todos os punhados de cascas espalhados. O duplo papel da sorveira – um ramo de folhagem pode funcionar como amuleto contra a intrusão de feéricos, mas também como meio de ver os

---

90. Scot, Livro VII, cap. XV; Dathen, *Somerset Fairies and Pixies*, p. 21; Nicholson, *Folklore of East Yorkshire*, p. 82; Pennant, *The History of the Parishes of Whiteford & Holywell*, p. 5-6; Jones, *Appearance* n°s 116 e 117.

91. Aitken, *Forgotten Heritage*, p. 12; dada a natureza contraditória das Fadas, há quem acredite que a sorveira é a árvore delas — ver Dathen, *Somerset Fairies and Pixies*, p. 41.

Bons Vizinhos passarem – é outro bom exemplo da natureza "contrária" de muitas coisas feéricas.[92]

Tojo e azevinho: esses dois arbustos espinhosos atuam como barreiras protetoras para feéricos ao redor de uma casa, embora deva confessar que também mantêm os seres humanos afastados! Por outro lado, foi relatado que os seres feéricos se abrigam, no inverno, sob folhas de azevinho e visco. No oeste da Escócia, o visco era pendurado nas portas durante as geadas, para fornecer aos feéricos abrigo do frio. Mostrar boa vontade com os Seres Feéricos pode explicar um curioso costume de Herefordshire. Nas aldeias de Kingstone e Thruxton, costumava-se colocar bandejas de musgo na véspera de maio, para que os feéricos pudessem dançar sobre elas. Esse costume é um pouco difícil de explicar: pode ser que parte da intenção fosse fornecer uma alternativa aos Seres Feéricos, para que não invadissem a casa, o que – como veremos adiante – era muito provável de acontecer de outra forma.[93]

Uma variedade de outras madeiras, incluindo olmo, aveleira e bétula, protegem contra os seres sobrenaturais. Por exemplo, uma bétula pendurada em uma porta na véspera de maio protegerá a casa e os estábulos contra os feéricos em uma das épocas do ano em que estão mais poderosos. Ao longo do ano, ramos ou cruzes de bétula colocadas sobre a porta do estábulo impedirão que esses seres entrem à noite e tenham contato com os cavalos, passatempo particular deles.

Um último relato interessante diz respeito ao feérico da Cornualha que assombra o afloramento rochoso conhecido como Newlyn Tolcarne. Para invocar esse espírito, foi pronunciado um feitiço enquanto se seguravam três folhas secas na mão: de sorveira, de carvalho e de espinheiro. Entretanto, como alguns leitores devem saber, essas são as árvores invocadas por Puck, de Rudyard Kipling, no livro *Puck of Pook's Hill* (*Puck da Colina Pook*). Parece que temos aqui duas tradições totalmente distintas, uma de Sussex, onde Kipling escreveu, e outra do extremo oeste da Cornualha. Se assim for, o "direito de carvalho, sorveira e espinheiro", de Kipling, pode ser muito mais antigo do que se suspeitava. Os feéricos de Kipling são "o povo das colinas", e o ser de Newlyn vive sob um monte de pedras perto da praia, de modo que o que temos parece ser uma afinidade

92. Grice, *Folk Tales of the North Country – Drawn from Northumberland and Durham*, c. 17.
93. Napier, *Folklore or Superstitious Beliefs in the West of Scotland Within this Century*, pp. 124 e 150.

com essas árvores, em vez de residência no interior delas. Curiosamente, a seiva da sorveira já foi dada às crianças como proteção contra a influência maligna das criaturas feéricas.[94]

Flores e Ervas

Os Seres Feéricos estão especialmente ligados às flores amarelas, como variedades de prímulas e vassouras (*Cytisus scoparius*). Nossa dificuldade é que não há consistência sobre se gostam ou odeiam flores amarelas. Por exemplo, os caules da tasneira (conhecida como erva-de-são-joão) são usados para voar, como se fossem vassouras de bruxa. Por outro lado, na Ilha de Man, as casas são protegidas contra a intrusão feérica com flores amarelas na véspera do meio do verão. Tanto as flores do tojo como seus espinhos são amarelos, e essa pode ser a razão pela qual são tão eficazes como barreiras contra Seres Feéricos.

A principal planta de proteção contra os feéricos é a erva-de-são-joão (de cor amarela), que fica pendurada nas casas na véspera do solstício de verão (véspera de São João). Mais uma vez, porém, as crenças populares revelam-se contraditórias. Na Ilha de Man, diz-se que, se você colher a flor após o pôr do sol nessa celebração, um cavalo-fada aparecerá e o levará embora.

As flores brancas também têm conexões sobrenaturais. Dizem que as margaridas são flores feéricas e colher guaco (conhecido também como erva-de-cobra) é uma maneira segura de ser guiado por *pixies*. A artemísia, com flores branco-creme, é indicada para proteção dos danos causados pelos feéricos, de modo que agricultores da Ilha de Man enfeitavam a si mesmos e ao gado com essas flores no solstício de verão. A verbena, com florezinhas branco-rosadas, era costurada nas roupas dos bebês, e os adultos faziam chá com suas folhas para se protegerem. Ao longo das Ilhas Britânicas, trevos de quatro e cinco folhas podem dissipar o brilho mágico e permitir que os feéricos se tornem visíveis. Na Escócia, diversas plantas, incluindo a sagina e o trevo, foram usadas como proteção contra os seres sobrenaturais; a única determinação era que essas ervas só teriam potência se fossem descobertas *gun iarraid* – que em gaélico significa "sem ser pedido" ou "sem que se busque". Em outras palavras, era necessário encontrá-las enquanto caminhava, sem fazer esforços deliberados para encontrá-las e coletá-las.[95]

---

94. Evans-Wentz, *The Fairy Faith in Celtic Countries*, p. 176; Kipling, *Puck of Pook's Hill*, 1906, cap. "Weland's Forge" e "Tree song".
95. *Denham Tracts, Folklore Society*, vol. 35, p. 142; Harland, *Lancashire Legends & Traditions*, p.110; MacGregor, *Peat Fire Flame*, p. 274.

Os jacintos-silvestres são flores protegidas por feéricos, e crianças solitárias que as colhem na floresta correm o risco de ser raptadas. A torga (também conhecida como urze), com sua coloração azul-púrpura, é outra planta ambígua. Os feéricos a usam para fazer cerveja, mas também parece funcionar como proteção contra eles.

Diz-se que os feéricos favorecem, em particular, as flores vermelhas. As dedaleiras são flores conhecidas no País de Gales como *menyg ellyllon* – luvas de elfo –, e sua associação com feéricos é confirmada em um conto de Perthshire, em que dois homens são emboscados por um par de jovens feéricas encantadoras, porém sinistras, vestidas de verde, com dedaleiras nos cabelos. Por outro lado, o suco de dedaleira pode expulsar um *changeling* e curar uma criança que esteja sofrendo do mal "feérico" – isto é, que tenha sido atingida por um elfo.

Outras flores vermelhas desses seres sobrenaturais incluem rosas, silenes, não-me-esqueças (ou miosótis), escabiosas, tomilho selvagem e, mais incomum, tulipas. Uma estranha história de Devon descreve como *pixies* perto de Tavistock adoravam passar as noites no canteiro de tulipas de uma velha senhora e as flores prosperavam com a presença benéfica deles. Quando a velha morreu, os novos moradores transformaram o antigo canteiro de flores em cultivo de salsa, e os *pixies*, ofendidos, o destruíram.[96]

Fungos

A conexão de fungos com *goblins* e elfos é conhecida e de longa data. Talvez a combinação decorra, em parte, da dupla natureza dos cogumelos – podem ser comestíveis ou venenosos. Assim, no País de Gales, "comida de elfo" (*bwyd ellyllon*) é o nome popular de um cogumelo venenoso. Os fungos estão, obviamente, ligados a anéis de fadas e indicam onde os elfos dançaram. Um tipo de fungo feérico é o *Hebeloma crustuliniforme* – conhecido como "torta de veneno" ou "bolo de fada" –, que é venenoso; outro é o Marasmius, fungo comestível, popularmente chamado de "anel de fada". Em Breconshire, acredita-se que os presentes de pão oferecidos pelos *Tylwyth Teg*, se não forem comidos imediatamente e na escuridão, serão considerados cogumelos (venenosos) à luz do dia.

A manteiga das fadas – ou manteiga-de-bruxa – é um conceito encontrado em toda Grã-Bretanha. No País de Gales, a manteiga (*y menyntylwyih teg*) é um

96. Murray, *Tales from Highland Perthshire*, nºs 190 e 173; Sutherland, *Folklore Gleanings & Character Sketches from the Far North*, p. 23.

fungo de cheiro agradável encontrado nas profundezas do subsolo, em fendas de calcário. Em Northumberland, a manteiga-de-bruxa é um fungo suave e alaranjado encontrado ao redor das raízes de árvores antigas. Uma espécie ligeiramente diferente, com o mesmo nome, também é encontrada crescendo ao redor do tojo e do *Cytisus scoparius*.

Diz-se que os feéricos gostam de jogar manteiga nas janelas, nas portas e nos portões durante a noite, tentando fazer com que se grude nesses locais, sendo esse um incômodo bastante comum no norte da Inglaterra, em North Yorkshire e em Cleveland. Se isso acontecer em sua casa, é considerado um presságio de boa sorte. Em Lake District, por mais desagradável que pareça, comia-se a manteiga-de-bruxa, pois se acreditava trazer sorte; no País de Gales, a manteiga-de-bruxa era esfregada no corpo para tratar reumatismo.[97]

O súbito aparecimento de cogumelos venenosos pode parecer mágico e misterioso e, em parte, explicar uma associação feérica. Sua coloração vermelha (a exemplo do cogumelo venenoso *Amanita Muscaria*, conhecido como agário-das-moscas ou mata-moscas, com suas manchas brancas) pode ligá-los às roupas vermelhas dos feéricos. Os bufas-de-lobo (ou bufas-de-velha) foram também chamados de "punho de Puck"; porém, Thomas Keightley, na obra *Faery Mithology* (*Mitologia Feérica*), sugere que "punho de Elfo" era o antigo nome anglo-saxão para os cogumelos encontrados em anéis.

O tamanho diminuto de muitos fungos também pode explicar a associação. Robert Herrick, no poema "Oberon's Feast" (Banquete de Oberon), imagina "uma pequena mesa com cogumelos espalhados" para os pequenos convidados feéricos. Em Sussex, o musgo vermelho do pântano é conhecido como "banhos-de-fadas" – ou banhos-de-elfos –, enquanto, no folclore galês, se afirma que os cogumelos parasol funcionam como guarda-chuvas, para manter secos os locais de dança feéricas.[98]

O uso mais interessante de fungos pelos feéricos vem da Ilha de Wight, na costa sul da Inglaterra, e envolve magia e tesouros. Um homem chamado John viu uma luz estranha em Puckaster Cove e, ao investigar, descobriu seres do tamanho de crianças dançando na praia. Deram-lhe um pó marrom para inalar, parecido com rapé, mas que bem poderia ser pó de cogumelo; certamente, isso o fez encolher e assumir o tamanho deles, permitindo, assim, que participasse da dança. Depois de um tempo, John sentou-se para descansar sobre um cogumelo bufa-de-lobo que

97. Wright, *Rustic Speech and Folklore*, p. 208; *County Folklore*, vol. 2, p. 130; Atkinson, *Forty Years in a Moorland Parish*, p. 53; Roberts, *Folklore of Yorkshire*, p. 67; Rowling, *Folklore of the Lake District*, p. 32; Bord, *Fairies*, p. 27.
98. Gwyndaf, in Narvaez, *Good People*, p. 180.

acabou estourando, espalhando pó de ouro por toda parte. Os feéricos deram-lhe um pouco dessa poeira e, em seguida, o restauraram ao tamanho normal.

A conexão entre feéricos, dança e o fenômeno chamado anéis de fadas é tão estreita que os discutirei em detalhes separadamente. Essa associação serve apenas para reforçar um fato inegável: feéricos e cogumelos ou fungos venenosos tornaram-se parceiros inseparáveis no imaginário popular. A primeira imagem publicada que encontrei é uma ilustração da edição de 1734 de *Round About Our Coal Fire* (*Sobre Nosso Fogo de Carvão*) que incorpora todos os elementos-chave das imagens (dançarinas, mata-moscas, colina feérica, luar). Pouco mudou desde então, embora, sem dúvida, a ligação tenha sido consideravelmente fortalecida, primeiro na poesia infantil sobre a Feéria e, depois, em meados do século passado, quando (ao que parece) quase todos os ilustradores infantis produziram alguma variação do tema.

Anéis de Fadas

Os anéis de fadas estão ligados à dança feérica. Se você ler muitos poemas britânicos sobre feéria, especialmente do século XIX, terá a impressão de que dançar em anéis é, na verdade, tudo que os feéricos fazem; é sua característica definidora, seu principal hábito, seu propósito ou, até mesmo, sua ocupação. Eles saem à noite – em especial quando a lua brilha no céu – e dançam em círculos em locais gramados. Esses espaços são, então, marcados pelo surgimento de cogumelos.

Em geral, afirma-se que são os pés dos feéricos que deixam os rastros que serão vistos pelas pessoas no dia seguinte. Em Somerset, os círculos são chamados de *galitraps* e dizem que são feitos, à noite, por seres feéricos montando potros e fazendo círculos nos campos. Estejam eles dançando ou correndo, a presença feérica pode ser facilmente comprovada: coloque um bastão em um anel durante a noite e, na manhã seguinte, ele terá sido derrubado pelos feéricos.[99]

Os anéis costumavam ser muito mais difundidos do que hoje, e muito mais visíveis: dizia-se que em cada pedaço de terra comum havia pelo menos um anel de fadas. Eles apareceram em todos os tipos de campos, exceto naqueles semeados com milho. Práticas agrícolas modernas, com o aumento do cultivo e

99. Tongue, *Somerset Folklore*, p. 115; Burne, *Shropshire Folklore*, Parte III, p. 638; ver Daimler, *Fairies*, p. 133, em que a autora sugere que as fadas são atraídas para a dança pelos cogumelos.

a utilização de fertilizantes e pesticidas, reduziram drasticamente as evidências, mas podemos ter ideia do que nossos ancestrais viram com base nos escritos do naturalista Robert Plot. Discutindo as Midlands inglesas, no final do século XVII, ele descreveu anéis com 40 ou 50 metros de diâmetro, muitas vezes circundados por uma borda de 30 centímetros a 1 metro de largura. Esses aros podem estar sem nada ou ter cor avermelhada e chamuscada. A grama dentro dele também pode ser marrom, mas geralmente é verde-escura. Plot procurou explicar os anéis cientificamente, responsabilizando as toupeiras ou o gado confinado; contudo, considerando seu tamanho e distinção, não é surpresa que outros suspeitassem prontamente de uma causa sobrenatural.[100]

Há uma variedade de crenças feéricas associadas aos anéis. Por mais encantadora que possa ser a visão desses seres sobrenaturais tropeçando em círculos, os próprios anéis são locais de perigo. Dormir em um deles é especialmente perigoso – corre-se um risco considerável de ser levado pelos seres feéricos. Um homem da Cornualha que atravessou um círculo de fadas sem antes virar os bolsos do avesso como proteção sofreu uma punição curiosa. Os *pixies* o pegaram, beliscaram-no, amarraram seus membros com fios de teia de aranha e depois tocaram seus olhos com uma pomada verde. Isso significava que ele podia ver a festa e a folia acontecendo ao redor, mas era impotente para participar ou fugir dela.[101]

Para os seres humanos, espionar as danças nos anéis ou se juntar a elas será definitivamente perigoso. Esses círculos podem até mesmo ser armadilhas criadas deliberadamente para atrair humanos e raptá-los por longos períodos – ou para sempre. Se você entrar por completo, estará em poder dos feéricos; coloque um pé no círculo e poderá ver a dança, mas ainda escapar. Devemos também lembrar a disparidade na passagem do tempo entre o Mundo Feérico e o mundo mortal; o dançarino cativo gira em ritmo diferente do globo humano e pode sair do anel e descobrir que sua antiga vida já passou.[102]

Acreditava-se amplamente que os anéis nunca deveriam ser danificados nem cultivados. Transformá-los em pastagens e, mais importante, ará-los era fortemente desencorajado por todas as pessoas familiarizadas com o fenômeno. Uma rima tradicional escocesa alertava:

---

100. Plot, *The Natural History of Staffordshire*, parágrafos 17-27.
101. Richardson, *Local Historian's Table Book*, vol. 2, p. 134; Harris, *Cornish Saints and Sinners*, c. 19 (a mesma história contada de um fazendeiro galês de Ffridd; W. Jenkyn Thomas, *Welsh Fairy Book*, "The adventures of three farmers").
102. Tongue, *Somerset Folklore*, pp. 114-15.

Quem lavrar o campo verde feérico
Não terá sorte alguma;
E quem destruir o círculo das fadas
Sofrerá carência e dor;
Pois dias amaldiçoados e noites cansativas
Serão seus até o dia de sua morte![103]

Qualquer pessoa suficientemente tola para ignorar tal conselho veria seu gado acometido de doenças. Numa história galesa, embora o agricultor tenha percebido seu erro e restaurado os anéis danificados, uma maldição foi lançada pelos feéricos, a qual acabou atingindo seus descendentes, mesmo cem anos mais tarde.[104]

De qualquer modo, também se acreditava amplamente que qualquer tentativa de erradicar os anéis falharia. A aragem não poderia removê-los, e eles retornariam de imediato, como teria acontecido com dois anéis no cemitério de uma igreja em Pulverbatch, Shropshire. Assim como aqueles que interferem nos anéis sofrerão, acreditava-se que aqueles que cuidassem deles seriam recompensados. Como prometia a rima escocesa, "uma morte tranquila deverá ter".[105]

Portanto, uma aura de magia e perigo está relacionada aos anéis de fadas. A maior parte da tendência é evitá-los: por exemplo, em Market Drayton, Shropshire, as pessoas costumavam relutar em usar as partes do cemitério da igreja marcadas pelos anéis.[106]

No entanto, também há boas notícias: primeiro, diz-se que o orvalho do primeiro dia de maio, recolhido de um anel de fada, é excelente para preservar a pele jovem. Segundo, diz-se que dançar três vezes ao redor de um anel realizará um desejo em um ano, e, se você conseguir correr nove vezes ao redor de um anel, sem respirar, será recompensado pelos feéricos. Dada a enorme circunferência dos anéis que acabamos de descrever, isso não seria uma tarefa fácil e mereceria uma recompensa. Por último, e apesar do que foi dito um pouco antes, em alguns locais da Inglaterra pensa-se que construir uma casa num local marcado com anéis será sorte para os habitantes.[107]

---

103. Chambers, *Popular Rhymes of Scotland*, p. 324.
104. W. Jenkyn Thomas, *Welsh Fairy Book*, "The curse of Pantannas".
105. MacGregor, *The Peat Fire Flame*, p. 2; Addy, *Household Tales*, p. 134; Burne, *Shropshire Folklore*, Parte III, p. 638; J. McPherson, *Primitive Beliefs in the North East of Scotland*, p. 97; Chambers, *Popular Rhymes*, p. 324.
106. Burne, *Shropshire folklore*, Parte I, p. 56.
107. Napier, *Folklore*, p. 157; J. Udal, *Dorsetshire Folklore*, pp. 260 e 330; *Chamber's Edinburgh Journal*, 1845, vol. 12, p. 10.

Para concluir, os anéis de fadas são a intrusão mais comum, imediata e tangível dos feéricos no mundo humano. São uma presença física e permanente do sobrenatural na esfera mortal e, como tal, estão ao lado dos *changelings* e dos espíritos domésticos pela luz que podem lançar sobre nosso relacionamento com o Bom Povo.

Animais da Feéria

Vários animais domesticados são associados à Feéria, mostrando com que frequência sua sociedade é vista como imitação ou paralela à nossa. Tanto o gado feérico como os seres feéricos podem ser imaginados como se tivessem o mesmo tamanho visto no mundo humano; em outras ocasiões, as criaturas são diminutas, assim como seus donos sobrenaturais. Às vezes, são maiores que suas contrapartes no mundo humano, aumentando o medo associado às suas origens sobrenaturais. Como veremos, quase sempre há algo distinto nos animais da Feéria, o que ajuda a identificar quando é possível estar na presença dos nossos Bons Vizinhos.

As Cabras da Feéria

No oeste da Grã-Bretanha, as cabras são frequentemente vistas como misteriosas feras feéricas. Por exemplo, William Bottrell registrou que, onde quer que as cabras preferissem pastar, certamente seriam locais frequentados pelos *pixies* da Cornualha. Tanto na Cornualha como nas Terras Altas de Perthshire, acredita-se que os feéricos – e especialmente seus bebês e *changelings* – se alimentam de leite de cabra. Animais bons ordenhadores seriam afastados de um rebanho humano pelo aparecimento de misteriosos bodes, que, na verdade, eram *pixies* e feéricos disfarçados.

Algumas das melhores evidências da associação entre feéricos e cabras vêm do País de Gales. As feéricas femininas mal-humoradas, as *gwyllion*, estão intimamente ligadas às cabras, estimadas pelos conhecimentos e poderes ocultos. As *Tylwyth Teg* penteiam as barbas das cabras todas as sextas-feiras para torná-las apresentáveis aos domingos (noção curiosa que talvez diga mais sobre a religiosidade galesa que sobre a fé dos seres feéricos). No conto da "Cabra de Cadwaladr", Jenny, a cabra, revelou-se uma donzela das fadas disfarçada que conduziu Cadwaladr à corte do rei feérico das cabras. Em um conto proveniente das Terras Altas, o "Tacksman de Auchriachan" apresenta uma história de roubo feérico. O fazendeiro arrendatário (*tacksman*) ouve as feéricas em sua colina planejando roubar sua fazenda enquanto ele estiver ausente. Os feéricos sentem-se seguros quanto ao roubo, pois sabem que o homem foi levado para as charnecas, longe de casa, "em busca de nossos aliados, as cabras".[108]

Corcéis de Feéricos

Os seres feéricos gostam de caçar e desfilar, e, para esses passatempos, os cavalos são quase essenciais. No poema "Sir Orfeo", o rei da Feéria chega para seduzir a esposa do cavaleiro com suas damas e servos, "Todos em corcéis brancos como a neve". No poema escocês "Young Tamlane", os feéricos prosseguem em montarias pretas, marrons e brancas; já em "Thomas of Erceldoune", a rainha das fadas aparece montada em um "corcel". Também ouvimos falar de feéricos galeses caçando cavalos cinzentos e – de uma senhora idosa no Vale de Neath, em 1827 – de um relato sobre o avistamento de seres sobrenaturais montando cavalos brancos "do tamanho de cães". Dizia-se que esses feéricos galeses cavalgavam no ar, sem nunca alcançar o solo. Apropriadamente, os cavalos feéricos eram famosos pela rapidez. Em contraste com esses corcéis, em geral, de tamanho pequeno e tons claros, um cavalo que chamou uma parteira para dar assistência num trabalho de parto feérico, perto de Tavistock, era preto como carvão e tinha olhos "como bolas de fogo".

Foi sugerido que os cavalos do Bom Povo podem não ser reais, mas apenas caules de erva-de-santiago encantados, que os seres feéricos costumam usar como vassouras para voar. Esse pode realmente ter sido o caso, pelo menos no norte da Escócia, onde tem origem a crença nesse tipo de transporte feérico. No geral, porém, os cavalos feéricos parecem bastante reais. Numa noite, um homem da Ilha de Man viu-se cercado por uma manada de ferozes corcéis mágicos; ele teve de afastá-los por horas com sua faca, até o amanhecer, quando desaparecerem.[109]

Os feéricos têm os próprios cavalos, é claro, mas também gostam de pegar os nossos e montá-los, ao mesmo tempo em que amarram suas crinas em "anéis de *pixie*" ou as emaranham com sementes de bardana. Desfazer os nós

108. Sikes, *British Goblins*, c. 4.
109. John Campbell, *Superstitions of the Highlands and Islands*; *Yn Lioar Manninagh*, vol. III.

pode ser um incômodo considerável, pois eles podem estar tão entrelaçados a ponto de tomar metade do dia para desembaraçá-los. Deve-se notar, para ser justo, que esses "nós élficos" não parecem ter sido criados por pura travessura, apenas para irritar os proprietários. Pôneis semisselvagens que pastavam em Bodmin Moor, no centro da Cornualha, e eram reunidos uma vez por ano para a Feira de Summercourt, também apresentavam crinas muito emaranhadas. Os nós parecem funcionar, em parte, como estribos e freios; ao mesmo tempo, parecem uma distinção feérica – sinal da presença feérica. Um homem de Perthshire, retirado de seu jardim pelos feéricos, foi devolvido três dias depois com o cabelo todo emaranhado – prova visível e física de sua história de sequestro para a terra feérica.[110]

Por último, atenção para o alerta: se os seres feéricos quiserem sair para cavalgar e não tiverem cavalos adequados à mão, poderão nos usar. Especialmente na Ilha de Man, sabe-se que as pessoas são levadas e montadas durante a noite toda. Os seres humanos não sentem nenhum peso nas costas durante a experiência, mas ficam cansados pela perda de sono, além de magros e fracos, em decorrência dos esforços. Usar uma flor ou erva para assustar os feéricos deve ser suficiente para evitar isso.[111]

Rebanhos Feéricos

Dado o gosto por produtos lácteos, não é de surpreender que o Bom Povo mantenha os próprios rebanhos para ordenha, bem como outros animais.

Nas Terras Altas da Escócia, os feéricos eram especialmente associados aos cervos vermelhos, e, de fato, alguns acreditavam que eram seu único gado. Também foi alegado que mulheres feéricas poderiam se transformar em cervos e ser capturadas dessa forma. Algumas mulheres feéricas certamente pastoreavam cervos como gado, mas os seres feéricos também tinham o próprio gado convencional.

O gado feérico irlandês é identificado pela aparência distinta: é branco com orelhas vermelhas. Na Grã-Bretanha, porém, essas características distintivas não são registradas com tanta regularidade, embora no País de Gales as "belas vacas brancas leiteiras" sejam bastante famosas e também haja

110. Leather, *Folklore of Herefordshire*, p. 18; Deane e Shaw, *Folklore of Cornwall*, p. 91; Murray, *Tales from Highland Perthshire* nº 219; Palmer, *Folklore of Radnorshire*, p. 225.
111. Roeder, *Manx Folk Tales*, pp. 11-2.

referência a *y fuwchfrech* – vaca pintada e mágica. Os mais famosos são os *gwartheg yllyn*, "gado do lago", frequentemente levado para casamentos de homens humanos pelas belas e hipnotizantes donzelas do lago. Alternativamente, os animais podem se misturar e cruzar naturalmente com rebanhos humanos (e assim são considerados como tendo proporções e aparência normais). Se (quando) a esposa feérica fosse rejeitada ou insultada pelo esposo humano, sua partida também significaria a saída das feras feéricas do rebanho do marido. O mesmo acontecerá se o agricultor humano tentar abater o gado feérico, pois isso também será interpretado como demonstração de falta de respeito pelos verdadeiros donos das vacas e por seus dons. Nas Terras Altas da Escócia, o gado feérico era tipicamente pardo e sem chifres, mas em Skye era salpicado de vermelho e podia cruzar o mar.

Os feéricos da Ilha de Man também criam porcos e ovelhas. O porco feérico pode ser identificável pelo fato de ser branco, com cauda emplumada, parecida com um leque, ter orelhas longas e caídas e olhos vermelhos ardentes. Cordeiros feéricos são geralmente mais bonitos. Seu velo é vermelho, e eles podem estar equipados com sela e freio vermelhos. Às vezes, um deles aparece no rebanho de uma fazenda. Quando o fazem, trazem boa sorte, aumentando a saúde e a fertilidade das ovelhas comuns. Afirma-se que os feéricos galeses podem aparecer em forma de ovelhas, aves e porcos. Não fica totalmente claro se esses são animais feéricos ou seres feéricos em forma de animais. Qualquer que fosse a situação exata, essas criaturas eram frequentemente vistas voando ou subindo das pastagens para o céu.[112]

Animais de Estimação dos *Pixies*

Os seres feéricos também têm as próprias versões de nossos animais de estimação, embora as descrições feitas a respeito deles dificilmente os façam parecer amigáveis.

Para o grande esporte que são as caçadas feéricas, são necessários cães de caça. Procurando recuperar sua esposa sequestrada, *Sir* Orfeo encontra o rei da Feéria cavalgando "com centenas de *berkyng*" ("cães latindo"). Da mesma forma, na balada "Thomas of Erceldoune", a rainha da Feéria se depara com "seus cães cinzentos" e "seus cães de caça" (em inglês antigo, *hir greye hundes* e

112. Sikes, *British Goblins*.

hir raches), esses últimos chamados *rachets* – cães de caça criados para esse fim. Os *Cwn Annwn* (da mitologia galesa, semelhantes a cães do inferno ou cães do outro mundo) da lenda galesa eram *bandogs** empregados para a busca das almas daqueles que morreram sem batismo ou perdão. Eles disparavam pelo ar em noites de tempestade, aterrorizando os mortais da terra. Mais delicados, talvez, fossem os "cães brancos como leite" (*milk white hounds*), que acompanhavam as damas élficas dos lagos.

O "Povo da Paz" das Terras Altas da Escócia possuía cães terríveis do tamanho de bois, verde-escuros (embora a coloração esmaecesse nas patas). As caudas desses cães enrolavam-se firmemente nas costas ou pareciam planas, até mesmo trançadas. Por causa da aparência e dos latidos muito altos, eram considerados ferozes cães de guarda das colinas feéricas e se dizia que se moviam deslizando em linha reta. O temperamento desagradável desses cães também é encontrado nos cães feéricos da Ilha de Man. Matilhas podem perseguir pessoas, e o simples contato com eles pode provocar uma doença que dura meses.

Os cães feéricos galeses, por sua vez, parecem bem menos hostis. Uma mulher em Denbighshire tornou-se muito amiga de uma *Tylwyth Teg* local e lembrou que, muitas vezes, quando estavam reunindo juncos, um de seus cães se aproximava e se juntava a ela, apenas pelo prazer de sua companhia. Às vezes, o aparecimento dos cães feéricos são o prenúncio de morte, especialmente se forem vistos no cemitério de uma igreja.[113]

Ao encontrar um cão feérico perdido, a experiência galesa indica que você deve sempre cuidar bem dele. Um homem que maltratou um animal perdido foi sequestrado pelos seres feéricos e carregado pelos ares como punição. Uma parente dele aprendeu com o erro e, ao se deparar com um cão perdido, alimentou-o e cuidou bem dele. Em consequência, foi generosamente recompensada pelos tutores feéricos e, quando vieram buscá-lo, perguntaram se ela preferia uma pastagem limpa ou suja. Ela escolheu a suja – assim, o número de vacas que ela possuía foi duplicado, dando-lhe o melhor rebanho leiteiro da região.[114]

Na Escócia, também existem felinos feéricos, que aparentemente eram do tamanho de cães humanos; eram gatos pretos com uma mancha branca no peito, costas constantemente arqueadas e pelo eriçado.

---

113. Owen, "Rambles over the Denbighshire Hills", *Archaeologia Cambrensis*, vol. III, 5ª série., nºs 9 e 73; Owen, *Welsh Folklore*, p. 124.

114. Jenkyn Thomas, *Welsh Fairy Book*, "A fairy dog".

* *Bandog* era um tipo de cão de guarda da Idade Média, geralmente um mastim ou um cão de grande porte, mantido amarrado ou preso durante o dia e solto à noite para vigiar propriedades. O nome deriva de *bande* (termo arcaico para coleira ou corrente) e *dog* (cão). (N. da T.)

Em resumo, parece haver uma série de características comuns aos animais feéricos. Costumam ser de um branco puro (com exceção dos gatos) – sinal claro de natureza sobrenatural – e frequentemente transportados pelo ar (outra indicação óbvia de seu estado de encantamento). Embora em muitos aspectos seu comportamento seja idêntico ao dos animais agrícolas comuns, tendem a aparecer e desaparecer de maneira imprevisível. Tal como acontece com todos os presentes dos seres feéricos, os maus-tratos dispensados aos animais garantem sua perda.

Florestas e Bosques

Hoje, se questionadas, muitas pessoas imaginam elfos e fadas brincando em ambiente de floresta. Isso parece ter se tornado uma convenção muito forte em nossa cultura visual popular, porém não é tradicional no folclore das fadas britânicas (apesar das ligações frequentes entre fadas e espécies específicas de árvores descritas). Como surgiu essa imagem predominante?

Embora Oberon, rei das fadas, se encontre numa floresta, numa canção de gesta (anônima) do século XIII intitulada *Huon de Bordeaux*, a principal fonte de nossa estreita associação moderna entre fadas e florestas é Shakespeare: tanto o "bosque perto de Atenas", que aparece em *Sonho de Uma Noite de Verão,* no qual Titânia, Oberon, Puck e as outras fadas vivem, e a floresta aberta do Windsor Great Park, que aparece em *As alegres comadres de Windsor,* cenário do suposto encontro de Falstaff com a rainha das fadas e seu séquito. Embora suas raízes possam estar nas dríades e hamadríades do mito clássico, foram essas apresentações teatrais de fadas que, de fato, primeiro fixaram o elfo que habita a floresta na imaginação do público de língua inglesa. Grande parte da literatura e das artes visuais subsequentes consolidou a combinação, a ponto de ela parecer inevitável – embora existam poucos vestígios dessa ligação em fontes mais antigas ou no folclore britânico. Pode-se acrescentar que essa é também uma convenção de caráter inglês; de qualquer modo, em grande parte das outras regiões da Grã-Bretanha, não havia muitas áreas arborizadas.

Como descrevi anteriormente, as fadas tendem a estar ligadas nas tradições folclóricas a árvores individuais, não a corpos de árvores. A associação tradicional mais segura entre feéricos e árvores envolve, na verdade, o Bom Povo auxiliando os seres humanos. Os pomares são assombrados pelo Velho Goggy, espírito da natureza cuja principal função é dar vida às árvores frutíferas e proteger a colheita de roubos por crianças. Outros nomes para o espírito incluem Lazy Lawrence (Preguiçoso Lawrence), Grig e Apple Tree Man (o Homem da Macieira). Na época da colheita, algumas maçãs sempre devem ser deixadas para as entidades feéricas – oferenda chamada "palavra de *pixy*" (ou tesouro) –, e, se isso for feito, as colheitas serão abençoadas. Acredita-se que os *pixies* de Somerset amam macieiras e pomares mais que qualquer outro lugar. Há também os feéricos que protegem outras frutas, como as *nutnans* de Lancashire, que vivem em bosques de avelãs, e a *Gooseberry Wife* (Esposa Groselha), na Ilha de Wight, espécie de bicho-papão que assume a forma de uma grande lagarta verde.[115]

Os seres feéricos britânicos, de acordo com escritores mais antigos, podiam ser encontrados em vários locais. Frequentavam montanhas, cavernas, prados e campos, fontes, charnecas e pastagens, o lado sul das colinas e as terras baixas, bem como florestas e bosques. Geralmente, era mais provável que fossem encontrados em "locais selvagens". Embora florestas e bosques apareçam nessas fontes, estão longe de ser os espaços mais mencionados. Por exemplo, uma fonte do século XIV nos diz que os elfos são vistos "durante o dia, muito em *bosques*... e duas noites nos montes altos..." – em outras palavras, frequentam locais arborizados durante o dia (presumivelmente para se esconderem dos olhares humanos), mas recorrem a colinas abertas à noite para suas festas.[116]

Uma fonte particularmente informativa é o pastor galês, reverendo Edmund Jones. Em sua história das superstições da paróquia de Aberystruth, de 1780, ele registrou as visões contemporâneas sobre os locais mais prováveis para observar aparições feéricas. Conforme seu relato, os seres feéricos não aprecem em lugares pedregosos, planos ou pantanosos, pois preferem dançar em locais abertos, secos e limpos, próximos ou sombreados por extensos galhos de árvores, especialmente as aveleiras e os carvalhos fêmea. Também gostam de ter acesso fácil aos cercados próximos para se esconder. Wirt Sikes também localizou os elfos galeses (*ellillon*) em bosques e vales. No País de Gales, acreditava-se, na tradição popular, que uma paisagem aberta e arborizada era o hábitat preferido dos feéricos e seria sua melhor aposta como local para encontrá-los. Dada a predileção das fadas por danças, por jogar futebol e *hurling*, faz sentido que prefiram locais abertos ou muito fechados.[117]

---

115. Dathen, *Somerset Fairies and Pixies*, pp. 15, 28 e 114; Tongue, *Somerset Folklore*, p. 119; Palmer, *Worcestershire*, p. 180.
116. *South English Legendary* (séculos XIII e XIV), linha 256.
117. Jones, *Aberystruth*, pp. 74 e 84 ou *Appearance*, n°s 57 e 116.

O Bom Povo gosta, com certeza, de passar o tempo em florestas, sendo que bosques e clareiras podem ser excelentes lugares para encontrar esses seres. Mesmo assim, podem não viver de fato nessas áreas, porém pode haver a mesma probabilidade de encontrá-los em outros locais, como a sequência desse capítulo mostrará.

Ilhas Feéricas

Em toda a Grã-Bretanha, a terra feérica foi concebida como um país separado, geralmente subterrâneo, com paisagem, rios, agricultura, edifícios e clima próprios. Essa crença foi especialmente forte na Inglaterra e no País de Gales durante a Idade Média (ver, por exemplo, as histórias de "Elidyr e a Bola de Ouro" ou de "As Crianças Verdes de Woolpit", já mencionadas). Constantemente, à medida que o cultivo humano e a indústria se expandiam, a terra feérica tendeu a encolher, ficando espremida nos cantos do nosso mundo. Em algumas partes do País de Gales, porém, a ideia de um Mundo Feérico separado persistiu numa forma ligeiramente modificada: os seres feéricos mudaram-se para o exterior, de modo que permaneceram críveis e ocasionalmente visíveis, embora raramente acessíveis.

As ilhas mágicas têm linhagem estabelecida há muito tempo no País de Gales. Gerald de Gales descreveu um lago no topo de Snowdon, notável por apresentar uma ilhota flutuante que soprava de costa a costa. Num relato posterior a respeito, uma dimensão feérica foi acrescentada: uma donzela *Tylwyth Teg* teve de se separar do marido humano, mas, ainda assim, de vez em quando, conseguia vê-lo enquanto ela sentava em um gramado flutuante, e ele permanecia sentado às margens do lago Llyn y Dywarchen.[118]

As ilhas flutuantes não são exclusivas das águas do interior do País de Gales. Em 1896, um capitão do mar relatou ter visto uma ilha não identificada, logo abaixo das ondas, perto de Grassholm, no Canal de Bristol. Disse que alguns idosos contaram sobre uma terra assim, que emergia e submergia, periodicamente. Essas ilhas sobrenaturais são chamadas "Pontos Verdes das Inundações" e "Prados Verdes do Mar" ou *Gwerddonau Llion*. Há uma crença semelhante em toda a região do canal, em Somerset: lá, as ilhas misteriosas são chamadas "Terras Verdes do Encantamento". A localização exata não é fixa, e não está claro

118. Gerald de Gales, Livro II, c. 9; Rhys, *Celtic Folklore*, p. 93.

quantas ilhas encantadas existem entre St. Davids e a Península de Llyn; no entanto, há relatos consistentes de avistamentos de terras verdejantes que apareceram e desapareceram de vez em quando.[119]

Um relato afirmava que uma ilha feérica perto de Milford Haven era alcançada por um túnel. Os feéricos usariam essa passagem para visitar os mercados de Laugharne e Milford. Comparável a essa descrição é a da ilha lacustre em Llyn Cwm Llwch, em Brecon Beacons, que poderia ser alcançada por uma passagem que partia de uma rocha costeira. Porém, essa rocha só se abriria uma vez por ano, enquanto o "jardim das fadas", no meio das ondas, era invisível, a menos que estivesse no local correto. Pode-se notar também que pequenos aglomerados de flores que cresciam em locais inacessíveis, nas falésias perto de Land's End, na Cornualha, eram conhecidos como os "jardins dos *piskies* do mar".[120]

Voltando às ilhas costeiras, elas também só podem ser vistas quando estão sobre determinado trecho de relva retirado do cemitério da igreja de St. David ou da paróquia de Cemmes. Assim que se rompe o contato com a grama, perde-se a visão, de modo que a única maneira segura de chegar às ilhas é navegar com um pedaço de grama a bordo; caso contrário, as ilhas ficarão invisíveis para os barqueiros. Tais viagens são perigosas, já que o tempo feérico passa muito mais lentamente que em terra. Gerações poderiam decorrer no período que pareciam alguns poucos dias para os visitantes da ilha.[121]

Os habitantes dessas ilhas elusivas são as *Tylwyth Teg*, mais especificamente os *Plant Rhys Dwfn* – filhos de Rhys, o Profundo. Sua sabedoria residia em proteger a terra com ervas mágicas e no rígido código moral de honestidade e boa-fé, observado por seus descendentes.[122]

As ilhas mágicas não são uma ideia exclusiva do País de Gales: o reverendo Robert Kirk, no capítulo quatro do livro *Comunidade Secreta: elfos, faunos e fadas*, observa que o Mundo Feérico pode ser tão "imperceptível... como Rachland e outras ilhas encantadas". Acreditava-se que Rachland ficava na costa noroeste da Escócia; seus habitantes eram seres feéricos ou descendentes de Vikings, mas, de qualquer modo, só se tornava visível uma vez a cada sete anos (período de tempo tipicamente mágico). Apesar dos problemas de acessibilidade, algumas das primeiras cartas de navegação incluíam a longitude e a latitude da ilha, caso se estivesse no lugar certo, na hora certa!

---

119. Rhys, *Celtic Folklore*, pp. 171-72.
120. Sikes, *British Goblins*, pp. 9 e 10; Rhys, *Celtic Folklore*, pp. 161 e 20-2.
121. Rhys, *Celtic Folklore*, pp. 161-72; Evans-Wentz, *Fairy Faith*, p. 147.
122. Rhys, *Celtic Folklore*, pp. 158-60.

O motivo recorrente da ilha encantada é ideal para a Terra Feérica: é um lugar apenas periodicamente visível, familiar, mas atraente, próximo, porém sempre fora de alcance. Somente os muito afortunados ou inteligentes são capazes de vê-lo, de modo que sua realidade ou qualidade ilusória são muito difíceis de provar.

Feéria à Beira-Mar

Em geral e comumente aceita, nossa suposição é que feéricos e elfos preferem frequentar prados e bosques. De vez em quando, podem ser vistos em charnecas acidentadas (especialmente *pixies* e *spriggans* do sudoeste da Inglaterra), ou mesmo nas casas humanas e em edifícios agrícolas (*brownies*), mas muito raramente os imaginamos à beira-mar. Isso é um erro; de vez em quando, eles são avistados nas praias, e, aqui, ofereço algumas evidências a respeito.

Apesar de na mitologia clássica nereidas e oceânides serem ninfas marinhas, e sereias, *selkies* e certas feras escocesas de água salgada serem obviamente encontradas próximas à linha da maré, existe pouco material na tradição britânica que situe seres sobrenaturais na costa marítima. O mais provável é que Shakespeare, em *A Tempestade*, tenha sido o primeiro a criar a associação na mente popular. É bastante famoso o canto de Ariel:

> **Até as amareladas areias, vão!**
> **E, depois, juntem mão com mão**
> **Depois de se terem cumprimentado**
> **E depois de haverem beijado**
> **Até silenciarem**
> **As ondas selvagens.**
> **Dancem delicadamente, aqui, e ali, e ali e aqui,**
> **E recitarão o refrão estes meus Espíritos gentis**[123]

Aqui temos a tradicional dança circular feérica transposta de uma clareira ou outro espaço gramado, onde surge um anel de fadas, para a praia – uma novidade que parece ser quase totalmente invenção do dramaturgo. O poeta

123. William Shakespeare, *The Tempest* (1611), Ato 1, cena 2. Versão em língua portuguesa: Shakespeare, W. *A tempestade*. Tradução: Beatriz Viégas-Faria. Porto Alegre: L&PM, 2002, p. 29.

John Milton parece ter imitado essa cena em *Comus*: "E nas Areias Douradas e Bancos de Areia, Dançam as animadas Fadas e os elegantes Elfos". Sem dúvida, a canção de Shakespeare tornou-se uma inspiração para os pintores (por exemplo, Richard Dadd e Robert Huskisson), além do que parece ter gerado uma aceitação de que os feéricos poderiam muito bem ser encontrados em regiões distantes de seus refúgios comuns. Cenas de *A Tempestade* e, claro, de *Sonho de uma Noite de Verão* eram o padrão para os artistas interessados em temas feéricos durante a era vitoriana; entretanto, também encontramos espíritos provenientes do litoral sem qualquer conexão com essas peças famosas.[124]

Data do início do século XIX a pintura *Fadas na Praia* (*Faeries on the Seashore*), de Henry Howard. O que exatamente essa cena tropical ilustra é incerto; tanto pode ser a ideia pessoal do artista ou a visão extraída da literatura. Ann Radcliffe, em *The Mysteries of Udolpho* (1794), escreveu alguns versos sobre uma ninfa do mar, que canta: "Venha quando o pôr do sol vermelho colorir as ondas, Para as areias tranquilas, onde as fadas brincam...". Na mesma época, Letitia Elizabeth Landon escreveu um poema inteiro a respeito, intitulado "Fairies on the Sea Shore", que apresenta fadas de flores, arco-íris e música, bem como uma fada do mar cavalgando dentro de uma concha de náutilo ao luar.

Parece provável que W. B. Yeats tenha se baseado na tradição autóctone irlandesa, em vez de em qualquer obra literária ou pintura inglesa, quando, em 1889, escreveu o famoso poema "The Stolen Child" (A Criança Roubada). O poema é falado pelas fadas que estão sequestrando um bebê humano e tentando persuadir a criança a segui-las até onde a lua brilha, nas "areias cinzentas e escuras", onde elas dançam a noite inteira... A cena desses versos ocorre em Rosses Sands, no condado de Sligo, lugar conhecido como "famoso local de fadas", segundo o próprio Yeats. Seria bastante fácil presumir que esses versos eram simplesmente obra de uma grande imaginação poética, mas isso seria um erro. Yeats e seus amigos George William Russell (que escreveu sob o pseudônimo de "AE") e Ella Young,conheceram fadas. Em sua coletânea de cartas, Yeats conta um encontro em Rosses que ocorreu na época em que o poema foi composto, quando ele conheceu e conversou com a rainha das fadas e sua tropa. Além do mais, as fadas não eram encontradas apenas naquele local da costa irlandesa. Há uma história de Rossport, Condado de Mayo, sobre um homem chamado Patch Gallagher que se deparou com uma multidão de fadas que se dirigia para um jogo de *hurling*. Ele foi recrutado para seu time, e a partida acabou abrangendo grande extensão da costa.[125]

---

124. John Milton, *Comus*, linhas 116-17.
125. Yeats, *Fairy and Folk Tales of the Irish Peasantry*, nota para "The Stolen Child", p. 59.

Esses exemplos poéticos foram sobre as fadas brincando e dançando na areia, muito semelhantes aos turistas modernos. Entretanto, as conexões podem estar muito mais próximas que isso. A *bucca,* espírito marinho mítico da Cornualha, foi encontrada vivendo na própria praia, por exemplo, e em uma história do voo mágico de um menino com os seres feéricos de Polperro as praias estão entre os lugares que eles visitam em suas viagens. Alguns seres feéricos são encontrados na praia por motivos absolutamente práticos: são pescadores e estão levando seus barcos ou separando sua pesca.[126]

Embora muitas referências fornecidas até agora tenham vindo da literatura, no século XX, foram registrados avistamentos reais de feéricos na praia, incidentes que parecem replicar exatamente as imagens dos versos e das artes plásticas. Em julho de 1921, Geoffrey Hodson viu algumas "formas de pequenos elfos" brincando na praia de Blackpool. Tinham rostos élficos, cabeças e orelhas grandes, corpos pequenos e redondos, pernas curtas e finas com pés palmados e mediam de 7 a 15 centímetros de altura. Brincaram entre algas e pedras, mas não entraram na água; pareciam despreocupados com a presença próxima de turistas humanos. Em *The Coming of the Fairies*, de Arthur Conan Doyle, publicado no mesmo ano, o autor reproduziu um relato da Sra. Ethel Wilson, de Worthing, que via fadas na praia em dias ensolarados: pareciam bonequinhas com lindos cabelos brilhantes, afirmava ela. Ao contrário dos elfos de Hodson, esses seres brincavam no mar e cavalgavam nas ondas, movendo-se e dançando constantemente. Esses são avistamentos fascinantes, embora seja inevitável que os Seres Feéricos pareçam ter viajado para a costa com os turistas britânicos.[127]

Parte da razão para a escassez de avistamentos à beira-mar pode ser o fato de, pelo menos, alguns Seres Feéricos não conseguirem ter acesso à costa. Da mesma forma que alguns deles não conseguem atravessar rios – como veremos em breve –, para alguns a praia constitui uma barreira. Em uma história das Terras Altas da Escócia, um homem chamado Luran roubou uma taça dos Sith e teve de fugir urgentemente dos furiosos perseguidores. Eles já estavam se aproximando, e suas perspectivas pareciam sombrias, até que ele pensou em ir até ao litoral: depois de cruzar a linha da maré alta, estava a salvo da multidão que o perseguia. O conto da Cornualha "Os Seres Mágicos do Verde Oriental" envolve um tema relacionado. Certa noite, alguns contrabandistas desembarcaram a

126. Courtney, *Cornish Feasts & Folklore*, p. 129; Thomas Quiller-Couch, "The Folklore of a Cornish Village", *Notes & Queries*, nº 11, p. 398.
127. Hodson, *Fairies at Work and Play*, c. 1; Doyle, *The Coming of the Fairies*, cap. 7.

carga ilícita de conhaque em Longrock Beach, na baía de Mount, entre Penzance e Marazion. Um membro da tripulação desembarcou para investigar alguns sons misteriosos, temendo que fossem os fiscais à espreita. Em vez disso, tropeçou em um grande número de *spriggans*, vestidos de vermelho e verde, que dançavam sobre as dunas de areia. Assim que percebeu que havia sido descoberta, a multidão de dançarinos enfureceu-se, passando a perseguir o contrabandista com lanças, fundas e arcos. Ele correu de volta para o barco, convocando os companheiros a voltarem ao mar. Os *spriggans* invadiram a praia com raiva, mas não conseguiram danificar o barco nas ondas, pois "nenhum membro da trupe feérica ousa tocar em água salgada".

Para concluir, as provas são frágeis, e a maior parte delas é literária, não folclórica, mas a indicação é de que os feéricos podem ser encontrados em qualquer cenário natural, desde a costa marítima até ao topo de uma montanha. Se concebermos os seres feéricos como espíritos da natureza, isso seria exatamente o que esperaríamos.

Os Seres Feéricos e a Água

Um aspecto curioso da tradição feérica é a relação negativa mantida com a água. Todos parecem precisar dela, assim como os seres humanos, mas, em algumas circunstâncias, podem apresentar profunda rejeição a ela, enquanto outros a utilizam para atingir seus objetivos mágicos.

Os seres feéricos, assim como os humanos, precisam de água para suas necessidades básicas. É quase certo que bebem água; inclusive, sabe-se que bebem, no mínimo, água de orvalho. Sem dúvida, usam água para tomar banho: há numerosos registros folclóricos que relatam o fato de que os feéricos esperam que os chefes de família deixem, à noite, tigelas de água fresca para que eles e os filhos possam se lavar. Há também uma história de feéricos surpreendidos certa manhã banhando-se em termas, em Ilkley.[128]

Além do abastecimento humano de água para banhos, os Seres Feéricos fazem uso de fontes naturais. Em Northamptonshire, são conhecidas certas "piscinas de fadas", onde elas nadam à noite; em Brington, em 1840, foram avistadas por testemunhas algumas fadas se banhando. Outras fontes citam ainda seres

128. Crofton Croker, *Fairy Legends*, p. 86; muitos exemplos de banhos estão em Rhys, *Celtic Folklore*, pp. 56, 110, 151, 198, 221 e 240.

feéricos lavando suas roupas, preparando seus rituais, sua magia e até mesmo seus alimentos. Uma relação muito especial do feérico com a água encontra-se nas lendas escocesas *bean-nighe* – também chamada lavadeira – e em sua similar *Caointeach* – chamada "a mais perspicaz". Ambas predizem a morte lavando roupas ou enrolando lençóis em vaus ou riachos e é evidente que não revelam qualquer aversão ao contato com água doce corrente. Por outro lado, acredita-se que é possível conquistar poderes mágicos se uma pessoa ficar entre *bean-nighe* e o riacho, o que indica que seu potencial mágico deriva, de alguma forma, do próprio curso de água.[129]

Por fim, nem é preciso dizer que certas fadas vivem na água e claramente não podem ter qualquer objeção ao seu ambiente natural. Espaços de água doce e salgada podem ser habitados. Por exemplo, a rainha das fadas da região de Craven, ao que parece, vive atrás da cachoeira em Janet's Foss, perto de Malham. A água em si não constitui, portanto, um problema.

Feéricos e a Água Corrente

Por sua vez, há também evidências de feéricos que evitam a água corrente, e muitas histórias sustentam isso. Um exemplo dramático dessa aversão vem de North Yorkshire: em Mulgrave Wood, perto de Whitby, vivia uma *bogle* chamada Jeanie. Um dia ela perseguiu um fazendeiro que passava por ali. Ele galopou desesperadamente até o riacho mais próximo para escapar dela, porém, assim que ela o alcançou e o atacou com sua varinha, o corcel que o fazendeiro montava saltou o rio, e Jeanie cortou o cavalo ao meio. A parte dianteira, que sustentava o cavaleiro, caiu para o outro lado e ficou segura, enquanto Jeanie teve de se contentar com as patas traseiras e as ancas. Num caso similar, ocorrido em Perthshire, um homem caçava quando uma mulher de vestido verde o abordou. Ela tentou chamar sua atenção, atraindo-o para perto dela assobiando, mas, por causa da cor do vestido, ele evitou dar-lhe atenção e apressou-se em fugir. Ela o perseguiu até que ele saltou sobre um riacho. Ela não conseguiu segui-lo, mas agarrou-se à manta dele, desfiando-a até que virasse pó. Se ela o tivesse apanhado – alertou –, não haveria uma peneira que o segurasse.[130]

---

129. Sternberg, *Dialect and Folklore of Northamptonshire*, p. 136; Hill, *Folklore of Northamptonshire*, p. 149; Roberts, *Folklore of Yorkshire*, p. 64; *County Folklore*, vol. 2, p. 130.
130. Evans-Wentz, *Fairy Faith in Celtic Countries*, p. 38; Campbell, *Popular Tales of the West Highlands* vol. 2, p. 69; Murray, *Tales from Highland Perthshire*, nºs 127 e 202.

Ao que parece, qualquer curso de água corrente formará uma barreira intransponível; contudo, ainda mais adversa para os Seres Feéricos é a água que flui na direção sul. Isso é mostrado em algumas narrativas. No Nordeste da Escócia, um modo de expulsar um *changeling* e recuperar uma criança humana raptada pelos Seres Feéricos era lavar as roupas dela numa fonte que escoava suas águas para sul e depois colocá-las para secar ao sol; se as roupas desaparecessem, significava que os seres sobrenaturais as aceitaram, e a criança roubada seria restituída. Essa ação foi praticada durante a década de 1620 pelo suspeito de bruxaria, o escocês Stein Maltman, de Leckie, perto de Stirling, que aconselhou o pai de um menino doente a banhá-lo em um poço que fluía para o sul, depois de terem orado por ele. Maltman também tratou uma mulher doente fazendo-a beber água retirada de um riacho que corria ao sul, com a qual ele havia fervido uma flecha élfica. Além disso, como veremos mais tarde, as doenças infligidas pelos feéricos eram diagnosticadas por "medição de cintura". Uma pessoa conhecida por realizar essa prática chamava-se Jennet Pearson: ela lavava uma cinta em um riacho que fluía para o sul como parte do tratamento que administrava.

Talvez, apenas os feéricos do mal sejam obstruídos pelos riachos, enquanto os bem-intencionados podem passar por eles sem qualquer problema. Numa história escocesa, um *brownie* que ia e voltava para a casa da família a quem servia e era muito devotado atravessava diariamente um rio caminhando pelas pedras.[131]

Às vezes, parece que até mesmo a água pura pode repelir os Seres Feéricos. Há um conto popular da Ilha de Uist, nas Terras Altas da Escócia, em que seres feéricos batem à porta de uma casa pedindo que um bolo de aveia lhes seja entregue; entretanto, os moradores jogam água no bolo, e é o bolo que responde: "Não posso ir, não estou pronto". Talvez, a água na casa tenha sido benzida; mas podemos ter certeza, mesmo assim, de que em tempos de necessidade extrema um rio ou riacho constituirá barreira eficaz entre você e o perigo sobrenatural.[132]

Magia da Água das Fadas

Vimos que os feéricos têm aversão à água corrente. Em contrapartida, porém, a água parada pode ter fortes propriedades mágicas e feéricas. *Bogles* foram banidas para poços, enquanto os seres feéricos usaram esses poços como modo de

131. Campbell, *Superstitions of the Highlands*, p. 50; Simpson, *Folklore in Lowland Scotland*, p. 107.
132. Henderson, *Survivals of Belief Amongst the Celts*, p. 219.

tentar abduzir seres humanos. A água dos poços pode ter propriedades mágicas. Em Dartmoor, perto de Princetown, encontra-se o Poço de Fitz, cuja água é famosa por ter a propriedade de dissipar o feitiço das fadas e permitir que aqueles que são levados por seres feéricos encontrem seu caminho novamente. Na balada "Tam Lin", a água do poço é usada como parte da libertação mágica de uma fada cativa.[133]

Na seção anterior, mencionei riachos que correm para o sul e, ainda, comentei a existência particularmente mágica dos poços, cujas águas correm em direção ao sul. Na Ilha de Anglesey, diz-se que tais lugares são "poços amaldiçoados". O poço de Penrhos, por exemplo, pode causar ou curar o câncer. Outras direções também podem ter propriedades poderosas. Nas Ilhas Shetland, conta-se a história de uma taça feérica descoberta como resultado de um sonho. Tinha propriedades curativas, caso um ritual complicado fosse seguido, no centro do qual estava a água retirada de um poço que fluía para o leste.[134]

A boa vontade feérica diante dos poços pode ser invocada mostrando-lhes respeito. Oferendas de broches são feitas em Bradwell, em Derbyshire, no domingo de Páscoa, e em Wooler, em Northumberland, sempre que uma pessoa almeja que um desejo se torne realidade. Em vários locais da Escócia, botões, pequenas moedas e broches podem ser deixados para os "feéricos do poço", sendo, talvez, o mais famoso deles o chamado Cheese Well (Poço do Queijo), no topo da colina de Minchmuir, Peeblesshire, onde os habitantes locais deixam como oferenda pedaços de queijo aos feéricos guardiões.[135]

Os desejos feitos nos poços podem ser relativos à riqueza e ao amor, mas podem ser algo tão prosaico como apenas garantir bom abastecimento de água. No final de 1971, a revista *Countryman* publicou uma carta que descrevia como os *pixies* restauraram e mantiveram os níveis de água no poço de uma remota casa de campo da Cornualha, tudo em troca de *Cornish pasty* – torta da Cornualha, pequena torta típica da região, com carne e vegetais – cortada em pedaços e dispostos ao redor da abertura do poço, nas noites de lua nova. Infelizmente, quando o proprietário foi embora e deixou a propriedade nas mãos dos cuidadores, esses não conseguiram manter as oferendas, e o poço voltou a secar.[136]

Além de realizar desejos, muitos poços também têm propriedades benéficas à saúde. Se uma criança estivesse fraca e não conseguisse se recuperar – ela estava *shargie*, pois fora afligida pelos seres feéricos –, um antigo remédio era

---

133. Aitken, *Forgotten Heritage*, p. 18; Crossing, *Tales of Dartmoor Pixies*, c. 9; Nicholson, *Folklore of East Yorkshire*, p. 79.
134. Edmondston, *A view of the Zetland Isles*, p. 215.
135. Addy, *Household Tales*, p. 115; Denham Tracts, p. 151; Gregor, *Notes on the Folklore of the North East of Scotland*, p. 59; Richardson, *Table Book*, p. 132; Grant, *Myth, Tradition and Story from Western Argyll*, p. 34.
136. Bord, *Fairies*, p.18.

deixá-la durante a noite perto de um poço. Em Wooler, crianças doentes eram mergulhadas nas águas do poço, sendo também deixados pão e queijo como oferendas. Se houvesse a suspeita de que a criança tinha sido substituída por um *changeling* feérico, a água do poço poderia fazer parte do remédio. Na Capela Euny, na Cornualha Ocidental, a maneira de expulsar um *changeling* e restaurar uma criança humana era mergulhar a criança suspeita no poço nas três primeiras quartas-feiras de maio. Os dias e a época do ano são particularmente feéricos, como descrito a seguir.[137]

É possível também encontrar um ser feérico prestativo nas proximidades de um poço. Por exemplo, uma jovem visitou o "poço feérico" em Crowle, em Worcestershire, e lá encontrou uma mulher que lhe disse como manter o rosto sempre jovem. A técnica consiste em acordar nove manhãs consecutivas antes da lua nova e lavar o rosto com o orvalho ainda não tocado pelo sol.[138]

Dadas as propriedades sobrenaturais da água de um poço, não é surpresa que ela deva ser usada para banhar as crianças humanas raptadas pelos feéricos. Isso se evidencia na literatura, não no folclore; um excelente exemplo está no conto escocês em versos intitulado "Kilmeny", de James Hogg. Na obra, Kilmeny é mergulhada nas "águas correntes da vida" para garantir que sua juventude e beleza nunca desapareçam. Embora não seja explicada, essa propriedade dos poços das fadas também parece estar por trás de uma história galesa sobre um pastor de Frenni Fawr, em Pembrokeshire, atraído para uma dança e, depois, levado para o Mundo Feérico. Ele morava no palácio real das fadas, mas foi avisado a nunca tentar beber a água de um poço existente no jardim do palácio. Porém, dominado pela curiosidade, ele tomou um pouco da água proibida: nesse momento, toda a visão do Feérico desapareceu, e ele se viu de volta aos pântanos com suas ovelhas, no exato instante em que fora sequestrado.[139]

---

137. Dalyell, *The Darker Superstitions of Scotland*, p. 538; *Denham Tracts*, p. 151; Courtney, *Cornish Feasts*, p. 126.

138. Palmer, *Worcestershire*, p. 180.

139. Davies, *Folklore of West and Mid-Wales*, p.105; ver também as referências para aprofundamento em meu livro: *British Fairies*, cap. 16.

Resumo

O Mundo Feérico não pode ser facilmente descrito em termos humanos. Pode ser um local anômalo que não cumpre necessariamente nossas regras de tempo e espaço. Por essa razão – bem como pelo desejo de privacidade –, o Feérico é mantido à parte do mundo dos humanos, e os dois, raramente, se entrecruzam.

Quando há contato entre o mundo sobrenatural e o humano, algo que se dá apenas em determinados lugares frequentados por feéricos em nosso mundo, o encontro de reinos mágicos e não mágicos, bem como o choque de culturas, pode ser inesperado e imprevisível. Isso acontece porque as versões feéricas dos animais que conhecemos não se comportam como prevemos e porque plantas, árvores e características das paisagens comuns estão imbuídas de imprevisíveis poderes feéricos. Até mesmo qualidades básicas de nosso mundo, como o tempo e o clima, podem ser afetadas – como exploraremos no próximo capítulo.

Capítulo 6

Tempo Feérico

Depois de discutir os locais *onde* é mais provável encontrarmos seres feéricos, devemos considerar *quando* é mais provável que façamos contato. Alguns períodos são mais propícios que outros; em determinados momentos do dia e do ano, até mesmo os lugares mais comuns são passíveis de serem transformados.

Dias dos Seres Feéricos

A tradição popular insiste no fato de que há certos dias da semana em que é mais provável que seres feéricos estejam fora do Mundo Feérico. Podemos ter certeza, então, de que há dias mais auspiciosos para ver nossos Bons Vizinhos Feéricos – o problema prático é a ausência de consenso sobre quais dias seriam, de fato, os melhores.

O relato mais antigo que temos vem do País de Gales, escrito por John Penry no polêmico livro *The Aequity of an Humble Supplication*, de 1587. Segundo ele, certos adivinhos e encantadores afirmam ser bom "caminhar às terças e quintas à noite com os feéricos, dos quais se vangloriam de obter seu conhecimento". Sexta-feira é o dia feérico no sul do País Gales, além de quando exercem influência especial sobre o clima.[140]

Na Escócia, sexta-feira também foi identificada como o dia em que o infortúnio estava no ar e os feéricos vagavam pelo mundo humano na forma mais

140. Sikes, *British Goblins*, p. 268; ver também Jones, *The Appearance of Evil – Apparitions of Spirits in Wales*, parágrafo 116.

poderosa. Falar deles poderia atraí-los, como *Sir* Walter Scott, nascido nas Terras Altas da Escócia, descreveu em *Minstrelsy of the Scottish Border* (Menestréis da Fronteira Escocesa):

> Ficará pálido numa manhã de sexta-feira
> Se solicitado a contar um conto de fadas.[141]

Na verdade, o medo gerado pela superstição era tão grande que até mesmo citar o dia deveria ser evitado. Consequentemente, as sextas-feiras eram mencionadas apenas como "o dia daquela cidade", e as facas nunca seriam afiadas nesse dia por medo de antagonizar os *Sith*. Em contraste, acreditava-se que o povo feérico não poderia fazer mal às quintas-feiras.

Nos chegam da Irlanda algumas evidências que podem nos confundir, se acreditarmos que exista a configuração de um padrão emergente nesses fatos. Um pesquisador irlandês foi instruído a evitar mencionar os feéricos às segundas-feiras. Lady Wilde, entretanto, foi aconselhada a não mencionar o Povo *Sidhe* às quartas e, em especial, às sextas-feiras, por ser um dia perigoso. Há muito menos evidências na Inglaterra; porém, uma coletânea sobre folclore de Northumberland e das fronteiras escocesas registra que a quarta-feira é "o Sabat ou feriado feérico".[142]

Assim, temos: é preciso atenção com os seres feéricos às segundas, terças, quartas, quintas e/ou, especialmente, às sextas-feiras. Poderíamos acrescentar que, nas Ilhas Shetland e em noutros lugares, os sábados também eram considerados desfavoráveis, pois era o dia em que os *trows* surgiam e entravam nas casas das pessoas. Parece que o único dia em que os seres humanos estão definitivamente seguros é aos domingos.

Horas Feéricas do Dia

Os seres feéricos não apenas têm dias favoritos para se aventurar, mas também parecem preferir determinados horários. Investigado por suspeita de bruxaria, em agosto de 1566, o curandeiro de Dorset, John Walsh, admitiu que havia feito contato com *pixies* locais ao visitar as colinas onde moravam "entre doze e uma hora,

141. Scott, *Marmion*, Introdução ao canto IV.
142. Leland Duncan, ao escrever sobre Leitrim em *Folklore*, vol. 7, p. 174; *Ancient Legends of Ireland*, p. 72; *Denham Tracts*, pp. 86 e 115.

seja do meio-dia ou da meia-noite". Fontes escocesas confirmam que a influência feérica é maior entre meio-dia e meia-noite.[143]

Sabe-se que é perigoso dormir nas colinas feéricas, e mais perigoso ainda se o visitante humano decida ir dormir ao meio-dia. Segue uma história referente à saúde, coletada em Shetland:

> Uma jovem estava gravemente doente. Tinha febre, contraída ao adormecer ao meio-dia no topo de uma pequena colina. Ela morreu, e seu pai insistiu que os feéricos a haviam possuído e deixado uma substituta no lugar. Ele não se convencia do contrário e sorria diante da tolice daqueles que negavam a existência de seres feéricos.

Vale acrescentar que outra fonte escocesa registra como uma criança que dormia numa *sithbruaich* (colina feérica) não foi levada, mas, sim, dotada de segunda visão.[144]

No Sul de Gales, o relato do reverendo Edmund Jones sobre as crenças no feérico, encontrado na paróquia de Aberystruth, na década de 1770, ecoou, de certa forma, as evidências inglesas e escocesas. Os feéricos eram encontrados pelos paroquianos a qualquer hora do dia e da noite, lembrou ele; no entanto, era com mais frequência à noite que durante o dia e mais de manhã e à noite que ao meio-dia. A ligação entre os feéricos e a noite é especialmente forte e bem estabelecida, invocando nosso medo do escuro, bem como imagens mais positivas de fadas saltando em anéis ao luar.[145]

Tempo Feérico e Tempo Humano

A passagem do tempo sempre foi uma característica significativa de muitas histórias da Feéria, como mencionei no capítulo 2. Como se sabe, o tempo no Mundo Feérico pode passar em ritmo diferente daquele no mundo mortal. Uma noite passada sob uma colina feérica pode acabar sendo um ano, ou dez, ou até mesmo um século em nosso mundo "real".

---

143. Dalyell, *The Darker Superstitions of Scotland*, p. 534.
144. Edmondston, *A View of the Ancient and Present State of the Zetland Isles*, p. 77; J. MacDougall & G. Calder, *Folk Tales and Fairy Lore in Gaelic and English*, p. 183.
145. Jones, *Aberystruth*, p. 69; "durante a noite", ver minha obra *British Fairies*, cap. 17.

Como se pode imaginar, as consequências disso para o visitante que regressa podem ser desastrosas e trágicas. Família, amigos e lugares conhecidos podem ter desaparecido. E, no entanto, isso nem sempre é um problema. Alguns visitantes conseguem entrar e sair sem efeitos nocivos: uma parteira pode ser levada para dar assistência no parto de uma feérica e regressar para casa na mesma noite; um marido pode resgatar a esposa debaixo da colina feérica e o fará em "tempo real". Os próprios seres feéricos podem entrar e sair do nosso mundo sem dificuldades. Portanto, o tempo da Feéria é flexível, e as fadas o distorcem, em grande parte, para a própria conveniência.

Festivais Feéricos

Há, ainda, certas épocas do ano em que é mais provável que os seres feéricos estejam no mundo mortal e quando os encontros são mais prováveis – seja para o bem, seja para o mal. Os festivais feéricos também são, em geral, datas significativas no calendário humano, e a razão para isso é que são, há muito, reconhecidos como épocas do ano em que precisamos estar alertas e evocar nossa proteção mágica.

Evidência

A maior parte das evidências a respeito dos festivais e temporadas vem da Escócia e da Irlanda; há alguns poucos provenientes da Ilha de Man, além de casos estranhos ocorridos na Inglaterra e na Cornualha. Do País de Gales, tudo o que de fato sabemos é que houve três "noites espirituais" – as chamadas *teir nos ysprydnos* – quando se acreditava que seres sobrenaturais de toda espécie saíam para o exterior do Mundo Feérico (em Primeiro de Maio, na Véspera do Solstício de Verão e no *Halloween*). Os feéricos estavam especialmente ocupados roubando crianças na Véspera do Solstício de Verão.[146]

Apesar da precariedade nas informações, os relatos são consistentes: dois festivais se destacam na Grã-Bretanha e na Irlanda – o Primeiro de Maio e o *Halloween*.

146. Owen, *Welsh Folklore*, pp. 52 e 90.

Primeiro de Maio

No Primeiro de Maio, fogueiras eram acesas para espantar os seres feéricos. Isso era feito na Irlanda, na Escócia e na Ilha de Man, onde especialmente o tojo era queimado. Tanto na Irlanda como em Man, acreditava-se que dava azar fornecer ou compartilhar fogo com um vizinho no dia Primeiro de Maio, pois a proteção dada pelo fogo contra os seres mágicos poderia ser dissipada. Em Man, sorveiras, prímulas e ramos verdes também eram colhidos e colocados diante das portas das casas, dos estábulos e das estrebarias para afugentar feéricos.

A razão para todas essas precauções parece ter sido que esse festival era o momento em que os feéricos ressurgiam após o inverno e realizavam as primeiras danças do ano. Como estavam novamente no exterior, no mundo humano, eram considerados particularmente perigosos. Dizia-se que não era sensato tirar água de um poço para beber depois do pôr do sol na véspera de maio. Na Irlanda, acreditava-se também que os *Sidhe* tentariam roubar manteiga nessa época do ano, enquanto na Escócia se acreditava que furtariam leite de vaca. Além disso, na Irlanda, considerou-se que cortar abrunheiro nessa época atrairia má sorte. Nos casos mais graves, considerava-se que uma morte súbita indicava sequestro feérico.

Halloween: o Dia das Bruxas

É no *Halloween* (Samhain) que as forças sobrenaturais se tornam, mais uma vez, particularmente perigosas. Essa é a época do ano em que "os seres feéricos tinham o privilégio, naquele dia e naquela noite, de fazer o que lhes parecesse bom aos próprios olhos".[147]

Nessa noite, o Povo Feérico permanece no exterior, na última grande excursão do ano, e os mortais precisam tomar precauções. Na Irlanda, acredita-se que os *Sidhe* voltam para casa nessa noite, enquanto, na Escócia, a corte feérica desfruta da última cavalgada em procissão (ou *rade*). A única maneira pela qual um grupo feérico pode ser visto por um mortal sem qualquer perigo é tendo uma sorveira pendurada na porta. Na Irlanda, oferendas com alimentos são deixadas perto de *raths* e outros locais feéricos, a fim de evitar a inimizade do Povo *Sidhe*. Por outro lado, dizem que essa é a melhor

147. Hogg, "Odd Characters", p. 151.

época do ano para resgatar sequestrados, pois os portais das colinas feéricas permanecem abertos.

Nas *Outer Hebrides* – ou Hébridas Exteriores –, a temporada é ainda mais perigosa, pois é a época do ano em que os anfitriões feéricos lutam entre si; na Inglaterra, porém, essa é a temporada em que a *Caçada Selvagem* cavalga pelos céus noturnos do sudoeste: uma pessoa que sai no *Halloween* corre grave risco de ser arrebatada pela multidão feérica.

Mesmo que você não encontre os seres féericos, o campo pode ficar contaminado. Por essa razão, na Cornualha e na Irlanda, o conselho é não comer amoras silvestres depois do fim de outubro. Assim como em maio, o corte do abrunheiro-bravo é desestimulado em novembro. Tanto no início do ano de cultivo como no final, tochas são acesas nas Terras Altas para manter o Povo *Sidhe* afastado.

Outros Festivais

Outras datas ligadas aos feéricos são o Pentecostes, quando se costumava borrifar água benta dentro das casas irlandesas para afastar os *Sidhe*, e a véspera de Natal, quando os feéricos eram convidados para as casas em Gloucestershire. O fogo era apagado, e a água, preparada e deixada do lado de fora, pronta para o banho anual; acreditava-se que, se isso fosse feito, a sorte persistiria pelos próximos doze meses.[148]

Solstício de Verão ou *Midsummer* (Beltane) foi um festival particularmente significativo na Ilha de Man. Fogueiras de proteção eram acesas, e outras medidas, como o uso de certas plantas e flores, eram usadas para proteger as pessoas e víveres dos seres feéricos.

Temporadas dos Feéricos

Há outras épocas do calendário humano, momentos decisivos do ano, que também parecem ter significado mágico, nas quais os limites entre os dois mundos são mais permeáveis.

148. Palmer, *Gloucestershire*, p. 145.

Yule

Durante toda a temporada de Yule (Natal e Ano-Novo), nas Ilhas Shetland, acreditava-se que os *trows* recebiam privilégios especiais para vagar pelas ilhas e entrar nos lares humanos. Para evitar essa situação, medidas especiais eram tomadas pelos habitantes para salvaguardar a si próprios e aos seus bens.

As festividades de Yule começam sete dias antes do Natal, na véspera de Tulya. As famílias retiravam duas fibras de feno ou palha de suas pilhas e colocavam-nas em forma de cruz na entrada do quintal. Um fio do rabo de cada vaca ou cavalo era trançado e pendurado na porta do estábulo, e uma turfa ardente era, então, passada por todos os cantos da propriedade. Essa prática protegia todo o gado da fazenda.

Na véspera de Yule, cada pessoa da casa lavava-se e vestia roupas limpas (de preferência, novas) para dormir. Limpavam as mãos e os pés em água, na qual haviam jogado três pedaços de turfa em chamas. Isso protegia seus membros de serem "tomados" ou paralisados pelos *trows*. Uma lâmina de aço era colocada, de forma visível, do lado de fora da porta da casa, para alertar quando *trows* se aproximassem, e quaisquer pedaços de carne na despensa eram deixados com uma faca enfiada neles para evitar roubo. Na última noite da temporada de Yule, Up-Helly-Aa, grandes fogueiras eram acesas para levar os *trows* de volta ao subsolo por mais um ano.[149]

Outras Épocas do Ano

Na verdade, todos os trimestres tradicionais do ano (Candlemas, Primeiro de Maio, Lammas e *Halloween*) podem ser considerados tempos perigosos, quando o risco feérico é iminente. O reverendo Robert Kirk, durante o fim do século XVII, registrou que a última noite a cada quatro meses era um momento em que os feéricos dançavam; também faziam aparições em nosso mundo e ofereciam risco na última noite do ano.

O período de dezessete dias em torno do Equinócio de Primavera e da festa da Anunciação era considerado, na Escócia, um período vulnerável, pois era o momento em que os espíritos viajavam em redemoinhos de poeira, impedindo o crescimento das plantas. Para se protegerem, as pessoas tinham de se

149. Saxby, *Shetland Traditional Lore*, pp. 79-86.

aproximar dos redemoinhos de trás para a frente, com os olhos e a boca fechados, enquanto repetiam um verso protetor. Pessoas encontradas dormindo no rastro desses redemoinhos poderiam ser carregadas por curta distância, aparentemente sem outros efeitos nocivos.[150]

Embora a evidência sobre dias e horas do dia tenha sido menos conclusiva, é possível apontar, com alguma certeza, que festivais e estações do ano são pontos de viragem liminares no calendário, durante os quais os portais para o sobrenatural se abrem ou, pelo menos, se tornam mais permeáveis, permitindo acesso muito maior de um lado para outro. Embora, como veremos, as evidências sobre a natureza da religião feérica (se houver) sejam incertas ou comprometidas, é indiscutível que têm cerimônias e observâncias associadas aos principais eventos do ano e transições solares e lunares do mundo natural.

Tempo dos Feéricos

Ao longo deste e do capítulo anterior, a suposição básica foi a de que, se você for aos lugares certos, na hora certa, terá uma chance muito maior de encontrar um feérico. Tudo isso pressupõe que você possa realmente vê-los - e os seres feéricos são muito bons em organizar as condições climáticas, de modo que isso se torne difícil ou até impossível.

Quer os vejamos como habitantes rurais ou como seres elementais e espíritos da natureza, é universalmente aceito que os seres feéricos vivem próximos à natureza ou em contato com o meio ambiente. Intimamente ligada a isso está a capacidade de afetar o clima – poder de intervenção no nosso mundo reconhecido em toda a extensão da Grã-Bretanha. Por exemplo, em Gales do Sul

> **Sexta-feira é o dia dos feéricos; é quando eles têm domínio especial sobre o clima; seu capricho é fazer com que o tempo na sexta-feira seja diferente daquele dos outros dias da semana. "Quando o restante da semana é bom, a sexta-feira pode ser chuvosa ou nublada; e, quando o tempo está ruim, a sexta-feira, provavelmente, será mais amena".**

150. Grieve, p. 202; Stewart, *Twixt Ben Nevis and Glencoe*, p. 212; MacPhail, "Folklore from the Hebrides I", *Folklore*, vol. 7, p. 402.

No nordeste da Escócia, dizia-se que, quando chovia, era sinal de que os feéricos locais estavam cozinhando. Talvez a fumaça dos fornos pairasse sobre as colinas como névoa ou nuvem baixa.[151]

Os feéricos galeses só são vistos quando o tempo está um pouco nublado. Preferem dias nos quais a visibilidade nas montanhas é fraca, quando uma garoa fina – chamada *gwithlaw* – encobre a terra. Não está claro até que ponto as *Tylwyth Teg* são responsáveis por essas condições, mas sabe-se que esses dias sombrios são os melhores momentos para avistá-las. Um pastor que vivia ao lado de Llyn y Gader apaixonou-se por uma bela mulher feérica que conheceu num dia encoberto pelo nevoeiro, e uma empregada que vivia em Cwm Glas, perto de Llanberis, costumava deixar um jarro de leite fresco e uma toalha limpa para as *Tylwyth Teg* nas manhãs escuras e nubladas, recebendo dinheiro em troca. Crianças foram avisadas de que eram nesses dias que as pessoas eram raptadas e transportadas pelo ar pelos feéricos, por isso, sem dúvida, os respectivos pais devem ter ficado muito alarmados quando algumas crianças em Denbighshire, na década de 1880, relataram ter visto muitas pessoas diminutas, todas vestidas de azul, entrar e sair correndo das nuvens que envolviam o topo de uma colina local.[152]

As *Tylwyth Teg* podem estar aproveitando os dias sombrios ou tê-los, inclusive, projetado. Certamente, na Cornualha, são os pequenos seres feéricos que criam o clima; os *spriggans*, em particular, parecem ter controle sobre os elementos. Quando um homem foi cavar em busca de ouro enterrado na Colina Trencrom, primeiro observou que o céu escurecia, ouviu o vento começar a rugir e, ao ver o relâmpago da tempestade iminente, percebeu que centenas de *spriggans* haviam surgido para expulsá-lo daquelas escavações, sendo que aumentavam de tamanho à medida que se aproximavam. Por prudência, ele preferiu fugir. Nas charnecas da Cornualha e em Dartmoor, diz-se que os *pixies* evocam neblina apenas para desviar os viajantes.[153]

---

151. Sikes, *British Goblins*, p. 268; Gregor, *Notes on the Folklore*, p. 65.
152. Rhys, *Celtic Folklore*, pp. 33, 36, 91, 223 e 228; Owen, "Rambles over the Denbighshire Hills", *Archaeologia Cambrensis*, vol. III, série 5, nº 9 (1886), p. 72; Owen, *Welsh Folklore*, p. 100.
153. Hunt, *Popular Romances*, vol. 2, p. 245; e vol. 1, p. 48.

SEÇÃO 3

Vida Feérica

Capítulo 7

Sociedade Feérica

Os seres feéricos têm a própria sociedade, cultura material e convenções de comportamento. Esses elementos são diferentes daqueles dos seres humanos, e, para interagir com sucesso com eles, é de grande valia compreender como funciona o mundo deles.

Governo Feérico

Pode parecer um desafio chocante para convenções muito bem estabelecidas, já que escritores respeitados como Shakespeare e Spenser fizeram da realeza feérica parte fundamental de nossas concepções sobre a sociedade feérica; porém, eu me pergunto se realmente queremos dizer o que dizemos quando falamos a respeito do "Reino das Fadas", do "Mundo Feérico", das "cortes" visíveis e das ocultas e sobre o rei e a rainha das fadas. Todos aceitamos o que os grandes poetas nos dizem; todos tomamos como certa a existência de uma rainha das fadas; no entanto, em que medida ela é mais uma criação literária que uma realidade folclórica?

No recente livro intitulado *Faeries*, Morgan Daimler observou que "a estrutura social parece operar como uma hierarquia regulada, em última instância, por reis e rainhas". Daimler referia-se ao feérico celta; porém, exemplos de toda a Grã-Bretanha reiteram suas palavras. Comenta-se, por exemplo, a existência de cortes reais entre os *pixies* de Dartmoor, com toda pompa e luxo que se possa imaginar. Essa hierarquia de monarcas e súditos é supostamente reforçada por tribunais de justiça formados por *pixies*, nos quais aqueles que ofenderam a moralidade feérica são punidos, tendo de fazer cordas de areia – com as quais serão posteriormente amarrados. No País de Gales, acredita-se que as *Tylwyth Teg* vivem em comunidades sob o governo do rei Gwyn ap Nudd. Pode haver variações de região para outra: o feérico das Terras Altas da Escócia é formado por uma aristocracia e chefes, mas não há nenhuma rainha (assim como nos clãs locais), enquanto testemunhas das Terras Baixas da Escócia e da costa nordeste mencionam o encontro com "a rainha de Elfame".[154]

Ao mesmo tempo, a ideia da realeza feérica pode ser, em grande parte, uma projeção de estruturas assimiladas de escritores medievais. A ideia é vista nos romances de cavalaria de Chaucer e outros, e, dois séculos depois, Spenser, Shakespeare e Herrick consolidam a instituição em nossa cultura. Muitos desses escritores escreveram para um público aristocrático, revelando-lhes o mundo que já conheciam. Porém, quando hoje pensamos na Feéria, ainda evocamos, mesmo que de maneira inconsciente e automática, imagens de cavaleiros e damas arturianos e de todas as estruturas de precedência e privilégio que os acompanham. Isso é convenção; contudo, será que é mais que isso?

Nossa inclinação para ver os seres feéricos como estando organizados numa estrutura política paralela está profundamente enraizada. Habitualmente, falamos de "reinos", "reinados" e "domínios", mas, fora da literatura, qual é a evidência real?[155]

Reino das Fadas

Estamos muito acostumados a pensar na Rainha Mab, em Oberon e Titânia; porém, qual é a necessidade de os seres feéricos realmente terem governantes? Na Idade Média, os monarcas tinham várias atribuições. Sua tarefa principal, pelo menos inicialmente, era liderar o povo em conflitos armados, e, como discutirei em breve, embora a guerra entre feéricos possa contrariar nossa visão convencional sobre eles, a possibilidade disso é mencionada em poucas, fontes e poderia-se, portanto, justificar a presença de algum tipo de chefe de guerra.

Os monarcas também eram responsáveis por fazer justiça. Nós, seres humanos, não temos conhecimento de nenhuma lei codificada como tal no Mundo Feérico, embora existam claramente códigos de comportamento impostos por

154. Daimler, *Fairies*, p. 61; Gwyndaf in Narvaez, *Good People*, p. 159; Crofton Croker, *Fairy Legends*, p. 87.
155. Thomas Hobbes, *Leviatã*, Parte I, c. 12, e Parte III, c. 29; *Scot Book* II, c. 1, s. 13.

eles (pelo menos aos seres humanos), cuja violação (pelos seres humanos) está sujeita a sanções. Paralelamente a essa moralidade diferente, na Feéria prevalece uma atmosfera de impulsividade irrestrita.

Reis e rainhas atuavam para organizar os estados medievais, mas, se houver, é difícil dizer qual estrutura existe na sociedade feérica. Se considerarmos os seres feéricos como espíritos da natureza, então todos estão no nível das abelhas operárias, ao que parece. Alguns escritores propuseram hierarquias, mas essas, em geral, parecem envolver diferentes formas de seres sobrenaturais em vez de diferentes categorias.[156]

Por último, os monarcas desempenhavam o papel de uma espécie de líder religioso ou sumo sacerdote ou sacerdotisa. Adiante, explorarei a questão intrigante referente à religião dos feéricos; contudo, embora seja uma área de considerável incerteza, há poucas evidências de rainhas feéricas consideradas sagradas. Nenhuma das funções reais reconhecidas parece especialmente essencial aos feéricos, como geralmente o concebemos. O título de "rainha", na verdade, parece redundante – ou, na melhor das hipóteses, apenas um título honorário conveniente.

Comunidade Secreta

Relembrando o que acabamos de dizer sobre a ausência de monarcas entre os *Sith* das Terras Altas da Escócia, vamos considerar a opinião do reverendo Robert Kirk, que, apesar de ser ministro da igreja, era profundamente versado na crença dos feéricos locais e, em última análise, afirmava que fora levado por eles.

Escrevendo no fim da década de 1680, Kirk intitulou seu famoso livro *The Secret Commonwealth of Elves, Fauns and Faeries* (*A Comunidade Secreta de Elfos, Faunos e Fadas*). Uma "comunidade" pode simplesmente denotar um Estado-nação, mas também pode ter o significado mais estrito de "república". Tendo em vista que Kirk não poderia deixar de ter conhecimento da "Comunidade" parlamentar inglesa que sucedeu à execução de Carlos I, em 1649, é inevitável que essa fosse a conotação pretendida por ele, quando escolheu descrever o assunto. Essa conclusão parece inegável quando lemos, no início do capítulo 7 do livro: "Diz-se que eles (os seres feéricos) têm governantes e leis aristocráticas, mas

156. Ver, por exemplo, duas entrevistas com "dois irlandeses e seus avistamentos", conduzida por Evans-Wentz – uma com George William Russell (AE) e a segunda com uma senhora de nome desconhecido, Sra. X, do condado de Dublin – *The Fairy Faith*, pp. 60-6 e pp. 242-43; ver também C. Leadbetter, *The Hidden Side of Things*, 1913, p. 147.

nenhuma Religião, Amor ou Devoção que possa se identificar com Deus... eles desaparecem sempre que ouvem uma invocação do nome do Senhor...".

Para o presente propósito, observaremos apenas a crença de Kirk na aversão feérica em relação à igreja e à religião, focando, em vez disso, em sua convicção de que os seres feéricos vivem em algum tipo de democracia regulada por regras de conduta de alguma espécie. Kirk estava muito familiarizado com as crenças de seus paroquianos (e compartilhava delas), por isso é revelador que tenha escolhido atribuir algum tipo de estrutura republicana à sua sociedade.

Posição ou Honra?

Talvez os chamados rei e rainha no Reino Feérico sejam simplesmente aqueles de caráter mais distinto ou de maior poder mágico. Com certeza, tanto quanto podemos julgar pela experiência de encontros humanos reais com seres feéricos, há pouca indicação de qualquer hierarquia ou organização rígida em sua sociedade. Os seres feéricos solitários parecem operar de maneira bastante independente da comunidade, fazendo o que bem entendem, sem qualquer referência a uma autoridade superior. Pode haver alguma diferenciação de *status*, porque temos histórias de feéricos que são humildes trabalhadores nos campos, assim como há encontros com "bons cavalheiros" (embora alguns desses adornos possam ser nada mais que mera projeção de mágica), sem qualquer sinal real de verdadeira monarquia.

Alguns dos acusados de bruxaria na Escócia dos anos 1500 e 1600 alegaram ter tido contato com um rei ou rainha das fadas; alguns até alegaram relações sexuais com a realeza. Por razões que explicarei em detalhe mais tarde, hesito em confiar em demasia nessas histórias, mas, mesmo assim, há uma curiosa falta de cerimônia e indiferença por esses monarcas. Vários seres humanos bastante comuns foram admitidos na presença real e receberam presentes; um deles foi presenteado com um suprimento de um pó branco curativo, é verdade, mas outro recebeu uma simples tarefa doméstica para moer sal. Andro Man de Aberdeen conheceu a rainha das fadas ainda menino, quando ela cuidava de sua mãe como parteira; Bessie Dunlop também foi visitada pessoalmente pela rainha das fadas, descrita por ela como uma mulher corpulenta, com roupas simples, que entrou, se sentou em um banco e pediu para beber um pouco de cerveja. São membros da realeza que ganham o próprio sustento, realizam as próprias tarefas e não são avessos ao contato próximo com seres humanos comuns. No mínimo, pode-se dizer que o *status* de realeza no Reino das Fadas é muito diferente da mesma posição na sociedade humana. Assim como em tudo o que está relacionado com nossa conexão com os seres feéricos, deveríamos ser cautelosos ao aplicar, de forma tão rápida, nossas convenções e pressupostos à sua maneira de fazer as coisas.

Em resumo, a principal influência que molda nossas concepções da terra feérica como sociedade estratificada e monárquica, com família real, corte, nobreza e servos, parece ser nosso próprio modo de organizar as coisas, especificamente a sociedade europeia do período medieval, canalizada por meio da literatura da época. O vasto conjunto de relatos folclóricos de encontros feéricos sugere, em vez disso, uma sociedade muito mais igualitária e livre, onde cada membro tem a liberdade de se comportar como desejar.

Indústria e Artesanato Feéricos

Diz-se que os seres feéricos são "pessoas muito engenhosas... muito inteligentes, e artesãos muito habilidosos". São talentosos em muitos ofícios e, apesar de algumas histórias em contrário, altamente engenhosos e autossuficientes.[157]

Trabalhadores Feéricos

A primeira observação a ser feita é sobre o contraste entre essas habilidades artesanais e a impressão habitual que temos de que o único interesse dos feéricos é se divertir. Avistamentos de seres feéricos (além de *hobs* domésticos e *brownies*) envolvidos em trabalho manual são certamente raros nos registros mais antigos. Um exemplo isolado vem de West Yorkshire, por volta de 1850. Um homem chamado Henry Roundell, de Washburn Dale, perto de Harrogate, levantou-se cedo para cuidar da plantação de nabos. Quando chegou ao campo, ficou surpreso ao descobrir que cada fileira estava sendo capinada por uma série de homenzinhos vestidos de verde, todos cantando com vozes estridentes e roucas, "como se fossem muitos grilos do campo". Assim que ele tentou subir o degrau para o campo, eles fugiram como bandos de perdizes.[158]

Em avistamentos mais recentes dos últimos setenta e cinco anos ou mais, casos de feéricas trabalhadoras tornaram-se muito mais comuns. As experiências

157. Grant Stewart, *Popular Superstitions*, pp. 73-4.
158. Roberts, *Folklore of Yorkshire*, p. 60.

relatadas em *Seeing Fairies* e no *Censo das Fadas* indicam que é provável que as feéricas sejam vistas envolvidas em três tipos de atividades. Na maioria das vezes, estão fazendo jardinagem ou cultivando – como no exemplo de Washburn –, e também foram vistas cavando, com um ancinho, arrumando folhas e galhos, ou com um carrinho de mão. Além disso, os seres feéricos podem, de tempos em tempos, ser vistos aparentemente envolvidos em algum tipo de trabalho de construção (por exemplo, carregando uma escada) ou apenas transportando cargas, seja em um carrinho de mão, em um saco ou em baldes suspensos em um jugo.

Arquitetura Feérica

Pode parecer contrário à nossa intuição pensar em feéricos construindo estruturas físicas. A maioria das descrições de habitações feéricas implica que elas apresentam características naturais, como cavernas e colinas. Isso é perfeitamente correto, mas nossos predecessores logo assumiram e aceitaram que muito mais poderia ser alcançado por nossos vizinhos sobrenaturais. Sabe-se que viviam em ambientes naturais, mas podiam – se quisessem – construir torres de pedra com portas, janelas e chaminés habilmente escondidas. Na verdade, os seres feéricos parecem ser excelentes na construção de grandes acomodações para si mesmos – são chamados "arquitetos incomparáveis", cujos edifícios são permanentes.[159]

Essa apreciação das habilidades dos feéricos vem de longa data. No poema "Thomas of Erceldoune", Thomas entra na Terra Feérica e vê um belo castelo, próximo a uma cidade e a uma torre: "Na realidade, nada na terra se parece com isso". Na história do rei Herla, do século XII, o rei feérico ocupa uma "esplêndida mansão". Esses contos transmitem impressão geral do que as fadas poderiam construir; no entanto, o poema "Sir Orfeo" fornece muito mais detalhes de um castelo feérico cercado por paredes de cristal, reforçado com ouro e com câmaras e salões cheios de joias e pedras preciosas.

Essas crenças num mundo subterrâneo paralelo, de esplêndidos palácios e fortificações, persistiram até ao século XIX. Thomas Keightley relembrou uma conversa com uma jovem em Norfolk, que lhe contou que os feéricos eram um povo vestido de branco que vivia no subsolo, onde construíam casas, pontes e outros edifícios.

159. Ver também capítulo 4 de meu livro *British Fairies*; Grant Stewart, *Popular Superstitions*, p. 77.

Esses seres sobrenaturais construíam para si mesmos nos próprios reinos, mas também interagiam com humanos em projetos de construção. Parece haver três situações diferentes em que os feéricos se envolveram na construção de estruturas no mundo humano. Primeira, isso ocorreu sob coação. Existem vários casos em que feéricos foram obrigados a realizar tarefas para um ser humano. Isso pode acontecer em casos de resgate de um companheiro feérico ou porque um humano obteve algum controle mágico sobre seres feéricos. Na Escócia, por exemplo, uma rainha feérica baniu alguns elfos problemáticos de Cnoc-n'an-Bocan (*Bogle-knowe*, ou Colina do Hobgoblin, perto de Menteith) para um livro de feitiços, *O Livro Vermelho de Menteith*. A condição era que só seriam libertados quando o Conde de Menteith abrisse o volume. Entretanto, isso acabou acontecendo por engano, e, instantaneamente, elfos surgiram diante dele, exigindo trabalho. Sem saber que atribuições lhes dar, o conde teve a ideia de construir uma estrada até a ilha onde seu castelo ficava. Eles começaram, então, a tarefa com energia, mas o conde rapidamente percebeu que, se continuassem, seu refúgio, até então inexpugnável, ficaria vulnerável. Assim, em vez disso, ele pediu que fizessem para ele uma corda de areia. Os elfos iniciaram essa última tarefa sem terminar a primeira e, ao perceberem que o novo trabalho era demais, resolveram abandoná-lo e partiram, para alívio do conde.

Segunda situação, diz-se que grande número de lugares na Escócia foi construído voluntariamente por seres feéricos. Um deles, a Drochtna Vougha – a ponte das fadas –, em Sutherland, teria sido feita em benefício próprio, visando encurtar o tempo de viagem de ida e volta a Dornoch Firth; no entanto, a ponte auxiliou o fluxo de passagem para as pessoas; contudo, quando um viajante abençoou os construtores, a ponte afundou nas ondas. Muitos locais escoceses famosos – castelos, palácios, pontes e torres – teriam sido erguidos por feéricos, alguns em uma única noite e, às vezes, por meios tão trabalhosos como passar as pedras de pessoa para pessoa a uma grande distância. Todo esse esforço para criar edificações usadas apenas por seres humanos pode parecer intrigante; todavia, conta-se que a igreja de Santa Maria, em Dundee, foi construída em troca de ouro, e, em vista disso, a motivação dos seres feéricos nesses trabalhos pode ser, na verdade, bastante familiar.

Por último, existem inúmeros locais onde os feéricos não construíram nada, porém se opuseram ao local escolhido pelos construtores humanos e, durante a noite, moveram para outro lugar os blocos de alvenaria montados, usando meios sobrenaturais. Isso teria ocorrido repetidamente, até que os seres humanos aceitaram o inevitável e iniciaram a construção em um novo lugar.

Histórias assim se referem, sobretudo, a igrejas e estão espalhadas por toda a Grã-Bretanha. Não só edifícios religiosos foram deslocados: em Herefordshire, os materiais para a Mansão Garnstone foram repetidamente carregados colina acima, a partir do local original, até que os construtores humanos se submetessem à vontade dos seres feéricos.

Embora os seres feéricos, em geral, consigam o que querem, nem sempre isso ocorre. Na Stowe Nine Churches, em Northamptonshire, um monge passou a noite acordado para ver os feéricos interferindo nas novas fundações. Assim que suas suspeitas se confirmaram, ele rezou para afastá-los para sempre. Uma história semelhante, com desfecho inesperado, vem de Tingwall, nas Ilhas Shetland. Pedras de uma antiga *broch* – torre de pedra circular – foram levadas para construir uma nova igreja, mas todas as noites o trabalho era desfeito pelos *trows*, provavelmente porque se opunham à derrubada da antiga estrutura. Esse problema foi superado pelo padre que consagrou o local escolhido, afastando os *trows* para a ilha vizinha de Papa Stour, após o que a construção foi concluída com sucesso. No entanto, os *trows* ainda lançaram seu último feitiço bem-sucedido: cada vez que o padre entrava na nova igreja, simplesmente ficava mudo.[160]

Há vários comentários a fazer sobre esses registros. Primeiro, é notável como a maioria deles é proveniente da Escócia e do norte da Inglaterra. Parece que os seres feéricos situados mais ao norte executam seu trabalho como pedreiros habilidosos, embora não seja possível especular por que isso acontece. Segundo, embora possamos compreender por que desejavam construir para si próprios ou impedir a construção em locais pelos quais manifestavam apego especial, a vontade de trabalhar para os seres humanos (até mesmo por ouro) é menos compreensível, mesmo porque isso incluía edifícios para fins religiosos, algo a que se opunham com veemência.

Além do mais, grande parte da arquitetura impressionante relatada pelos humanos durante visitas à Terra Feérica poderia ter sido simplesmente magia – sem qualquer realidade física. Estamos familiarizados com histórias de parteiras, levadas para ajudar mulheres feéricas em trabalho de parto, que acreditam

160. Ver Hardwick, *Traditions, Superstitions and Folklore*, p. 125; Marwick, *The Folklore of Orkney*, p. 37; Hill, *Folklore of Northamptonshire*, p. 105. As igrejas incluem Rochdale, Samlesbury, Winwick, Newchurch, em Rossendale, e Burnley, todas em Lancashire; Gadshill, Ilha de Wight; Holme on the Wolds e Hinderwell, em Lincolnshire; Walsall e Hanchurch em Staffordshire; Stowe, perto de Daventry; Knowle e Warmington, em Warwickshire; Churchdown, Cam e Bisley, em Gloucestershire; East Chelborough, Folke e Holmest, em Dorset; Matchy, em Essex; em Ince e Stock, em Cheshire; em Kirkheaton, Kirkburton e Thornhill, em West Yorkshire; e em Gletna Kirk, nas Ilhas Shetland. Ver também *Bowker's Story of The Spectral Cat (A história de Bowker sobre o Especto de um Gato).*

estar em boas casas, até que tocam, sem querer, as pálpebras com uma pomada destinada aos feéricos recém-nascidos e conseguem enxergar que, na realidade, estão num edifício em ruínas ou em uma caverna. Dados seus poderes mágicos, nos perguntamos por que os feéricos se preocupariam com o trabalho de empilhar pedra sobre pedra, quando tudo poderia (presumivelmente) ser obtido com um gesto da mão ou uma varinha.

A Roda Feérica

Embora se diga que os seres feéricos se dedicam a vários empreendimentos industriais, há uma atividade artesanal que parece estar particularmente associada a eles: confecção de fios e tecelagem de peças de vestuário.

O reverendo Kirk afirma sobre a habilidade do Povo *Sith*:

> Diz-se que as mulheres são hábeis em fiar, tingir, tecer e bordar: mas, se isso é uma operação manual com materiais substanciais refinados, utilizando instrumentos apropriados e sólidos, ou se é apenas a visão de teias de aranha curiosas, arco-íris impalpáveis e imitação fantástica das ações de meros e terrenos mortais, deixo à conjectura de cada um, já que transcende todos os sentidos do observador a capacidade de discernir.[161]

Muitas outras fontes confirmam a conexão. *Brownies* que fazem tarefas domésticas muitas vezes realizam etapas do processo de fabricação de tecidos, por exemplo, tratamento do cânhamo (embora, ao mesmo tempo, seja preciso recordar sua aversão a roupas de linho dadas de presente), cardar lã e fiar juta (fibras grossas usadas para cordas e similares). Trabalhar com roupas é apenas uma das habilidades feéricas que podem ser concedidas aos mortais favorecidos. Sabe-se de um caso nas Terras Altas, no qual um homem que entrou na colina feérica, em Barcaldine, saiu não só com grande habilidade na gaita de foles, mas também com uma lançadeira mágica, que o ajudou a fiar três vezes mais tecido que qualquer outra pessoa.[162]

É claro que os seres feéricos precisam ser capazes de fabricar tecidos e roupas para si mesmos. Suas cortes reais e nobreza são marcadas pelas

161. Kirk, *Secret Commonwealth*, cap. 5.
162. MacGregor, *Peat Fire Flame*, p. 2.

esplêndidas vestes, bem como por outros trajes verdes, centrais em muitos relatos. Na verdade, só os *dobbies* costumam andar nus ou vestidos com trapos. Costuma-se dizer que os feéricos do norte fiam com linho da montanha, enquanto os da Cornualha usam junco de algodão. As atividades típicas nas colinas feéricas da Escócia incluem fiação e tecelagem. Por exemplo, há um relato de Skye sobre feéricos que foram ouvidos tecendo algumas roupas e cantando enquanto o faziam. Em Green Hollow, em Argyllshire, havia a reputação de haver uma fábrica de tingimento de tecidos operada pelos feéricos de Lennox. Quando os humanos tentaram roubar os segredos dos seus corantes vegetais naturais, conta-se que os mágicos trabalhadores têxteis esconderam todos os materiais e fugiram. Essas tintas escondidas continuam a manchar as águas de um riacho local.[163]

Loireag é uma feéria das Terras Altas da Escócia, responsável por supervisionar a confecção do tecido em todos os estágios, do tear à feltragem. Aparentemente, Loireag zelava pelos métodos e padrões tradicionais da tecelagem, e, para agradar-lhe, os produtores locais faziam oferendas de leite. Outro espírito escocês, a Gyre-Carlin tinha ligações semelhantes a Loireag quanto à fabricação de tecidos. Dizia-se que, se o linho não fiado fosse deixado na roca no final do ano, ela roubaria tudo. Por outro lado, se uma mulher pedisse o dom da habilidade em fiar, Gyre-Carlin capacitaria a beneficiada a fazer de três a quatro vezes mais trabalho que outras fiandeiras.

A confecção de fios e tecidos não é apenas maravilhosa, mas, de acordo com contos de fada, o processo também pode ser perigoso. Os feéricos podem entrar nas casas para realizar essas tarefas. Na Escócia, acreditava-se que eram seres femininos e solitários – como a Glaistig (Dama Verde) e a Gyre-Carlin – que mais comumente entravam nas casas humanas para fiar, causando considerável perturbação e ruído durante a noite. Tais intrusões não eram apenas um incômodo e uma invasão: era arriscado manter contato demasiado próximo com esses seres imprevisíveis, sendo necessário tomar medidas para evitá-los. Várias histórias provenientes da Ilha de Man alertam que não desengatar a correia de transmissão de uma roda de fiar antes de ir para a cama permite que os feéricos entrem em uma casa durante a noite para usá-la para seus próprios fins. Ao convidá-los, ainda que indiretamente, você estará, potencialmente, se colocando sob o poder desses pequenos seres. Nas Terras Altas da Escócia, essa precaução foi cristianizada, e foi dito que a banda deveria ser desconectada no

163. Addy, *Household Tales*, p. 135; Hawker, *Footprints of Former Men in Far Cornwall*; J. G. Campbell, *Superstitions of the Highlands and Islands*, p. 15; Evans-Wentz, *Fairy Faith*, p. 98.

sábado à noite, para evitar que esses seres mágicos a girassem cedo, na manhã de domingo (Sabat).

Os perigos associados à fiação podem ser ainda maiores. Uma série de contos de fada combinam as habilidades de fiação feérica com uma tarefa imposta a um humano, a qual pode ser impossível e fatal, caso não seja concluída. Em muitas histórias, é um humano cruel quem define a terrível tarefa, com um feérico participando do desafio. Um exemplo é a história de Habetrot, na qual uma menina deve provar sua habilidade feminina na roca de fiar ou enfrentar algum castigo imposto pela mãe. Uma feérica chamada Habetrot (conhecida como o espírito "patronesse da fiação") aparece e ajuda a filha, com uma equipe de auxiliares, incluindo Scantlie Mab.

Infelizmente, essa assistência feérica nem sempre é gratuita e desinteressada. Na história de Tom-Tit-Tot, uma garota precisa fiar uma grande quantidade de lã durante a noite ou será decapitada pelo rei. O diabrete Tom-Tit-Tot a ajuda com a condição de que ela passe a pertencer a ele – a menos que consiga realizar outra tarefa aparentemente impossível: adivinhar seu nome. Felizmente, ela consegue ouvir o nome do diabrete e se salva.

Sili-go-Dwt, Trwtyn-Tratyn, Terry-Top, Perrifool e Whuppity-Stoorie são os protagonistas de contos populares britânicos de estrutura semelhante, nos quais um elfo ajuda a girar a roca de fiar, exigindo algo em troca, a menos que seu nome seja adivinhado. Muitos leitores perceberão a semelhança dessas histórias com o conto de Rumpelstiltskin, dos Irmãos Grimm.[164]

Às vezes, é um feérico que impõe a tarefa impossível de girar o fuso. Em um exemplo escocês, uma garota é sequestrada pelo Povo *Sith* e mantida sob uma colina; a jovem é informada de que permanecerá ali até ter fiado toda a lã de um grande saco e comido toda a farinha de um enorme baú. Apesar dos esforços diligentes, nenhum dos dois diminui, e ela enfrenta confinamento e trabalho eternos, até que outra alma cativa lhe diz que esfregue saliva na pálpebra esquerda todas as manhãs. Ao fazê-lo, a jovem começa diariamente a progredir tanto no trabalho com a lã como com a farinha, até que, por fim, consegue escapar.

Nessas histórias, a heroína nem sempre é salva nem bem-sucedida. No caso da jovem galesa Eilian, ela foi obrigada a se tornar esposa de um homem feérico e viver naquele mundo sobrenatural para sempre, uma vez que nunca conseguiu terminar a fiação de uma enorme quantidade de lã.[165] Na balada

164. Addy, *Household Tales*.
165. Evans-Wentz, *The Fairy Faith*, p. 97; Rhys, *Celtic Folklore*, p. 212.

escocesa "The Elfin Knight" (O cavaleiro élfico), uma trabalhadora humana é informada de que a única maneira pela qual poderia se casar com o cavaleiro élfico é fazer uma camisa sem corte ou bainha, moldá-la sem tesoura e costurá-la sem agulha e linha. Essa tarefa impossível é combinada com uma exigência inatingível, como semear e colher um campo sujeito a condições improváveis. Vale recordar que a camisa nunca foi feita, e a jovem não se casa com o cavaleiro.

As histórias apresentadas ligam vários temas significativos. Um deles é o poder de saber o nome pessoal de um ser feérico. Quando uma pessoa tem essa informação, pode superar e escapar da criatura; caso contrário, enfrenta a sujeição perpétua. Além disso, entrelaça-se a obrigação de realizar um feito quase inatingível sob pena de morte (ou, novamente, de submissão completa ao feérico). Mais importante ainda, os contos enfatizam as habilidades superiores dos seres feéricos. Os personagens dependem apenas de suas habilidades, as quais estão no limite do mágico; sem elas, porém, as consequências podem ser fatais. As histórias referentes ao ato de girar a roca de fiar ressaltam fortemente uma relação de dependência entre feéricos e seres humanos. Talvez também haja a necessidade de certa conscientização da necessidade de ensinar esse notável conhecimento artesanal dos feéricos.[166]

Outros Ofícios e Ocupações Feéricas

Além da fama de construtores e fiandeiros, os feéricos são tecelões, costureiros, alfaiates e sapateiros experientes. Os *trows* das Ilhas Shetland são conhecidos pelas habilidades no trabalho com latão, ferro e outros metais, enquanto os feéricos da Ilha de Man se destacam nos muitos ofícios associados à pesca, como construção de barcos, conserto de redes e fabricação de barris para conservação do arenque. Os seres feéricos também são conhecidos por extrair carvão e minérios metálicos: os mais conhecidos entre eles são os *knockers*, seres específicos das minas de estanho do sudoeste da Inglaterra.[167]

Esses espíritos, também conhecidos como *nuggies*, são frequentemente ouvidos, mas raramente vistos, embora, de vez em quando, deixem suas pequenas ferramentas para trás, como evidência física de seu trabalho. Foram descritos

166. Ver também o capítulo 19 de meu livro *British Fairies*.

167. Crofton Croker, *Fairy Legends*, p. 27; Fergusson, *Rambling Sketches in the Far North and Orcadian Musings*, p. 120; Morrison, *Manx Fairy Tales*.

como "criaturas murchas e ressecadas", do tamanho de uma criança de um ou dois anos, com cabeças grandes e rostos feios e envelhecidos. Nunca trabalhavam nas minas aos sábados ou em feriados cristãos, e, em respeito a isso, mineradores evitavam trabalhar nesses mesmos dias.

Os *knockers* guiam os mineradores de que gostam em direção aos veios ou às jazidas abundantes de várias maneiras – com batidas no subsolo ou dançando em anéis –, fazendo com que o minerador que cavar no local indicado encontre a riqueza. Cavar onde quer que um fogo-fátuo seja visto também pode levar a um filão lucrativo, e é considerado boa sorte ver os *pixies* dançando na entrada de uma mina. Além de apontar o caminho para as riquezas minerais, os *knockers* alertam sobre desastres subterrâneos iminentes.

Tal como acontece com todos os ajudantes sobrenaturais, eles não gostam que os seres humanos sejam muito curiosos. Embora os sons de seu trabalho indiquem como e onde cavar, se os mineradores pararem o trabalho para ouvir os *knockers*, também cessarão seu trabalho. Do mesmo modo como ocorre com muitos tipos de feéricos, aqueles que os ofenderem serão punidos e aqueles que traírem a fonte de sua boa sorte serão castigados com sua perda.[168]

Religião e Ética Feérica

Até agora, discutimos as manifestações materiais da cultura feérica; porém, deveríamos questionar: "em que os feéricos acreditam?". Essa pode parecer uma pergunta sem sentido por, ao menos, dois motivos: primeiro, porque alguns dizem que os próprios seres feéricos são divindades pagãs; segundo, porque o código moral feérico é muito diferente e deliberadamente egoísta. Os feéricos não estão preocupados com boas obras; estão preocupados em promover os próprios interesses e, portanto, parecem estar fora das regras da religião e da ética tal como as entendemos.[169]

168. Jones, *Appearance*, nº 64; Hewett, *Nummits and Crummits*, p. 50; A. Craig Gibson, "Ancient Customs and Superstitions of Cumberland", em *Transactions of the Historical Society of Lancashire and Cheshire*, vol. 10 (1858), p. 108; Deane e Shaw, *Folklore of Cornwall*, p. 69; Roberts, *Folklore of Yorkshire*, p. 102; Davies, *Folklore of West and Mid-Wales*, pp. 136-37.
169. Ver capítulos 2 e 18 de meu livro *British Fairies*.

Cristandade

Ao longo da história da Igreja, durante grande parte dos últimos mil anos, a visão cristã estrita tem sido a de que as fadas são demônios ou, na melhor das hipóteses, uma ilusão enviada pelo diabo para nos enganar. Sacerdotes e monges desaprovavam os contos de fada e pregavam de modo insistente contra eles, mas isso não impedia que as pessoas quisessem ouvir essas histórias ou acreditassem em seus temas. Para desviar as críticas eclesiásticas, muitos contadores de histórias transformaram suas fadas em apenas mais uma criação da divindade cristã temente a Deus. Isso é revelado, de passagem, em muitos dos romances anteriores: por exemplo, o rei das fadas, no conto do rei Herla, exclama "Deus seja minha testemunha"; as *Crianças Verdes de Woolpit* vêm de um lugar chamado St. Martin's Land e professam ser bons cristãos.

A crença de que os feéricos têm lugar numa hierarquia divina, talvez alguns degraus abaixo da escala espiritual dos anjos, provavelmente fortaleceu-se de novo nos últimos cem anos. Recentemente, em meados do século XX, por exemplo, uma peregrina da ilha escocesa de Iona encontrou um grupo de seres feéricos, os quais, segundo ela acreditava, tinham tentado comunicar suas crenças mostrando-lhe uma cruz feita de ramos e casca de árvore. É possível que isso seja assim, embora se possa sugerir que essa foi uma demonstração de que os feéricos compreenderam o que a trouxe àquela ilha sagrada.[170]

Salvação do Feérico

A condenação da crença no sobrenatural provavelmente só se intensificou após a Reforma. Os protestantes foram rápidos em sugerir (de maneira bastante injusta) que a fé no feérico fazia parte da ignorância geral promovida pela Igreja Católica. Pregadores puritanos enfatizavam quanto as pessoas colocavam suas almas em perigo por serem tolerantes com as histórias sobre feéricos – isso permitiria que Satanás se aproximasse delas. Para o proselitista inglês Thomas Jackson, não havia razão de distinguir entre feéricos bons e maus, porque "é apenas um e o mesmo demônio maligno". Essas atitudes deixaram sua marca: uma explicação comum para a adoção de crianças como *changelings* é que os feéricos têm de pagar o dízimo ao diabo a cada sete anos e,

170. Bord, *Fairies*, p. 60.

compreensivelmente, preferem fazê-lo com uma vida humana em vez de uma da própria espécie.[171]

Apesar disso, pessoas comuns continuaram a acreditar – assim como alguns eclesiásticos, aliás. O ministro escocês Robert Kirk estava convencido da existência dos elfos e das fadas e considerava, inclusive, que eram menos pecadores que os seres humanos: "[eles] ainda estão num estado imperfeito, e alguns ensaiam melhores ações heroicas que outros; têm mesma medida de virtude e vício que nós, e ainda esperam avanço para um Estado de Vida mais elevado e mais esplêndido".[172]

O reverendo Kirk acreditava que, embora parecessem não ter religião e desaparecessem quando se mencionava um nome sagrado, os feéricos podiam se comportar de maneira ética e tinham a mesma perspectiva de julgamento e salvação que qualquer homem ou mulher cristã. Na verdade, surgiram várias teorias relacionadas sobre o lugar da Feéria no universo cristão. Um nome para os seres feéricos era "Povo Oculto" (*Hidden Folk*), sendo a origem desse nome explicada numa história de Carmarthenshire, contada no início do século XX:

> Nosso Senhor, nos dias em que andou pela terra, um dia se aproximou de uma cabana onde morava uma mulher com vinte filhos. Sentindo-se envergonhada do tamanho de sua família, ela escondeu metade deles da vista do Divino visitante. Quando Ele partiu, ela procurou em vão pelos filhos escondidos; eles se tornaram feéricos e desapareceram.[173]

Outra crença comum era a de que os feéricos eram anjos caídos que seguiram Satanás em sua rebelião, mas ainda não tinham chegado ao inferno, quando Deus ordenou que as portas do céu e do inferno fossem fechadas. Eles ficaram presos no meio, escondidos em buracos na terra. Acreditava-se que seriam finalmente libertados dessa situação intermediária no dia do juízo final.[174]

Por último, em toda a Grã-Bretanha e na Europa como um todo, há relatos consistentes de incidentes em que feéricos ansiosos abordam humanos implorando por garantias de que também serão salvos. Normalmente, a resposta é "não" – para grande consternação desses seres. Em linha com essas histórias,

---

171. Jackson, *A Treatise Concerning the Original of Unbelief*, p. 178.
172. Kirk, *Secret Commonwealth*, "Question 2".
173. Evans-Wentz, *The Fairy Faith*, p. 153.
174. Evans-Wentz, *The Fairy Faith*, pp. 85, 105, 109, 116, 129-30 e 205.

no poema "Friday" (Sexta-Feira), *Sir* Walter Scott imaginou as fadas sentadas em casa nesse dia, "chorando sozinhas e indefesas por sua sorte".[175]

Sinos do Inferno

Nosso conhecimento sobre a tradição feérica tornou-se confuso por causa de todas essas controvérsias, fazendo com que haja dúvidas e incertezas sobre quais são as exatas crenças a respeito. Algumas pessoas conectam os seres feéricos a anjos, atribuindo-lhes algum tipo de propósito divino; há quem os considere totalmente isentos de moral humana e cheios de antipatia pela fé cristã.

Em consonância com essa última visão, estão as histórias que descrevem a forte aversão feérica aos sinos e às igrejas, tão comuns em toda a Grã-Bretanha, desde as Ilhas Shetland até a costa sul. Por exemplo, em Portland, Cadbury e Withycombe, em Dorset, os sinos das igrejas afugentaram os *pixies* locais. Essa antipatia parece ser a principal razão para que os feéricos interfiram nos esforços de construção de igrejas. Em Brinkburn Priory, Northumberland, diz-se que o cemitério contém os túmulos de féericos locais, que foram todos mortos pelo toque dos sinos do priorado. Por outro lado, contrariando tudo isso, quando o sino da igreja tocou em Hownam, em Roxburghshire, os feéricos locais que tinham sido expulsos por seu som reuniram-se lá novamente em regozijo.[176]

Um efeito definitivo da desaprovação cristã foi criar a crença popular de que os feéricos são repelidos por qualquer coisa cristã. A posse de uma cópia da Bíblia ou de algumas páginas dela será eficaz, assim como dar graças, fazer o sinal da cruz e uma série de outras ações do tipo.

Por exemplo, das Terras Altas da Escócia vem a história de um homem convidado para um banquete de casamento feérico. O noivo espirrou, e o convidado disse instintivamente "Deus o abençoe". Isso consternou os seres mágicos nas duas primeiras vezes em que aconteceu, mas na terceira o comportamento tornou-se tão intolerável que o convidado foi fisicamente expulso da celebração. Nas Ilhas Shetland, considera-se que o poder de invisibilidade dos *trows* é dissipado imediatamente por uma palavra piedosa, e a presença de um pregador nas proximidades deve afastá-los. Esse é o aspecto da natureza feérica amplamente lembrado hoje, e, como veremos mais adiante, bênçãos e outras palavras

175. Ver Spence, *British Fairy Origins*, p. 165; Bett, *English Myths and Traditions*, p. 10; Grant Stewart, *Popular Superstitions*, pp. 59-62; e a história do "Minister and the Fairy", publicado em *Folklore and Legends: Scotland*, 1898.
176. Fergusson, *Rambling Sketches*, p. 110; Bowker, *Goblin Tales*, Apêndice 9; *Denham Tracts*, p. 134.

sagradas são repetidamente endossadas como proteções intransponíveis contra as maldades feéricas.[177]

Pixies Pagãos

Muito se tem discutido sobre se os *pixies* são católicos ou protestantes e se são puros ou a encarnação do mal – demônios ou seres a serviço de Satanás. Parece que, quanto à religião feérica, tal como acontece com o conceito de governo na terra feérica, nós, seres humanos, impusemos nossos próprios conceitos para avaliar uma sociedade muito diferente da nossa.

De qualquer modo, há uma sugestão de outra visão, que pode agradar mais a muitos leitores atualmente. Na história de William Bottrell, *The House on Selena Moor* (A Casa em Selena Moor), Grace – jovem raptada por *pixies* – faz uma declaração notável sobre seus captores: "Pois você deve se lembrar de que eles não são da nossa religião – disse ela, em resposta ao olhar surpreso de William –; são adoradores de estrelas".

Se essa narrativa realmente representa a crença da Cornualha do fim do século XIX, pode ser um relicário de ideias mais antigas sobre os seres feéricos e – talvez – uma conexão feita entre eles e os druidas. Essa não tem necessariamente de ser uma ideia muito mais antiga – pode ter surgido no século anterior ou por volta disso –; porém, pode ser uma sugestão tentadora de teorias que relacionam os *pixies* ao culto nos muitos monumentos antigos da Cornualha.

Violência dos Seres Feéricos

Hoje, tornou-se crença generalizada de que os seres feéricos são totalmente benevolentes e pacíficos, para quem a violência e o antagonismo em relação à humanidade são um anátema. Essa visão do reino sobrenatural surpreenderia nossos antepassados, que tinham visão muito diferente e mais complexa do Mundo Feérico. O folclore mais antigo retrata outro mundo, muito semelhante ao nosso, com os próprios conflitos internos e uma gama de respostas à humanidade,

177. Browne, *History of the Highlands*, p. 110; Edmondston, *A View of the Zetland Isles*, p. 142; Marwick, *The Folklore of Orkney*, p. 37.

desde amigáveis até hostis. É importante compreender essa realidade mais perigosa e agir com o devido cuidado e cautela.

Guerra das Fadas

Parecia muito razoável para as gerações passadas que os seres feéricos pudessem discordar profundamente entre si, chegando a empreender conflitos armados, guerreando uns com os outros. O reverendo Kirk disse que "Esses [seres] Subterrâneos têm Controvérsias, Dúvidas, Disputas, Brigas e Desvios de Partido... Transgridem e cometem atos de Injustiça e Pecado". Como resultado, têm "muitos feitos desastrosos de sua autoria, como... Lutas, Cisões, Ferimentos e Enterros...".[178]

Existem numerosos relatos escoceses que evidenciam esses conflitos. Nas Ilhas Hébridas, acreditava-se que os feéricos sempre lutavam no *Halloween*, e a prova disso era o líquido vermelho produzido pelos líquenes após a geada, o qual se acreditava ser o sangue de feéricos caídos. Nas margens das ilhas, encontra-se uma substância chamada sangue de elfo (*fuilsiochaire*), semelhante uma pedra vermelho-escura cheia de buracos. Essas chamadas pedras de sangue estariam conectadas aos céus vermelhos da aurora boreal, as "poça de sangue", e são sinal de luta entre os seres feéricos descritos anteriormente. Os *trows* das Ilhas Orkney, às vezes, eram vistos lutando juntos, enquanto em Speyside corre a lenda de uma batalha campal entre os exércitos dos Feéricos Brancos e Negros.[179]

Histórias semelhantes também são contadas em outros pontos da Grã-Bretanha, como na tradição de Glamorganshire, onde se dá uma batalha feérica travada no ar, entre Aberdare e Merthyr. Uma mulher da Cornualha, Emlyn Moyle, foi conduzida como um *pixy* pela neblina, em Goss Moor; ao ver-se próxima ao antigo forte da colina Castle an Dinas, ela observou uma batalha de *pixies* sendo travada nas muralhas; entretanto, quando a névoa se dissipou, não havia nenhum vestígio de combate ali. Também foi dito que os *pixies* só ganharam o controle de Devonshire e Dartmoor depois de uma guerra prolongada com os elfos.[180]

Os seres feéricos podem duelar entre si pela posse de território ou como parte de uma luta entre forças "boas" e "más". Nisso, eles são, infelizmente,

178. Kirk, *Secret Commonwealth*, cap. 11.
179. MacKenzie, *Wonder Tales From Scottish Myths*, p. 11; Campbell, *Superstitions of the Highlands and Islands.*
180. Bruford in Narvaez, *Good People*, p. 131; Tregarthen, *Pixie Folklore & Legends*, pp. 67-75; Bray, *Peeps on Pixies*, p. 12.

como nós. Embora possamos aceitar com relutância essa fragilidade, é mais preocupante descobrir que eles também podem voltar sua hostilidade contra seus vizinhos humanos.

Violência Feérica Contra os Humanos

Os seres feéricos impõem um código estrito de moral e conduta aos seres humanos e não hesitam em aplicá-lo por meios violentos. Parece haver pouco escrúpulo em espancar e ferir os humanos cujo comportamento eles desaprovam. Indivíduos que quebram as regras certamente podem esperar ser beliscados, empurrados e agredidos de forma impiedosa, chegando até a ficar aleijados e cegos – se a ofensa foi enxergar através do brilho mágico dos feéricos.

O código feérico é aplicado de modo severo àqueles que mantêm relacionamento amoroso com feéricas, podendo esperar serem tratados com rigor em caso de qualquer desrespeito percebido. Tapas e surras são comuns, muitas vezes agravados pelo fato de que o homem nunca consegue escapar da amante feérica: ela é implacável tanto na conquista como no momento de punir o parceiro infiel. Existem vários contos escoceses nos quais um homem é obrigado a conhecer uma mulher-fada, mas aparentemente é espancado por isso. A agressão parece ser um meio de garantir a obediência dele, incutindo-lhe medo – e um indício de que o amante feérico não confia totalmente em seus encantos –, ou, ainda, trata-se de uma punição por sua ousadia. De qualquer maneira, isso sugere que feéricos podem ser vingativos e desdenhosos, mesmo com aqueles a quem favorecem de alguma forma.

Os amantes feéricos podem ser irascíveis; contudo, existem alguns espíritos cujo propósito principal parece ser assustar e controlar. Esses seres assombravam locais perigosos, como lagoas ou margens de rios, e as crianças eram alertadas sobre eles e orientadas a se manterem afastadas. Jenny Greenteeth e Peg Powler não eram apenas nomes, nem simplesmente assustavam as crianças errantes: arrastariam a criança desobediente para debaixo da água, afogando-a, usando de violência para alertar outras crianças.

A violência não provocada também é possível: alguns seres sobrenaturais são maliciosos por natureza, e os encontros serão quase sempre fatais para os humanos. Essas feras incluem cavalos aquáticos das Terras Altas da Escócia: o *each-uisge* ou *aughisky*, o *kelpie* e o *shoopiltree* das Ilhas Shetland, todos os quais atrairiam as pessoas para montá-los e, então, correriam em alta velocidade para um rio, lago ou mar, onde o os humanos seriam afogados e/ou devorados. Havia outros espíritos da água não equinos, mas igualmente maléficos e perigosos na Escócia, como o *fideal*, o *fuath*, o *peallaidh*, o *muileart-each* e o *cearb* (o assassino). No País de Gales, o *llamhigyn y dwr* (o saltador da água) e o *afanc* eram conhecidos: todos costumavam despedaçar suas infelizes vítimas sob as ondas.

Flecha de Elfo

As armas pelas quais os ferimentos são mais comumente infligidos pelos seres feéricos são flechas de elfo, raios élficos ou setas. Esses instrumentos se parecem muito com pontas de flechas de sílex pré-históricas: foram descritos como sendo em forma de coração e com bordas serrilhadas, feitos de uma substância amarela dura semelhante a sílex. Uma lenda afirma que os feéricos os obtiveram dos elfos, os quais, por sua vez, os obtiveram das sereias. Essas flechas élficas nunca são encontradas com hastes longas, aparentemente, porque as próprias fadas as quebram, para evitar que os seres humanos as atirem contra elas.[181]

Os feéricos matam homens e gado com essas armas. Embora os ferimentos causados às vacas possam fazer parte da tentativa de roubá-las, os ataques às pessoas são motivados por pura maldade. Diz-se que os feéricos atiram com tanta precisão que raramente erram, e o ferimento resultante é sempre fatal. As flechas atingem o alvo com tanta força que perfuram o coração.[182]

Afirma-se que um sintoma claro de uma vaca ferida por uma flecha élfica era a impossibilidade de transformar seu leite em manteiga. Em tempos passados, quando os agricultores não tinham acesso a veterinários, sempre que o gado adoecia, procuravam aqueles dotados de conhecimentos especiais sobre feéria para diagnosticar se a razão era uma flecha élfica e qual seria o melhor tratamento. Nas Ilhas Shetland, um cuidado tradicional envolvia esfregar um gato sobre a vaca, da cabeça à cauda e em volta da barriga, e depois fazê-la engolir três caranguejos vivos; outro método envolvia alimentar a vaca com uma mistura de fuligem e sal e, em seguida, queimar pólvora sob o pobre animal. O gado também poderia ser curado amarrando-se uma agulha ao seu pelo, dobrada dentro de uma página do livro de salmos; é possível, ainda, optar por dar-lhe água para beber, na qual uma flecha élfica tenha sido mergulhada; ou simplesmente tocando-o com outra flecha élfica. Acreditava-se que esses tratamentos

181. Grant Stewart, *Popular Superstitions*, p. 134; Henderson, *Notes on the Folklore*, p. 185; Blakeborough, *Wit, Character, Folklore and Customs of the North Riding of Yorkshire*, p. 142.
182. Crofton Croker, *Fairy Legends*, p. 43.

não só curavam as aflições como também protegiam contra futuros ataques. Além disso, é notável como a eficácia da flecha élfica é tão facilmente transferida para a água ou por contato; veremos mais adiante como outros poderes mágicos dos feéricos também podem ser transmitidos da mesma maneira.[183]

Além do uso no tratamento de gado doente, as flechas de elfo são frequentemente mantidas como heranças de família e usadas em cordões ao redor do pescoço como ornamento. Dizem que trazem boa sorte geral à família. Protegem o usuário de ataques com raios, podem atuar como amuletos de amor e curam feridas nos olhos. Contudo, é imprudente dar a flecha élfica como presente, pois o generoso doador pode acabar sendo abduzido pelos feéricos.[184]

Crueldade Feérica

Embora os seres feéricos estejam prontos para atormentar e ferir tantos os seres humanos como certos animais que nos pertencem, isso não parece pressupor uma crueldade geral com todos os seres vivos. As vacas provavelmente só são vítimas porque os feéricos querem roubá-las para obter leite e o fazem sob o pretexto de sua doença e morte. Animais selvagens, por outro lado, têm muito menos valor econômico tanto para os seres sobrenaturais como para os seres humanos e, assim, são deixados em paz.

Na era vitoriana, era tendência a pintura de fadas, as quais eram retratadas como deliberadamente cruéis com a vida selvagem – a mais famosa obra foi feita pelo artista John Anster Fitzgerald, em sua série de imagens de fadas atormentando e matando um tordo (embora ele também pintasse cenas de comunhão feérica com a vida selvagem). Não há referências na tradição para a criação dessas imagens. Em contraste, para muitos escritores e entusiastas contemporâneos do Mundo Feérico, elas se tornaram arquétipo da consciência ecológica, e, como tal, o conceito de abuso de animais selvagens parece um anátema. Essa parece, de fato, ser a visão mais tradicional.

Já na popular canção do século XVII, "The Pranks of Puck", a proteção dos seres feéricos aos animais caçados é tema recorrente. Na balada, Puck se esconde nas armadilhas deixadas pelos homens e espanta os caçadores quando retornam

183. *Denham Tracts*, p. 110; *County Folklore*, vol. 3, 37-9; Spence, *Shetland Folklore*, p. 144; Marwick, *The Folklore of Orkney*, p. 43; Knox, *Topography of the Basin of the Tay*, p. 111.
184. Blakeborough, *Wit, Character, Folklore and Customs of the North Riding of Yorkshire*, p. 142; Marwick, *The Folklore of Orkney*, p. 44.

para recolher suas presas. Muito mais recentemente, o mesmo tipo de comportamento é atribuído aos *pixies* de Somerset. Numa história contada ao folclorista Jon Dathen, os *pixies* abrigam, em uma árvore, uma raposa exausta que está sendo perseguida por cavalos e cães durante uma caçada.[185]

Em outra parte do livro, Dathen relata que dois entrevistados diferentes afirmaram que "se há uma coisa que os *pixies* desprezam, é a crueldade com os animais". Se tomarem conhecimento de maus-tratos ou de negligência com animais selvagens ou domesticados, o culpado será punido, em geral por meios já consagrados: beliscões violentos. Os *pixies* são descritos como sendo especialmente próximos de certos animais, incluindo cavalos e tordos. Em *Seeing Fairies*, coletânea de relatos modernos de avistamentos de feéricos, escrita por Marjorie Johnson, há menção aos feéricos cuidando da vida selvagem durante fortes nevascas nas charnecas.[186]

Os seres feéricos não são tradicionalmente vistos como gratuitamente cruéis. Ferem aqueles que os ofendem, mas não feras indefesas. Embora representações mais modernas dos feéricos como sendo inofensivos, alados e minúsculos tenham, sem dúvida, firmado essa percepção, por sua vez, o conceito de que estão em harmonia com a natureza e protegem o entorno parece ter raízes profundas.

Violência como Modo de Vida?

Deixando de lado a vida selvagem, uma perspectiva mais ampla sobre a conduta dos feéricos confirma a impressão de que são uma sociedade rebelde, rude e, às vezes, cruel. Muitos aspectos de sua cultura dependem da violência em um grau ou outro: crianças e esposas humanas podem ser levadas à força para complementar a raça feérica; uma porção significativa de alimentos e bebida consumida na Terra Feérica é roubada, em geral furtivamente, mas, às vezes, de maneira coerciva; e, em terceiro lugar, parece bastante claro que a ideia de diversão dos seres feéricos envolve, muitas vezes, atormentar as pessoas ou seus animais de estábulo – por exemplo, o hábito de "montar" cavalos à noite é uma prática que deixava os animais fracos e desgastados pela manhã.

Como este livro revela, a crença popular tradicional tinha muito menos confiança na boa natureza feérica do que alguns comentaristas contemporâneos.

185. Dathen, *Somerset Fairies and Pixies*, p. 22.
186. Dathen, *Somerset Fairies and Pixies*, pp. 14, 48, 72-4, 72-3; Johnson, *Seeing Fairies*, pp. 135-36.

Uma visão mais honesta de seu comportamento deve ser matizada: os feéricos não podem ferir ou torturar gratuitamente animais ou pessoas, porém esses escrúpulos podem se submeter, sem hesitação, ao desejo de diversão desses seres sobrenaturais. O melhor conselho deve ser, portanto, aproximar-se com cautela – ou, melhor ainda, manter-se do "lado seguro" (mundo dos humanos) e proteger-se com encantos, além de procurar evitar completamente esses "Bons Vizinhos". Os feéricos podem ser tão variáveis, imprevisíveis e potencialmente cruéis quanto qualquer ser humano imperfeito.

Mencionei anteriormente o medo que algumas pessoas sentem quando encontram feéricos, bem como a animosidade às vezes detectada. Em apenas alguns casos registrados no *Censo das Fadas* a questão foi além, com relatos de violência real contra uma testemunha. Num caso, isso envolveu uma tentativa terrível de raptar uma mulher; em outro, ocorreu a perseguição de uma jovem por seres que lhe atiravam paus e pedras. Esses casos são muito raros, mas devemos reconhecer sua existência.[187]

187. *Census* n°s 476 e 428.

Capítulo 8

Cultura Feérica

Um ponto de contato regular entre seres humanos e seres feéricos são suas atividades de lazer, quando dançam ou festejam, por exemplo. O presente capítulo analisa esses diferentes aspectos da cultura feérica e como devemos abordá-los da melhor forma.

Lazer do Povo Feérico

Embora tenha descrito anteriormente o artesanato e as habilidades de construção dos feéricos, nossa imagem permanente sobre esses seres é a de um povo vivendo um lazer eterno. Em geral, isso parece ser comumente aceito.

Os seres feéricos são um povo altamente sociável, e muitos de seus passatempos são participativos, seja tocando música, dançando ou jogando. Gostam de esportes coletivos como *hurling* e futebol, e, de fato, o primeiro avistamento de *pixies*, na Cornualha, foi em uma partida de *hurling* realizada em um milharal, em Boscastle, em agosto de 1657. O caráter sobrenatural dos jogadores foi confirmado por seu desaparecimento, quando estavam em um penhasco, no litoral, e pelo fato de não haver nenhum sinal de danos à colheita após o jogo.

Dada a natureza controversa dos feéricos, eles podem, às vezes, reagir violentamente se forem interrompidos em suas atividades, mas também aceitar bem a participação de humanos. Veremos isso, em particular, com músicos, porém há relatos de homens que receberam uma solicitação para engrossar o número de participantes de uma equipe para uma partida esportiva.

Música Feérica

O gosto feérico por música e canto é um aspecto fundamental de sua natureza em busca de satisfação. De acordo com John Dunbar, de Invereen, nas Terras Altas, os seres sobrenaturais eram "péssimos para a música e costumavam ser ouvidos frequentemente tocando gaita de foles". Nas Ilhas Shetland, os *trows* eram conhecidos pelo amor à música e à dança (embora sua dança parecesse desajeitada e ridícula para os seres humanos – eles se agachavam e saltavam no chão).[188]

Como já mencionado em relação aos anéis de fadas, a dança costumava ser considerada a atividade distintiva dos feéricos e sua principal preocupação. Hoje, são raros os testemunhos a respeito, sendo citada apenas em cerca de 9% dos relatos mais recentes. Talvez isso aconteça porque os feéricos estão ocupados fazendo outras coisas – como trabalhar – ou porque se retiraram dos antigos locais de dança à medida que nós, humanos, nos tornamos mais numerosos, mais barulhentos e mais intrusivos. Também há a possibilidade de que os seres feéricos possam ter simplesmente se mudado para edifícios humanos mais convenientes para suas folias – como veremos em breve..

Embora as danças sejam vistas com menos frequência, ainda assim há relatos sobre a música feérica: é uma característica de 16% dos avistamentos mais recentes. Raramente podemos dançar com esses seres sobrenaturais (até porque é algo perigoso de fazer, já que, muitas vezes, é a maneira como eles acalmam as pessoas, com falsa sensação de segurança, antes de sequestrá-las), mas podemos ouvir sua música com frequência e segurança, considerando que ela é famosa pelo encantamento e pelo caráter sobrenatural. Onde é possível ouvir música feérica e como ela soa?

Colinas da Música

A música feérica é frequentemente ouvida como sendo proveniente de morros, colinas ou elevações específicas, onde feéricos residem. Esse é um relato local muito comum e pode ser encontrado em toda a Grã-Bretanha, desde Faery Knowe, em Skye, até os "montes musicais" do sul da Inglaterra, por exemplo, em Bincombe Down e Culliford Tree, em Dorset, e em Wick Moor, perto de Stogursey, em Somerset.

188. Evans-Wentz, *The Fairy Faith*, p. 95; Saxby, *Shetland Traditional Lore*, p. 116; ver capítulo 11 de meu livro *British Fairies*.

A natureza sobrenatural da música, no entanto, muitas vezes causa problemas às testemunhas, ao tentarem julgar exatamente de onde ela vem. Não raro, os relatos pessoais parecem encontrar dificuldades em localizar a fonte. Por exemplo, a música ouvida em Ditton Priors, em Clee Hills, Shropshire, estava "no ar", e essa impressão imersiva e flutuante é comum. Outras testemunhas situaram a música como "vinda do solo", "pairando no ar, no entorno" e "no ar, tão tênue quanto um sopro morrendo e voltando". Pode até ser descrita como subaudível, ou seja, algo de que se tem consciência, mas sem ouvir – na verdade, algo que deixou de ser audível no momento em que se tenta concentrar nele.[189]

A mística irlandesa e amiga do poeta W. B. Yeats, Ella Young, teve muitas experiências com música feérica. Ela apontou outro problema que dificulta dizer exatamente de onde a música vem. Para ela, o som orquestral era algo em movimento, foi uma "onda ou rajada de vento". Uma testemunha em Clent Hills, perto de Birmingham, durante a década de 1960, foi apanhada de forma fascinante por algo semelhante a "um verdadeiro redemoinho de canto"; enquanto outra, na Irlanda, sentiu a música varrer sua casa.[190]

Aprendendo Músicas Feéricas

Habilidades musicais feéricas – e até mesmo seus instrumentos – podem ser concedidas aos seres humanos mais afortunados. Existem vários conjuntos de gaitas de foles na Escócia que, supostamente, foram presenteados por seres feéricos.

Receber a habilidade musical dos seres feéricos pode ser uma bênção que torna uma pessoa e seus herdeiros ricos e famosos. O músico favorito poderia ser bem pago: por exemplo, um homem chamado Jeems o' da Klodi, das Ilhas Shetland, recebeu uma sacola cheia de moedas de três pence. Outro violinista das Shetland que se dirigia para um casamento foi emboscado por um "homenzinho cinzento". O músico disse que não teve tempo de tocar no baile dos *trows*, mas lhe foi garantido que, se concordasse em se apresentar para eles, ainda chegaria a tempo ao seu primeiro compromisso e sua excelente habilidade com o violino acompanharia sua família por nove gerações. Com base nisso, o homem concordou em ir ao baile sob uma colina, embora, uma vez lá, se visse enraizado no local e incapaz de parar de tocar até que os *trows* o libertassem de seus feitiços e o devolvessem à festa de casamento.

---

189. Burne, *Shropshire Folklore*, Parte I, p. 58; Johnson, *Seeing Fairies*, pp. 60, 231, 330 e 331; *Census*, nºs 384, 406 e 489.
190. Johnson, *Seeing Fairies*, pp. 44 e 146.

As habilidades feéricas também podem ser uma maldição: a pessoa favorecida pode morrer jovem e ser levada de volta pelos feéricos para tocar apenas para eles ou, ainda, perder o juízo. Como sempre acontece em negociações com seres feéricos, a discrição é a chave. Um homem, levado pelo ar para os navios das Ilhas Shetland, foi mantido por seres feéricos durante doze meses inteiros; quando voltou para casa, nunca falou sobre o que viu ou ouviu, a não ser para tocar uma música que aprendera enquanto esteve fora. Outro violinista das Ilhas Shetland, John Scott de Easting, impressionou os *trows* de tal modo com seu jeito de tocar que lhe disseram que nunca mais lhe faltaria dinheiro e bastava colocar a mão no bolso e as moedas estariam lá. Numa noite, ele se embebedou e acabou contando tudo aos companheiros de bar; como consequência, o suprimento infinito de dinheiro teve fim.[191]

Habilidades musicais podem ser compartilhadas de bom grado com algumas pessoas. Um homem chamado Fyfe, da vila de Reay, em Perthshire, passou muitas horas com os feéricos, apreciando sua música e aprimorando as próprias habilidades na gaita de foles. Pelo tempo que passou com eles, sua música ficou imbuída de um encanto mágico, que o tornou muito requisitado nos bailes. Melhor ainda, Fyfe podia contar com os feéricos para que o levassem sempre ao destino desejado e chegasse a tempo, sem pensar nas condições do clima. Às vezes, essa atribuição de habilidade musical parece quase acidental: uma mulher feérica visitou uma casa em Perthshire e afinou a gaita de foles da família. Ela tocou algumas músicas e depois foi embora, mas, após isso, os três filhos da família foram dotados de grande habilidade como flautistas.[192]

Por outro lado, músicos humanos talentosos eram, de tempos em tempos, sequestrados para satisfazer à poderosa necessidade feérica por música e dança. Quase sempre, encontraram o mesmo destino de todos aqueles que permanecem no Mundo Feérico: embora acreditassem ter tocado apenas uma noite, na realidade o tempo passara, e todos tinham mudado muito quando retornaram para casa.[193]

Apesar do que se diz, a música feérica pode ser notoriamente difícil de lembrar. Na história de 1779, da paróquia de Aberystruth, o reverendo Edmund Jones relatou que "todos diziam que [a música] era baixa e agradável, mas ninguém conseguia aprender a melodia". Na Ilha de Man, um músico teve de retornar três vezes ao mesmo local onde ouvira música feérica para poder memorizá-la. Raros

191. Saxby, *Shetland Traditional Lore*, pp. 65-6; Marwick, *The Folklore of Orkney*, p. 34.
192. Sutherland, *Folklore Gleanings*, p. 27; Murray, *Tales from Highland Perthshire*, nº 186.
193. Evans-Wentz, *The Fairy Faith*, pp. 40 e 103; MacGregor, cap. 2.

são os casos em que os seres humanos conseguem aprender uma melodia feérica e adicioná-la ao repertório dos mortais. Um desses casos é "Be nort da deks o' Voe", das Ilhas Shetland, mas existem vários dos chamados *ferry tüns*, das ilhas do extremo norte. Dois exemplos galeses são "Cân y Tylwyth Teg" (A canção da Feéria) e "Ffarwel Ned Pugh" (Adeus a Ned Pugh). No entanto, há uma desvantagem em guardar a melodia na memória: do mesmo modo como o preço por ter o dom musical feérico pode ser alto, acredita-se que aqueles que guardam músicas feéricas na memória ficarão confusos para o resto da vida.[194]

Orquestras Feéricas

Existe um conceito que pode ser mais poético que baseado na experiência: a música feérica não seria produzida com base em instrumentos, mas, sim, em animais. Anna Bray, por exemplo, disse que os *pixies* de Dartmoor dançavam ao som de músicas tocadas por grilos, gafanhotos, sapos, abelhas e corujas. Essa noção faz parte da tradição literária, ao exagerar a percepção de singularidade e pequenez da Terra Feérica; contudo, uma experiência moderna também dá suporte à ideia. Uma mulher que visitou uma floresta tropical em Nova Gales do Sul, durante a década de 2000, ouviu "algo perto do rio, quase como música – mas todos eram sons naturais". E ela prosseguiu: "Eu poderia dizer que era o som dos grilos, do vento, do rio e dos sapos [mas] todos estavam harmonizados com uma melodia distinta".[195]

A maioria das testemunhas, entretanto, concorda que a música feérica é tocada em instrumentos ou cantada por coros. O poeta e místico irlandês George William Russell – cujo pseudônimo é AE – ouviu, pela primeira vez, a música tocando no ar, quando estava em uma encosta, em Sligo. Ele ouviu "o que parecia ser o som de sinos e estava tentando entender esses tilintares etéreos, nos quais o vento parecia se chocar contra o próprio vento, em um som musical prateado e em constante mudança". Durante o verão de 1917 e 1918, a amiga de AE, Ella Young, ouviu repetidamente a *ceol sidhe* (música feérica) e relatou que essa melodia feérica era tocada por uma "miríade de instrumentos", entre os quais estavam címbalos e sinos (ambos marcando um tilintar prateado de toques profundos), trompetes, harpas, violinos, tambores, flautas, órgãos, gaitas de foles e "bigornas golpeadas" com som reverberante. O livro

194. Ver Marwick, *The Folklore of Orkney*, p. 34; Sikes, *British Goblins*, cap. 7; Evans-Wentz, *The Fairy Faith*, pp. 118 e 131 – dois exemplos da Ilha de Man; Young e Houlbrook, *Magical Folk*, p. 131.
195. Bray, *Description*, p. 173; *Census* nº 455.

Faery Census também relatou uma música tocada com sinos e acompanhada de flautas e tambores.

Entrelaçadas com esses instrumentos, é possível ouvir vozes cantando em uma língua desconhecida, seja num solo ou lembrando o canto gregoriano. O escritor de livros sobre feéria, Lewis Spence, certa vez ouviu "cantos de fadas, sem palavras e de maravilhosa harmonia", enquanto uma testemunha da Cornualha descreveu *pixies* domésticos cantando à noite "como um coro de Natal".[196]

Várias vezes, porém, Ella Young foi incapaz de comparar os sons com qualquer coisa que conhecesse em termos de arranjos corais: ela ouviu "notas muito altas – mais altas do que qualquer instrumento humano poderia produzir", "algo como um berimbau de boca" e "um curioso instrumento agudo". Young não é a única a ser incapaz de dizer como os sons foram produzidos. Na Ilha de Man, na década de 1720, os habitantes ouviam "música que não poderia advir de nenhum instrumento terrestre", e, por fim, uma ouvinte moderna, em Iona, sentiu que não poderia atribuir algo tão belo a uma fonte terrena.[197]

As Partituras Feéricas

Se é difícil para os ouvintes dizerem que *ceol sidhe* está sendo tocado, não surpreende descobrir que, com frequência, se enfrenta uma dificuldade em explicar como é o som. Todos parecem concordar que a música supera a maioria das composições humanas; porém, tem-se revelado uma tarefa difícil expressar algo que vá além disso.

Algumas testemunhas arriscam suas definições, sempre com termos vagos: "músicas que não são deste mundo, diferentes de tudo que um ser humano já ouviu, sendo as mais refinadas, grandiosas e belas". A música que arrebatou a audiência em Holderness, em East Yorkshire, foi descrita como "deliciosa e harmoniosa"; um escritor de Lake District recordou-lhe como "música etérea que, na rica e emocionante harmonia, superava, em muito, os gorjeios mais requintados do rouxinol sueco". Na década de 1880, alguns ciganos acampados perto de Ditton Priors, em Shropshire, ouviram uma música sobrenatural"maravilhosamente clara e doce".[198]

196. Hawker, *Footprints*, "Old Trevarten".
197. Evans-Wentz, *The Fairy Faith*, p. 61; Young e Houlbrook, *Magical Folk*, p. 173; Johnson, *Seeing Fairies*, p. 330; Hawker, *Footprints*.
198. Evans-Wentz, *The Fairy Faith*, pp. 124 e 24, 32, 47 e 57; Nicholson, *Folklore of East Yorkshire*, p. 82; Young e Houlbrook, *Magical Folk*, p. 81; Palmer, *Folklore of Shropshire*, p. 141.

Testemunhas modernas têm o cuidado de oferecer mais informações. Há depoimentos de sensações e impressões como "minúsculas, suaves, rápidas e leves" ou "queixosas, mas alegres". Ella Young falou de "[música] orquestral de incrível riqueza e complexidade". As melodias podem ser requintadas, disse ela, com "ritmos delicados e intrincados", além da variedade de andamentos – às vezes com movimentos agitados e muito rápidos, outras vezes lentos e melancólicos. Em 27 de agosto de 1917, Young descreveu "certa monotonia, como ondas lentas, com melodia contínua nas cristas". Por fim, ela se desanimou com as próprias habilidades descritivas: "aquela não era uma música que eu pudesse descrever... está além das palavras".

A comparação com outros gêneros pode acrescentar algumas informações e descrições, como: parece um "*folk* estranho"; tem características do Oriente Médio, da Idade Média, da música irlandesa tradicional. Uma testemunha até sugeriu "uma mistura de canto de pássaros e música celta".[199]

O que mais se destaca, talvez, é o caráter sobrenatural da música feérica e a gama de respostas que ela evoca. Não é moldada nas escalas ou fórmulas de compassos familiares, nem pode ser convenientemente descrita com nossos termos convencionais. Algumas pessoas mencionam acordes longos e misteriosos; outras ouvem melodias repetitivas e circulares; outras ficam maravilhadas com as ricas melodias. Para alguns ouvintes, a música é melancólica; para outros, alegre.

O melhor resumo da *ceol sidhe* que posso oferecer é dizer que ela é adorável, complexa e envolvente. O que é consistente em todas as descrições das testemunhas é a profunda admiração que evocam.

O Efeito da Música das Fadas

Seja qual for sua natureza, a experiência da música feérica pode ser poderosa, até porque está envolvida em aura de mistério. Pode ter efeito mágico ou encantador nos ouvintes: Ella Young descreveu a "sensação de liberdade e júbilo" que isso lhe proporcionou. Algumas pessoas acham isso "intoxicante"; uma testemunha irlandesa recente ouviu "fluxos de música hipnóticos que me fizeram sentir enjoo!". Coleridge, no poema "A Harpa Eólica", descreveu seu efeito "Como suave feitiçaria flutuante do som / Como fazem os Elfos do crepúsculo".[200]

199. Johnson, *Seeing Fairies*, p. 186; *Census*, n°s 73, 87, 172, 310, 331, 376 e 479.
200. Johnson, *Seeing Fairies*, pp. 156, 328 e 331; *Census*, n°s 73, 87, 144, 172 e 310.

A resposta pode não ser apenas emocional. Algumas testemunhas da Irlanda contam histórias de como, ao ouvirem a *ceol sidhe*, se sentiram compelidas a dançar e, a seguir, tiveram de continuar até caírem de exaustão. Na Ilha de Man, teria ocorrido o efeito oposto: pessoas e animais permaneceram imóveis no local enquanto a música tocava, por um período de até quarenta e cinco minutos.[201]

O Significado da Música Feérica

A música dos seres feéricos é uma das formas pelas quais seu mundo se cruza com o nosso – e é, possivelmente, a mais bela e fascinante delas. Embora seja raro ouvir a música, experienciá-la é intensamente comovente, porque ela, por si só, é evocativa. Os encontros com seres feéricos são sempre surpreendentes e nos fazem sentir que somos mais capazes de julgar a realidade que estamos *observando* e confiar na evidência de nossos olhos. Acreditamos que podemos avaliar o objeto visto para determinar se é potencialmente tangível e estimar a altura, a distância, o peso e a cor. O que é *ouvido* é muito mais difícil de avaliar e localizar com certeza. Isso nos torna muito mais propensos a duvidar de nossos sentidos. Como a própria Ella Young considerou: será que estava tudo na cabeça dela ou ela estaria ficando louca? Os leitores podem ficar tranquilos ao lerem que ouvir música feérica é uma experiência que ocorre com a frequência suficiente para ser levada a sério, e parte de sua natureza é o caráter fugidio e, ao mesmo tempo, fascinante.

Apesar de toda a beleza etérea, porém, nossa última palavra deve ser uma nota de cautela. A música feérica é conhecida como forma de atrair as pessoas para um possível rapto. Por exemplo, uma história de St. Allen, na Cornualha, conta que um menino foi atraído pelo som da música em um bosque e ficou ausente por vários dias, pois fora levado para o Mundo Feérico. Assim como a beleza feérica, as *ceol sidhe* podem ser atraentes, mas é preciso ter atenção, para nossa própria segurança.

201. Evans-Wentz, *The Fairy Faith*, p. 69; Waldron, *A Description of the Isle of Man*, p. 37 e nota de rodapé nº 53.

Alimentos Feéricos

Há controvérsias e opiniões diferentes sobre quais são os alimentos feéricos, se reconheceríamos sua comida como comestível e, até mesmo, se eles de fato, precisam comer. Como já argumentei, há muitas evidências que demonstram que os seres feéricos são tão sólidos e carnais quanto nós, e, nesse caso, tenho certeza de que precisam (e gostam) de alimentos e bebidas tanto quanto nós.

Algumas fontes sugerem que a comida feérica não é bem o que parece. Uma mulher de Perthshire raptada por feéricos disse que a comida que lhe foi oferecida parecia muito tentadora; porém, quando ela olhou através do brilho mágico dos feéricos, tratava-se "apenas de lixo da terra". Outro escocês, também sequestrado, deu graças durante uma refeição, mas logo percebeu que aquilo não passava de esterco de cavalo. Essas ideias, sem dúvida, explicam por que a comida feérica tem a reputação de ser insatisfatória e por que os fungos não comestíveis são frequentemente chamados de "manteiga das fadas" e coisas do gênero.[202]

Contrapondo-se a esses relatos, há outra evidência de que a dieta feérica é muito parecida com a nossa. Os seres feéricos são muito conhecidos por cozinhar – como veremos adiante –, e tanto do norte da Escócia quanto especialmente da Ilha de Man nos chegam histórias de frotas pesqueiras feéricas. Existem, ainda, inúmeras narrativas que dão conta de feéricos que entram em casas humanas pedindo farinha ou aveia emprestada. Essas solicitações não são apenas devolvidas, e sim, muitas vezes, reembolsadas diversas vezes. Isso indica que os feéricos contam com os próprios suprimentos de grãos e de farinha, os quais (é claro) são armazenados em algum lugar, pois são sua fonte de alimento.

Todos esses relatos mostram, de maneira bastante convincente, que a dieta feérica é considerada bem semelhante à humana. Assim, como compreender as experiências em que as testemunhas recebem itens não comestíveis, como folhas de árvores, para comer (a exemplo da história de St. Collen e o rei das fadas)? Provavelmente, o que estamos vendo são grandes demonstrações do brilho mágico feérico, usado com a intenção de iludir e aprisionar os humanos, e os banquetes oferecidos não representam a verdadeira natureza de sua culinária.

202. Graham, *Sketches Descriptive*, p. 111; Campbell, *Superstitions*.

Feéricos Vegetarianos

Existem duas fontes muito antigas que sugerem que os seres feéricos evitam carne. Nos relatos do início do século XII, sobre as *Crianças Verdes de Woolpit*, quando o irmão e a irmã feéricos são encontrados pela primeira vez, eles estão pálidos, a pele tem coloração verde, e, por algum tempo, mesmo depois de serem encontrados, eles só comerão feijão-verde cru, recusando ofertas de pão e outros alimentos humanos. Em segundo lugar, o escritor Gerald de Gales contou a história de Elidyr, que, na juventude, visitou a Terra Feérica. Afirmou que os pequenos seres que lá conheceu "nunca comiam carne nem peixe"; em vez disso, preferiam pratos à base de leite, transformados em *junkets* (mistura de coalhada e creme de leite, adoçada e aromatizada) com açafrão. No folclore elisabetano, menciona-se com certa frequência que os feéricos têm preferência por produtos lácteos. Porém, há muitas evidências de que assumam uma dieta vegetariana, mas sem ser vegana.

Entretanto, há contradições e inconsistências nas fontes. Elidyr também disse a Gerald que os pequenos seres que visitava criavam cavalos e galgos. Considerando que os galgos são cães de caça, depreende-se que os elfos estavam equipados para caçar. No poema "Sir Orfeo", o herói conhece o rei das fadas enquanto está caçando feras selvagens com seus cães; diz-se também que o rei caçava aves – como marrecos selvagens, garças e cormorões, usando, para tanto, falcões. Os chamados *Gabriel Hounds de Lancashire* são cães feéricos, conhecidos como *Gabriel Ratchets*: *ratchet* é um cão de caça que persegue a presa usando o olfato, não pela visão. Os feéricos da Ilha de Man também são particularmente conhecidos em toda a região pelo apreço por caçadas.

A busca por todo esse jogo provavelmente tinha algum propósito diferente do mero esporte. É preciso compreender que cervos, javalis e pássaros capturados foram todos usados para alimentação, e esses feéricos, em especial, estavam muito longe de ser vegetarianos. Os *bucca* que viviam no litoral de Newlyn, no oeste da Cornualha, recebiam parte da captura dos pescadores locais e não há dúvida de que comiam esses peixes. Cavalos aquáticos das Terras Altas, os *cabaillushtey* e os *each uisge*, tanto se abastecem com o gado como devoram crianças, da mesma forma que o *afanc*, monstro galês.

O que devemos concluir? Evidências do folclore não são unânimes, mas raramente o são. Existem diferentes tipos de feéricos, e cada um terá, naturalmente, os próprios gostos e preferências. No entanto, há claramente uma crença muito antiga de que alguns feéricos têm dieta limitada, sem carne, o que pode indicar sua alteridade ou suas ligações de simpatia com o mundo natural.

Pães Feéricos

Os seres feéricos são conhecidos por assar pães e bolos. De acordo com um relato, eles são inexplicavelmente barulhentos ao fazê-lo. A ligação é tão familiar que certos fósseis de equinodermos são conhecidos como "pães das fadas", e, se você encontrar um, afirma-se que nunca vai desejar pão.[203]

Curiosamente, um escritor escocês comenta que o pão das fadas tem gosto de pão de trigo misturado com mel e vinho, e durará, pelo menos, uma semana sem estragar. Uma mulher da Cornualha, chamada Anne Jefferies, por suspeita de bruxaria, foi alimentada pelos feéricos durante o cativeiro, e uma pessoa que provou o pão dado por eles o descreveu como "o mais delicioso... que já comi, antes ou depois".

Por mais intrigantes que pareçam esses pães, o mesmo escritor escocês também registrou que os feéricos se alimentavam com raízes de potentilha, chamadas *brisgein*. Essas raízes eram conhecidas como "sétimo pão", embora possam parecer bem menos apetitosas que o pão convencional. Na verdade, a planta tem sido cultivada desde a Pré-história, e, nas Terras Altas, o cultivo foi realizado até a introdução da batata (e ainda foi usada posteriormente em épocas de escassez). As raízes podiam ser fervidas, assadas ou moídas em farinha e tinham gosto semelhante à pastinaca. As folhas são antissépticas e foram usadas para tratar uma série de doenças. Devemos ter em mente, ainda, que a comida feérica será proporcional aos fabricantes: da ilha escocesa de Muck chega o relato de um encontro entre dois jovens e uma família feérica num barco. Foi oferecido aos rapazes um pouco de pão; como os seres sobrenaturais eram minúsculos, os pães eram do tamanho de nozes, porém eram muito apetitosos.[204]

O folclore confirma que os seres feéricos têm os próprios fornos de pão: ouvimos falar do barulho que fazem, e que, no norte da Escócia, a chuva era sinal de que os feéricos estavam cozinhando. Assim como podem preferir as rocas de fiar dos humanos no lugar das feéricas, podem entrar em nossas casas à noite para fazer os próprios bolos. Uma história contada na Ilha de Man afirma que, como a criada não lhes serviu água, os feéricos tiraram uma gota de sangue do dedo do pé dela para misturar à massa. Os seres feéricos comem a maior parte dos bolos que fazem, mas escondem pedaços de alguns sob a palha da casa antes de partirem. No dia seguinte, porém, uma menina adoeceu, e um visitante

203. Bourne, *Antiquitates Vulgares*, 1725, cap. X; Wright, *Rustic Speech*, p. 208.
204. Aitken, *Forgotten Heritage* 5; Cunningham, *Remains*, p. 242; Bord, *Fairies*, p. 63.

que ouviu os feéricos cozinhando conseguiu curá-la dando-lhe as migalhas de bolo deixadas escondidas.[205]

Sabemos que os feéricos têm os próprios pães deliciosos, mas como se sentem em relação ao pão preparado pelos seres humanos? Na Ilha de Man, diz-se que os feéricos se opõem a cozinhar depois do pôr do sol, caso contrário ajudarão no processo, desde que um pedaço de massa fique grudado na parede da cozinha como oferenda. Se tal oferta não for feita, o padeiro enfrentará problemas. Acredita-se que uma das travessuras mais comuns das *Tylwyth Teg* é entrar nas cozinhas e "murchar" a massa de pão – ou seja, torná-la pegajosa e fibrosa demais para crescer. Se isso acontecer, o melhor é sacrificar um chinelo velho (adiante, veremos que, na Escócia, sapatos são queimados para espantar feéricos). Uma das travessuras de um *pixy* da Cornualha é estragar o pão no forno, "cuspindo nele".[206]

É evidente que os feéricos apreciam os resultados da culinária humana: isso pode ser confirmado nas diversas histórias galesas em que "donzelas do outro mundo" ou "Senhoras do Lago" são atraídas para um encontro amoroso com um homem mortal, que lhes oferece pão. Os seres feéricos são muito exigentes com o cozimento de seus pães: primeiro o pão ficará muito duro, depois muito mole, até que, finalmente, um meio termo é encontrado, e o verdadeiro amor florescerá. Em outra história galesa, sobre a donzela de Llyn y Fan Fach, o homem usa no anzol uma isca com pão, para apanhar uma esposa feérica. Mais uma vez, ele tenta primeiro com um pedaço de pão bem assado – e falha; logo depois, tenta com um pão meio assado e consegue a noiva. Além disso, não é apenas a qualidade do cozimento que parece importar: os feéricos não gostam de sal nos pães. Como regra geral, o sal é uma substância que eles não conseguem tolerar.[207]

As histórias galesas que acabamos de descrever são interessantes não apenas pela importância que nelas desempenha o pão: como muitos leitores saberão, é perigoso ingerir alimentos oferecidos quando se está dentro da Terra Feérica, porque, se provar um bocado, jamais será possível escapar; porém, aqui, esse conceito é invertido, e um ser feérico é atraído para o mundo mortal ao consumir nossa comida.

Há, certamente, algo misterioso e quase mágico no pão: pode fornecer proteção encantada para as pessoas ou conceder-lhes poderes sobrenaturais,

---

205. Evans-Wentz, *Fairy Faith*, pp. 127-28.
206. Moore, *Folklore of the Isle of Man*, cap. III; Lewes, *Queer Side*, pp. 130 e 114; Davies, *Folklore of West and Mid-Wales*, p. 135; Harris, *Cornish Saints and Sinners*, cap. 19.
207. Rhys, *Celtic Folklore*, pp. 3-6 e 27-30; Roeder, *Manx Folk Tales*, p. 14.

sem importar a refeição em que seja consumido ou o modo de preparo, que parece variar bastante. Em outra narrativa escocesa, um homem roubou os feéricos, e estes saíram em seu encalço, gritando: "Você não seria tão rápido se não fosse pela dureza do pão". Em uma história semelhante, um homem de Perthshire sentiu-se lesado pelo gado feérico, que comia suas colheitas; porém, ele nunca conseguia pegá-lo. Num dia, enquanto perseguia inutilmente uma vaca parda por suas terras, uma mulher feérica apareceu e o aconselhou a comer pão *bannock* de cevada na frigideira e a tomar leite de uma cabra preta. Ele seguiu o conselho e, assim, pegou a vaca feérica; depois disso, teve o melhor rebanho leiteiro do distrito. A magia do pão funciona nos dois sentidos: um incidente nas Hébridas envolve a fuga de uma sereia para o mar; ela quase foi pega, mas o homem fracassou; a sereia atribuiu o fracasso da perseguição à secura do pão que ele fazia, ao passo que, se ele tivesse se alimentado de mingau e leite, a teria alcançado.[208]

O pão, de alguma forma, funciona para proteger as pessoas da má vontade dos feéricos. Em toda a Grã-Bretanha, acreditava-se que carregar uma casca de pão era uma maneira segura de se proteger de influências malignas. A esse respeito, leia uma estrofe de um poema de Stuart Robert Herrick:

> Se seu receio é sentir medo,
> Quando estiver (por acaso) descuidado,
> Em seu bolso, para dar sorte,
> Carregue apenas uma casca de pão.
> Por aquele pedaço sagrado de Pão,
> Esvaem-se o perigo e o pavor.

Os versos parecem sugerir que, originalmente, as pessoas carregavam um pedaço de hóstia consagrada; no entanto, qualquer tipo de pão era considerado igualmente bom. Em toda a Escócia, pensava-se que os bolos de aveia tinham poderes protetores: um pão *bannock* pendurado na soleira de uma casa de campo protegeria a mãe e o filho recém-nascido, e queimar um bolo de aveia afastaria os feéricos.

Como veremos adiante, acredita-se que bebês recém-nascidos são especialmente vulneráveis à interferência feérica, e produtos de panificação são um modo muito eficaz de protegê-los. Da Cornualha, no sudoeste da Inglaterra, vem a crença de que uma criança pode ser protegida de um possível rapto

208. MacPhail, *Hebrides II*, p. 384; Stewart, *Ben Nevis*, p. 261; Murray, *Tales from Highland Perthshire*, nº 167.

feérico com produtos assados: a mãe deve levar um bolo consigo para o batismo do bebê e depois entregá-lo à primeira pessoa que encontrar na estrada. Isso garante a segurança do filho contra *pixies*. Há uma prática idêntica em Sutherland, na Escócia, envolvendo bolo de aveia e queijo, enquanto na Ilha de Man a prática era oferecer "comida de agrado" ou *blithe-meat* - preparada com pão e queijo - às pessoas que vinham visitar a mãe e o filho recém-nascido. Parte desse alimento seria dada em oferenda às visitantes invisíveis - em parte, talvez, para ganhar seu favor como "madrinhas" e, em parte, para se proteger contra o risco de rapto.[209]

Feéricos e os Laticínios

A preferência dos feéricos por laticínios já foi mencionada, e o assunto foi frequentemente comentado por Shakespeare e seus contemporâneos. De acordo com o poeta John Milton, a rainha Mab adorava festas, enquanto o poeta e dramaturgo Ben Jonson a mostrou provando creme de leite. Na história escocesa de um *goblin* chamado Gilpin Horner, ao ser encontrado perdido e vagando, ele é acolhido por um fazendeiro. Quando finalmente é chamado para casa por seus pais, é um grande alívio para o fazendeiro, já que o ser feérico consumia creme demais durante a estada.

Parece que não é só de leite de vaca que os seres feéricos gostam. Também bebem leite de cabra e cerva, o que explica por que a *banshee* de Glen Nevis, na Escócia, é frequentemente vista conduzindo e ordenhando rebanhos de cervos. A ligação entre os feéricos e os laticínios (seu trabalho e seus produtos) tem sido tão forte que, em Sussex, o nome do *brownie* local, Dobbs, foi invocado como parte de um feitiço, repetido três vezes, para ajudar a manteiga a chegar no ponto. O leite pode até ter propriedades mágicas para os feéricos: na balada do jovem Tamlane, parte do feitiço para libertar Tam da escravidão feérica é mergulhá-lo no leite.[210]

Os seres feéricos serão encontrados assombrando locais de preparo de laticínios, tanto em forma de ajudantes como de assaltantes. Prezam e cuidam da limpeza e do asseio, para, depois, consumir descaradamente creme de leite. Nessas circunstâncias, parte importante da interação entre agricultores e seres feéricos compreendeu esforços para proteger produtos lácteos contra roubo.

209. Deane e Shaw, *Folklore of Cornwall*, p. 93; Sutherland, *Folklore Gleanings*, p. 26.
210. Ver Apêndice 2 de meu livro *British Fairies*.

Nesse sentido, uma série de medidas defensivas foram adotadas, algumas delas muito simples. Seres feéricos foram empregados em diferentes estágios do processo de produção leiteira: é possível tomar medidas para defender o gado ou os produtos. As vacas podem ser facilmente protegidas amarrando-se uma moeda em sua cauda; um encanto mais complexo envolve passar carvão quente nas costas e na barriga. Outra versão desse feitiço envolve um gato desenhado em torno da vaca. Um passatempo comum dos seres feéricos era montar vacas e cavalos à noite. Uma pedra de bruxa ou de feiticeira (naturalmente furada) pendurada logo acima dos animais nos estábulos impediria essa travessura. Nas Ilhas Shetland, dizia-se que, se um fazendeiro suspeitasse de que os *trows* estavam roubando leite de suas vacas, deveria tentar ouvi-los no estábulo. Isso traria boa sorte; porém, tentar espioná-los de fato, enquanto estivessem ordenhando, traria má sorte.

Uma vez ordenhados os animais, os produtos lácteos poderiam ser protegidos, direta ou indiretamente. Em Leicestershire, pendurar uma pedra de bruxa na porta da leiteria, mais uma vez, impediria que os feéricos entrassem e contaminassem o leite; esse mesmo feitiço era útil também para dar proteção geral contra doenças e verrugas. Galhos de sorveira, espinheiro ou hera colocados debaixo de um balde de leite eram suficientes para proteger seu conteúdo; em Herefordshire, ramos de sorveira, olmo e hamamélis eram amarrados nas colheres de bateção para deter os seres feéricos e facilitar a produção de manteiga. Em Worcestershire, para manter os feéricos afastados, a prática era que todos que entrassem na leiteria batessem o creme. Por fim, o sal jogado na mistura evitava qualquer interferência no processo de fabricação da manteiga.[211]

Apesar dessa lista de "soluções", devemos mencionar que negar aos feéricos seus laticínios pode não ser uma boa decisão. Mais tarde, discutiremos a reação deles à maldade; oferecemos, aqui, um exemplo do que a privação dos laticínios pode gerar. Um fazendeiro da Cúmbria deixou uma batedeira de leite fora de casa, durante a noite, para mantê-lo fresco. Na manhã seguinte, faltava leite, e ele imaginou que os feéricos tivessem roubado um pouco. Irritado, ele pegou um punhado do sal que guardava na cabana para afastar maus espíritos e o jogou na batedeira. Na noite seguinte, quando os feéricos provaram o leite, ficaram indignados com o que o homem fizera e, como retaliação, cuspiram-no

---

211. *Printed Extracts 3*, Leicestershire, p. 16; Edmondston, *A View of the Zetland Isles*, p. 217; Leather, *Folklore of Herefordshire*, p. 18; Wright, *Rustic Speech*, p. 210; Cumming, *Guide to the Isle of Man*, p. 22.

por toda a pequena propriedade. Em todos os lugares onde haviam cuspido leite salgado, a grama morria e não voltava a crescer.[212]

Pode-se sugerir que somos os únicos culpados por esses problemas, já que incentivamos o gosto dos seres feéricos por nossos produtos. Os laticínios eram tradicionalmente a recompensa dada aos *brownies* e aos *Pucks* pelo trabalho doméstico. Por exemplo, no norte de Inglaterra, os *brownies* esperavam receber "bolos de aveia quentes do moinho, cobertos com mel ou creme de leite...". Nas Terras Altas da Escócia, os mesmos acordos estavam em vigor com seres locais, como *gruagachs, glaistigs, urisks* e *Loireags*. Se parte da ordenha noturna não fosse deixada de lado, uma resposta rancorosa certamente se seguiria: o gado e as cabras seriam encantados no campo, e seu leite, retirado, ou os bezerros seriam colocados entre as vacas durante a noite para que não houvesse leite em casa pela manhã. Se a oferta de leite fosse esquecida por uma segunda noite, o pior aconteceria: o gado poderia ser solto no milharal ou uma vaca poderia cair de um penhasco. O *gruagach* de Balieveolan cuidava da família e do gado dos vizinhos, ficando satisfeito com uma simples tigela de soro de leite todas as noites; entretanto, numa noite, uma criada descuidada preparou soro de leite fervendo e, assim, acabou expulsando o *gruagach* para sempre.[213]

Essa situação se complicava ainda mais pelo fato de serem feitas oferendas de leite aos feéricos em geral, pois, com isso, buscava-se seu favor e proteção, confundindo-se a distinção entre recompensas e presentes, criando, talvez, um sentimento de que os feéricos teriam direito a obter tais benefícios.

Em muitas regiões da Escócia, havia a prática comum de derramar leite ou o mosto da cerveja que estava sendo fabricada em uma pedra em forma de bacia, chamada "pedra de *brownie*", para garantir favor e proteção contra espíritos domésticos. A maioria dos distritos dispunha dessa pedra. Na ilha de Colonsay, o leite era despejado anualmente nas bacias escavadas nas rochas pela ação da água. Além disso, na primeira oportunidade de cada ano em que o gado fosse deixado durante a noite nas pastagens de verão, era dada em oferenda uma ordenha inteira de uma única vaca. Oferendas semelhantes podiam ser feitas ao trazer o gado novamente no final do verão, sempre que uma vaca paria ou simplesmente ao passar por uma das pedras com um balde cheio de leite. Nas Ilhas Shetland, a prática era borrifar leite em todos os cantos da casa quando

212. Thomas, *Cumbrian Folk Tales*, p. 82.

213. Henderson, *Notes on the Folklore*, p. 248 (ver também *The Cobler of Canterburie*, 1608); MacGregor, *Peat Fire Flame*, caps. 4 e 5; Carmichael, *Carmina Gadelica*, pp. 306 e 320; D. MacKenzie, *Scottish Folklore & Folk Life*, p. 218; MacDougall, *Folk Tales*, p. 217.

a manteiga era batida. Negligenciar essas oferendas era garantia de perdas e má sorte. Até pelo menos a década de 1950, numa fazenda de Dartmoor, o leite ainda era distribuído durante a noite aos *pixies*.[214]

Para sermos justos, deveríamos terminar essa pesquisa observando que os feéricos não gostavam apenas de consumir produtos de outras pessoas: faziam os próprios e ajudavam as famílias humanas com a produção de laticínios. Em Lake District, os feéricos eram particularmente conhecidos por produzirem a própria manteiga, e dizia-se que era sorte comer manteiga de fada (embora possa haver alguma confusão aqui com os fungos chamados manteiga de fada, discutidos anteriormente). Muitos dos espíritos domésticos – *brownies*, maquinetes e similares – são conhecidos pela sua aptidão particular de cuidar do gado leiteiro e realizar tarefas leiteiras. Também em Lake District, a tradição conta a história de uma fazenda em Little Langdale, onde os feéricos locais visitavam e batiam a manteiga da casa à noite. Sem dúvida, a ajuda deles era bem-vinda; no entanto, nesse caso, poderiam ser trabalhadores desleixados que aparentemente espalhavam pedaços de manteiga nos bosques próximos quando saíam pela manhã.[215]

Concluímos que um bom modo de mostrar respeito e incentivar o contato dos seres feéricos será oferecendo leite, creme, e assim por diante. É quase certo que eles ficarão mais predispostos a ajudar você e começarão a frequentar sua casa.

Extraindo a Bondade

Parte da razão pela qual às vezes se diz que os feéricos não precisam de comida sólida como os seres humanos é a maneira como roubam nossas provisões. Frequentemente, em vez de pegar um queijo inteiro ou um balde de leite, os feéricos extraem sua substância nutricional – chamada *foison* na Inglaterra ou *toradh* em gaélico escocês. A vantagem disso é que parece que nada foi roubado, embora, na verdade, a nutrição dos alimentos tenha desaparecido por completo. O reverendo Kirk descreveu esse efeito com o queijo dizendo que o que sobrou flutuava como rolha na água.

214. Browne, *History of the Highlands*, vol. 1, pp. 106 e 113; Martin, *A Description of the Western Isles of Scotland*, p. 391; Grieve, *Colonsay and Oronsay*, p. 177; Dalyell, *The Darker Superstitions of Scotland*, p. 530; MacGregor, *Peat Fire Flame*, cap. 4; *County Folklore*, vol. 3, p. 47; Marwick, *The Folklore of Orkney*, p. 40; Addy, *Household Tales*, p. 141; Brand, *A Description of Zetland*, p. 169; R. St. Leger Gordon, *The Witchcraft and Folklore of Dartmoor*, p. 21.

215. Briggs, *Remains*, p. 223; H. Cowper, *Hawkshead*, p. 308; Hodgson, "On some surviving fairies", *Transactions of the Cumberland and Westmorland Antiquarian and Archaeological Society*, vol. 1, p. 116.

Algo semelhante acontece com os alimentos deixados do lado de fora da casa, durante a noite, especificamente para os seres feéricos, e o conselho sempre foi jogá-los fora no dia seguinte. O contato dos feéricos com os alimentos muitas vezes prejudica os seres humanos de uma forma ou de outra: comer comida feérica na Terra das Fadas pode prendê-lo por lá, e essa influência maligna pode ser transferida para o nosso mundo. Em um caso de Dunadd, em Argyll, certa noite, os seres feéricos lavaram uma criança roubada no leite deixado para eles perto da lareira de uma casa de fazenda. Na manhã seguinte, o fazendeiro sabiamente jogou fora o leite, contudo seu cão pastor o lambeu e morreu no mesmo instante.[216]

Por outro lado, vale a pena observar que parece ser completamente seguro comer alimentos fornecidos pelos seres feéricos fora do Mundo Feérico. Como veremos adiante, às vezes eles alimentam aqueles que os favorecem ou os ajudaram. Nesses casos, os presentes feéricos relacionados a alimentos e bebidas, consumidos no mundo mortal, podem ser aceitos com confiança.

Sexualidade Feérica

Se estamos preocupados com o relacionamento entre seres humanos e seres feéricos, devemos inevitavelmente discutir um dos seus aspectos mais difíceis: as relações pessoais entre humanos e seres sobrenaturais. Assim como partilham do nosso apetite físico por alimentos e bebidas, os feéricos podem ser tão interessados em sexo quanto os humanos. A especialista em folclore feérico, Katharine Briggs, descreveu os seres feéricos como "perigosamente amorosos" – e esse é, com certeza, um bom ponto de partida para essa discussão.[217]

Já falamos sobre os encantos físicos dos feéricos, e, inevitavelmente, alguns homens e mulheres vão querer conhecer melhor esses seres. Tal interesse cresceu por causa do modo como são apresentadas a cultura e a moral feérica em nossa arte e literatura. O Feérico é, há muito, imaginado como lugar de prazer, sem inibições, e de liberdade sexual.

Muitas das pinturas mais famosas do Mundo Feérico estão repletas de figuras nuas se contorcendo, e os pintores vitorianos não são os responsáveis por inventar essas ideias. Em geral, a visão tradicional sobre as fadas é que elas são libertinas e libidinosas. No romance medieval de "Sir Launfal", o cavaleiro encontra

216. Pegg, *Argyll Folk Tales*, p. 35.
217. Briggs, "English fairies", *Folklore*, vol. 68 (1957), p. 274.

a fada Tryamour reclinada em um sofá, em um pavilhão. Trata-se de um dia quente de verão, e ela afrouxou as roupas. Diante dessa imagem atraente, Sir Launfal responde de forma previsível, e "por brincar, eles dormiram bem pouco naquela noite". O poderoso efeito da mulher fada (pelo menos na mente dos poetas medievais) também é atestado na história de "Thomas of Erceldoune", datada de cerca de 1425. Thomas conhece a rainha das fadas, uma "dama que brilha intensamente", e tão dominado está pelo desejo que sente por ela que "sete vezes se deitou ao lado dela". Por fim, ela precisou literalmente empurrá-lo, protestando: "Ei, rapaz, você gosta dessa brincadeira... Deixe-me em paz!".

Não se trata apenas de dizer que as mulheres feéricas são muito mais atraentes que as humanas. Os atributos físicos são combinados com interesse ativo pelo contato físico com humanos, de modo que existe uma longa história de relações sexuais entre mortais e feéricos. Isso é conhecido desde pelo menos a Idade Média, e vários dos acusados durante os julgamentos de bruxaria na Escócia alegaram ter tido parceiras feéricas – em um dos casos, incluindo a própria Rainha de Elfame.[218] Sabe-se que essas ligações ainda ocorriam nas Terras Altas da Escócia, na era vitoriana. Por exemplo, ao descrever Perthshire em 1810, um escritor queixou-se de que "em nossas Terras Altas, há muitas belas damas dessa ordem etérea, as quais, muitas vezes, se encontram com jovens amorosos, na qualidade de súcubos, amantes ou prostitutas, chamadas *lean-nan-sit*".

Suas palavras ecoam as do reverendo Kirk, que, cerca de cento e cinquenta anos antes, condenou os acontecimentos "abomináveis" entre feéricos e humanos. Não eram apenas elfos e feéricos; os homens, muitas vezes, tomavam sereias como noivas, enquanto, nas Ilhas do Norte, se acreditava que tudo o que uma mulher precisava fazer para atrair um amante *selkie* era derramar sete lágrimas no mar durante a maré alta.[219]

Visitas de amantes feéricos, tanto masculinos quanto femininos, antigamente, eram consideradas comuns, mas, no início do século XIX, tornaram-se raras. No entanto, havia um sapateiro de Tomintoul, em Moray, nas Terras Altas, que alegava ter uma parceira *Leanan Sidhe*. Na Ilha de Man, a amante feérica, a Lhiannan Shee, era uma tradição muito forte. Acreditava-se que as amantes sobrenaturais se uniam aos homens e os assombravam constantemente, embora permanecessem invisíveis para todos os outros. Elas se tornavam um fardo intolerável para os parceiros escolhidos, deixando-os desesperados para escapar delas, chegando, inclusive, a imigrar para o outro lado do mundo, na tentativa de

218. Browne, *History of the Highlands*, vol. 1, p. 108; *Metrical Chronicle*, p. 196.
219. Graham, *Sketches Descriptive of Picturesque Scenery*, p. 275; Kirk, *Secret Commonwealth*, cap. 11.

se verem livres. Há um relato contando que as mulheres feéricas teriam atraído todos os homens da ilha para o mar.[220]

A razão para esses contatos, além da simples paixão, parece ter sido ampliar a gama genética dos feéricos.[221] O sexo envolvendo elementos carnais e sangue tem propósitos práticos para os seres feéricos: além de qualquer prazer – embora possam se beneficiar disso –, devido aos dons de conhecimento, profecia e bons conselhos inerentes aos feéricos, o relacionamento pode ser uma interação arriscada ao parceiro humano. Os seres feéricos podem ser amantes possessivos e, por vezes, até violentos. A relação pode ser apaixonada a ponto de ser emocionalmente obsessiva para o ser humano, e, na pior das hipóteses, o resultado pode ser uma doença chamada "Bruxa da Noite". Diz-se que as relações entre homens feéricos e mulheres humanas são solícitas e apaixonadas; contudo, os homens mortais podem ser enfeitiçados, colocando a vida em risco, pelas amantes feéricas. Diz-se que esses homens sofrem de frenesi e "loucura errante", o que faz com que perambulem incansavelmente durante o dia e deixem suas casas à noite para se encontrar com as amantes sobrenaturais.[222]

O consenso sobre a beleza das feéricas, com a consciência de sua sexualidade liberada (ou, pelo menos, nossas fantasias a respeito), pode impelir os indivíduos a fazer suposições sobre os desejos e o comportamento dos seres feéricos e a buscar precipitadamente conhecimento próximo deles. Ainda hoje, questões sobre a sexualidade feérica são tema de pesquisa muito popular *on-line*, pois há grande interesse na possibilidade de relações sexuais com feéricas. Como discutirei a seguir, devemos hesitar e proceder com cuidado nesses relacionamentos, porque os encantos dos seres feéricos são temperados por natureza ciumenta e exigente. Tal como acontece com várias questões que abordarei mais tarde, devemos estar alertas para o fato de que o que pensamos saber sobre os seres feéricos pode, muitas vezes, ser o que escolhemos acreditar sobre eles – e, como tal, possivelmente diz mais sobre os seres humanos que sobre eles. Os seres feéricos continuam a ser indivíduos independentes, agindo de acordo com os próprios princípios e objetivos, e nunca devemos nos esquecer disso, em especial no caso de relações íntimas.

---

220. Hobbes, *Leviatã*, p. 436; Grant Stewart, *Popular Superstitions*, pp. 103-05; I. H. Leney, *Shadowland in Ellan Vannin*.
221. Dalyell, *The Darker Superstitions of Scotland*, p. 534.
222. Ver Robert Amin, *The Valiant Welshman*, 1615, Ato II, cena 5; Reginald Scot, *A Discourse Concerning the Nature and Substance of Devils and Spirits*, 1665, Livro II, cap. 4, p. 14; J. G. *Campbell*, cap. 1.

SEÇÃO 4

Contato com o Feérico

Capítulo 9

Contatos Amistosos com os Seres Feéricos

Conforme declarado logo no início deste livro, só podemos vivenciar a Feéria por meio de nossa interação com seus habitantes. Essa relação entre mortais e sobrenaturais sempre teve suas tensões e dificuldades. No entanto, é incontestável: estamos ligados a um estranho tipo de economia de troca com os habitantes da Terra Feérica; há uma interdependência que, embora nem sempre seja mutuamente benéfica, moldou as duas comunidades durante séculos.

Seres Feéricos em Casa

Devemos começar admitindo que, em alguns momentos e lugares, pelo menos, o contato com os seres feéricos pode ser inevitável. Eles podem demonstrar uma curiosidade avassaladora sobre a humanidade, o que os torna difíceis de serem excluídos de nossas casas.

Dizem que os seres feéricos são capazes de entrar em todas as casas e é impossível mantê-los fora. Podem entrar por qualquer abertura minúscula – uma chaminé ou um buraco de fechadura, por exemplo – e, uma vez lá dentro, se comportarão como quiserem. Pior ainda, alguns deles já estão lá dentro, vivendo embaixo da casa e tendo acesso a ela pela lareira. Uma história escocesa conta como os *trows* roubavam bolos de aveia recém-assados apenas levantando sorrateiramente uma laje do piso e arrebatando-os enquanto esfriavam, embora possam ter sentido um elemento de direito nessa situação: na Ilha de Man, a prática certamente era deixar o último bolo de uma fornada atrás da "bandeira do território" para os seres pequeninos.[223]

Como já sabemos, os feéricos estão à solta às sextas-feiras e é quando invadem as casas em plena luz do dia, espiando descaradamente o que há nas panelas, entrando nos armários e guarda-roupas e, de modo geral, mexendo nas coisas. No sul do País de Gales, também se acreditava que o clima tempestuoso levava os seres feéricos a se abrigarem, embora, muitas vezes, histórias da região simplesmente mostrem as *Tylwyth Teg* aproveitando qualquer espaço disponível em casas e celeiros para dançar e fazer outras reuniões. Além da simples intromissão, os seres feéricos parecem estar preparados, com alegria e sem remorso, para se apoderar de lares humanos e outros lugares sempre que precisarem. Há inúmeras histórias em que entram em chalés, moinhos, estalagens, celeiros e similares à noite e os usam para os próprios fins, como fiar, assar, festejar, tomar banho, fofocar. "O que é meu é seu" funciona tanto como feitiço para libertar pessoas raptadas de suas garras quanto como resumo de sua atitude em relação às instalações e propriedades humanas.[224]

Algumas casas são mais vulneráveis à intrusão porque foram construídas em locais feéricos. Nesses espaços, os seres sobrenaturais causarão incômodo terrível, provocando e perturbando os habitantes. Eles aparecerão todas as noites, fazendo barulho e interferindo nas coisas. Se um cômodo for deixado vazio, começará uma barulheira, e, se você voltar, rápido como um raio, os feéricos voarão pela chaminé ou para fora usando portas e janelas.[225] Parece que só há um remédio para esse problema: mudar de casa. Em um relato escocês, uma dona de casa era incomodada por mulheres feéricas que apareciam repentinamente em seu chalé pedindo itens emprestados ou, sem serem solicitadas, realizando tarefas domésticas. Seguindo o conselho de um sábio local, foi tomada a decisão de demolir a casa e reconstruí-la em outro lugar. No entanto, a palha e as vigas foram deixadas para trás e queimadas depois de borrifar nove pratos de água do mar sobre elas. Mais tarde, alguns homens que trabalhavam em uma pedreira perto do local encontraram ossos enterrados, confirmando que o lugar era frequentado por espíritos ancestrais.[226]

---

223. MacGregor, *Peat Fire Flame*, p. 3.
224. Simpson, *Folklore in Lowland Scotland*, p. 101; Jones, *Appearance*, nº 46, 65, 87, 117 e 57; Crossing, *Dartmoor Pixies*, c. VIII – "The Pixies' Revels".
225. Gregor, *Notes on the Folklore*, pp. 59-60.
226. J. Campbell, *Waifs & Strays of Celtic Tradition*, vol. IV, pp. 83-6.

A maioria das pessoas não tem condições de derrubar a casa e se mudar; portanto, se formos importunados por *pixies*, teremos de encontrar outras soluções, as quais serão discutidas mais adiante. Uma solução vem de Dorset, porém é inadequada para os fracos de coração. Para impedir o acesso dos feéricos pela chaminé, um coração de boi é pendurado no topo dela. A eficácia desse feitiço será aprimorada se o coração for cravejado com alfinetes, pregos ou com o chamado "espinhos de solteira", aqueles que cresceram no mesmo ano em que foram colhidos.[227]

Outra opção – a que muitos leitores talvez prefiram considerar – é acomodar os visitantes sobrenaturais e torná-los bem-vindos. Para muitos, essa pode ser a inclinação natural em qualquer caso, mas, dada a possibilidade de represálias dos seres feéricos que se sentirem negligenciados ou indesejados, há boas razões práticas para fazer o esforço. As pessoas de bem apreciam uma casa arrumada e limpa; portanto, faz muito sentido deixar sua casa em boas condições durante a noite e fazer com que os visitantes se sintam o mais bem-vindos possível, acendendo o fogo, escondendo facas e utensílios de ferro que possam ofendê-los e colocando água fresca para que se banhem (embora no País de Gales se diga que as *Tylwyth Teg* prefiram lavar os filhos na água em que os bebês humanos já foram banhados). Se você não fizer esses preparativos, saiba que os feéricos podem se lavar em qualquer líquido disponível (mesmo que seja para cozinhar ou beber) e, talvez, possam ser ainda mais desagradáveis. Um pescador escocês que cochilava ao lado da fogueira acordou e encontrou uma mulher usando os pés dele como varal para secar as roupas do filho. Porém, quando ele se moveu, a roupa caiu nas cinzas, e, irritada, ela deu um tapa na perna dele. Em consequência, por gerações, sempre havia alguém na família dele que mancava.

Há muito tempo as pessoas entendem que é preciso compartilhar suas casas e aceitam que o melhor a fazer é acomodar nossos Bons Vizinhos feéricos da melhor maneira possível. Isso vai desde tornar a casa mais acolhedora, ou deixar a porta aberta à noite, até adaptações muito maiores. Por exemplo, no leste da Cornualha, a prática era deixar buracos nas paredes das casas recém-construídas para que as rotas dos *pixies* não fossem bloqueadas. Em 1852, perguntaram a um homem que morava em Polyphant, perto de Launceston, por que ele havia permitido que a parede de sua casa de campo permanecesse em mau estado por anos. Ele respondeu que isso era para que os *pixies* pudessem continuar indo e vindo, como sempre fizeram. Suportar esse aparente

227. Udal, *Dorsetshire Folklore*, p. 276.

desconforto constitui sinal de grande respeito ou de considerável ansiedade gerada ao pensar que, de alguma forma, os feéricos poderiam sentir desagrado com a situação.[228]

Voo Feérico

Assim como entre os seres humanos, pode parecer surpreendente, mas é bastante comum que os seres feéricos se mudem de casa, contradizendo ideias preconcebidas sobre sua presença atemporal em determinados lugares, sob certas colinas feéricas diferentes, em bosques ou próximo a pedras erguidas. É bem possível que você encontre seres sobrenaturais no momento em que um deles estiver saindo ou chegando à sua região. Com certeza, esse movimento constante de casa em casa pode explicar parte da notória indefinição feérica.

Nosso melhor e mais pitoresco relato vem do reverendo Robert Kirk, no livro *The Secret Commonwealth of Elves, Fauns and Fairies (A Comunidade Secreta de Elfos, Faunos e Fadas).* No capítulo 2, o religioso esclarece:

> Os seres feéricos se mudam para outras moradias no início de cada trimestre do ano, viajando, assim, até o dia do Juízo Final, sendo imputáveis e [impotentes para?] permanecer em um só lugar, encontrando certo alívio ao se deslocar e mudar de endereço. Seus corpos, de tipo camaleão, nadam pelo Ar, perto da Terra, com sua bolsa e bagagem; e em tais revoluções do Tempo, os videntes ou homens da segunda visão (sendo as mulheres raramente qualificadas dessa forma) têm encontros muito aterrorizantes com eles, mesmo nas estradas; portanto, por isso, costumam evitar viajar para longe no início das quatro Estações do Ano...

Além da tendência errante do Povo *Sith*, é notável também que ele pareça ligado às datas do calendário humano em que os contratos de aluguel tendem a expirar. O fato de que esse hábito ainda se aplique foi confirmado por uma testemunha do século XX que viu os *pixies* de Somerset durante uma de suas realocações trimestrais.[229]

---

228. Leather, *Folklore of Herefordshire*, p. 43; Courtney, *Cornish Feasts*, p. 125; *Notes & Queries* 1ª série, vol. 5, p. 173.
229. Dathen, *Somerset Fairies and Pixies*, p. 17.

Em segundo lugar, há a imagem pitoresca e encantadora de Kirk em relação aos seres feéricos, na qual eles estão flutuando com suas bagagens. Considerando seus poderes mágicos, era de supor que houvesse maneiras mais fáceis de mudar de casa, mas aparentemente não. Um avistamento em Sutherland, no final da década de 1860, retratou a revoada de forma ainda mais prosaica: a testemunha viu três carroças carregadas de móveis e outros pertences domésticos sendo arrastadas pela charneca, onde não havia estrada e numa direção em que não havia habitação humana. Na Ilha de Man, quando o moinho de farinha foi construído em Colby, os feéricos locais abandonaram seus antigos lugares. Certa manhã, foram vistos subindo em direção às brumas e à solidão dos vales montanhosos, com todos os seus pertences nas costas.[230]

Além da preferência natural por novidades e mudanças, há algumas outras razões pelas quais os feéricos podem mudar de residência. Como acabamos de ver, na Ilha de Man, alguns podem ser expulsos de seus lares: os seres feéricos podem se ver obrigados a se mudar por não se sentirem mais bem-vindos em sua casa ou porque as condições físicas se tornaram intoleráveis. A primeira situação tende a surgir com os *brownies*: chefes de família bem-intencionados tentarão dar-lhes roupas como recompensa pelo trabalho árduo ou por pena, dada sua falta de roupas, mas isso sempre causa ofensa e pode levar à perda do trabalho voluntário. O segundo impulso para a partida de um feérico é, com muita frequência, o barulho dos sinos da igreja, o qual pode parecer insuportável para eles. Essas histórias vêm de Inkberrow, Worcestershire, e de Exmoor: os *pixies* que residiam em uma fazenda, em Withypool, tiveram de se retirar para o outro lado de Winsford Hill, a uma distância de cerca de sete quilômetros, para escapar do "barulho". Para ir embora, pediram para usar a carroça e os cavalos do fazendeiro – outro exemplo dos problemas enfrentados numa mudança (exatamente como acontece conosco).

Em terceiro lugar, os feéricos domésticos podem "bater asas" porque suas famílias humanas também o estão fazendo – ou, melhor dizendo, estão tentando fazê-lo. Às vezes, os humanos podem achar seus "companheiros de casa" sobrenaturais (geralmente *boggarts*) tão irritantes que decidem se mudar e deixá-los para trás. Porém, isso sempre se mostra impossível; em algum momento, durante a mudança, descobre-se que todos, incluindo o espírito, fizeram as malas e estão se mudando; uma voz de dentro da carroça, lotada de pertences, confirmou "sim, estamos fugindo", em resposta à pergunta de um vizinho que viera se despedir da

230. Sutherland, *Folklore Gleanings*, p. 22; Herbert, *The Isle of Man*, 1909, p. 177.

família. Com muita frequência, a resposta a isso é simplesmente dar meia-volta e retornar à casa antiga e familiar. É interessante notar que, houve um caso em que a tentativa de escapar dos feéricos fracassou e o dono da casa os persuadiu a seguir em frente de qualquer maneira, fazendo-os acreditar que estava passando por tempos difíceis e mal tinha o suficiente para viver. Os indesejáveis companheiros de casa abandonaram os humanos imediatamente.[231]

Esses relatos fazem com que os seres feéricos se pareçam muito conosco: os contratos de aluguel expiram, os vizinhos os irritam, e, em vez de resolverem o problema onde estão, eles se mudam. Isso os humaniza e os torna familiares para nós, além de enfatizar seus vínculos inextricáveis com a humanidade.

Talvez o outro aspecto desses relatos seja instilar em nós a expectativa e a aceitação de que os feéricos podem se retirar de nossa localidade. Por muitas centenas de anos, foi dito que "os feéricos costumavam ser vistos por aqui, mas já não mais". Eis o motivo: eles não deixaram de existir, apenas se mudaram para outro lugar. A explicação pode nos ajudar a sustentar nossa crença: não os vemos mais, porém alguém os vê agora, e – talvez, com sorte – alguns outros poderão se mudar para nossa vizinhança em breve. Essa conjectura é confirmada por um encontro que ocorreu na ilha escocesa de Muck, por volta de 1910. Dois rapazes que brincavam na praia encontraram dois garotinhos vestidos de verde que haviam desembarcado de um pequeno barco na costa. Os meninos feéricos lhes disseram: "Não voltaremos mais aqui, mas outros de nossa linhagem virão".[232]

Cuidados com as Crianças Feéricas

O relato-padrão das relações dos seres feéricos com as crianças humanas é sombrio: eles roubam bebês e deixam *changelings* em seu lugar, causando sofrimento às famílias mortais. Examinaremos isso em capítulo posterior, lembrando que já fizemos alusão ao potencial de violência e crueldade dos seres feéricos. É bom recordar que essa não é a história toda. Nossos "Bons Vizinhos" são conhecidos por ajudar crianças necessitadas, o que contradiz seu caráter comumente conhecido.

231. Jenkyn Thomas, *Welsh Fairy Book,* "Getting rid of the fairies".
232. Bord, *Fairies*, p. 63.

De Norfolk, vêm os poucos conhecidos *hyter* (ou *hikey*) *sprites* - espíritos *hyter*. São seres feéricos pequenos e esquivos, mas se acredita que são favoráveis aos humanos e devolvem às respectivas casas crianças perdidas que encontrarem (assim como os burros perdidos). Estranhamente, a ameaça desses espíritos era, na verdade, usada com frequência pelos pais, que os considerava uma espécie de bicho-papão, para fazer com que as crianças se comportassem.

Relato semelhante é feito sobre o espírito das Terras Altas escocesas chamado *gille dubh* (*gilly doo* ou garoto sombrio). Seu cabelo é preto, e ele se veste com musgos e folhas, assombrando bosques no extremo sul de Loch a Druing, perto de Gairloch. Era conhecido e visto com frequência na segunda metade do século XVIII e, certa vez, teria encontrado uma garota chamada Jessie MacRae vagando à noite pela floresta. Ele cuidou gentilmente dela, enchendo seus braços de flores, antes de levá-la para casa pela manhã. Jessie foi, como se conta, a única pessoa com quem o *gille* já falou.

De modo geral, os feéricos escoceses tinham a reputação de cuidar das crianças perdidas que encontravam.[233] Em uma história, um fazendeiro adormeceu em uma colina feérica, e o filho pequeno, que o acompanhava, se afastou. Quando o homem acordou, presumiu que os feéricos haviam raptado o menino, até que uma voz lhe disse que a criança havia voltado para casa em segurança. A *glaistig*, o *connall* e (de forma menos previsível) o *Corpo sem Cabeça* da vila de Morar tinham a reputação de cuidar de criancinhas perdidas. Também se dizia que as *glaistigs* tinham afinidade especial com pessoas com deficiência intelectual.[234]

Os feéricos não cuidavam apenas de bebês e crianças perdidas: podiam participar dos cuidados diários com as crianças de uma casa. Os deveres dos *brownies* domésticos certamente incluíam embalar o bebê da família no berço. É preciso mencionar um dos *brownies* escoceses das Terras Baixas chamado *Red Gauntlet*, que tinha tanta confiança em sua família humana que era deixado para cuidar das crianças ou guardar o ouro quando a família e os empregados não estavam em casa.[235]

Muitos feéricos também demonstravam preocupação geral com o bem-estar e os cuidados dispensados às crianças. Em uma história, um irmão que concordara em cuidar de um dos sobrinhos deixa de fazê-lo e, como resultado,

---

233. J. G. Campbell, *Superstitions of the Highlands and Islands of Scotland*, cap. 1, p. 40.
234. J. Campbell, *More West Highland Tales*, vol. 1, p. 481, fn. 3; MacGregor, *Peat Fire Flame*, cap. 5; MacKenzie, *Scottish Folklore*, pp. 178-79.
235. Dalyell, *The Darker Superstitions of Scotland*, p. 530; Aitken, *Forgotten Heritage*, p. 27.

é punido pelos feéricos. Os Bons Vizinhos podem proteger, ajudar e ensinar as crianças e, de vez em quando, precisam educar os pais ou responsáveis também, dando-lhes lições sobre como cuidar adequadamente dos filhos. Uma mulher que negligenciou o neto após a morte da mãe foi lembrada de seus deveres: enquanto estava fora, os feéricos vestiram o bebê com as roupas da mãe e o deixaram deitado na lareira, o que foi suficiente para lembrar a mulher de seus deveres com a criança, assim que ela retornou. Muito semelhante é a história de Bettie Stogs, da Cornualha: ela bebia muito e estava negligenciando a si mesma e à casa, bem como seu bebê. Os *pixies* levaram o bebê, lavaram suas roupas e o deixaram perto do chalé, coberto de flores, como uma lição salutar para ela.[236]

Deixando de lado o sofrimento causado pelo tradicional desejo feérico de possuir bebês humanos, era bastante aceito que essas crianças roubadas seriam bem cuidadas quando estivessem no Reino Feérico. Também havia reciprocidade. Uma família nas Ilhas Shetland encontrou uma menina *trow* perdida, alimentou-a e colocou-a na cama com os próprios filhos. Na manhã seguinte, ouviram-se os chamados da mãe *trow*, e logo, a menina desapareceu; entretanto, as crianças humanas que compartilharam a cama com ela, tiveram vida próspera depois daquela noite. Às vezes, também, as crianças feéricas eram adotadas a longo prazo pelos humanos. Se fossem bem cuidadas, os pais feéricos demonstravam seu apreço, oferecendo presentes generosos – contudo, nem sempre os vizinhos humanos foram muito compreensivos: Janet Drever, das Ilhas Shetland, foi açoitada e banida quando admitiu que adotara uma criança *trow* na colina de Westray).[237]

Apesar da benevolência de alguns seres feéricos, devemos entender que, como quaisquer pais, a paciência deles pode se esgotar em certos momentos. De Orkney vem a história de uma menina terrível que incomodou tanto os *trows* locais com visitas repetidas às suas casas subterrâneas que, irritados, eles lançaram um sopro sobre ela, deixando-a paralisada para o resto da vida.[238] Isso pode parecer uma reação exagerada, mas reflete a tendência dos seres feéricos de ir de um extremo a outro.

---

236. Addy, *Household Tales*, pp. 31 e 42; Davies, *Folklore of West and Mid-Wales*, p. 102.
237. MacKenzie, *Wonder Tales*, cap. IX; Fergusson, *Rambling Sketches*, p. 14; Owen, *Welsh Folklore*, p. 60.
238. *County Folklore*, vol. 3, p. 22.

Presentes dos Seres Feéricos

Os seres feéricos podem ser generosos, espontâneos e surpreendentes, em resposta a atos de amizade em relação a eles. Podem escolher dotar algumas pessoas de riqueza e boa sorte sem muitas explicações, apenas porque parecem ter gostado delas. Em outros casos, sua generosidade é menos uma doação desinteressada e mais parte da interação semi comercial entre nós, a qual tem persistido por séculos.

Para aqueles que estão preparados para ajudá-los ou se juntam com alegria aos seus jogos, eles podem ser generosos em troca, às vezes de maneira até desproporcional. Um feérico necessitado sempre solicitará uma quantidade limitada de farinha ou refeição, mas a recompensa pode ser de valor muito maior. Um fazendeiro de Strathspey recebeu a solicitação de uma feérica para lhe dar de presente um pouco de milho e uma canção; ele prontamente concordou e, em troca, recebeu um saco com suprimento de grãos, que nunca acabou. Na Ilha de Pabbay, uma feérica grávida ou amamentando precisava de comida e pediu ajuda em uma casa; foi alimentada e passou a noite lá. Na manhã seguinte, antes de sair, pronunciou um feitiço para que nenhuma mulher da casa morresse novamente no parto. Outras recompensas dadas incluíram artigos capazes de curar doenças, capacidade de curar ou de diminuir a dor, habilidade como parteira para as gerações seguintes e sucesso e prosperidade por toda a vida.[239]

Uma característica comum de todos esses presentes feéricos é o dever de discrição em relação à fonte. Não é aceitável se gabar da boa sorte nem demonstrar ingratidão, pois, "se você jogar fora os presentes feéricos, jamais receberá outro novamente". Os feéricos insistem no respeito à sua privacidade e parece que isso se estende às suas boas obras; portanto, a prudência é essencial. Algumas pessoas, muitas vezes sem motivo aparente, têm a sorte de serem favorecidas pelos feéricos com presentes em dinheiro. Esses favores aparecerão com regularidade e, às vezes, aumentarão exponencialmente a cada vez. Os benefícios continuarão por tempo indefinido, desde que a discrição seja mantida, mas, assim que alguém for informado, o favor cessará. Em alguns casos, o lapso de discrição do destinatário pode ser punido de modo muito mais severo com doença e morte.[240]

---

239. McPherson, *Primitive Beliefs*, p. 99; ou Grant Stewart, *Superstitions*, pp. 125-27; MacGregor, *Peat Fire Flame*, p. 11; Grant Stewart, *Popular Superstitions*, p. 105.

240. Roberts, *Folklore of Yorkshire*, p. 60; Davies, *Folklore of West and Mid-Wales*, p. 134; Rose Fyleman, "Jan and the Magic Pencil", in *The Rainbow Cat*, 1922; Owen, "Rambles over the Denbighshire Hills", *Archaeologia Cambrensis*, vol. III, 5ª. série, nº 9 (1886), p. 72; *Y Cymmrodor*, vol. 9, 1886, p. 384.

Relacionada aos presentes em dinheiro está a ajuda dos feéricos para encontrar tesouros escondidos. Hoje, esse não é um presente muito mencionado, mas certamente até o século XVII era regularmente reivindicado como favor dos seres feéricos. Por exemplo, em junho de 1499, Marion Clerk, de Great Ashfield, em Suffolk, foi processada em um tribunal eclesiástico por alegar que os feéricos a ajudaram a localizar um tesouro enterrado; eles haviam lhe dado uma vara de azevinho para esse fim. Muito mais recentemente, na Cornualha, acreditava-se que capturar uma fada ou um *spriggan* poderia indicar onde estava o ouro escondido em dolmens, pedras e túmulos antigos. Outros adivinhos e curandeiros afirmaram ser capazes de descobrir bens perdidos ou roubados com a ajuda dos "Bons Vizinhos".[241]

Por fim, tentar abusar do favor dos seres feéricos fará com que ele seja completamente extinto. Há vários exemplos disso: um fazendeiro que consertou uma ferramenta pertencente aos feéricos foi recompensado com suprimento de comida e bebida, até o dia em que tentou roubar uma colher de prata que acompanhava a refeição. Em Cusop, perto de Hay-on-Wye, os seres sobrenaturais costumavam fornecer o jantar aos ceifeiros nos campos. Quando um dos homens roubou uma das facas dos feéricos, eles desistiram de ser prestativos, mesmo depois que o homem tentou fazer as pazes e devolver o utensílio. Voltaremos a esse assunto no próximo capítulo.[242]

Oferendas

Uma forma de se manter do lado certo dos seres feéricos é oferecer presentes a eles. Isso demonstra respeito e, com sorte, incentiva o favorecimento deles. Mineradores de North Derbyshire costumavam deixar carvão toda semana como oferenda, sem dúvida na esperança de que o favor dos feéricos mantivesse os veios ricos e evitasse o colapso da mina. Os *pixies* de Dartmoor sempre apreciam um presente de alfinetes ou fitas deixados na Pixies' Cave – Caverna dos *Pixies* –, em Sheepstor, recompensando quem fizer a oferenda.[243]

Parece haver, entretanto, uma linha muito tênue entre presentes feitos por respeito e algo menos voluntário. Às vezes, parece que estamos lidando com um

241. Bottrell, *Traditions and Hearthside Stories*, vol. 1, p. 72.
242. Palmer, *Radnorshire*, p. 98; Leather, *Folklore of Herefordshire*, p. 44; Simpson, *Welsh Border*, p. 72.
243. Addy, *Household Tales*, p. 141; Coxhead, *Devon Traditions*, p. 50.

sacrifício a uma divindade furiosa. O rebanho de ovelhas de um fazendeiro, de Dartmoor estava sendo acometido por uma doença; o homem concluiu que o único remédio era ir até o topo de uma colina rochosa e abater uma ovelha para os *pixies* – ação que prontamente minimizou o problema. Um exemplo contemporâneo vem de uma criança em idade escolar nas Terras Altas da Escócia: ela derrubara alguns cogumelos e, como poderiam ser a "casinha" de uma fada, colocou algum dinheiro debaixo do travesseiro para que a Fada do Dente o pegasse, a fim de pedir desculpas. Há uma boa dose de confusão aqui entre ideias antigas e novas: a Fada do Dente parece ter sido escolhida a representante feérica familiar e amigável da humanidade, em geral alguém que tem o hábito de fazer acordos com crianças. Nesse caso, no entanto, é ela quem está recebendo moedas em vez de deixá-las em troca de dentes de leite, uma inversão de seu papel convencionalmente reconhecido. Embora a compreensão dessa criança sobre a função da Fada do Dente fosse incomum, ela compreendeu por completo a dinâmica fundamental do relacionamento humano com os seres feéricos: trata-se de seres perigosos, que devem ser abordados com respeito, então algo é oferecido na esperança de perdão e ágio futuro.[244]

Noutras ocasiões, os "presentes" das pessoas para os seres feéricos assemelham-se mais a um esquema de proteção. A especialista em história da Feéria, Katharine Briggs, observou que os seres feéricos podem ser "absolutos ladrões", e fazer oferendas a eles é um modo de contornar suas travessuras e descontentamento. Briggs descreveu isso como forma de chantagem – e, definitivamente, parece haver alguma verdade nisso.[245]

Existe um tipo especial de oferenda que merece atenção: a prática de doar ou dar de presente roupas aos seres feéricos. Esses presentes são feitos, em geral, para *brownies*; porém, *boggarts*, *hobs* e até mesmo *banshees* também receberam roupas. Essa prática é um tanto problemática, por causa da reação variada e imprevisível dos feéricos aos itens apresentados. Uma coisa é certa: feéricos podem ser muito sensíveis em relação a esse assunto. Em Upleatham, perto de Redcar, o *hob* da família Oughtred ficou indignado com a simples visão de uma jaqueta deixada, por engano, pendurada durante a noite numa peneiradora do celeiro.

Alguns seres do Mundo Feérico aceitam roupas com prazer; outros ficam profundamente ofendidos com a ideia de usar vestes humanas. Em ambos os casos, o resultado parece ser o mesmo: quer vistam as roupas ou as rejeitem,

---

244. V. C. Clinton-Baddeley, *Dartmoor*, 1925, p. 97; Bennett in Narvaez, *Good People*, pp. 111-12.
245. Briggs, "English Fairies", p. 274.

eles se afastarão do serviço da família ou da casa para a qual trabalhavam antes com tanta devoção. Um exemplo disso vem das Terras Altas da Escócia. Uma família tinha ao seu serviço o espírito feminino chamado Caointeach ("a mais perspicaz"), o qual se lamentava e gemia antes de qualquer morte. Em uma noite úmida, fria e com muito vento, Caointeach foi ouvida do lado de fora de uma casa na qual um membro da família estava doente. Uma das pessoas presentes colocou uma peça de roupa xadrez do lado de fora e pediu a Caointeach que vestisse o tartã e fosse para a lateral da casa, para se proteger da ventania. Nunca mais se ouviu qualquer lamento dela novamente.[246]

Parece haver uma infinidade de motivos pelos quais as roupas podem afastar os seres feéricos. Uma história sobre um *brownie* da Ilha de Man, o *fenodyree*, revela que a ofensa pode surgir pelo fato de que usar nossas roupas o deixará doente, causando-lhe dores de cabeça e nos pés.

Alguns feéricos parecem querer roupas (e até as pedem como recompensa por seu trabalho), mas ainda podem ficar chateados com a qualidade do que recebem: na maioria dos casos, acham inaceitáveis roupas de cânhamo grosso ou linho (porque, presumivelmente preferem de algodão ou lã). Mais uma vez, o insulto percebido levará à sua partida imediata.[247]

Às vezes, por engano, os seres humanos dão o tipo errado de roupa. Em outros casos, deseja-se um presente, mas não se trata de dar roupas. Isso nos é apresentado na balada "The Life of Robin Goodfellow", publicada em 1628. Ao ser presenteado com um colete de linho, Robin exclama:

> Porque me vestiste de linho, cânhamo,
> Não vou mais nem peneirar nem socar.
> Não são suas roupas novas ou velhas
> Que Robin ama; não sinto frio.
> Se tivesse me deixado leite ou creme,
> Teria tido um sono agradável;
> Porque não me deixou nem gota nem migalha,
> Robin nunca mais voltará.

Os seres feéricos, em todos esses casos, comprometeram-se voluntariamente a se vincular a uma família e trabalhar para ela sem receber qualquer

246. Roberts, *Folklore of Yorkshire*, p. 97; Taylor e Troon, *Midlothian Folk Tales*, p. 112; L. Spence, *The Fairy Tradition in Britain*, pp. 36-7; MacDougall, *Folk Tales*, p. 215.

247. Spence, *The Fairy Tradition in Britain*, pp. 36-7; Barton, *North Yorkshire Folk Tales*, p. 3; Roberts, *Folklore of Yorkshire*, pp. 96-8.

reconhecimento ou recompensa substancial (além da clássica tigela de leite ou creme – e essa partilha de comida pode ser vista como modo de aceitar o *brownie* como parte da família, não como mero trabalhador). Fornecer pagamento em espécie parece violar esse acordo tácito e procurar formalizá-lo em bases quase contratuais. A comida deixada do lado de fora à noite não parece criar o mesmo vínculo ou obrigação que surge ao fornecer roupas feitas especialmente para isso. Pode haver aqui, também, uma conotação de uso de farda ou uniforme – de subjugar o *brownie* ao controle e à organização da casa humana. Talvez, como esses seres tendem a optar por andar nus ou trajando farrapos, a oferta de roupas humanas também pode ser ofensiva, porque representa outro aspecto da sujeição à sociedade e ao comportamento humanos.[248]

Há um relato anômalo em Dartmoor sobre moedas deixadas do lado de fora para os *pixies* à noite. No entanto, pagar pelo trabalho a ser feito por eles não é a forma como essa relação funciona e tentar comercializá-la será quase sempre uma má ideia.[249]

Polidez e Respeito

Um ajudante ou participante alegre: é isso que os feéricos preferem. Um homem de Northamptonshire participou de um jogo de futebol mágico, talvez com um pouco de entusiasmo excessivo: chutou a bola com muita força, estourando-a. Os feéricos desapareceram instantaneamente, e ele caiu desmaiado, mas, quando acordou, descobriu que a bola furada fora deixada para trás e estava cheia de moedas de ouro.[250]

Qualquer um que lide de forma genuína e honesta com os feéricos, respeitando seus termos, pode esperar bom tratamento. Um homem que foi a um mercado feérico e comprou uma caneca de estanho contendo cidra – a qual pagou em ouro e pela qual recebeu o troco em folhas secas – não reclamou nem questionou o acordo. Aceitou-o alegremente e, então, na manhã seguinte, descobriu que a caneca era de prata, e o troco eram, na verdade, pedaços de ouro. Em um incidente relacionado, um homem se deparou com uma feira de *pixies*, entre Pitminster e Blagdon, em Blackdown Hills, Somerset. Ele também comprou uma

248. Bailey, *Lancashire Folk Tales*, p. 91.
249. Crossing, *Tales of Dartmoor Pixies*, cap. 3.
250. Sternberg, *Dialect and Folklore*, p. 137.

caneca e foi presenteado com pedrinhas como troco. Não protestou nem ficou surpreso ao descobrir, quando chegou em casa, que a caneca havia se transformado em um cogumelo gigante. Porém, quando acordou na manhã seguinte, descobriu que as pedras haviam se transformado em ouro.[251]

Mesmo assim, parece haver aqui uma linha tênue. Um bom princípio a seguir é nunca dizer "obrigado". Isso não é apenas questão de evitar a gratidão verbal: presentes para feéricos que reconhecem alguma obrigação de sua parte – ou podem até sugerir que pode existir alguma reciprocidade entre nossos dois mundos – têm a mesma probabilidade de ofender.

Gentileza e Compartilhamento

Outra forma de manter bom relacionamento com os Bons Vizinhos é estar preparado para partilhar. Um moleiro escocês que os deixou usar seu moinho para moer milho à noite recebeu tratamento especial. Quando o filho do moleiro o sucedeu e tentou impedir as atividades feéricas noturnas, desligando o moinho no fim do dia, infortúnios e acidentes recaíram sobre ele. Empréstimo de ferramentas, conserto de instrumentos quebrados e ajuda para encontrar itens perdidos são todos apreciados e recompensados, em especial se a pessoa que ajudar estiver sofrendo de alguma privação ou incômodo. Uma mulher feérica visitou uma casa nas Terras Altas e pediu uma xícara de farinha. Embora os suprimentos estivessem baixos, já que estava quase na hora da nova colheita, a dona da casa deu à visitante o que ela pediu – em troca, recebeu suprimento inesgotável de farinha.[252]

Os seres feéricos sempre recompensarão as boas ações dos seres humanos, como cuidar de crianças feéricas ou fornecer comida ou outros bens quando necessário. Donas de casa e empregados que se lembram de deixar regularmente água potável aos feéricos à noite são recompensados com presentes em dinheiro. De onde exatamente vêm todas essas moedas dadas aos prediletos, essa é uma questão interessante. Os seres feéricos têm pouca necessidade de moedas, e, pelas informações que temos, parece que sua economia funciona apenas à base de troca. Devemos concluir que o dinheiro que deixam é, na

---

251. Mathews, *Tales of the Blackdown Borderland*, p. 57.

252. Aitken, *Forgotten Heritage*, p. 7; Allies, *On the Ancient British, Roman and Saxon Antiquities of Worcestershire*, pp. 418-19; Anon, *Folklore and Legends: Scotland*, p. 98.

verdade, roubado ou talvez venha de um tesouro escondido e descoberto por eles – o que pode explicar as moedas antigas ou desconhecidas que por vezes são recebidas.[253]

É reconfortante saber que uma boa ação também não será esquecida. Embora, como mencionaremos no próximo capítulo, os rancores dos feéricos possam advir de longa data, uma pessoa que agira corretamente com eles poderá receber a recompensa muitos anos depois. Uma história contada com frequência diz respeito a uma pessoa cujo esgoto fluía para uma casa feérica, bem debaixo de sua porta. Os feéricos reclamaram, e ela tomou medidas imediatas para remediar a falha. Anos mais tarde, ao enfrentar uma execução por delito, um ser feérico surgiu de repente no cadafalso para resgatá-la da pena.[254]

Os seres feéricos também podem se mostrar favoráveis aos pobres e necessitados. Por exemplo, na história de Gowan Dell, um criador de ovelhas cujo rebanho estava morrendo em decorrência de uma seca severa foi ajudado com um presente dos feéricos em ouro. Ele comprou duas vacas novas, e os feéricos, então, lhe revelaram um rico pasto escondido em um vale próximo. As vacas produziam leite abundante, e a grama nunca se esgotava. Na Fazenda Morewood, em Holmesfield, Derbyshire, os feéricos arrumaram a casa de uma mulher enquanto ela estava ausente, no funeral da filha, e, em Northumberland, uma dona de casa e mãe, sobrecarregada com suas inúmeras tarefas, foi auxiliada por um tordo – até o momento em que ela o expulsou presenteando-o com roupas.[255]

Fica claro, novamente, no último caso, que os feéricos não pedem nada por seu trabalho gratuito, exceto, talvez, alguma comida ou bebida. Recompensas materiais não são esperadas em troca de sua gentileza; no entanto, o que se espera, na realidade, parece ser algum sentimento de gratidão corretamente expresso. Em Sussex, alguns seres feéricos ajudaram um trabalhador doente a realizar a debulha enquanto o homem dormia; porém, quando ele acordou e gargalhou, demonstrando surpresa com o que via, a boa vontade deles desapareceu.[256]

Feéricos podem auxiliar também aqueles em perigo. Doonie, tipo de *brownie* escocês das Terras Baixas que vivia no deserto, certa vez ajudou um homem que caíra de um penhasco enquanto caçava. Mesmo assim, foi avisado para não voltar a procurar presas ali, porque, do contrário, Doonie poderia não estar lá para salvá-lo. Nessa história, esse *brownie* tem o papel de guardião do ambiente

---

253. Aitken, *Forgotten Heritage*, pp. 14 e 15; Anon, *Folklore & legends*, p. 1; ver Bottrell, *Traditions and hearthside stories*, vol. 2, p. 162 – "faeries bartering at a market".
254. Bett, *English Myths and Traditions*, p. 14.
255. Aitken, *Forgotten Heritage*, p. 21; Addy, *Household Tales*, p. 135; Grice, *Folk Tales*, cap. 7.
256. J. Simpson, *Folklore of Sussex*, p. 52; ver também Gwyndaf in Narvaez, *Good People*, p. 176.

natural, ao que parece, mas, provavelmente, também está agindo para preservar a própria privacidade contra intrusos.[257]

No País de Gales, acredita-se que as *Tylwyth Teg* ajudam aqueles que se perdem na neblina, nas montanhas – às vezes, acompanhando-os até em casa, às vezes evocando estalagens ou outras acomodações que fornecem camas quentes e comida, mas desaparecem na manhã seguinte. Os feéricos poderiam até impedir que homens e mulheres cometessem crimes: os seres sobrenaturais passavam cordas à noite para manter as pessoas longe de lugares onde pudessem se meter em problemas. Uma tentativa de passar pelas cordas deixaria o potencial malfeitor preso até o dia clarear. Esse desejo de manter os mortais no caminho certo é surpreendente, dadas as tendências de roubo dos próprios feéricos, mas não deixa de ser um elemento recorrente da crença popular galesa.[258]

Por último, existem exemplos de pessoas necessitadas ou em perigo que invocam a ajuda dos feéricos. Um trabalhador agrícola em Aberdeenshire evocou os *red cappies* ou "*cappies* vermelhos" para ajudá-lo a debulhar o milho e com a ajuda sobrenatural ele concluiu o trabalho em tempo recorde. Um menino de Rhayader, em Powys, se perdeu durante a noite e pediu às fadas que o guiassem; elas enviaram luzes para levá-lo para casa. Por último, um habitante da ilha escocesa de Barra ficou preso enquanto subia as falésias de Mingulay. Paralisado, ele gritou para quem pudesse ajudá-lo. *Sluagh*, anfitrião dos feéricos, respondeu ao seu chamado e o carregou até o topo do penhasco. Porém, nesse caso, o resgate caridoso teve um preço, pois desde então ele ficou à mercê do *sluagh* e poderia ser levado por ele a qualquer momento.[259]

Resumo

Relacionamentos bem-sucedidos com feéricos são difíceis de administrar. Os seres feéricos podem ser melindrosos e meticulosos, e o trato com eles deve ser cauteloso e sensível. As melhores diretrizes podem ser respeito reservado e reciprocidade voluntária; há sempre um equilíbrio delicado a ser alcançado entre a abertura com eles e qualquer coisa que possa ser considerada intromissão. A título de exemplo: num conto popular das Ilhas Shetland, um viajante encontrou

257. Aitken, *Forgotten Heritage*, p. 37.
258. Palmer, *Gloucestershire*, p. 145; Gwyndaf in Narvaez, *Good People*, p. 177.
259. McPherson, *Primitive Beliefs*, p. 98; Palmer, *Radnorshire*, p. 99; J. MacPherson, *Tales from Barra*, p. 178.

dois *trows* lutando entre si. Ele ficou observando a cena a uma distância respeitosa, mas acabou sendo notado pelos *trows*, no momento em que pararam de duelar por pura exaustão. Poderíamos antecipar que teriam ficado ofendidos pelo homem ter espionado seu desentendimento particular, mas, em vez disso, foram gentis com ele, em parte porque o homem estava com os pés doloridos e cansado e, em parte, porque não tentou intervir na briga nem demonstrou qualquer parcialidade na disputa. Então, eles usaram magia para carregar o homem rapidamente até sua casa.[260]

Muito do folclore tradicional da Feéria mostra que a atitude das pessoas em relação aos seres feéricos tem sido de tenso apaziguamento. No entanto, nunca devemos procurar solicitar abertamente seu favor, e é inútil sermos suplicantes. A amizade deles só pode ser concedida, e não há maneira certa de conquistá-la. Porém, se os seres feéricos nos encararem com bons olhos, serão bons amigos: podem ser aliados generosos, escrupulosamente justos e comprometidos.

260. Nicolson, *Folktales and Legends.*

Capítulo 10

Contatos Perigosos: Danos Provocados por Seres Feéricos

O problema de nossos Bons Vizinhos é que eles têm tendência natural a travessuras, e, quando se sentem ofendidos ou inclinados a fazer alguma maldade, isso pode se transformar em pura vingança. É comum dizer que os feéricos escoceses são "tão ativos quanto os esquilos e tão numerosos quanto os coelhos", tendo "interesse embaraçoso por assuntos humanos", e, como resultado, muitas vezes, revelam-se "terrivelmente problemáticos". Um homem de Herefordshire definiu o Bom Povo como "gente pequena que entra na casa das pessoas para roubar coisas". Esses comentários podem parecer duros, mas, como sugeri anteriormente, ao discutir a religião dos seres feéricos, eles não parecem seguir um código de princípios morais, mas, sim, guiam-se por capricho, consideração e interesses próprios.[261]

Os seres feéricos são imprevisíveis, tão capazes de serem vingativos quanto gratos, tão propensos a demonstrar rancor quanto bondade. Tomam emprestado dos seres humanos e retribuem – até mesmo várias vezes – a gentileza; no entanto, em muitos casos, preferem apenas roubar. Embora se diga

261. Aitken, *Forgotten Heritage*, p. 1; Leather, *Folklore of Herefordshire*, p. 43.

que os chamados "tropeiros feéricos" roubavam gado somente quando estavam envolvidos em uma de suas mudanças periódicas, esses Bons Vizinhos – que vivem próximos aos humanos o tempo todo – passaram a ter atitude mais possessiva em relação aos bens dos seres humanos. Acredita-se que estivessem envolvidos em furtos diários.

Considerando o temperamento e o interesse que os seres feéricos têm pelos seres humanos, é aconselhável, sempre que possível, evitar condutas que possam atrair sua atenção ou antagonizá-los. Eles são um povo que "se ofende com facilidade e implacável nos ressentimentos". Foram descritos como "bons amigos para homens e mulheres que lhes agradam [mas] inimigos implacáveis para os demais".[262]

Travessuras

A escritora Mary Lewes descreveu os feéricos galeses como "travessos quando contrariados, mas gentis e bem-humorados quando não". Os *pixies* parecem ter reputação especialmente ruim: às vezes, podem ser bons e gentis, mas, com mais frequência, são travessos e prejudicam aqueles que os ofendem. As travessuras fazem parte de sua natureza, de tal modo que, segundo dizem, o rei dos *pixies* envia deliberadamente os súditos para atormentar e enganar os seres humanos.[263]

Às vezes, os seres feéricos são travessos por pura diversão; outras, podem estar punindo alguma contravenção humana. Os *pixies*, em especial, parecem gostar de nos irritar – por exemplo, trançando a crina e a cauda dos cavalos à noite –, mas, mesmo assim, em Dartmoor, acreditava-se que dava azar tentar pentear a crina e a cauda novamente. A única solução era cortar a trança; porém, apesar disso, dizia-se que os cavalos ficavam "estragados" depois da experiência.[264]

Conforme observamos no capítulo anterior, os seres feéricos entram nas casas à noite só para zombar ou assustar os habitantes, brincar e fazer barulho. Um prazer especial parece ser perturbar o sono dos moradores, seja fazendo

262. Jones, *Aberystruth*, p. 74; Lewes, *Queer Side*, p. 119.
263. Lewes, *Stranger than Fiction*, p. 160; Bray, *Description of the Part of Devonshire Bordering on the Tamar and Tavy*, pp. 173-74; Wright, *Picturesque South Devonshire*, p. 16.
264. Ver também o famoso discurso de Mercutio sobre a Rainha Mab em *Romeu e Julieta*, de Shakespeare (Ato I, cena 4, linha 91): travas de elfos, "uma vez desemaranhado, é presságio de muito infortúnio".

barulho na cozinha ou, mais diretamente, saltando sobre as pessoas que estão dormindo, arrancando-lhes as roupas de cama, ou arrastando-as pelos calcanhares e descendo as escadas.[265]

Pior ainda, esses seres têm uma série de truques criados exclusivamente para atrapalhar e aborrecer as pessoas nas rotinas domésticas. Podem trocar moedas por imitações de "ouro das fadas" (ou "ouro feérico"), comer o mingau das crianças, andar a cavalo, soprar velas, beijar as pessoas inesperadamente e roubar manteiga. Uma das brincadeiras favoritas, ainda hoje, é esconder as chaves. Em Herefordshire, o feitiço usado para lidar com isso é colocar um pedaço de bolo na lareira e, em seguida, fazer com que toda a família se sente em círculo, em silêncio, com os olhos fechados. O feérico devolverá as chaves escondidas, jogando-as contra a parede, atrás das pessoas sentadas.

Entre os espíritos domésticos, como *hobs* e *brownies*, as travessuras podem se manifestar desfazendo o trabalho outrora feito: *Robin Round Cap* (de Spaldington Hall, perto de Selby, em Yorkshire) gostava de misturar palha no trigo peneirado, apagar o fogo ou revirar o balde de leite. Outros incômodos que interferiam no trabalho da fazenda incluíam soltar o gado ou levá-lo para uma pastagem com trevos (prejudiciais à saúde dos animais), esconder ferramentas, provocar o tropeço de pessoas que carregavam baldes cheios, impedir a batedura da manteiga, fazer com que o fermento ficasse estragado e azedar o leite e o creme.[266]

Brownies e *hobs,* afastados em definitivo da casa em que viviam, podem abandoná-la ou, pior, ficar, mas apenas para causar incômodo. Às vezes, diz-se que um *brownie* desprezado se torna um *boggart*. Em West Yorkshire, algumas casas eram tão famosas pelos problemas causados pelo irritado espírito doméstico que passaram a ser conhecidas como "casas de *boggart*" – e ainda hoje é possível encontrar algumas delas. Na verdade, até mesmo os prestativos *hobs* podiam passar o tempo livre em outro lugar, assustando viajantes inocentes. Havia uma tradição de que os *boggarts* se disfarçavam de pedras nas trilhas das charnecas, deliberadamente para assustar os transeuntes. Os animais, em especial os cavalos, podem vê-los melhor que as pessoas e, muitas vezes, quando se aproximam inesperadamente, é porque "pegaram o *boggart*": viram um, mesmo que não se pareça um *boggart*.[267]

---

265. Sir Walter Scott, *Owlspiegle and Cockledemoy*; Dixon, *Gairloch in North West Rossshire*, p. 159; Harland, *Lancashire Legends & Traditions*, p. 56.
266. Lewes, *Queer Side*, p. 119; Harland, *Lancashire Folklore*, p. 53; Roberts, *Folklore of Yorkshire*, p. 98.
267. Roberts, *Folklore of Yorkshire*, pp. 99-102; Billingsley, *West Yorkshire Folk Tales*, pp. 37-41.

Um último e muito curioso exemplo: parece que a dança feérica também pode ser usada como oportunidade para fazer travessuras. Numa noite, em 1884, um carteiro da Ilha de Man encontrou seu cavalo e sua carroça cercados por um grupo feérico. Eles os cercaram, dançando em círculo, e começaram a jogar as bolsas de correspondência na estrada. Tão rápido quanto o homem as recolocava, os seres as jogavam novamente. Isso continuou por quase quatro horas, até o nascer do sol. Talvez esse seja um exemplo de como o Bom Povo combina negócios com diversão...[268]

Seres Feéricos Desviando Nossos Caminhos

A maior travessura do Bom Povo é guiar as pessoas à noite, desviando-as de seu caminho, mesmo em lugares que elas conhecem muito bem. Em Dartmoor, há os chamados *pixy lanes*, ou "caminhos dos *pixies*", onde você sempre vai se perder; lá, há um ditado popular que diz: "ele saiu do *muxy* (pântano) e caiu no *pucksy* (o pântano de Puck)"; o algodão do pântano que cresce nesses locais é conhecido como *pixy-grass*, isto é, "grama dos *pixies*". Muitas pessoas são guiadas por feéricos para outros caminhos apenas por diversão; porém, eles também enganam aqueles que invadiram seu território, os ofenderam de algum modo, tomaram suas propriedades ou tiveram uma conduta que, em geral, desaprovam. Um homem de Bishop's Lydeard, nas colinas de Quantock, encontrou uma pedra de amolar feérica e decidiu guardá-la por curiosidade; uma névoa desceu imediatamente, e, como resultado, ele foi conduzido entre espinheiros durante toda a noite. Outro fazendeiro de Somerset, que enganava os clientes no mercado, era preguiçoso, ladrão e bêbado, e ainda maltratava a esposa e os filhos, foi punido do mesmo modo.[269]

Embora a expressão comumente usada seja *pixy-led* – "desvio dos *pixies*" –, não devemos supor que são apenas os *pixies* do sudoeste da Inglaterra que gostam de causar problemas aos viajantes. Duas moças de Llandysul, no País de Gales, voltavam para casa certa noite, após a Feira de Lampeter. Elas chegaram até o campo próximo à residência, mas depois passaram horas tentando

268. Bord, *Fairies*, pp. 42-3.
269. Coxhead, *Devon Traditions*, p. 50; Tongue, *Somerset Folklore*, pp. 114 e 115.

encontrar a saída, embora fosse noite de luar e elas conhecessem muito bem a área. Em outro caso do País de Gales, algo semelhante aconteceu no quarto de um homem: ele acordou e viu um grupo de feéricos festejando e dançando; ele não conseguiu acordar a esposa para testemunhar a festa e ficou deitado por cerca de quatro horas observando, sentindo, ao mesmo tempo, medo e espanto. Por fim, os feéricos foram embora, e o homem se levantou para ver se haviam se transferido para outro lugar da casa. Porém, não conseguiu encontrar a porta do quarto nem voltar para a cama. Foi somente quando seus gritos de pânico acordaram toda a família que o feitiço foi finalmente quebrado. Muitas vezes, aqueles que foram conduzidos em círculos durante horas por feéricos só conseguem escapar atraindo uma terceira pessoa, que intervém para salvá-los.[270]

Muito parecido com os caminhos de *pixies* de Dartmoor, nas Ilhas Shetland, há os *gaits* (caminhos) de grama ao longo dos quais se sabe que os *trows* passam à noite, quando saem de suas colinas, e ao amanhecer, quando retornam. Dá azar cruzar esses caminhos no crepúsculo, e quem o faz acaba se separando dos companheiros e se perdendo.[271]

Em geral, o impacto de ser vítima dos desvios de *pixies* é a frustração, uma confusão e talvez um leve pânico. No entanto, algumas vezes, as consequências podem ser muito mais sérias. Em um caso descrito pelo reverendo Edmund Jones, um homem chamado John Jacob, de Bedw, em Monmouthshire, viajava à noite quando se perdeu. Os feéricos o enganaram, aparecendo como formas diante dele, desaparecendo em seguida, quando ele se aproximava. Por fim, ele se deparou com a casa de um vizinho e foi acolhido, mas sua provação ainda não terminara. Ele ficou mudo e quase imobilizado, logo adoeceu e morreu. Uma história semelhante vem de Dartmoor: um homem que voltava para casa bêbado à noite foi conduzido em círculos até ficar tonto e desmaiar. Quando acordou, conseguiu chegar em casa, mas logo foi para a cama e morreu poucos dias depois.[272]

Mencionei anteriormente os poderes protetores do pão: uma das maneiras mais seguras de evitar ser enganado pelos caminhos de *pixies* é levar um pedaço de pão consigo à noite (o equivalente nas Terras Altas da Escócia é ter farinha de aveia no bolso ou polvilhada sobre as roupas). Outra solução simples, caso você se perca andando em círculos, a metros da porta de casa, é virar os bolsos ou o casaco do avesso ou inverter o chapéu – isso também dissipará o encantamento.

---

270. Davies, *Folklore of West and Mid-Wales*, pp. 192 e 123; Mathews, *Blackdown Borderland*, pp. 58 e 62.
271. Firth, *Reminiscences of an Orkney Parish*, p. 75.
272. Jones, *Apparition*, nº 82; *Transactions of Devonshire Association*, vol. 8 (1876), p. 722.

Virar as luvas ao contrário e jogá-las contra os *pixies* incômodos também parece funcionar. Dada a simplicidade dessa solução, sabe-se que os viajantes noturnos prudentes invertem uma peça de roupa antes mesmo de sair, para garantir proteção durante toda a viagem. Em casos extremos, recomenda-se tirar a roupa e sentar-se sobre ela por cinco a trinta minutos, tempo necessário para que a névoa mental (ou real) se dissipe.

Uma menção final deve ser feita ao chamado *will-o'-the-wisp*: esse ser sobrenatural existe apenas para desviar os viajantes do caminho e levá-los para lagoas e pântanos. Em 1965, pessoas confessaram que tinham medo de se aventurar nos pântanos perto de Warleggan, na Cornualha, por causa das luzes vermelhas, brancas e azuis dançantes que as levariam ao perigo.[273]

As travessuras dos seres feéricos em todas as formas lançam uma luz interessante sobre nossa relação com nossos Bons Vizinhos. Em muitos aspectos, eles parecem considerar as pessoas como seus brinquedos. Um comentarista os chamou de "verdadeiros pequenos demônios", pelas brincadeiras "intermináveis", mas essa alusão satânica é descabida. Os Bons Vizinhos não são agentes nem do inferno nem do céu. Sua ética é própria. Embora as lições de moral possam, às vezes, ser impostas por seus truques, em geral eles parecem apenas ter prazer em nos provocar e irritar.[274]

Ouvindo às Escondidas

Mencionei o hábito dos seres feéricos de escutar conversas humanas quando descrevi o relato medieval galês sobre os *Coraniaid* (releia o capítulo 2). Eles eram considerados uma praga pela população, porque nada podia ser mantido em segredo deles. Essa habilidade de ouvir às escondidas foi herdada das modernas *Tylwyth Teg* galesas, mas o problema não se limita, de forma alguma, ao País de Gales.

Um exemplo da audição extremamente aguçada dos seres feéricos e de sua constante proximidade encontra-se na balada "*Lady Isabel e o Cavaleiro Élfico*". Sentada na torre, Isabel ouve o som da trombeta do cavaleiro e deseja intimamente que ele pudesse estar ali, adormecido sobre seu peito. No mesmo instante, ele surge em sua janela. Suas intenções em relação a ela são mais assassinas

273. Deane & Shaw, *Folklore of Cornwall*, p. 90; ver também o poema de Charlotte Dacre, "Will O' Wisp".
274. Page, *Dartmoor*, p. 37.

que amorosas, deixando-se também a sugestão, nessa história, de que há o risco de se permitir a entrada de um vampiro.

Os seres sobrenaturais não gostam que falem deles, e, como sempre podem estar presentes, porém invisíveis, o melhor conselho é mencioná-los com respeito, em especial, nos dias em que seu poder é maior. Eles sempre se vingarão daqueles que falaram mal deles, mas também de qualquer pessoa que tenha se pronunciado de modo imprudente. Isso inclui aqueles que os invocam ou lhes fazem promessas, aqueles com desejos precipitados e aqueles que não apreciam o favor do Bom Povo ou a própria boa sorte.

A Vingança dos Seres Feéricos

Se não gostarem de você, os seres feéricos têm várias maneiras de demonstrar sua má vontade. Podem tirar sua boa sorte, privá-lo da (segunda) visão e, mais comumente, deixá-lo aleijado. Já observamos vários casos em que as pessoas ficaram aleijadas ou incapacitadas por algum motivo (compreendido ou não).

Essas lesões normalmente são infligidas com um golpe direto no membro em questão. Podem ser temporárias e curáveis (como a perna deslocada de uma jovem), mas, na maioria dos casos, os danos são permanentes. A incapacitação é uma punição deliberadamente aplicada na grande maioria dos casos. Porém, em pelo menos uma fonte, há ainda a sugestão de que isso pode ser uma consequência decorrente apenas de passar muito tempo com os feéricos. Em 1499, uma mulher de Suffolk, Agnes Clerk, contou a um tribunal eclesiástico como, quando jovem, passara muito tempo conversando com *les Elvys* (os Elfos). O efeito disso foi que sua cabeça e pescoço ficaram torcidos para trás, condição finalmente curada com uma bênção – uma boa indicação de sua natureza sobrenatural, como veremos em breve.

Distensões, entorses, rigidez nas articulações e membros eram tão relacionadas ao feérico que um escritor medieval, o frade de Hereford. John de Bromyard, anotou um encantamento para curar as entorses, denominado "a mordida dos elfos". A claudicação causada por um golpe dado por eles não apresenta ferida visível e surge de repente: na comunidade do frade, essa é considerada uma marca de pessoas que ofenderam os feéricos, tornando-as um lembrete constante sobre as consequências geradas pelo desrespeito e pela falta de consideração com os Bons Vizinhos.

Feéricos e seus Roubos

Os feéricos pegam qualquer coisa perdida, destruída, descartada ou rejeitada pelos seres humanos; foram descritos como "ladrões por inclinação" ou como transgressores habituais, se preferirem... Por exemplo, líquidos derramados e migalhas de comida deixadas cair durante o cozimento ou a refeição serão levados pelos feéricos, assim como bens destruídos pelo fogo e o gado que tenha morrido. Nas Terras Altas, acreditava-se que, quando uma vaca caía de um penhasco, a única maneira de impedir que os seres feéricos levassem a carcaça era agir rapidamente, colocando um prego nela.[275]

Além de reivindicar o direito a itens desperdiçados, os feéricos parecem exigir algum tipo de imposto ou dízimo sobre o restante de nossos bens. Uma mulher que colheu meticulosamente grãos em demasia nos campos foi tratada de forma rude pelos feéricos porque os privou do que o Bom Povo considerava sua parte habitual da colheita (a mesma consideração pode estar por trás da prática de deixar algumas maçãs no pomar durante a colheita, como mencionado anteriormente). Sem dúvida, relaciona-se a isso a ideia de que, para garantir boa colheita, os ceifeiros deveriam sempre jogar um pedaço de pão sobre o ombro e derramar algumas gotas de cerveja no intervalo das refeições, como se faz na Cornualha. Veremos como o minerador de estanho, Tom Trevorrow, que nunca deixava nada de seu almoço para os *knockers* da mina, perdeu toda a sorte, em razão de sua mesquinhez. Essas ideias parecem estar em consonância com o sentimento feérico de que eles têm direito a uma parte de todos os bens e alimentos que produzimos.[276]

Essa ideia de direito facilmente se transforma em roubo acintoso. Parece haver pouco remorso dos feéricos em relação a isso, e as invasões noturnas a residências descritas anteriormente não costumam ser apenas para pregar peças. Já mencionei o hábito notório dos seres feéricos de roubar leite e creme. Outros produtos e gêneros alimentícios são igualmente vulneráveis. O poeta de Northamptonshire, John Clare, registrou o sentimento popular a respeito: os ratos não eram considerados grandes ladrões, escreveu ele, enquanto os feéricos eram comparados a vespas em uma mercearia, que entravam pelos buracos das fechaduras e *pop, pop, pop*.[277]

---

275. Lewes, *Stranger than Fiction*, p. 160; Grant Stewart, *Popular Superstitions*, pp. 122-24; MacGregor, *Peat Fire Flame*, p. 3.
276. Murray, *Tales from Highland Perthshire*, nº 103.
277. John Clare, *January*.

Os alimentos são os itens roubados com mais frequência em toda a Grã-Bretanha; contudo, sabe-se que os feéricos carregam consigo, inclusive, utensílios de cozinha. Nas Terras Altas, os moinhos manuais costumavam ser particularmente vulneráveis a furtos. A maneira de protegê-los era sempre virá-los para o sol durante o uso. Os *trows* das Ilhas Shetland tomam para si até mesmo o fogo de uma lareira humana, caso a deles se apague.

Os seres feéricos também roubam de outros espaços. O gado nos campos é vulnerável, casas são invadidas, e eles têm autoconfiança suficiente para entrar em lojas e mercados e levar as coisas, sem qualquer problema. Por exemplo, no Distrito English Lake, temos um relato sobre feéricos que se misturavam às multidões no mercado de Ambleside. Quando encontravam algum item que desejavam, bastava soprar os olhos dos vendedores, o que os tornava invisíveis, e logo fugiam com as mercadorias.[278]

Curiosamente, embora os seres feéricos não demonstrem nenhum escrúpulo em tomar a propriedade humana, é proibido que roubem uns aos outros. Nas Ilhas Shetland, conta-se a história de um menino *trow* visto com frequência vagando solitário e infeliz. Aparentemente, ele havia surrupiado uma colher de prata de outro *trow* e, como punição, foi banido das colinas. Parece que os feéricos podem ser rigorosos em relação a como devem tratar uns aos outros e a como os seres humanos devem se comportar em relação a eles – no entanto, podem ser alegremente amorais ao lidar com os seres humanos.[279]

Outra ironia é que, embora os Bons Vizinhos não hesitem em furtar, não gostam de ser acusados injustamente pelo delito. Rob o' t' Deans, que vivia em Walsden, West Yorkshire, costumava roubar os vizinhos, mas sempre se mostrava preocupado com o prejuízo; então, ajudava a procurar os itens perdidos e culpava os feéricos em voz alta. Os seres souberam das calúnias e se vingaram. Certa noite, enquanto o homem atravessava a charneca levando para casa alguns tecidos roubados, deparou-se com uma dança feérica. Ele se esgueirou e permaneceu observando-a por horas, até pegar no sono no lugar onde estava escondido. É claro que os seres sobrenaturais sabiam de sua presença, enquanto Rob permanecia dormindo, até a manhã seguinte. Bem cedo, quando foi encontrado, ele ainda segurava os pedaços de lã frutos do roubo da noite anterior. [280]

---

278. Cowper, *Hawkshead*, p. 307.
279. Saxby, *Shetland Traditional Lore*, p. 140.
280. Billingsley, *West Yorkshire Folk Tales*, p. 156.

Feéricos Vampiros

Há algumas referências que sugerem um aspecto ainda mais sinistro do caráter de alguns feéricos, envolvendo a usurpação das forças vitais dos seres humanos, de sua respiração ou mesmo de seu sangue. Esse "comportamento vampiresco" é algo raramente mencionado, mas não é de todo incompatível com os exemplos comumente relatados de conduta maligna dos seres feéricos. Já mencionamos a abdução ou "captura" de pessoas. Isso pode envolver a abstração de sua essência vital, deixando para trás um corpo inanimado: a alma está no Mundo Feérico, e é apenas uma casca sem vida a que permanece. Talvez relacionada a isso esteja a crença presente nas Ilhas Shetland de que os *trows* só podem aparecer em forma humana se encontrarem alguém que não tenha sido protegido pela *saining* – prática tradicional escocesa de proteção, purificação ou bênção com palavras sagradas. Estar possuído por um ser feérico pode ser fatal.

Respiração

Vamos começar com alguns versos de *A Comédia dos Erros,* de Shakespeare. O personagem Drômio de Siracusa exclama:

> Esta é a Terra Feérica. Oh! O despeito dos despeitos,
> Conversamos com *goblins*, corujas e espíritos élficos:
> Se não os obedecermos a eles, isso acontecerá:
> Eles sugarão nosso fôlego ou nos beliscarão até ficarmos cheios de hematomas.[281]

Muitos devem estar familiarizados com a ideia de beliscar como punição normal dos seres feéricos; é uma sanção bastante inofensiva para uma transgressão relativamente pequena como a má execução do serviço doméstico. Porém, "sugar nossa respiração"? Devemos presumir que Shakespeare estava ciente de uma tradição genuína quando escreveu esses versos: parece ter baseado seu material sobre o Mundo Feérico no folclore autêntico, portanto isso provavelmente reflete algo que ele identificou.

281. William Shakespeare, *A Comedy of Errors*, 1594, Ato 2, cena 2.

Para essa breve alusão, pode ser relevante um fragmento escrito por Rudyard Kipling, na história intitulada *Fairy-Kist*, descrevendo o estado mental de um homem que foi ferido e permaneceu em desvario, no momento em que servia ao exército, durante a Grande Guerra Mundial. Ele ficou em estado mental terrível, "praticamente fora de si", condição que sua família rotulou de *Fairy-Kist*. Essa parece ser uma expressão da região de West Country que significa "beijado pelas fadas". Nessas duas breves menções, temos a sugestão de agressão oral, a possibilidade de uma fonte autêntica do folclore e uma descrição do impacto sobre a saúde mental da vítima.

A ideia de que o simples hálito feérico é perigoso é certamente muito difundida, desde a Irlanda e a Grã-Bretanha até os países escandinavos. Ele é conhecido como *elf-wind* (vento élfico), *gust* (rajada) ou *blast* (sopro) e pode causar bolhas, interrompendo a respiração. É uma característica frequente das histórias britânicas que as parteiras humanas que usaram indevidamente a pomada feérica, esfregando-a nos próprios olhos, são descobertas e acabam cegas, sentindo um sopro de ar no rosto. De fato, *elf-wind,* ou vento élfico, ainda é um termo usado hoje em terras nórdicas para condições médicas, assim como em inglês, *stroke* (de *elf-struck* – golpe de elfo) ainda é empregado. Na Noruega, diz-se que uma pessoa será afetada se estiver em local onde um elfo cuspiu no chão. Sem dúvida, derivado da crença nórdica, nas Ilhas Shetland, acreditava-se que o sopro dos elfos que atingia com frequência uma pessoa causava doença de pele. A cura consistia em abrir uma Bíblia e esfregar a parte afetada algumas vezes. Também nas Ilhas do Norte, vivia uma criatura chamada Nuckelavee, parte cavalo e parte homem, cujo hálito se acreditava ser extremamente venenoso, capaz de provocar pestilência em bairros inteiros.[282]

Sangue

A seguir, temos a arrepiante história de vampirismo feérico proveniente das Terras Altas da Escócia. Quatro caçadores em Braes de Lochaber passaram a noite em uma cabana. Após lamentarem a ausência das respectivas namoradas, de repente, elas próprias entraram na cabana. Enquanto os colegas estavam nos braços das amadas, um dos homens, desconfiado, afastou sua suposta

282. Marwick, *The Folklore of Orkney*, pp. 23 e 45; Crofton Croker, *Fairy Legends*, p. 117; condições como dermatites, urticária, cobreiro, herpes e difteria são percebidas.

namorada com uma faca, tocando também uma harpa de metal. As mulheres desapareceram assim que um galo cantou, deixando claro que não eram as moças, mas *glaistigs*. Os três confiantes companheiros jaziam mortos, com a garganta cortada e o corpo totalmente sem sangue.

Dizia-se, tanto na Escócia quanto na Ilha de Man, que água era deixada para os feéricos durante a noite não tanto por cortesia, mas para dar-lhes algo para saciar a sede, de modo que não bebessem o sangue daqueles que dormiam. Na Escócia e na Irlanda, acreditava-se que o consumo da água resultava do sangramento dos feéricos. Em Cromarty, acreditava-se que a "Dama de verde" levava o filho de casa em casa, durante toda a noite, banhando-o no sangue do morador mais jovem. Há contos semelhantes nas Terras Altas sobre mulheres verdes, parecidas com pássaros, que quebram ossos e bebem sangue; por fim, há um conto de Skye semelhante ao dos quatro homens de Lochaber: oito moças que cuidavam do gado foram atacadas por uma "mulher velha" que sugou o sangue de todas, com exceção de uma.[283]

Há bestas feéricas que existem apenas para capturar e consumir humanos desafortunados. Donzelas feéricas semelhantes a vampiros – as quais descrevi aqui – são um tanto diferentes e usam seu encanto físico para outros fins; no entanto, a sedução que os feéricos produzem, com o intuito de sequestrar e levar pessoas para o Mundo Feérico, é tema bem familiar, embora esta última seja uma versão grotesca e diferente.

Resumo

Viver com os seres feéricos como nossos vizinhos envolve ajustes. Temos de aceitar que suas atitudes em relação à privacidade e à propriedade pessoal são diferentes das nossas, e que a melhor visão sobre nosso relacionamento é que, em algum momento, eles vão nos explorar e nos pregar peças. Se nossa abordagem for feita nesses termos, com a devida adaptação e preparação, estaremos relativamente seguros e, talvez, possamos ser agradavelmente surpreendidos. Se reagirmos de modo negativo às intervenções feéricas, esses seres poderão nos fazer sofrer; se ficarmos propositalmente contra eles, a resposta poderá ser ainda pior, como veremos em breve.

283. Spence, *The Fairy Tradition in Britain*, cap. XIV, pp. 268-69; Miller, *Scenes and Legends of the North of Scotland*, p. 15.

Capítulo 11

Contatos Perigosos: Danos Feitos aos Feéricos

Ao longo deste livro, enfatizei a necessidade de se aproximar dos feéricos com cautela, por causa do risco de sofrer danos provocados ou não. No presente capítulo, examinarei as situações em que os seres humanos prejudicam os feéricos – deliberadamente ou não – e as consequências disso. O dano infligido pode ser nominal – um insulto à dignidade dos feéricos, talvez –, e a resposta, desproporcional à ofensa causada ou ao dano infligido. Portanto, em geral, ainda sairemos prejudicados, mas nem sempre precisa ser assim, como você poderá se surpreender ao constatar.

Dúvidas e Insultos

Talvez não seja necessário dizer que declarações em voz alta quanto à descrença na Feéria constitui atitude frívola ou desdenhosa em relação ao Povo Feérico ou intenção declarada de ofendê-los, ou, ainda, tentativa de roubar-lhes alguma coisa – todas essas declarações serão ouvidas e respondidas. Um minerador de estanho da Cornualha chamado Trevorrow zombou dos supostos poderes dos *knockers* e se recusou a compartilhar o *fuggan* (bolo) do almoço com eles. Como punição, foi primeiro atingido por um desabamento de pedras no subsolo, e, como não compreendera o recado, uma queda de rocha enterrou por completo o veio em que ele estava trabalhando, bem como todas as suas ferramentas. O homem teve de abandonar completamente a mineração e se tornar trabalhador rural. Outro minerador, Barker, anunciou que iria espionar os *knockers* e tentar roubar suas ferramentas. Eles, é claro, sabiam muito bem do plano e o maltrataram pela presunção.[284]

A descrença diante da prova tangível da existência e da capacidade dos feéricos é especialmente odiada. Não raro, nas histórias de seres humanos que ganham o favor dos seres sobrenaturais consertando ferramentas quebradas, há sempre um companheiro que duvida e zomba dessa ajuda. Em uma versão de Sussex da história da pá quebrada consertada por um lavrador, seu colega menospreza a ideia de ajudar e, em consequência, falece um ano depois. O menos violento desses tipos de conto talvez seja a história de Nanny Norrish, de Dartmoor, cujo ceticismo é refutado, numa noite, quando ela encontra os *pixies* empilhados diante dela, formando uma pirâmide, todos falando alto. Nanny parece ter se saído bem, sendo que outro escritor afirmou que a "malevolência dos *pixies* não tem fim" em relação a quem falar mal deles.[285]

Assim como desaprovam a falta de fé, os seres feéricos não gostam de ser contrariados ou de sentir que seus desejos foram frustrados ou ignorados. Um homem das Ilhas Shetland se deparou, numa noite, com a dança de *trows* e, de modo imprudente, começou a discutir com eles. Um dos dançarinos golpeou seu calcanhar com um talo de urze, deixando-o aleijado pelo resto da vida. Uma mulher da paróquia de Trevethin, no sul do País de Gales, quando ainda era criança, descobriu o Povo Feérico dançando debaixo de uma macieira. Ao longo de vários anos, ela os encontrava duas vezes por dia, no caminho para a escola ou na volta dela, e dançava com eles. Quando deixou de visitá-los e não mais participou da folia, os seres feéricos torceram sua perna, em sinal de desagrado.[286]

Abusar ou ofender deliberadamente os seres feéricos também deve ser evitado. No capítulo anterior, examinamos a natureza sensível dos *brownies* e como podem abandonar os próprios lares caso se sintam insultados por serem presenteados com roupas. Zombar ou criticar quando os feéricos estão prestando

---

284. Deane e Shaw, *Folklore of Cornwall*, pp. 69-70.
285. Simpson, *Sussex*, p. 53; Crossing, *Tales of Dartmoor Pixies*, cap. 7; Page, *Dartmoor*, p. 37; ver também Saxby, *Shetland Traditional Lore*, p. 157, Billingsley, *West Yorkshire Folk Tales*, p. 41.
286. Jones, *Appearance of Evil*, parágrafo 117.

assistência pode ser um terrível erro de julgamento. Um *brownie* da Cornualha entrou em greve quando se sentiu ofendido. Um antigo moinho, na região central da Cornualha, se beneficiava da presença de um *pisky* doméstico, que trabalhava duro na moagem e era escrupulosamente honesto. Certo dia, surgiu uma disputa por uma falha na entrega de grãos. A princípio, o moleiro culpou a esposa; depois, acusou o *pisky* de ter causado a confusão. O *pisky* ouviu isso e, é claro, jurou não mais trabalhar pelas próximas duas gerações. É difícil dizer se a reação na história a seguir, proveniente da Escócia, foi melhor ou pior. A nova empregada de uma família, em Glenfeochan, fez um comentário depreciativo sobre o *gruagach* que servia a casa; em resposta, recebeu um tapa tão forte, que torceu o pescoço. A única maneira de corrigir a situação foi pedir desculpas ao *gruagach* e receber outro tapa de compensação, porém na direção oposta.[287]

Outros que amaldiçoaram ou difamaram feéricos enfrentaram consequências muito mais sérias. Desprezar o trabalho deles pode até ser fatal. Um fazendeiro de Sussex descobriu seres feéricos debulhando seus grãos no celeiro à noite. Ele riu dos esforços dos pequenos seres e foi atingido por um mangual, golpe do qual nunca se recuperou. Um habitante das Terras Altas da Escócia chamado Hugh Ross encontrou três mulheres brincando em uma árvore; descuidado, decidiu interferir e disse a elas que deveriam estar em casa cumprindo as tarefas de esposa. Embora todas estivessem vestidas de verde e se comportando de maneira estranha, ele não percebera que as jovens eram, na verdade, fadas. Entretanto, essa tolice não o poupou. Uma das mulheres desceu da árvore e o golpeou no rosto com um galho. Ele logo caiu no chão, mas se recuperou a tempo de conseguir chegar em casa, onde foi para a cama e logo depois morreu.[288]

Você pode achar que, pelo menos, em alguns desses casos, os seres humanos não mereciam o tratamento que receberam, mas, como em tudo, os seres feéricos podem ser imprevisíveis e desproporcionais. Cautela, gratidão, polidez e disposição para fazer o que *eles* quiserem constituem, em geral, o modo perfeito de se manter do lado certo do Bom Povo.

287. Harris, *Cornish Saints and Sinners*, cap. 19.
288. MacKenzie, *Scottish Folklore*, p. 212; Simpson, *Sussex*, p. 53; MacDougall, *Folk Tales*, p. 223; ver também Hunt, *Popular Romances*, p. 97.

Mesquinhez e Ingratidão

Os feéricos gostam daqueles que lhes demonstram generosidade. Em contrapartida, qualquer percepção de mesquinhez no tratamento será tratada com severidade. Em Farnsdale, no norte de Yorkshire, um filho e a nova esposa herdaram uma fazenda. Com ela, veio o *hob* residente, que realizava muitas tarefas na propriedade. A esposa, por não estar acostumada com ajudantes feéricos, não ofereceu ao *hob* o jarro de creme de leite que ele costumava receber a cada noite, dando-lhe, em vez disso, apenas soro de leite fino e aguado. Indignado, o *hob* deixou a casa, levando consigo a prosperidade da fazenda. Um caso semelhante em uma fazenda perto de Whitby, em 1824, fez com que o *hob* passasse a fazer barulho, arrancasse as cobertas da cama à noite e até matasse as aves. Há um senso de direito às oferendas, e os seres feéricos punirão aqueles que as negligenciarem ou violarem o acordo tácito.

Os seres sobrenaturais não gostam particularmente de pessoas que tentam pegar de volta seus presentes. Em Herefordshire, uma mulher feérica disfarçada de mendiga visitou uma padaria e implorou por um pedaço de massa. Ela recebeu uma pequena porção e, logo, pediu que a assassem no forno. Durante o cozimento, a iguaria aumentou magicamente de tamanho, e, como resultado, a filha do padeiro tomou de volta o pão para vendê-la na loja. Isso se repetiu mais duas vezes, até que a feérica perdeu a paciência e transformou a jovem gananciosa e egoísta em uma coruja.

Como também já vimos, quando uma pessoa demonstra generosidade com o Bom Povo, mesmo ao estar passando por necessidade, esse será um ato muito apreciado; porém, fingir que não pode ajudar quando, na realidade, há a capacidade de fazê-lo, haverá inevitavelmente uma punição. Se os seres feéricos pedirem farinha emprestada e você disser que tem pouca, quando, na verdade, dispõe de muita, essa será uma maneira infalível de garantir que você acabe ficando quase sem nada.

As promessas feitas aos seres feéricos devem sempre ser cumpridas. Na Cornualha, um minerador de estanho chamado Trenowth prometeu aos *knockers* das minas parte dos lucros de um rico veio, caso permitissem que ele o explorasse; entretanto, o homem decidiu não cumprir sua parte do acordo. Os *knockers* perceberam o que estava ocorrendo, mas não agiram de imediato. Quando o filho do minerador também optou por ficar com todo o lucro para si, chegou a vingança: o veio se esgotou, e o jovem gastou em bebida todo o dinheiro que restava ao pai. Essa história destaca outro aspecto importante da represália dos seres feéricos: a vingança pode ser adiada por gerações, mas o rancor jamais será esquecido.[289]

As represálias podem acontecer por atitudes tão simples quanto não apreciar seus presentes. Isso pode variar de uma afronta menor, como mostrar cautela ao comer alimentos dados por eles, até deixar de receber vantagens muito maiores. Um moleiro escocês permitiu que os feéricos usassem seu moinho à noite e, em troca, recebeu um pouco da farinha moída por eles para provar. O homem o fez com gosto, porém seu cão se recusou a experimentar. Como retaliação, os seres bateram a porta do moinho na cabeça do animal. Da mesma forma, sabe-se que os feéricos entravam em casas de campo e se divertiam à noite, brincando com os empregados. De manhã, manteiga, queijo e pão eram deixados para que comessem, mas, se algum deles se recusasse a fazê-lo, poderia esperar algum infortúnio. Como vimos anteriormente, essa suspeita em relação à comida feérica é compreensível, porém equivocada: esses alimentos são perigosos no Mundo Feérico, mas seguros no mundo mortal, de modo que não comer a comida feérica – seja ela destinada ao consumo dos seres sobrenaturais ou explicitamente destinada ao consumo humano – se transforma em risco.[290]

Com os seres feéricos, vale o ditado: "a cavalo dado não se olham os dentes". Isso certamente se estende além de qualquer generosidade com uma única refeição. Em Devon, conta-se a história de uma família que vivia na cidade de Topsham, no estuário do Exe, e teve a sorte de receber dos seres feéricos um inesgotável barril de cerveja. Não importava quanto bebessem, o barril nunca se esvaziava. Essa maravilha durou até que uma empregada muito curiosa abriu a tampa do barril para olhar em seu interior. Tudo o que viu foram teias de aranha, e, como consequência, a cerveja secou. Histórias idênticas vêm da Escócia sobre um suprimento interminável, até o momento em que alguém deu uma olhada no baú de refeições e elas acabaram.

Fazendeiros humanos são conhecidos por se beneficiarem do gado feérico em seus rebanhos, e, mais uma vez, o manejo prudente e respeitoso desses animais é a única maneira de garantir que a boa sorte perdure. Um casal escocês havia se mudado para a ilha deserta de Pabbay e encontrou lá uma vaca abandonada. A partir dela, criou todo seu rebanho. Por fim, como a vaca já estava

289. Barton, *North Yorkshire Folk Tales*, p. 85; Roberts, *Folklore of Yorkshire*, p. 99; Halliwell, *Popular Rhymes*, p. 167; Deane e Shaw, *Folklore of Cornwall*, p. 69; Rhys, *Celtic Folklore*, cap. VII.

290. Aitken, *Forgotten Heritage*, p. 7; Reginald Scot, *A Discourse Concerning the Nature and Substance of Devils*, 1665, Livro II, cap. 4, s. 8.

velha, marido e mulher decidiram abatê-la. A vaca ouviu os planos, mugiu e levou consigo toda a prole para o mar. Descobriu-se, então, que o animal era uma *crodhmara* – vaca marinha feérica –, e a atitude descuidada e ingrata do casal lhe custou todo o sustento. Muito semelhante é a história da vaca feérica branca no círculo de pedras de Mitchell's Fold, em Shropshire. Ela alimentou a população local por um período de fome, com o entendimento tácito de que as pessoas só encheriam um recipiente de cada vez e nunca tentariam ordenhá-la até secar. Se o acordo fosse respeitado, o leite da vaca jamais acabaria. Inevitavelmente, uma mulher gananciosa tentou obter benefícios disso, e a vaca foi embora para sempre. A infratora, em castigo, foi transformada em uma das pedras que compõem a paisagem da região.[291]

Enganando o Bom Povo

A intenção deliberada de enganar e explorar os Bons Vizinhos é definitivamente uma má ideia. Briavels, na Floresta de Dean, decidiu vender um pouco de cidra para ajudar a pagar o aluguel. Embora não tivesse percebido de imediato, o comprador era um ser feérico que pediu que a cidra fosse despejada em uma área gramada perto da cidade. O vendedor achou isso um desperdício tolo e, em vez disso, despejou um barril cheio de água. No entanto, como os feéricos não aceitam ser enganados, o comprador lançou uma maldição sobre a família, na qual muitos de seus membros sangrariam até a morte ao longo das gerações.[292]

Abusar da generosidade dos seres feéricos é outra violação passível de vingança. Uma escocesa que visitou a Terra Feérica e teve oportunidade de observar as paisagens roubou uma caixa de orvalho mágico que dissipava brilho feérico. A violação diante da hospitalidade dos seres sobrenaturais foi descoberta: a mulher foi privada da segunda visão que adquirira por meios desonestos. Num segundo caso, um homem recebeu a visita à noite de três fadas, as quais foram tratadas com muita hospitalidade. Pela calorosa recepção, elas lhe ofereceram o presente que ele escolhesse. O homem pediu uma harpa e recebeu um instrumento mágico que tocava lindamente, cuja música ninguém conseguia resistir. As pessoas começavam a dançar assim que ele pegava a harpa e só podiam

291. McPherson, *Barra*, p. 188; Simpson, *Welsh Border*, p. 79; ver também Lewes, *Queer Side*, p. 134.
292. Palmer, *Gloucestershire*, p. 145.

descansar quando parava de tocá-la. Percebendo seu poder recém-adquirido, o homem abusou do presente, tocando a harpa para os vizinhos e nunca deixando que descansassem, apesar dos pedidos de clemência. Por causa dessa maldade, as fadas tomaram de volta seu dom.[293]

Invasões

Os seres feéricos são um povo reservado que se ressente de qualquer invasão de privacidade, seja ela percebida ou real, cometida intencional ou involuntariamente. Podem fugir de seres humanos intrometidos ou apenas, destruí-los por vingança. No País de Gales, muito se comenta sobre as *Tylwyth Teg*: "muitos foram feridos por chegarem inadvertidamente até onde os feéricos estavam, sem qualquer licença ou oportunidade... todos os humanos que se atreveram receberam grandes castigos". Muitas vezes, os seres feéricos causam feridas muito difíceis de curar; no entanto, às vezes, deixam passar alguma incursão. A resposta dos feéricos pode ser difícil de prever, mas, por certo, parece haver uma distinção clara entre intrusões deliberadas e acidentais.[294]

Às vezes, o Bom Povo é perturbado de maneira não intencional. Por exemplo, na época vitoriana, perto de Crowle, em Lincolnshire, havia uma estrada inacabada abandonada por construtores feéricos porque um homem os encontrou trabalhando nela. Acreditava-se na região que, após essa perturbação (embora involuntária), o trabalho jamais seria concluído nem retomado por eles.

Os seres feéricos sempre reagirão com mais seriedade às intromissões consideradas deliberadas, embora a resposta tenda a refletir o grau de perturbação e ofensa causado. Em um incidente ocorrido em meados do século XX, uma mulher sentada em um tronco, num bosque próximo ao Castelo de Berry Pomeroy, em Devon, levou um tapa no rosto de um *pixy* furioso, mesmo sem o ter provocado; presume-se que ele se ressentiu ao pensar que ela estava invadindo seu espaço solitário. A mulher poderia ter sido perdoada por não ter percebido seu erro, porém, em certas ocasiões, os feéricos claramente consideram que a pessoa deveria ter ciência do que está fazendo. Um escocês foi espancado apenas por se sentar em uma colina feérica, enquanto um menino da Ilha de Man,

293. Aitken, *Forgotten Heritage*, p. 14; Lewes, *Queer Side*, p. 139; ver também Jenkyn Thomas, *Welsh Fairy Book*, "The fairy password".
294. Jones, *Appearance of Evil*, parágrafo 63.

que brincava em uma colina mágica, acabou castigado para o resto da vida: ele nunca mais cresceu, e sua boca ficou retorcida perpetuamente.[295]

Parece que o simples fato de atrapalhar o caminho de um ser feérico quando ele está apressado pode ser motivo de retaliação. Em Islay, num ataque aparentemente não provocado, um feérico passou correndo por duas crianças – um menino e uma menina – que caminhavam pela estrada e acabou tocando em uma delas. O menino ficou paralisado pelo resto da vida. A irmã foi poupada, pois, segundo se conta, estava vestida de verde, embora se acredite que usar a cor dos feéricos é algo que os contraria, sendo considerado afronta e usurpação de seus direitos.[296]

Aqueles que espionam as reuniões dos feéricos – bailes e mercados de verão – podem esperar sofrer as consequências. É claro que você pode tropeçar neles sem querer, mas, se isso acontecer, deve ser breve. Em Bodfari, perto de Denbigh, em março de 1772, quatro crianças viram alguns seres semelhantes a anões dançando em um campo. Movidas pela curiosidade, ficaram observando-os por um tempo, porém, quando foram percebidas, um dos homenzinhos veio correndo em direção a elas, com "semblante sombrio e olhar selvagem e um tanto feroz". Ele esteve a ponto de pegar uma delas, enquanto lutavam desesperadamente para escapar por uma grade. Toda a experiência as deixou muito assustadas, mas ilesas. Por outro lado, temos o caso de um homem que caminhava de volta para casa, atravessando o Yorkshire Wolds, em Whitby, e se deparou com alguns feéricos dançando em um vale isolado. Ele permaneceu observando-os por algum tempo e ficou tão impressionado com o hábito deles de gritar *Whip! Whip!*, estalando chicotes de caça, que se juntou aos feéricos. Revoltados, os seres sobrenaturais interromperam a dança e o chicotearam pelo restante do caminho até Whitby. Por fim, um conto de fadas de Northumberland registra como uma garotinha que colhia prímulas no rio Wear encontrou algumas fadas se banhando. Por essa invasão, ela foi sequestrada naquela mesma noite, e seu pai teve de seguir um complexo ritual para recuperá-la (leia o próximo capítulo).[297]

Espionar de forma deliberada os seres feéricos é, definitivamente, desaconselhável. Eles sempre punem ou prejudicam aqueles que intencionalmente os procuram e os observam. Em Orkney, por exemplo, acreditava-se que *Broonie*,

---

295. Addy, *Household Tales*, p. 135; Young e Houlbrook, *Magical Folk*, p. 51; e MacDougall, *Folk Tales*, p. 191; *Yn Lioar Manninagh*, vol. III.
296. Briggs, "Some Late Accounts of the Fairies", *Folklore*, vol. 72 (1961), p. 516.
297. Addy, *Household Tales*, p. 135; Bovet, *Pandaemonium*, 1684, p. 207; Jones, *Appearance of Evil*, parágrafo 34; *Notes & Queries*, 4ª. série, vol. 4 (1868), p. 132; Grice, *Folk Tales*, cap. 15.

rei dos *trows*, não gostava de ser observado enquanto trabalhava nas fazendas dos ilhéus e, se sentisse que isso estava acontecendo, espalhava os montes de feno. Um caso mais complexo ocorreu numa noite, quando um homem de Northamptonshire que tentava ver os feéricos em um celeiro espiou pelo buraco de uma porta e acabou cego daquele olho; em uma variante galesa desse caso, os seres teriam jogado poeira nos olhos do homem, de modo que ele perdeu a capacidade de ver eventos sobrenaturais.[298]

Se a intrusão acabar provocando distúrbios permanentes ou de longo prazo aos seres feéricos, ou se forem, de fato, feridos nessa empreitada, a vingança pode ser severa. Felizmente, às vezes, eles optam por primeiro alertar o intruso. Três homens de Perthshire saíram para tirar a grama do topo de uma colina feérica. Quando lá chegaram, todos se sentiram subitamente exaustos e se deitaram para cochilar. Mais tarde, ao acordar, notaram que cada um deles havia sido carregado por certa distância, e um deles se viu a 400 metros de uma lagoa. Nesse caso, se o ser humano não conseguir entender o recado, terá de aceitar as consequências. Um fazendeiro de Orkney que cavou um buraco em uma colina feérica foi confrontado por um pequeno homem cinzento e raivoso, que lhe avisou que, se, ousasse pegar outra pá, seis de suas vacas morreriam e, caso ele ainda persistisse, haveria seis funerais na família. O homem, porém, continuou cavando, e teve de arcar com as consequências previstas.[299]

Violações da privacidade e da dignidade feérica enfrentarão sérias reações. O filho de um moleiro de Rothley descobriu que os feéricos estavam usando o forno do moinho para cozinhar seu mingau à noite. O jovem se opôs ao fato de que os seres se banqueteassem nas instalações do pai e achou que seria divertido jogar uma grande pedra na panela de cozimento. É claro que isso fez com que o mingau fervente espirrasse por toda parte, queimando e escaldando quem estava por perto; como era de esperar, os feéricos imediatamente o perseguiram para se vingar: o rapaz foi atingido por um golpe que o deixou manco pelo resto da vida, e, se não tivesse conseguido escapar, as coisas poderiam ter sido bem piores. Quando a construção do Fernworthy Hall, em Dartmoor, perturbou os *pixies* locais, estes sequestraram o filho da família como vingança. Por sua vez, em outro caso ocorrido na Cornualha em 1952, o filho de uma família

---

298. *County Folklore*, vol. 2, p. 21; Sternberg, *Dialect and Folklore*, p. 133 – comparar Roberts, *Folklore of Yorkshire*, p. 63; Owen, *Welsh Folklore*, p. 90.

299. Murray, *Tales from Highland Perthshire*, nº 85; Marwick, *The Folklore of Orkney*, p. 41. Na história semelhante "The Fairies of Merlin's Craig", o cortador de grama infrator foi sequestrado e forçado a jurar que nunca mais apanharia grama, antes de ser libertado – *Folklore & Legends – Scotland*, p. 106.

que organizara um piquenique, sem querer, em um círculo de fadas, foi ferido logo depois e faleceu.[300]

O exemplo mais significativo e coordenado de resposta adversa dos seres feéricos à perturbação vem dos pântanos da Ânglia Oriental. Conforme observado no capítulo 2, durante muitos séculos, a população local coexistiu com um espírito dos pântanos chamado *Tiddy Mun*. Se as águas das enchentes subissem demais, invocar seu nome garantiria que baixassem. A partir do século XVII, no entanto, foram feitos esforços comerciais conjuntos para drenar os pântanos – e o *Tiddy Mun* reagiu mal: engenheiros de drenagem foram encontrados mortos, em locais onde a água era muito alta, enquanto pragas atingiram a população, bem como a criação de gado e as colheitas. A única maneira de diminuir a ira de *Tiddy Mun* foi agradar-lhe, despejando oferendas de água nos diques, substituindo simbolicamente o que fora drenado.

Entre os seres feéricos, alguns são mais tolerantes que outros: o que enfurece um pode não irritar o outro. No entanto, como há grande chance de os seres sobrenaturais se ofenderem seriamente, faz sentido adotar uma abordagem na qual a cautela e o respeito venham antes de tudo. Se uma advertência for dada, deverá ser aceita como tal e atendida. Sem dúvida, será útil também ser sensível e estar alerta a indícios de que os feéricos estão descontentes.

Um exemplo de resposta correta data do início do século XX, de uma garota que costumava pescar em Loch Awe, Argyllshire, acompanhada de um velho *ghillie* (espírito que auxiliava em expedições de pesca e caça); na hora do almoço, a jovem encontrava um lugar à margem do lago para amarrar o barco e fazer um piquenique na companhia do feérico. Um dia, ela quis comer perto de um pequeno riacho que desembocava no lago. O *ghillie* tentou dissuadi-la e, como ela teimou em permanecer ali, ele a deixou sozinha e foi comer em outro lugar ali perto. A menina encontrou uma pequena lagoa à sombra de uma sorveira, um carvalho e um espinheiro e se sentou para comer seu lanche: três sanduíches e uma laranja. Após comer metade do primeiro sanduíche, a laranja escorregou de seu colo e caiu na lagoa. A jovem tentou pegá-la, mas não a encontrou; ao chegar a outro ponto, já perto do riacho, ela disse em voz alta: "Bem, quem quer que seja, é bem-vindo para comer minha laranja". Ela voltou, então, para pegar o restante do piquenique, mas apenas a almofada estava lá – os sanduíches tinham sumido. "Pode ficar com eles", anunciou ela e levantou a almofada, sob a qual encontrou as iguarias. "Obrigada", disse a jovem, sentando-se para comê-los.

300. Grice, *Folk Tales*, cap. 10; Coxhead, *Devon Traditions*, p. 75; Deane e Shaw, *Folklore of Cornwall*, p. 92; comparar com E. Tregarthen, *North Cornwall Fairies and Legends*, p. 115, onde a punição por intromissão é simplesmente comer alguns biscoitos.

Quando terminou, falou novamente: "Você é bem-vindo para comer minha laranja, mas poderia me dar uma fruta em troca?". Olhando um pouco à frente enquanto falava, ela viu um arbusto de amoras maduras, embora fosse apenas junho. Ela as comeu com gratidão e voltou para o barco. Mais tarde, procurou o nome do pequeno riacho no mapa e descobriu que se tratava de Alltna Sith, o Riacho das Fadas (embora possamos suspeitar de que as árvores feéricas crescendo ao lado da lagoa deviam ter sido outro aviso). Isso explica a cautela do *ghillie* e a reação dos feéricos à presença da intrusa. Felizmente, a garota reagiu com paciência, educação e muito bom humor.

Captura de Feéricos

Estamos muito familiarizados com a ideia de que os seres feéricos raptam seres humanos, seja em forma de bebês trocados por *changelings* ou de homens e mulheres adultos tomados como amantes, amas de leite e parteiras. Surpreendentemente, também há evidências do processo inverso, isto é, feéricos sendo capturados por seres humanos.

Há três motivos principais para a tentativa deliberada de realizar a perigosa e difícil tarefa de apanhar um ser feérico. O primeiro – obviamente – é a pura curiosidade. O segundo pode ser o desejo de vingança contra um ser feérico incômodo; e o terceiro é a ganância. Diz-se que capturar um *leprechaun* traz boa sorte, e capturar um ser mágico pode fazer com que ele revele o paradeiro de um tesouro escondido.[301] No entanto, cabe um alerta: nunca confie em um elfo. Há um poema que conta a história de um homem que liberta um *goblin* da rede de um caçador e é recompensado com ouro porém, somente muito depois o homem descobre que o ouro era, na verdade, um punhado de prímulas mortas. E será ainda pior se o ser feérico tiver sido forçado a agir contra a vontade, pois poderá amaldiçoar o ardiloso algoz.[302]

Não é preciso dizer que os feéricos são muito difíceis de capturar; primeiro, porque têm ciência de que os seres humanos podem querer fazê-lo e permanecem atentos ao risco. Os seres feéricos nos roubam e nos incomodam, ficando deliberadamente além de nosso alcance. Thomas Hobbes escreveu em *Leviatã*: "os feéricos não devem ser presos ou responsabilizados pelo mal que fazem". Em

---

301. Graham Tomson, *The Luprachaun*; "And will you come away?", *in*: F. Olcott, *A Book of Elves and Fairies*, 1918, p. 62.
302. Graham R. Tomson, *Ballade of Fairy Gold*; Spence, *Fairy Tradition*, pp. 52-3.

segundo lugar, os seres feéricos são difíceis de capturar porque têm poderes mágicos: podem desaparecer à vontade, têm certo conhecimento sobre o futuro e a capacidade de se transformar. Dito isso, há um caso em que a forma diferente do feérico foi o problema para os feéricos. Um fazendeiro de Lake District apanhou uma lebre que pretendia comer no jantar. Para sua surpresa, o animal começou a chamar o pai feérico que estava do lado de fora da casa da fazenda, pedindo para ser libertado; nessas circunstâncias, o fazendeiro percebeu que era melhor atender ao apelo da lebre, apesar de estar perdendo a refeição noturna. Na maioria dos casos, os seres feéricos são muito esquivos. Em North Yorkshire, afirma-se que a razão pela qual as casas subterrâneas dos feéricos nunca são encontradas quando as pessoas cavam poços, minas ou fundações é porque, à medida que os trabalhadores cavam, os seres sobrenaturais apenas fazem com que suas moradias afundem ainda mais, permanecendo fora de alcance. Da mesma forma, em Dyfed, sul do País de Gales, comenta-se que nunca se pode chegar ao local onde os feéricos estão dançando: você os verá de um pico de montanha a outro, porém, se decidir chegar até esse outro pico, eles já terão se mudado novamente.[303]

Portanto, como era de esperar, os feéricos raramente são capturados, e, quando isso acontece, parece ser uma combinação de muita sorte, astúcia e agilidade. Em dois de seus poemas, "Europe" e "The Fairy", William Blake descreve a captura de fadas com seu chapéu: ele faz isso "como os meninos derrubam uma borboleta". É previsível que a velocidade e a surpresa sejam essenciais para capturar uma criatura mágica. Em uma história de Dartmoor, com apenas um golpe de muita sorte usando um garfo, um *pixy* é preso a um banco, impedindo, assim, sua fuga de uma casa. No entanto, a maioria dos casos sugere que nem a agilidade nem a participação de número significativo de pessoas serão suficientes por si só. Em um caso do País de Gales, duas paróquias organizaram uma partida de futebol na vila de Pencarreg Caio. Quando ambas as equipes se reuniram, viram feéricos dançando nas proximidades e decidiram capturá-los. Apesar da quantidade de jovens e do bom preparo físico, não foi possível cercar ou alcançar os seres feéricos, pois eles sempre mudavam de lugar.[304]

O planejamento antecipado é outro componente fundamental para o sucesso na captura de um feérico. Um homem conseguiu capturar um *glaistig*, em Lochaber, porque levou consigo um cinto encantado para esse fim; cavalos-d'água

---

303. Hobbes, *Leviatã*, 1651, Parte 4, p. 436; Hodgson, "On Some Surviving Fairies", p. 117; Blakeborough, *Wit, Character, Folklore and Customs of the North Riding of Yorkshire*, p. 143; Davies, *Folklore of West and Mid-Wales*, p. 128.
304. Crossing, *Dartmoor Pixies*, cap. VIII – "The Pixies' Revels"; Davies, *Folklore of West and Mid-Wales*, p. 130.

das Terras Altas (*each-uisge*) foram capturados com a aquisição de rédeas mágicas para equinos.[305]

Feéricos nem sempre são capturados de propósito. Em toda a Grã-Bretanha, há variantes de uma história envolvendo feéricos acidentalmente apanhados por ladrões. Na versão de Lancashire, dois larápios estavam caçando e, em vez de coelhos, retiraram dois feéricos de uma toca e os jogaram em sacos. Os meliantes ficaram tão alarmados com as vozes que gritavam dentro dos sacos que os largaram e correram para casa. No dia seguinte, os sacos foram encontrados, vazios e cuidadosamente dobrados, e os homens deixaram de lado os hábitos criminosos, por causa do choque provocado pela captura inesperada.[306]

Nessas últimas histórias populares, aparentemente os feéricos não demonstraram má vontade em relação ao incidente (na verdade, na versão de Sussex, a própria curiosidade colocou os feéricos em apuros, pois acabaram entrando num saco contendo um porco roubado). Da mesma forma, na história da captura do *pixie Skillywidden*, que teria ocorrido em Treridge, perto de Zennor, ele não parece muito abatido pela provação. Um fazendeiro cortava o feno quando viu um jovem *pixie* dormindo. Ele o pegou e o levou para casa, onde foi acolhido pela família, que passou a chamá-lo *Bobby Griglans*; o *pixie* brincava alegremente com as crianças junto à lareira e prometeu ao fazendeiro que revelaria onde havia ouro enterrado em uma colina próxima, logo que as noites ficassem enluaradas. No entanto, um dia, quando as crianças saíram para brincar, os pais do *pixie* apareceram procurando por ele, e *Skillywidden* prontamente voltou para casa com eles. Os leitores talvez saibam da existência de uma fazenda chamada Skillywadden, ao sul de Trendrine Hill, onde esse incidente ocorreu; portanto, essa pode ser uma região privilegiada para a captura de seres feéricos.

Mortes em Cativeiro

Incidentes registrados a respeito de seres feéricos mantidos em cativeiro dividem-se em três tipos, dependendo dos resultados. Em algumas histórias, o ser feérico aprisionado morre – manter seres feéricos como brinquedos no mundo humano é cruel e os condena, por mais atraente que a ideia possa inicialmente parecer.

---

305. Spence, *Fairy Tradition*, p. 53; Mackinlay, *Folklore of Scottish Lochs*, cap. XI.
306. Rhys, *Celtic Folklore*, p. 139 – *Welsh otter hunters (Caçadores de lontras galesas)*; Simpson, *Folklore of Sussex*, p. 60 – porcos ladrões.

Na história proveniente do condado de Suffolk, *Brother Mike* é um ser feérico aprisionado por um fazendeiro no momento em que roubava milho do celeiro. O homem coloca o ser dentro do chapéu e o leva de volta para a casa da fazenda, para divertir os filhos. O prisioneiro é amarrado à janela da cozinha, onde adoece e morre, após recusar qualquer alimento. Esse triste incidente se compara à história das *Crianças Verdes*, também de Suffolk: depois de terem se desviado do Mundo Feérico para o mundo humano, o menino da dupla foi ficando angustiado, até morrer de tristeza. Nesses dois primeiros exemplos, o declínio ocorre em poucos dias; porém, isso pode ocorrer em apenas alguns minutos. De Cheshire e Shropshire vêm as histórias da feérica d'água chamada *Asrai*. Trata-se de um ser misterioso, com forma de uma mulher jovem e nua, periodicamente arrastado por redes de pesca em rios e lagoas. Quando expostos ao ar, esses seres nunca duram muito, pois se derretem no fundo do barco de pesca antes mesmo de chegar à costa. Talvez, relacionado a isso esteja o caso de um bebê feérico encontrado durante a colheita de feno em North Yorkshire; apesar de ter sido cuidada por quem a encontrou, antes do fim do dia a criança se esvaiu até desaparecer.[307]

Feéricos Resgatados

Em algumas histórias, feéricos cativos são forçados a agir contra a vontade por algozes humanos, seja se casando com um humano, realizando obras quase impossíveis, prometendo bom comportamento ou, como já mencionamos, revelando um tesouro escondido. Por exemplo, em Rockingham, Northamptonshire, um elfo local chamado *Redman* estava importunando três irmãos pedindo comida. Os dois irmãos mais velhos ficaram irritados com sua presença e afastaram-no; porém, o mais novo viu uma oportunidade: agarrou o ser feérico e o segurou até que revelasse onde estava escondido seu pote de ouro, tornando-se, assim, um homem muito rico. Às vezes, feéricos cativos compram sua liberdade oferecendo algum benefício em troca: uma *glaistig* capturada concede prosperidade e também a "segunda visão" para poder ser libertada. Sereias fazem barganhas semelhantes quando capturadas nas redes dos pescadores ou encalhadas na praia.[308]

---

307. Atkinson, *Forty Years in a Moorland Parish*, p. 54; e ver também o poema "The Opal Dream Cave", de Katherine Mansfield.
308. Hill, *Folklore of Northamptonshire*, p. 152; Spence, *Fairy Tradition*, p. 51.

Fugitivos Élficos

Em muitos relatos, o ser feérico cativo, mais cedo ou mais tarde, escapa. Isso pode ocorrer por descuido humano, como no caso de um fazendeiro de Dartmoor que pegou um *pixy* no celeiro e o prendeu numa lamparina, mas depois deixou a porta do objeto aberta, permitindo que o *pixy* escapasse. Às vezes, o ser em cativeiro simplesmente usa seus poderes mágicos para desaparecer. Essa foi a experiência de uma mulher de Dartmoor que, ao retornar do mercado, conseguiu pegar um *pixy* e colocá-lo na cesta. Após algumas reclamações, o *pixy* se calou, e, ao abrir a tampa para verificar, a mulher descobriu que ele desaparecera. Certa noite, em um incidente semelhante ocorrido em North Yorkshire, um homem bêbado que voltava para casa se deparou com uma dança feérica. No estado de embriaguez, tentou participar do ritual, mas os seres feéricos se opuseram, beliscando-o e chutando-o sem piedade. Ele fugiu, mas, antes, conseguiu pegar uma fada, pensando que poderia ser uma bela boneca para a filha. Contudo, ao chegar em casa, seu bolso estava vazio: o homem teve sorte de sua presunção ter sido castigada apenas com tratamento rude. Em uma história proveniente da Ilha de Man, um homem pegou uma fada que pulara de uma árvore e a levou para casa como se fosse uma boneca; em virtude de sua ação, ele ficou muito doente. Só conseguiu se curar quando voltou ao local e libertou a prisioneira. Além de revelar as habilidades dos seres feéricos para escapar, essas duas histórias destacam o risco permanente do contato próximo com um ser sobrenatural, pois nem sempre isso é saudável para o ser humano.[309]

Feéricos Libertados

Às vezes, é claro, o feérico é libertado voluntariamente pelo algoz. De North Yorkshire, vem a história de uma menina feérica encontrada perdida, vagando solitária perto de Tower Hill, Middleton-in-Teesdale. Uma mulher levou a criança para casa, sentou-a junto à lareira e deu-lhe pão e queijo; no entanto, a menina chorou tão amargamente que a mulher se apiedou e a levou de volta ao local junto ao rio onde fora encontrada – e onde se acreditava que feéricos vinham se banhar –, na esperança de que seus pais voltassem para buscá-la. De fato, várias dessas histórias indicam que os pais vêm em busca dos filhos.[310]

309. Crossing, *Tales of Dartmoor Pixies*, cap. 5; Roberts, *Folklore of Yorkshire*, p. 63; *Choice Notes & Queries*, 1859, p. 26.
310. Bord, *Fairies*, Apêndice; R. H. Horne, *The Elf of the Woodlands*.

É notável, em muitos dos exemplos citados, a frequência com que um ser feérico jovem é capturado. Presume-se que a razão para isso é tão somente porque – assim como os jovens de muitas espécies – são menos cautelosos e estão menos alertas ao perigo do que os pais. Em segundo lugar, embora o contato com feéricos seja geralmente algo a ser desencorajado, na maioria desses casos não há consequências ruins para os algozes; na realidade, em vários casos, as crianças humanas brincam com as crianças feéricas numa relação de amizade e igualdade. Em outros casos, parece que os seres feéricos podem ter aceitado que foi a própria falta de cuidado ou a simples má sorte que os levou à captura, e, como resultado, nenhuma vingança é aplicada. É claro que nem sempre é assim: conhecendo o caráter dos seres feéricos, seria estranho se fosse. Um homem de North Yorkshire declarou que pegaria um feérico e o prenderia em uma garrafa se o visse; como era de esperar, sua intenção foi ouvida por eles e, em castigo, ele ficou duas horas sendo desorientado pelos *pixies*, como punição pela ousadia.[311]

Às vezes, um ser feérico está apenas perdido e é convidado pelos humanos a ficar com eles, mas até mesmo ajudar feéricos nessa situação pode ter suas desvantagens. Na história escocesa de Gilpin Horner, alguns homens encontraram um *goblin* perdido e permitiram que se mudasse para sua casa. O feérico ficou feliz em aceitar a oferta de abrigo e permaneceu com os homens por um tempo, antes de ser chamado de volta para sua família. Durante a estada, porém, ele consumia uma quantidade de creme de leite tão grande que sua partida para a Terra Feérica foi pouco lamentada.[312]

Matando Seres Feéricos

Há uma crença generalizada de que os seres feéricos são imortais. De fato (e surpreendentemente), evidências do folclore – por mais dispersas que sejam – contradizem isso. Seres feéricos são mortais e, portanto, podem ser assassinados. Uma confirmação dramática desse fato vem de Dartmoor, em Devon, onde há certa animosidade de longa data entre raposas e *pixies* locais, o que levou a um esforço cada vez maior dos *pixies* em se proteger. Raposas caçam *pixies*, arrancando-os de suas casas subterrâneas e devorando-os. Os *pixies* reagiram construindo abrigos de ferro.[313]

---

311. Blakeborough, *Wit, Character, Folklore and Customs of the North Riding of Yorkshire*, p. 143.
312. Aitken, *Forgotten Heritage*, p. 17.
313. R. King, "Folklore of Devonshire", *Fraser's Magazine*, vol. 8, 1873, p. 781.

Embora não sejam imortais, os seres feéricos têm expectativa de vida consideravelmente maior que a nossa, o que pode explicar o equívoco comum em relação à sua imortalidade. A esse respeito, o reverendo Robert Kirk expressou, com seu estilo habitual: "Eles não estão sujeitos a doenças dolorosas, mas minguam e decaem em determinado período, por volta de certa idade".[314]

O escritor inglês Reginald Scot afirmou que os seres feéricos estavam "sujeitos a um começo e a um fim, bem como a determinado grau de continuidade". Outro relato escocês sobre a duração da vida feérica afirma que esses seres vivem nove eras, nove vezes, nove períodos em cada uma delas:

Nove noves sugando o seio,
Nove noves instáveis e fracos,
Nove noves ágeis e rápidos,
Nove noves capazes e fortes,
Nove noves robustos e morenos,
Nove noves vitoriosos e dominadores,
Nove noves de gorro e monótonos,
Nove noves barbados e grisalhos,
Nove noves no peito da morte que se aproxima.[315]

O fato de que os feéricos acabarão adoecendo e morrendo é confirmado por várias evidências. Primeiro, funerais de seres feéricos já foram testemunhados. A descrição mais famosa de um deles foi a de William Blake, mas seu relato é mais poético que autêntico. No entanto, de tempos em tempos, testemunhas têm se deparado com procissões funerárias feéricas (por exemplo, a da rainha das fadas, em Lelant, na Cornualha), e o reverendo Edmund Jones, que vivia em Monmouthshire, no fim do século XVIII, falou a respeito de vários desses funerais observados, e que também previam mortes no mundo mortal, muitas vezes, a da testemunha.

Segundo, encontramos algumas alusões a cemitérios feéricos. Acreditava-se que um deles ficava em Brinkburn Priory, Northumberland. Em geral, no norte da Inglaterra, costumava-se dizer que qualquer local verde e sombreado era cemitério feérico.

Acreditava-se que, entre os *trows* de Orkney, o pai sempre morria quando o filho atingia a idade adulta. Também se diz que não há mais *trows* em Orkney, por

314. *Secret Commonwealth*, cap. 7.
315. Scot, Livro II, cap. 1, s. 12; A. Carmichael, *Carmina Gadelica*, vol. 2, p. 334.

causa de um desastre que matou todos eles. Há muito tempo, eles decidiram deixar o continente e viver apenas na ilha de Hoy. Para isso, reuniram-se em uma noite às margens da baía de Stromness e jogaram uma corda de palha sobre a água. No momento em que todas as palhas passavam pelas ondas, uma extremidade da corda se soltou, lançando-os ao mar, e todos se afogaram.

A idade, as doenças e os infortúnios atingem até mesmo os feéricos. Isso é triste, mas não necessariamente chocante. O mais preocupante é a evidência de que podem ser mortos de maneira prematura. Discuti anteriormente a guerra feérica; é quase inevitável que haja derramamento de sangue nesses conflitos, porém talvez não consideremos tão notável o fato de um ser mágico poder matar outro da mesma espécie. A verdade, no entanto, é que seres humanos também podem assassinar seres sobrenaturais.

O "ninfocídio" (a propósito, acabei de inventar essa palavra) pode ocorrer acidentalmente. Numa versão da história do Priorado de Brinkburn, foram as badaladas dos sinos da igreja que mataram os feéricos.[316] Já mencionei anteriormente a aversão do Bom Povo a sinos de igreja, e essa história, em particular, leva isso ao extremo.

Outros assassinatos de seres feéricos são exatamente isso: assassinatos deliberados e premeditados. Um caso de Shropshire diz respeito a alguns *boggarts* incômodos em uma casa de fazenda. A história segue o padrão do tipo de conto "e lá vamos nós", no qual a família tenta escapar dos companheiros indesejáveis mudando de casa, apenas para descobrir que eles a seguem. Na maioria das versões, os seres humanos se reconciliam com os companheiros indesejados, e muitas vezes, desistem da mudança (consulte, no capítulo 9, Voo Feérico). Na versão de Shropshire, a família chega à conclusão lógica: incapazes de se livrar dos *boggarts*, os humanos os enganam, pedindo-lhes que se sentem diante do fogo ardente na lareira, e, em seguida, os feéricos são empurrados para as chamas, onde são presos com garfos e vassouras, até serem consumidos. Em uma versão da Ilha de Man, os seres feéricos problemáticos são colocados em um barril e jogados no mar; em outra história, um *kelpie* aquático escocês que aterrorizava uma casa e uma família foi morto com dois espetos em brasa lançados por um ferreiro. Nessa última versão, o uso do ferro certamente é parte da razão do sucesso do assassino; sabemos que esse metal é uma boa defesa contra os feéricos, e, portanto, é razoável pensar que seja fatal para eles.[317]

---

316. *Denham Tracts*, p. 134.
317. Roeder, *Manx Folk Tales*, p. 23; Gregor, *Notes on the Folklore*, p. 66.

Alguns outros ninfocídios parecem ser crimes passionais ou foram cometidos no calor do momento ou em legítima defesa. Na ilha de Benbecula, na região das Ilhas Hébridas, uma sereia foi morta acidentalmente com uma pedra na cabeça, durante a tentativa de alguns pescadores de capturá-la. Em uma história das Terras Altas, um homem lutou e matou um *gruagach* com uma espada. O reverendo Robert Kirk também menciona um homem com "segunda visão", que, durante uma visita ao Mundo Feérico, "cortou em dois o corpo de um dos seres sobrenaturais, usando uma arma de ferro". Esses exemplos ilustram novamente a eficácia do ferro frio. Dizia-se que os touros de água eram invulneráveis, exceto às balas de prata.[318]

Embora seja possível lidar com um feérico incômodo matando-o, certamente essa não a maneira sábia de proceder. A vingança dos feéricos geralmente virá. Das Ilhas Shetland nos chega a história de uma sereia que ficou presa nas linhas de um barco de pesca, e, para se livrar dela, um dos tripulantes a esfaqueou. Ela afundou, e o anzol foi solto; porém, o responsável por isso nunca mais conseguiu prosperar depois desse ato.[319]

Resumo

A impressão geral que fica com base na leitura deste capítulo é que os seres feéricos podem ser violentos e sem princípios e devem ser abordados com cuidado. De fato, a força e a compulsão, muitas vezes, parecem estar no centro das relações entre seres humanos e feéricos. Incontestavelmente, isso faz parte da realidade de nossas interações com eles. Presumir que pode haver ofensa e haverá contrapartida – embora em prazos muito mais longos que os nossos – é um dos pensamentos mais prudentes que se pode ter antes de se encontrar com Nossos Vizinhos. Lembre-se sempre de que os feéricos não pensam nem agem como os seres humanos, e querem nos manter a uma distância controlada. Atente-se a essa regra e, de modo geral, você estará seguro. Alguns feéricos são ativamente amigáveis e prestativos, como já vimos, mas a iniciativa e a abordagem devem sempre partir deles.

---

318. J. Campbell, *Popular Tales of the West Highlands*, vol. 1, p. 7; Dalyell, *The Darker Superstitions of Scotland*, p. 542; ver a Balada escocesa "*Lady* Isabel e o Cavaleiro Élfico", na qual a heroína esfaqueia ou afoga o cavaleiro malvado.
319. Brand, *Description of Zetland*, p. 172.

Capítulo 12

Abdução por Parte dos Seres Feéricos

Há uma forma muito particular e perigosa de contato com os seres feéricos e que deve ser examinada separadamente: a abdução de adultos, crianças e bebês do mundo humano. O risco de abdução tem sido fonte de profunda ansiedade para as pessoas, por muitos séculos, mas o verdadeiro interesse desse assunto é o que ele tem a nos dizer sobre os feéricos: as motivações, os métodos e as maneiras pelas quais eles podem ser superados, e a pessoa abduzida, resgatada. O teor desses relatos é o de uma sociedade sitiada: os seres humanos enfrentam hostilidade e alerta constantes, devendo estar sempre em guarda. Já enfatizei anteriormente a proximidade incessante dos Bons Vizinhos e sua propensão à escuta. Essa percepção de que estão sempre atentos, sempre esperando para atacar, acrescenta um aspecto sinistro ao nosso relacionamento com eles.

Levando Adultos e Crianças

Feéricos são conhecidos pela inclinação a sequestrar pessoas. Isso ocorre com muito mais frequência que a captura ocasional de um feérico por um humano. É, sem dúvida, a parte mais preocupante de nossa interação com eles e, como tal, a mais reveladora.

O destino do abduzido varia. Alguns permanecem no Mundo Feérico para sempre; outros são mantidos por alguns anos e depois liberados, e alguns prestam serviço (por exemplo, atuam como músicos ou parteiras), mas, em seguida, são autorizados a voltar para casa. Mesmo assim, alguns daqueles que retornam podem não compreender que o mundo para o qual voltaram mudou – ou que eles próprios mudaram.

Quem é Levado e Por Quê?

Adultos podem ser levados por suas habilidades, especialmente se forem violinistas ou flautistas talentosos. Mulheres são frequentemente levadas como babás e amas de leite: parece que o leite humano é muito benéfico para os bebês sobrenaturais, e as mães feéricas parecem produzir pouco leite. Como consequência, as mães humanas que acabaram de dar à luz seus bebês, os quais ainda não foram batizados, são consideradas bastante vulneráveis. Por outro lado, é interessante notar que parteiras e enfermeiras humanas quase sempre serão levadas de modo temporário e comercial: serão transportadas para a colina feérica quando sua ajuda for necessária, mas voltarão para casa assim que o bebê tiver nascido em segurança (e não sofrerão nenhum efeito negativo de qualquer passagem de tempo diferenciada).

Crianças parecem ser raptadas com mais frequência que adultos, sobretudo meninos. Diz-se que isso se deve à crença feérica de que um bebê mortal, se criado e doutrinado nos costumes feéricos, pode se tornar campeão feérico ao atingir a idade adulta e levar, então, as hostes feéricas à vitória contra os humanos.[320] Algumas crianças humanas são procuradas como companheiras de brincadeiras para a prole feérica. Como já mencionei, e como ficará claro nessas histórias, essas crianças sequestradas serão bem cuidadas na Terra Feérica. No entanto, famílias mortais ainda temem a abdução dos filhos e fazem um esforço considerável para protegê-los, como vestir meninos como meninas para disfarçá-los dos vigilantes seres feéricos. Em uma interessante história escocesa, uma menina costumava brincar regularmente com os feéricos sob a Colina de Tulach, em Monzie. Um dia, os seres cortaram uma mecha de seu cabelo e lhe disseram que, da próxima vez que a visitassem, ela ficaria com eles para sempre. A menina contou à mãe o que havia acontecido, e a mulher

320. Aitken, *Forgotten Heritage*, p. 5.

imediatamente tomou várias precauções mágicas (não especificadas) e nunca mais deixou a filha sair para brincar.[321]

Algumas abduções são apenas temporárias e se parecem muito mais com o que hoje chamamos de "possessão". Em uma história das Ilhas Shetland, duas crianças apareceram nas festas de Yule e dançavam com habilidade incomum, tinham olhos arregalados e sorrisos fixos. Quando a mãe desavisada viu os filhos ali, pronunciou uma bênção que fez com que desaparecessem. Após buscas, eles foram encontrados mortos nos montes de neve, no dia seguinte. A mãe havia se esquecido de abençoar os garotos antes de sair para a noite de Yule, e, assim desprotegidos, eles ficaram vulneráveis quando os *trows* chegaram procurando uma forma humana para se apoderar e participar do festival. Isso parece uma apropriação muito dura e utilitária, ao usar os corpos e depois descartá-los; porém, isso tipifica a atitude de seres feéricos em muitas circunstâncias desse tipo.[322]

As abduções, contudo, nem sempre parecem forçadas ou contra a vontade do ser humano. Não é incomum que uma pessoa seja atraída para a morada feérica, sob o pretexto de ser convidada a entrar como hóspede. O visitante será bem tratado e receberá alimentos e bebida: o mais perigoso é justamente aceitar essa hospitalidade. Uma vez que o humano tenha provado a comida feérica, ficará preso aos seres sobrenaturais por, pelo menos, sete anos. Ao manter a atenção e recusar o que for oferecido, é possível que, com sorte, a pessoa seja libertada. Seduzir homens e mulheres para participar da dança feérica é outro meio muito conhecido de aprisionamento.

Outras armadilhas foram tentadas: em um caso relatado, os seres feéricos tentaram atrair os filhos de um fazendeiro para longe do trabalho de debulhar grãos, convidando-os para brincar com eles, enquanto outro poema descreve como as fadas tentaram persuadir um fazendeiro a aceitar a honra de ordenhar a vaca da rainha das fadas. Aqui, o homem desconfiou da oferta e se recusou a acompanhá-las, o que, sem dúvida, foi sábio: as fadas querem os seres humanos não pela companhia, mas, sim, porque podem prestar algum tipo de serviço. As mulheres, por exemplo, muitas vezes acabam sendo aparentemente escravizadas, ficando responsáveis por cozinhar e limpar para toda a comunidade feérica. Na verdade, a preferência geral dos feéricos nas histórias mais antigas era por mulheres e crianças, o que, provavelmente, reflete o fato de que eram conhecidas por serem as que tinham de fazer a maior parte das tarefas domésticas no mundo humano. Considero que a atitude dos seres feéricos era que esses grupos

---

321. Murray, *Tales from Highland Perthshire*, nº 33.
322. Jones, *Appearance*, nº 67; Edmonston, *The Home of a Naturalist*, p. 141.

poderiam ser facilmente obrigados a fazer o trabalho pesado no Mundo Feérico também, liberando seus captores para atividades mais prazerosas, como festejos, danças e pregar peças nos humanos.[323]

Anfitrião do Mundo Feérico

Há um modo particular de abdução especialmente predominante nas Terras Altas da Escócia: uma pessoa é arrebatada e levada com o *sluaghsith* (*slooashee*), a legião feérica. Acredita-se que essa multidão de espíritos voa pelo céu noturno "como estorninhos", travando batalhas entre si e ferindo homens, mulheres e animais no chão.

Essa legião viaja pelo campo e até mesmo pelo mar para terras estrangeiras. Às vezes, os humanos são convidados a viajar com esses seres; às vezes, ouvem as palavras mágicas que lançam no ar e viajam com eles dessa forma; outras vezes, são simplesmente abduzidos. Esse é um modo temporário de captura, embora possa acontecer repetidamente com o mesmo indivíduo. Por exemplo, mencionei anteriormente um homem preso em um penhasco na ilha de Barra que desejava ser salvo e foi levado a um lugar seguro pelos feéricos; o preço pago pelo seu resgate foi ser arrebatado a qualquer hora do dia ou da noite para viajar com os seres.[324]

Os *sluagh* podem viajar muito acima das nuvens ou se mover no nível do solo como um redemoinho de poeira. As viagens podem ser por prazer, para visitar pousadas ou invadir adegas, ou ter propósito maligno, muitas vezes para disparar raios élficos contra as pessoas e seus animais. Diz-se que os legionários não conseguem disparar, eles próprios, essas flechas, e é por isso que capturam humanos para levá-los consigo.[325]

Uma maneira de resgatar uma pessoa levada dessa forma é jogar um pedaço de ferro ou um punhado de terra no redemoinho; instantaneamente, a vítima é libertada. Em uma interessante variante da Cornualha sobre esse fenômeno, um redemoinho foi usado para cegar uma mãe e conseguir rouba-lhe o bebê, que foi substituído por um velho e sábio *changeling*.[326]

323. Wilson, *Folklore and Genealogies of Uppermost Nithsdale*, p. 76; Gregor, *Notes on the Folklore*, p. 62; Jones, *Appearance*, nº 46; Leather, *Folklore of Herefordshire*, p. 43; Graham R. Tomson, *The Ferlie*.

324. MacPherson, *Barra*, p. 178.

325. Jones, *Appearance of Evil*, parágrafos 67 e 68; Sutherland, *Folklore Gleanings*, p. 28; Murray, *Tales from Highland Perthshire*, nºs 88, 157, 191 e 204.

326. Bord, *Fairies*, p. 209; J. Harte, *Explore Fairy Traditions*, p. 146; Tregarthen, *North Cornwall Fairies*, p. 185.

A experiência real de viajar com o *sluagh* pode ser desagradável. Além de ser subitamente arrebatado, você pode voar a uma altura assustadora ou tão baixo que é atingido por arbustos e árvores. O reverendo Jones, no sul do País de Gales, contou que um homem foi levado em uma noite e passou todo o tempo sendo arrastado por espinhos e sarças. Durante parte da abdução, ele perdeu a sensibilidade e, quando retornou, parecia assustado e doente, tamanha era sua exaustão.[327]

Proteção de Adultos Contra Abduções

Ao longo dos séculos, as pessoas desenvolveram uma série de métodos testados e aprovados para repelir feéricos e evitar abduções. Todos eles são mais ou menos mágicos, e há uma ligação considerável entre esta seção e alguns dos temas a serem discutidos no próximo capítulo.

Entre as proteções simples e eficazes estão:

- **abençoar a si mesmo ou a outra pessoa com uma invocação cristã, espalhando água benta em torno de uma propriedade;**
- **carregar uma Bíblia – ou até mesmo uma única página da Bíblia – para debater com o ser mágico ameaçador e superar sua magia por meio da inteligência superior. Em uma canção de feéria escocesa, um ladrão feérico tenta persuadir uma jovem mãe de que seu filho está doente e seria melhor viver nos pântanos, cuidando das ovelhas e do gado feérico; ela rebate cada argumento com o opositor e, assim, salva o menino;[328]**
- **usando ou carregando amuletos da sorte. Esses amuletos incluíam um osso retirado da cabeça de uma ovelha e usado como amuleto; uma faca de ferro ou um pedaço de tocha de abeto. Vestir as crianças pela manhã, segurando-as de cabeça para baixo (é mais fácil falar que fazer); amarrar um fio vermelho no pescoço delas ou dar-lhes uma cruz de sorveira para usar são meios eficazes de protegê-las, explorando o poder da erva chamada sagina (*pearlwort*). Nas Terras Altas da Escócia, se uma vaca pastasse nessa planta, suas propriedades mágicas infundiriam o leite. Se esse leite fosse transformado em queijo, qualquer pessoa que comesse o laticínio receberia proteção contra feéricos, bem como todos os seus pertences e suas propriedades;[329]**

327. *Appearance of Evil*, parágrafo 68.
328. Campbell, *Waifs & Strays of Celtic Tradition*, vol. 5, pp. 140-48.
329. Gregor, *Notes on the Folklore*, p. 136.

- **proteger-se com objetos queimados. Isso era considerado muito eficaz. No Ano-Novo, a prática nas Terras Altas era queimar uma tira especial de pele cortada do peito de uma ovelha abatida no período do Natal. Ela tinha de ter formato oval e não podia ser removida com faca. O chefe de cada família acendia a tira e depois a passava para os membros da família, em direção ao sol, fazendo com que cada um inalasse a fumaça. Se o fogo se apagasse, era má sorte para quem o estivesse segurando. O couro queimado do pescoço de uma vaca era igualmente protetor e bater no couro de uma vaca na véspera de Ano-Novo também ajudava a afastar feéricos da fazenda, e**

- **por fim, se você estiver fora de casa e encontrar um feérico que teme e tenha planos contra você, desenhe um círculo ao redor de si e declare: "Deus esteja ao meu redor". Outra opção é deitar-se e enfiar uma faca no chão, ao lado de sua cabeça.[330]**

Nas Ilhas Shetland, se uma criança começasse a enfraquecer ou a adoecer, e parecesse estar em perigo iminente de ser levada pelos *trows*, havia um procedimento especial para protegê-la, que consistia em uma refeição composta de "carne de nove mulheres": a mãe visitava nove vizinhas cujos filhos eram primogênitos e pedia a cada uma delas três itens como ingredientes para o prato. Se a criança não se recuperasse após ser alimentada com essa mistura, nada mais poderia ser feito; dizia-se que "a teia dos homens cinzentos estava sobre o bebê", o que significava que a criança seria inevitavelmente levada. Um tratamento semelhante realizado na costa leste da Escócia, durante o mês de março, envolvia famílias que cortavam galhos de carvalho e hera. Essas plantas feéricas eram tecidas em guirlandas e preservadas até o outono. Se alguém da família começasse a parecer magro ou como se estivesse se lamentando, deveria passar três vezes pela guirlanda.[331]

Essas precauções podem ser eficazes, mas vale recordar que os Bons Vizinhos não reagirão muito bem ao ter seus planos frustrados. Taeder, um homem das Ilhas Shetland, tinha acabado de acompanhar a parteira até sua casa e estava voltando para a esposa e o filho recém-nascido quando viu os *trows* se aproximando de sua casa no campo. Ele conseguiu se antecipar a eles e colocou uma lâmina de barbear diante da porta, impedindo o sequestro de sua família.

---

330. Grant Stewart, *Popular Superstitions*, p. 114; Marwick, *The Folklore of Orkney*, p. 36.
331. Spence, *Shetland Folklore*, p. 147; Edmondston, *A View of the Zetland Isles*, p. 217; Saxby, *Shetland Traditional Lore*, p. 130; Crofton Croker, *Fairy Legends*, p. 41.

Apesar do sucesso, no dia seguinte ele encontrou a lâmina quebrada no caminho e sua melhor vaca desaparecida. Outro homem, também das Ilhas Shetland, que conseguiu salvar a esposa e o filho do irmão da abdução, mais tarde teve um dos próprios filhos levado.[332]

Resgate dos Abduzidos

Se as medidas preventivas não funcionarem, nem tudo estará perdido. De fato, a libertação de um prisioneiro do jugo dos feéricos pode ser feita pelos mesmos meios que protegeriam alguém antecipadamente. Por exemplo, abençoar uma pessoa capturada quebrará de imediato o feitiço colocado sobre ela. Porém, em geral, é necessário um pouco mais de esforço.

Pessoas atraídas para as danças feéricas só podem ser libertadas novamente um ano e um dia depois, e isso por meio de contato com o círculo, onde ainda serão encontradas dançando. O dançarino pode, então, ser arrastado para fora ou simplesmente tocado com uma vara longa de sorveira (*prencriafol*, em galês). No País de Gales, acredita-se que, mesmo depois que o resgate tenha sido bem-sucedido, a pessoa recuperada ainda precisa ser vigiada. Não se deve permitir que o ferro frio toque sua pele, caso contrário ela poderá se tornar invisível e ser levada novamente. Por exemplo, uma garota galesa que vivia numa fazenda foi levada pelos seres feéricos por um ano e um dia, sendo, então, resgatada de sua dança e, por algum tempo, parecia ter voltado a ser o que era. Um dia, porém, ela estava ajudando a selar um cavalo quando a broca de metal tocou sua mão; ela desapareceu instantaneamente e nunca mais foi vista. Uma crença relacionada a isso era a de que aqueles que voluntariamente comeram alimentos feéricos podiam retornar aos seus lares terrenos depois de sete anos, mas, mesmo assim, poderiam ser chamadas pelos feéricos e desapareceriam para sempre após outros sete anos.[333]

Às vezes, são necessários rituais bastante complexos para libertar uma pessoa abduzida. Uma boa ilustração disso é uma história de Stanhope, em Northumberland. Uma menina colhia prímulas ao lado do rio Wear – conhecido refúgio feérico repleto de flores que, por serem amarelas, eram conhecidas como flores de fadas. Seu pai temia, com razão, que ela pudesse ser levada muito em breve

332. Edmondston, *A View of the Zetland Isles*, p. 214.
333. Lewes, *Queer Side*, p. 120; Grant Stewart, *Popular Superstitions*, p. 91; Davies, *Folklore of West and Mid-Wales*, p. 109; Crofton Croker, *Fairy Legends*, p. 16.

e procurou aconselhamento com uma mulher sábia, moradora do local, que sugeriu que ele defendesse sua casa certificando-se de que tudo ficasse completamente silencioso. Ele trancou todo o gado e parou todos os relógios, mas não se preocupou com um cãozinho que dormia na cama com a filha. O animal latiu quando os feéricos chegaram, e, como resultado, a menina foi levada. Para recuperá-la, o pai teve de ir até as cavernas dos seres feéricos segurando um ramo de sorveira e levando três presentes para eles: uma luz que brilhava sem queimar (ele pegou um inseto luminoso), um animal sem ossos (ele pegou um ovo não chocado) e um membro que se desprendia sem perda de uma gota de sangue (ele pegou uma cauda desprendida de lagartixa). Os feéricos não tiveram outra opção a não ser libertar a garota. Um resgate semelhante na Escócia exigiu que um homem desse três nós no véu de noiva da esposa antes de ir à colina feérica recuperar tanto a ela como ao filho.[334]

Aparentemente, alguns prisioneiros conseguem negociar sua saída da Terra Feérica. Em uma história escocesa, uma mãe que estava amamentando foi levada, mas conseguiu escapar ao concordar em dar aos seres sobrenaturais a melhor égua leiteira da família. A égua acabou sendo devolvida aos donos quando não tinha mais utilidade para os feéricos, porém o animal voltou bastante magro e de aparência enfraquecida.[335]

Por fim, há algumas histórias escocesas de esposas raptadas que são interessantes pelo fato de o marido *não* conseguir recuperar a mulher. Curiosamente, as abduzidas parecem, muitas vezes, ser capazes de voltar para pedir ajuda à família e dar instruções sobre como podem ser salvas. Com frequência, esse resgate envolve jogar um item na procissão feérica quando ela passar e reivindicar a vítima (os feéricos são incapazes de recusar essa demanda por uma troca, independentemente do que está sendo trocado, de modo que um boné frequentemente salvará um prisioneiro). Entretanto, no caso de resgates fracassados, o medo geralmente parece inibir o marido. Há uma história em que os anciãos da igreja aconselharam o homem a não recuperar a esposa, pois ela havia estado na terra dos mortos e nunca mais seria aceita pela comunidade. É possível observar certa sabedoria nesse conselho, mas também cabe questionar se, talvez, o homem não estivesse secretamente feliz por se livrar da esposa.

Em algumas histórias, uma complicação adicional é o fato de o marido ter se casado novamente nesse meio-tempo. Muitas vezes, ele realmente acreditava que a esposa estava morta, porque enterrou uma lança na silhueta desenhada do cadáver dela. Em alguns casos, suspeita-se de que o marido não tenha se

334. Grice, *Folk Tales*, cap. 15; MacGregor, *Peat Fire Flame*, p. 5.
335. Gregor, *Notes on the Folklore*, p. 62.

arrependido de ter o *status* de solteiro restaurado. No último caso descrito, depois que o esposo falhou três vezes na tentativa de resgatar a esposa, ela reaparece ofendida e o amaldiçoa, de modo que sua sorte se esvai, todo o gado morre, e ele tem de entregar sua fazenda.[336]

Tomando o Gado

Já sabemos como os feéricos apreciam produtos lácteos. Eles roubam persistentemente os laticínios e também podem levar o gado leiteiro. Um incidente nas Ilhas Shetland ilustra como isso pode ser feito. Um dia, um homem saiu cedo e viu dois "homens cinzentos" se aproximando de uma vaca deitada em um campo. Eles se aproximaram e depois voltaram correndo; a vaca imediatamente se levantou e os seguiu até o limite de suas amarras. Ela morreu mais tarde naquele mesmo dia, como sinal claro de que os feéricos a haviam levado.

Partindo do princípio de que os feéricos são avessos à religião cristã, criar o hábito de abençoar regularmente o gado tem sido recomendado como forma segura de proteção.[337] No entanto, muitos se sentem mais seguros empregando medidas preventivas mais elaboradas, com cuidados que incluem:

- **enrolar uma página da Bíblia no chifre da vaca;**
- **dar ao gado água na qual foi mergulhada uma flecha de elfo (ponta de flecha de sílex), uma gema de cristal ou uma "pedra de serpente", ou seja, uma pedra com buraco natural;**
- **usar amarras de ferro para o gado no curral;**
- **colocar "grama de *dirk*" – tipo de gramínea escocesa – na cama, pois o contato com essa planta derrota os seres feéricos;**
- **alimentar o gado com sagina (*mothan*), como visto anteriormente, protege a vaca e também aqueles que consomem seu leite; e**
- **desenhar um gato ou um carvão quente nas costas e ao redor da barriga de uma vaca parida.**[338]

336. Murray, *Tales from Highland Perthshire*, nºs 15, 27 e 201.
337. Miller, *Scenes and Legends*, p. 16.
338. Pennant, *A Tour in Scotland*, p. 99; *County Folklore*, vol. 2, p. 37, e vol. 7, p. 32.

Outros bens também podem ser roubados pelos seres feéricos. Acreditava-se que as "pedras de serpente" também curavam a coqueluche, sendo muito valorizadas por esse motivo; uma delas foi, inclusive, mantida em uma caixa de ferro para protegê-la dos feéricos, embora não esteja totalmente claro se isso era para impedi-los de pegá-la ou de danificar suas propriedades curativas (ou até mesmo as duas coisas).[339]

Estoques e Substitutos

Os seres feéricos geralmente gostam de cobrir seus rastros quando fogem com pessoas vivas e animais. A questão dos *changelings* vivos trocados por bebês humanos será discutida na próxima seção; aqui concentraremos nossa atenção nas armadilhas inanimadas.

No lugar de um adulto, pode ser deixado o chamado "estoque" de madeira, feito de um pedaço de amieiro ou carvalho.

Os *trows* das Ilhas Shetland e Orkney eram famosos pelas habilidades específicas nesse ofício maligno. Em um relato de New Deer, no nordeste da Escócia, um homem ouviu os feéricos conversando sobre o estoque que estavam fazendo à semelhança da esposa do ferreiro local. Ele correu imediatamente para a casa e abençoou a mulher. De repente, ouviu-se um baque do lado de fora, e, quando olharam, descobriram um pedaço de abeto de pântano feito à semelhança da mulher. Um talo de repolho ou de artemísia poderia ser deixado no lugar de uma criança.[340]

Uma história de Craignish, nas Terras Altas Ocidentais, resume muitos de nossos temas. A esposa de um pastor, que havia saído para cuidar do rebanho, foi encontrada morta na charneca, com o corpo sem marcas. Uma semana após o funeral, o homem voltou para casa e contou aos filhos que a mãe estivera com ele durante o dia, avisando-lhe que estava viva e bem, pois tinha sido levada pelos feéricos, e que um estoque fora enterrado em seu lugar. Alertou que, se o marido conseguisse desenterrar o caixão, apenas uma folha seca seria encontrada dentro dele. O homem procurou os conselhos do reverendo local, que o orientou a não dar atenção a tais bobagens. Poucos dias depois, tanto o padre

---

339. Dalyell, *The Darker Superstitions of Scotland*, p. 141.

340. Gregor, *Notes on the Folklore*, p. 62; ver o conto de *Sandy Harry*; Aitken, *Forgotten Heritage*, p. 16; Browne, *History of the Highlands*, p. 111; Anon, *Folklore & Legends*, p. 52.

como seu cavalo foram encontrados mortos na charneca. Isso pode ter sido a vingança da esposa frustrada ou dos feéricos, cuja existência e poderes foram postos em dúvida.

Não só pessoas poderiam ser levadas. Nas Ilhas Shetland, acredita-se que, se uma pessoa fica paralisada ou perde o uso de um membro, isso se deve a que os feéricos tenham levado o membro bom e deixado no lugar um toco de madeira. A falta de sensibilidade no membro é demonstração da substituição. Conta-se, por exemplo, que, numa noite, um alfaiate que dormia em um chalé foi acordado por uma dança feérica que acontecia na sala principal da casa. Ele não se conteve e pronunciou uma bênção: nesse momento, a festa desapareceu, mas não antes que uma mulher feérica tocasse um dedo do pé dele, deixando-o dormente pelo resto de seus dias.[341]

Ocasionalmente, não é um tronco animado que é deixado para trás, mas uma imitação de feéria. Um casal morava em Braemore, no extremo norte da Escócia. Um dia, a esposa saiu para fazer uma visita e, ao retornar, não parecia ser a mesma de antes. No entanto, ela se tornou mais eficiente e produtiva nas tarefas domésticas, melhorando a cada dia, até que, passado um ano, de repente, ela adoeceu e morreu. Após mais seis anos, a mulher original retornou, acreditando ter estado ausente apenas pelo período de uma dança sob uma colina feérica. Ficou claro que, para ocultar o sequestro por um tempo, uma mulher feérica tomara seu lugar, embora, aparentemente, os feéricos só possam assumir a forma humana por um ano, no máximo. Essa substituta era uma espécie de *changeling* para um adulto, porém era bem mais agradável que o tipo infantil usual (ver a próxima seção).[342]

No caso do gado, os feéricos sempre deixarão algo parecido em seu lugar. Em geral, é um couro de vaca abatida e recheado para se parecer com o animal vivo roubado. Às vezes, como em um *changeling*, a pele contém um ser feérico idoso. Para o fazendeiro, o animal parecerá ter adoecido: ficará imóvel, não engordará nem produzirá leite, mas, ainda assim, demonstrará apetite voraz. Um pouco semelhantes a esses incidentes são as histórias em que seres feéricos são vistos abatendo e comendo uma vaca premiada. No entanto, guardam o couro e os ossos e, no fim do banquete, juntam tudo e trazem a vaca de volta à vida, tão saudável e inteira quanto antes.[343]

---

341. Edmondston, *A View of the Zetland Isles*, p. 77; S. Hibbert, *A Description of the Shetland Isles*, p. 194.
342. Sutherland, *Folklore Gleanings*, p. 24.
343. *County Folklore*, vol. 3, p. 26; Edmondston, *A View of the Zetland Isles*, p. 211; Macgregor, *Peat Fire Flame*, p. 9.

Changelings

Esta seção trata da abdução de bebês e de crianças muito pequenas e sua substituição por um ser feérico chamado *changeling*. O fenômeno do *changeling* é uma característica particularmente forte da crença feérica: "Entre as propensões perversas dos seres feéricos está a inclinação para roubar crianças, no que demonstram sagacidade especial", como afirmou uma autoridade.[344] Enquanto um bebê humano saudável é removido, um feérico velho ou doente parece sempre ser deixado em seu lugar. Isso contrasta com a situação que acabamos de descrever, em que uma mulher adulta foi substituída por um ser feérico que assumiu, e até mesmo desempenhou melhor, suas tarefas, com o objetivo evidente de ocultar a substituição. Nos casos de *changeling*, nenhum esforço é feito para disfarçar o rapto.

Na ocorrência com crianças, parece que os feéricos esperam a reciprocidade dos seres humanos e, portanto, deixam um dos seus para trás em troca da criança roubada. O processo é, assim, uma troca mútua, embora involuntária, de cuidados. Embora hoje tenhamos desenvolvido, em geral, uma visão benéfica e indulgente dos *pixies*, é fascinante saber que, no passado, eles eram considerados um dos piores culpados quando se tratava do sequestro de crianças. "Devonshire é, acima de todas as outras, a terra dos meninos e meninas *changeling*", declarou um escritor, considerando que um contemporâneo dele achava que na época vitoriana havia um *changeling* em cada vilarejo de Dartmoor.[345]

Quem é Levado e Como?

Uma crença difundida é que os bebês bonitos, de cabelos claros e olhos azuis eram os mais vulneráveis e passíveis de serem roubados. Ao longo da fronteira entre a Inglaterra e o País de Gales, dizia-se que os bebês "bonitos e saudáveis" da zona rural eram preferidos. Da história de Selena Moor, na Cornualha, extraímos dois fatos importantes: primeiro, que os bebês feéricos raramente nascem, o que explica a necessidade de abduções de humanos; e, segundo, que no final da era vitoriana havia certa preocupação com o declínio dos humanos, pois os *pixies* os consideravam não ser tão fortes quanto antes "por falta de mais carne e bom licor de malte".[346]

---

344. Crofton Croker, *Fairy Legends*, p. 39.
345. Bowring, "Devonshire Pixies", *Once a Week*, vol. 16 (1867), p. 205; Richard King, "The Folklore of Devonshire", in *Fraser's Magazine*, vol. 8, 1873, p. 781.
346. Simpson, *Welsh Border*, p. 73; Bottrell, *Traditions & Hearthside Stories*, vol. 2, p. 94.

Contemporâneo de Shakespeare, George Puttenham encapsulou muitos aspectos da crença com essas palavras:

> **aludindo à opinião das enfermeiras e babás, que afirmam que os feéricos costumam roubar as crianças mais belas de seus berços e colocar outras mais desfavorecidas em seu lugar, que eles chamam de *changelings* ou Elfos.**[347]

Bebês, quer estivessem na cama com as mães ou sozinhos nos berços, eram alvos constantes. Nessas circunstâncias, muitas vezes cabia àqueles que cuidavam da nova mãe garantir que fossem tomadas as medidas adequadas para proteger tanto ela como sua prole. A mãe estaria exausta e distraída demais para tomar precauções; portanto, parteiras, amigos e familiares tinham de estar alertas. Era prática comum, de fato, nas Terras Altas, que até meia dúzia de mulheres ficassem com a nova mãe por três ou até oito dias após o parto.

Elas ficavam acordadas e vigiavam o berço. Em Shropshire, as proteções se estendiam ainda mais: acreditava-se que era arriscado falar de um bebê esperado, pois isso alertaria os feéricos sobre sua chegada iminente. No País de Gales, dizia-se que o solstício de verão, por volta da véspera de São João, era a época do ano em que as crianças eram particularmente vulneráveis a serem trocadas, porque era uma estação mágica do ano, em que as *Tylwyth Teg* estavam frequentemente fora de casa.[348]

Uma fonte do século XVI inclui um juramento feito por parteiras "de não permitir que qualquer outro corpo de criança seja colocado, trazido ou posto diante de qualquer mulher que tenha dado à luz seu filho no lugar de seu filho natural". Entre os meios usados pelas parteiras e vizinhos para proteger as mães em trabalho de parto estavam:

- **polvilhar sal pela casa;**
- **pendurar samambaias ou bolos de aveia na soleira da porta;**
- **soprar uma Bíblia no rosto da mãe ou copiar palavras sagradas poderosas em pedaços de papel e pendurá-los na cama; e**
- **cobrir a mãe em trabalho de parto com nove cobertores, que era um número da sorte.**[349]

---

347. Puttenham, *The Art of English Poesie*, 1589, Livro III, cap. XV; ver também Richard Willis, Mount Tabor, 1639, pp. 92-3.
348. Firth, *Reminiscences*, p. 74; Palmer, *Shropshire*, p. 150; Davies, *Folklore of West and Mid-Wales*, p. 133.
349. Stewart, *Ben Nevis*, p. 261; Grieve, *Colonsay and Oronsay*, p. 281.

Depois que a criança nascia, havia mais uma série de medidas de proteção disponíveis. Essas medidas incluíam:

- uso dos poderes de conservação do ferro. À noite, os pais prendiam as roupas do bebê no berço e as cortinas com alfinetes em forma de cruz. Durante o dia, o bebê podia ser preso às roupas da mãe para que nunca ficasse longe dela. Pregos cravados na cama ou uma ferramenta de ferro deixada embaixo dela ou no parapeito da janela também eram precauções sensatas. Dito isso, parece que essas soluções não eram totalmente infalíveis. Em um caso de Suffolk, uma mãe acordou durante a noite e encontrou um grupo de feéricos despindo o bebê antes de levá-lo embora. Eles estavam removendo cuidadosamente os alfinetes de seus panos e voltando-os para baixo. Sua intervenção salvou o bebê, e, depois disso, ela passou a tomar mais cuidado para dormir com o bebê entre ela e o marido e para garantir que suas roupas estivessem presas ao travesseiro e aos lençóis, de modo a dificultar ao máximo qualquer tentativa de abdução;[350]
- uso de leite de vaca que tenha pastado sagina. Os produtos lácteos feitos com esse leite, se deixados sobre uma mesa na mesma sala em que a mãe e o bebê estavam, seriam tão poderosos quanto o ferro para expulsar os feéricos;
- amarrar um fio vermelho ao redor do pescoço do bebê. Essa era uma proteção simples e eficaz, assim como a camisa de um homem ou o vestido de noiva da mãe jogados sobre o berço;
- colocar sal na boca do bebê ou marcar sua testa com fuligem;
- deixar creme e bolos recém-assados para os seres feéricos. Fornecer uma refeição como essa parece ser tanto uma oferenda quanto uma distração para eles, na esperança de que, se estiverem bem alimentados, decidam não levar a criança da família ou apenas esquecer o motivo pelo qual estavam inicialmente ali;[351]
- abençoar a mãe e o novo filho e garantir um batismo rápido e precoce. Isso era extremamente importante, mas as palavras e os símbolos sagrados proporcionavam defesa de outras maneiras. Uma página de escritura costurada nas roupas do bebê seria eficaz, assim como varas cruzadas na porta de entrada ou a colocação de uma Bíblia aberta no travesseiro do recém-nascido, e

350. *Printed Extracts*, Suffolk, p. 37.
351. Owen, *Welsh Folklore*, p. 70.

Invocar a ajuda feérica contra os próprios feéricos era também uma possibilidade. No próximo capítulo, mencionaremos a fada chamada Elaby Gathen: as parteiras podiam invocá-la para vigiar e proteger os bebês adormecidos.

Medidas mais ativamente ofensivas poderiam ser tomadas. Uma borrifada de *maistir*, urina guardada para lavar roupas, repelirá os seres feéricos. Talvez, seguindo a mesma ideia, levar a mãe pelo esgoto do curral das vacas seja considerado igualmente eficaz. Borrifar a casa com água em que uma brasa tenha sido apagada também é eficiente, e, se um ser feérico tiver sido realmente visto nas proximidades, jogar essa água com turfa queimada pode ser bom para afastá-lo definitivamente.

Como já vimos, queimar itens para produzir odores ofensivos é uma opção popular e comum para uma série de malefícios, sendo considerado eficaz para repelir *changelings*. Assim, um sapato queimado no fogo pode ajudar a proteger um bebê de um sequestro. Carregar uma turfa em chamas sete vezes ao sol ao redor da cama da nova mãe, ou ao redor da parte externa da casa, se o espaço no quarto for restrito, é considerado excelente proteção, no extremo norte da Escócia.

O Que é Um *Changeling*?

O que diferencia o fenômeno do *changeling* de outras abduções feéricas é a questão-chave da troca. Um bebê não é apenas tomado à força; algum substituto é deixado em seu lugar, com o objetivo de disfarçar o sequestro; porém, e talvez o mais importante, seja encarar o cuidado humano como algo desejável e apreciado.

O ser que ficou no berço pode ser uma imagem de cera – o "estoque", conforme descrito na última seção – ou outro ser vivo, um substituto feérico chamado *changeling*. A convicção generalizada era de que, quem quer que fosse deixado no berço, pareceria apresentar fraquezas mentais e físicas, como dizem alguns escritores: um "tolo natural" ou lunático. A criança seria rabugenta e propensa a chorar, e, por essas características, sua verdadeira natureza seria revelada. O reverendo Edmund Jones, escrevendo na década de 1780, teve experiências pessoais com tentativas e interrupções de sequestros e também conheceu um menino trocado, filho de Edmund John William, de Church Valley. Segundo ele, a "criança inepta" viveu até os dez ou doze anos de idade (mais tempo que o normal para um *changeling*) e "tinha aspecto diabólico", fazendo movimentos perturbados e som desagradável de gritos. Sua pele era fosca, diferente da de sua família. Em geral, considerou o reverendo Jones, os que eram trocados "não tinham crescimento, boa aparência ou bom senso".[352]

Nas Ilhas Shetland, o ditado diz que um "tolo" nunca espirra. A crença está relacionada a *oafs* (trocas) ou *changelings*, e acreditava-se que uma criança recém-nascida estava sob o feitiço dos *trows* até que espirrasse pela primeira vez, momento em que todo o perigo cessava e se provava que ela não era um *changeling*.

Apesar da aparência desagradável da maioria dos *changelings* e da curta expectativa de vida, eles não precisavam ser sempre repulsivos e cheios de imperfeições. Alguns *changelings* tinham conhecimentos sobrenaturais: uma testemunha de Devonshire lembrou-se de uma mulher idosa do vilarejo que falava como uma mulher de cinquenta anos desde os cinco anos de idade e passava o tempo todo coletando mel silvestre. Em outra história de Dartmoor, Jimmy Townsend jura que sua irmã, Grace, foi transformada pelos *pixies* quando ela era criança. No entanto, a jovem chegou saudável aos vinte anos e apta a se casar, independentemente do que o irmão defendia. No devido tempo, ela se casou, embora Jimmy advertisse que seria improvável que a união fosse feliz. A princípio, suas previsões parecem ter sido desmentidas. Porém, o novo marido perdeu uma vaca, depois uma ninhada de porcos e, por fim, os gansos. Ele se viu obrigado a desistir da agricultura, e todas as outras opões de trabalho que tentou foram amaldiçoadas também com infortúnio: quanto a essa sequência de má sorte, moradores locais consideravam isso prova de que o homem escolhera uma esposa *pixie*.[353]

Portanto, a criança trocada era quase sempre incapaz, um *changeling* ou um "trocado", ou, ainda, um elfo. Essa é a percepção humana, mas também a visão das comunidades cujos membros foram abduzidos contra a vontade, deixando substitutos indesejados e, a seu ver, pouco saudáveis. Mas será que isso é justo? A perspectiva humana é apenas metade da história, e há boas razões para inferir que os feéricos veem tudo isso de maneira bastante diferente. Como descobriremos na próxima seção, eles ainda se preocupam com os membros de sua sociedade deixados no mundo mortal e tendem a protegê-los de qualquer ameaça de dano, e, como mencionado anteriormente, as crianças levadas parecem ser bem cuidadas. Por mais duros que sejam seus métodos, talvez as motivações feéricas estejam, de alguma forma, relacionadas ao cuidado: os objetivos são garantir que um elfo idoso receba atenção humana constante e proporcionar boa educação a um bebê mortal. Sabemos que mulheres humanas são apreciadas como amas de leite para

352. Hobbes, *Leviatã*, Parte 4, p. 436; Scot, *Discourse*, Livro II, cap. 4; Jones, *Appearance of Evil*, parágrafo 66.
353. Bowring, "Devonshire Pixies", *Once a Week*, vol. 16 (1867), p. 205; Crossing, *Tales of Dartmoor Pixies*, cap. 5.

a prole dos feéricos, e, à luz disso, os *changelings* podem ser vistos como apenas outra versão dessa prática.

Tendo essas sugestões em mente, é interessante ler um relato da Ilha de Man em que os feéricos substituíram a criança humana momentos depois de abduzi-la. Uma mulher foi colher milho e colocou seu bebê no chão enquanto trabalhava. Vendo uma oportunidade, um feérico pegou o bebê e deixou um *changeling* em seu lugar. A criança élfica gritou, e a mãe humana naturalmente foi obrigada a pegar o que achava ser seu bebê. Um dos homens no campo a impediu, e, quando ficou evidente que o bebê trocado seria ignorado, o feérico trouxe de volta o bebê humano e partiu. Esse relato parece confirmar que os seres feéricos estão tão preocupados com o cuidado adequado da própria prole quanto com as vantagens que possa obter ao tomar uma criança humana.[354]

Expondo o *Changeling*

O consenso era de que os *changelings* eram feios, frágeis e propensos a gritar. Essa era a principal maneira de identificá-los. Outras provas poderiam ser obtidas por meio de um estratagema destinado a expor a idade avançada do elfo.

Por exemplo, uma conversa poderia ser iniciada sobre música e dança; o *changeling* suspeito poderia ser envolvido pelas perguntas na esperança de ser pego de surpresa e se revelar elfo. O truque de fingir estar preparando cerveja em cascas de ovo era um modo muito popular de fazer o elfo exclamar que, apesar da idade e da sabedoria mundana, nunca vira tal coisa (o que, aliás, confirmava a longa expectativa de vida dos feéricos). Às vezes, o *changeling* estragava o próprio disfarce, por exemplo, pedindo uísque ou realizando alguma tarefa adulta, como tocar gaita de foles ou debulhar grãos. Uma vez diagnosticado o problema, havia muitas soluções disponíveis para reverter a situação.[355]

Expulsão do *Changeling*

Os *changelings* tendem a ter vida curta, e dizia-se que, quando o bebê doente morria, "os feéricos tinham, agora, o seu próprio". Em outras palavras, o bebê havia

354. *Choice Notes & Queries*, 1859, p. 26.
355. Aitken, *Forgotten Heritage*, p. 9; Sutherland, *Folklore Gleanings*, p. 26.

voltado para casa, para ficar com a própria espécie. É compreensível que poucos pais tolerassem esperar por esse triste desfecho e, em vez disso, tentavam afastar os feéricos e recuperar a própria prole antes que fosse tarde demais.[356]

Muitas vezes, famílias desesperadas recorreriam a medidas extremas para recuperar seus bebês. Um escritor observou que os pais estavam "prontos a fazer maldades" com a criança élfica deixada para trás. Isso é um eufemismo, dado o tipo de maus-tratos infligidos aos suspeitos de serem *changelings*. Esses maus-tratos tinham o objetivo de afastar o "bebê cuco" e forçar os feéricos a devolverem a criança raptada. Como veremos, eram por vezes ferozes, o que exigia profunda convicção e vontade resoluta para serem levados a cabo. É claro que deve ter sido útil dizer a si mesmo que os feéricos já haviam agido de forma violenta e maldosa e estavam levando o troco nos únicos termos que entenderiam e respeitariam. Também deve ter ajudado saber que esses maus-tratos tinham dado resultados, embora qualquer hesitação ou erro dos pais pudesse levar ao fracasso.

Uma série de técnicas de escalonamento foi empregada por famílias desesperadas. No fim de todas essas torturas, a expectativa era que o *changeling* fugisse, e o bebê roubado fosse depositado são e salvo pelos feéricos fora de casa.

Ao se deparar com os feéricos no ato de levar um bebê, há um meio infalível de resgatá-lo, que se baseia na crença inabalável deles em uma barganha justa. O humano imediatamente grita "o que é meu é seu e o que é seu é meu" e joga para os feéricos algum item, em geral uma pequena peça de roupa, em troca da qual os seres sobrenaturais são obrigados a entregar a criança raptada em seus braços. Até mesmo abençoar um berço logo após um sequestro pode ser suficiente para deter os feéricos em seu caminho. Embora possa parecer tarde demais, pode ser o caso de "trancar a porta do estábulo", pois parece indicar que, até que a criança seja, de fato, levada para dentro da morada feérica, é mais facilmente recuperável.[357]

Se fosse tarde demais para uma das soluções para o momento de crise, um dos meios mais longos e violentos de recuperação teria de ser considerado. Nas Ilhas Shetland, se uma criança tivesse sido "tirada do chão", havia uma cerimônia especial e demorada para protegê-la. Isso envolvia, primeiro, a coleta de um balde cheio de água das ondas do mar. Essa água era fervida jogando-se três pedrinhas em brasa na beira do mar, e a criança suspeita era, então, banhada na água e virada três vezes em cada direção. Depois disso, o bebê era colocado em um cobertor molhado e passado pelas chamas de uma fogueira de turfa antes de

356. Harland, *Lancashire Legends & Traditions*, p. 220.
357. Crofton Croker, *Fairy Legends*, pp. 43 e 39.

ser levado para a cama, enrolado no cobertor. Uma efígie da criança era, então, queimada. Essa prática era trabalhosa para os pais e, provavelmente, desconfortável para a criança, mas não causava grandes danos. Contudo, nem sempre era esse o caso.[358]

Os *changelings* podiam ser afastados forçando os feéricos a devolverem seus bebês cativos, expondo-os a uma série de condições desagradáveis. Uma das mais brandas envolvia a urina velha, já mencionada anteriormente. Um *changeling* suspeito poderia ser colocado em cima do pote em que o líquido estava sendo armazenado, e, como os feéricos se opõem fortemente a odores desagradáveis, isso poderia ser suficiente para expulsá-lo.

Como alternativa, o *changeling* poderia ser exposto às intempéries. Nas Terras Altas da Escócia, recomendava-se deixar a criatura durante a noite em um poço feérico ou na junção de três condados ou três rios. Um receptáculo especial para o bebê pode existir para esses fins. Perto de Moray Firth, no norte da Escócia, havia uma calha de pedra na fonte de St. Benet chamada "berço das fadas". Colocar um suspeito de *changeling* nesse local durante a noite recuperaria o bebê real dos feéricos. Para o bem ou para o mal, a calha foi destruída durante a Rebelião Jacobita de 1745.[359]

Nas Ilhas Shetland, sabe-se que um tratamento semelhante funcionou. Já vimos a primeira parte dessa história em uma seção anterior: a ação rápida de um homem salvou o sobrinho recém-nascido de ser levado, porém sua própria família passou a ser alvo das represálias feéricas. Um de seus filhos havia chorado por oito dias e depois dormido por oito dias, após os quais parecia diferente. Convencido de que feéricos o haviam trocado, o pai colocou o berço do lado de fora – "além da sombra do lintel". Quando olhou o bebê no berço, descobriu que era apenas uma imagem sem vida da criança sequestrada. Aliás, esse não é o único exemplo escocês em que o protetor é punido pelos feéricos enganados. Um pastor de Perthshire viu um grupo feérico se aproximando de um chalé, onde sabia que havia uma mulher e um bebê recém-nascido. Ele correu para chegar lá primeiro e desenhou linhas em forma de círculos ao redor da mãe e da criança para protegê-las. Isso funcionou, mas, quando saiu da casa, foi prontamente carregado pelos ares por volta de dez quilômetros de ida e outros dez de volta, antes de ser jogado no buraco da chaminé da casa do pai.[360]

358. Spence, *The Fairy Tradition in Britain*, p. 147.
359. Grant Stewart, *Popular Superstitions*, p. 115.
360. Dalyell, *The Darker Superstitions of Scotland*, p. 538; Murray, *Tales from Highland Perthshire*, nº 204.

Outra cura usada nas Terras Altas era ainda mais sinistra. Uma cova rasa tinha de ser cavada em um campo, e o *changeling* era colocado nela durante a noite, na expectativa de que o bebê raptado fosse devolvido no amanhecer seguinte. Do oeste da Escócia vem uma versão detalhada de uma prática relacionada. O bebê tinha de ser levado a um local conhecido por diversão feérica: um lugar onde se ouve o vento soprar de maneira peculiar nas árvores, geralmente próximo a um marco, uma pedra em pé, um monte verde ou um vale, ou um círculo de pedras. Certas palavras seriam ditas, e a criança, deixada com uma oferta de comida. Depois de uma ou duas horas de espera, por volta da meia-noite, os pais retornariam e encontrariam a comida e a criança perdida de volta.[361]

A violência física direta para expulsar o bebê trocado era comum. Uma prática da Cornualha era colocar o bebê no monte de cinzas, bater nele com uma vassoura (com a ajuda de vizinhos) e deixá-lo nu na calçada da igreja. Felizmente, a simples sugestão de causar danos ao bebê trocado poderia ser bem-sucedida. Houve o caso de uma mãe escocesa aconselhada pela mulher sábia local a jogar a criança trocada no rio; ela ouviu o plano, assustou-se e foi embora por vontade própria. Da mesma forma, em Sutherland, a prática era levar a criança trocada para a ferraria local e colocá-la na bigorna. O ferreiro, então, pegava o martelo e ameaçava fazer o bebê "virar gelatina", o que seria suficiente para afastar o elfo. Certamente, uma vez que o *changeling* tivesse caído no truque e se entregado, não haveria muita piedade em chicotear a criatura, lançá-la ao fogo ou jogá-la de uma ponte.[362]

A violência pode até ser usada contra uma mãe feérica. Em um caso ocorrido em Rousay, Orkney, o conselho dado à mãe da criança levada foi ir a um afloramento rochoso conhecido por ser assombrado pelos seres feéricos. Lá, a mãe tinha de enfiar uma cunha de aço em uma fenda proeminente na rocha até que uma porta aparecesse e se abrisse. Ao entrar, ela encontraria uma mulher feérica com um bebê no colo. Sem dizer uma palavra, a mãe humana deveria golpear a outra três vezes no rosto com uma Bíblia. Saindo da rocha e voltando para casa, encontraria o próprio filho lá, devolvido a ela.[363]

O fogo geralmente era o ingrediente principal de qualquer tentativa de resgate. Mais uma vez, a ameaça por si só poderia funcionar: em vários casos escoceses, um estoque havia sido deixado, e o simples fato de atiçar o fogo era suficiente para afastá-lo. Na Cornualha, uma cura mais elaborada exigia que

---

361. Browne, *History of the Highlands*, p. 115; Miller, *Scenes and Legends*, p. 105; Napier, *Folklore*, p. 42.
362. Courtney, *Cornish Feasts*, p. 126; Leather, *Folklore of Herefordshire*, p. 47; Sutherland, *Folklore Gleanings*, p. 26.
363. Marwick, *The Folklore of Orkney*, p. 83.

os pais fizessem uma fogueira fumegante com samambaias verdes e, quando a casa estivesse completamente cheia de fumaça, saíssem e dessem a volta três vezes ao redor.[364]

O calor era definitivamente visto como parte essencial do processo de expulsão dos *changelings*. Em um caso da Escócia, uma mulher sábia alertou a família que o filho havia sido transformado e, no berço, estava, na verdade, um *croupin*, mas havia uma solução. O fogo tinha de ficar aceso a noite toda, e todos os pedidos da criança precisavam ser ignorados. Na primeira noite em que isso foi tentado, o suposto *changeling* continuou implorando por água e acabou recebendo um gole. Assim, os pais não conseguiram quebrar o feitiço feérico. Também sucumbiram em uma segunda tentativa, mas na terceira ficaram surdos a todas as súplicas do bebê. Por fim, ele saiu da cama, rolou no chão por um tempo e finalmente desapareceu em uma chama azul. Jogar, de fato, o bebê trocado no fogo da lareira ou, ao menos, mantê-lo na fumaça e no calor acima das chamas era o último recurso, embora tenha sido considerado altamente eficaz. Em Dumfries e Galloway, um ritual complexo propunha que os pais se sentassem de cada lado da lareira, com uma vela entre eles, que deveria ser acesa com faíscas de uma pedra de serpente. O suspeito de ser *changeling* deveria ser atado com um pano vermelho nas mãos e nos pés e depois mantido sob a fumaça de uma fogueira de sorveira. Após muitos xingamentos, cuspes e gritos, o elfo acabaria saindo em disparada pelo pela chaminé.[365]

Pode ser reconfortante saber que nem sempre era a criança que sofria. Uma prática do nordeste da Escócia recomendava manter uma galinha preta perto de um fogo ardente. A galinha naturalmente se esforçaria para escapar e voaria pela chaminé, momento em que o elfo também partiria, e o bebê sequestrado voltaria. Deixando de lado essa prática, a maioria das formas tradicionais de expulsão de *changelings* envolvia, ao menos, desconforto – se não perigo – para o bebê suspeito. Por esse motivo, essas práticas são hoje totalmente desaprovadas e caíram em absoluto desuso.[366]

A expectativa por trás de todas essas ações era que a criança roubada fosse devolvida rapidamente. Os feéricos se preocupam e monitoram ativamente o bem-estar do *changeling* deixado para trás e, portanto, agirão de pronto para evitar danos a ele. Se o *changeling* fosse deixado longe da casa, ao retornarem, os

---

364. Grant Stewart, *Popular Superstitions*, p. 109; Courtney, *Cornish Feasts*, p. 126.
365. Fergusson, *Rambling Sketches*, p. 127; Aitken, *Forgotten Heritage*, p. 12; Browning, *Dumfries & Galloway Folk Tales*, p. 53.
366. Gregor, *Notes on the Folklore*, p. 61; algo parecido envolvendo assar uma galinha preta foi relatado no País de Gales: Jenkyn Thomas, *Welsh Fairy Book*, "The Llanfabon changeling".

pais encontrariam seu bebê de volta; se o bebê trocado fosse segurado sobre o fogo, o bebê real seria imediatamente ouvido do outro lado.

Devemos admitir, entretanto, que, mesmo quando a criança original fosse restaurada, ela ainda poderia estar marcada por suas experiências. Isso pode ocorrer pelos feéricos já terem tomado medidas para tornar o bebê roubado mais parecido com eles mesmos, processo que pode envolver mergulhar a criança em um poço mágico ou ungi-la com unguento especial. Uma ilustração disso vem da história da Cornualha sobre a criança espancada com vassouras e exposta perto da igreja. O abuso cometido contra o *changeling* fez com que o filho voltasse da Terra Feérica para a mãe, mas ele nunca mais foi o mesmo: passava muito tempo sozinho cuidando de animais e morreu com apenas trinta anos de idade.[367]

Seria errado, também, apresentar os seres feéricos como totalmente egoístas e alheios às reações dos pais humanos. De Almscliffe Crag, em West Yorkshire, vem um relato de meados da era vitoriana sobre duas crianças roubadas de uma mulher enquanto ela trabalhava nos campos durante a colheita. Sua angústia com o desaparecimento das crianças foi tão grande e seu choro tão prolongado que os feéricos ficaram com pena dela e devolveram as crianças. Mesmo assim, é interessante notar a crença local de que, apesar do curto período de ausência, as crianças foram permanentemente afetadas por sua experiência e cresceram nitidamente menores que outras de sua idade.

Explicação dos *Changelings*

Nos séculos anteriores, ocorreram assassinatos de crianças durante as tentativas de expulsão dos *changelings*.[368] Hoje, é claro que a legislação de proteção às crianças é muito mais eficaz, e nenhuma dessas ações é realizada. O importante, no entanto, é a atitude que se revela. A disposição dos pais de considerar quase qualquer medida para recuperar o filho perdido é previsível; a atitude deles em relação aos feéricos é mais surpreendente. O sequestro era aceito como característica fundamental dos seres feéricos, algo a ser antecipado e combatido. Isso pode ser visto como outra forma de nossa interação com os Bons Vizinhos – uma versão extrema, indesejável e desequilibrada, é verdade – mas, ainda assim, parte dos nossos constantes contatos com eles. Esse aspecto do nosso relacionamento com os seres feéricos, em particular, reforça minha impressão recorrente de que

367. Pegg, *Argyll Folk Tales*, p. 35; Bottrell, *Traditions and Hearthside Stories*, vol. 2, p. 199.
368. Dalyell, *The Darker Superstitions of Scotland*, p. 538.

eles agem conosco, em muitos aspectos, como se fossem uma potência colonial. Para eles, os seres humanos podem ser um recurso a ser explorado; não devemos ser tratados como iguais com direitos, e sim como súditos; somos curiosos e divertidos, mas só temos valor na medida em que somos úteis a eles.

Apesar de tudo o que foi exposto, devemos reconhecer que o abuso de supostas crianças trocadas constitui, na verdade, uma atitude míope. Em uma história escocesa, uma mãe que estava amamentando foi abordada por uma mulher feérica, pedindo que ela cuidasse também de seu filho. Ela concordou e cuidou tão bem do bebê que foi recompensada com tecidos, remédios feéricos e boa sorte. Em Suffolk, ouvimos falar de uma mãe que aceitou um bebê trocado e cuidou dele como se fosse seu, encontrando dinheiro deixado para ela todas as manhãs como pagamento por seu trabalho extra. O caso mais bem-sucedido aconteceu em Dartmoor, no qual a mãe humana que aceitou o *changeling* e cuidou dele com amor, como se fosse seu, agradou tanto aos *pixies* que eles devolveram o bebê, que cresceu dotado de boa sorte.[369]

Por fim, conforme demonstrado na última história, o cuidado com as crianças feéricas é geralmente positivo. Os feéricos gostam (talvez até precisem) de crianças humanas e geralmente cuidam bem delas e as devolvem com boa saúde. Mesmo assim, esse não é o caso universal: em uma narrativa de *changeling* de Glengarry, nas Terras Altas, o elfo foi expulso ao ser jogado em uma piscina funda, e a criança humana reapareceu devidamente; porém, durante sua ausência no Mundo Feérico, o elfo foi mal alimentado, negligenciado e reduzido a pele e osso.[370]

Elfo Confuso

Como mencionei no capítulo 2, nossos antepassados anglo-saxões diagnosticavam uma série de doenças que atribuíam à intervenção maligna dos feéricos, uma das quais era chamada *ælfadl* (que hoje podemos traduzir aproximadamente como "elfo estragado/confuso"). Sua natureza é incerta – parece que envolvia algum grau de dor física interna –; contudo, trouxe o nome para descrever de forma mais ampla os efeitos sobre a saúde resultante do contato com nossos vizinhos feéricos. O termo mais tradicional é "levado pelos feéricos". Isso denota não só o ato de abdução, mas também as consequências clínicas desse fato.

---

369. Aitken, *Forgotten Heritage*, p. 14; *Printed Extracts*, Suffolk, p. 37; Bray, *Description*, p. 77.
370. Sutherland, *Folklore Gleanings*, p. 26; MacDougall, *Folk Tales*, p. 117.

Riscos Físicos Dentro da Terra Feérica

É amplamente conhecido o fato de que uma visita à Terra Feérica e qualquer tempo passado na colina feérica pode ter sérias consequências físicas. De fato, nas Ilhas do Norte da Escócia, o adjetivo *trowie* (parecido com *trow*) era sinônimo de doentio.

A experiência, no mínimo, pode ser desagradável e angustiante. Um homem da Ilha de Man foi levado pelos seres sobrenaturais por um período de quatro anos. Ele disse que, enquanto estava fora, ainda podia ver amigos e familiares, mas não podia ser visto por eles nem se comunicar de forma alguma. Quando retornou ao mundo humano, disse que foi como despertar da inconsciência. Essa última observação sugere um pouco da confusão e da desorientação que a doença do "elfo estragado" apresenta. Em outro relato de Perthshire, nas Terras Altas, um homem trabalhava no jardim quando os feéricos o sequestraram por três dias. Quando voltou da colina, estava atordoado e mal conseguia descrever o que havia acontecido. Ele adoeceu e, após dois dias, desapareceu.[371]

Como o tempo pode passar mais lentamente na Terra da Feéria, o visitante que retorna pode descobrir que as poucas horas passadas por lá foram, na verdade, anos ou séculos, de modo que ele retorna a uma terra totalmente desconhecida e onde, muitas vezes, ele se desfaz em pó assim que entra em contato com a comida ou com o solo do mundo mortal. Por exemplo, um ano e um dia parecem uma noite; alguns minutos são, na realidade, vinte e três anos, e o que é vivenciado como algumas horas pode se transformar em muitas décadas. Um exemplo vívido dessa diferença temporal vem de Herefordshire. Alguns jovens que voltavam de uma feira encontraram alguns feéricos dançando em um círculo. Um homem do grupo juntou-se a eles e só voltou um ano depois, mas as laranjas e os biscoitos da feira que estavam em seus bolsos ainda estavam frescos. Ele, no entanto, adoeceu rapidamente e morreu. As diferenças de horário podem ser desconcertantes e desorientadoras. Em uma história do País de Gales, um menino foi enviado pela mãe para buscar um pouco de *barm* (espuma do malte em fermentação) na casa de um vizinho. Ele ficou fora um ano e um dia, mas, quando reapareceu, ainda segurava a garrafa de *barm* que a mãe havia lhe dado e tinha a impressão de que se ausentara por apenas alguns minutos. Em uma versão semelhante dessa história, o garoto retornou

371. Murray, *Tales from Highland Perthshire*, nº 179.

da tarefa com o item que fora enviado para buscar na mão; ele se deteve no caminho por apenas alguns minutos para ouvir a música feérica, mas voltou para casa muito velho. Antecipando nossa próxima seção, ele, então, procurou desesperadamente o caminho de volta para a Terra Feérica, porém não conseguiu encontrá-lo.[372]

Relacionada a esses últimos casos está a condição daqueles que participam de danças feéricas: enquanto estão com os feéricos, as pessoas sentem que o tempo quase não passou e não dançaram o suficiente. Depois de resgatadas, com frequência entram em colapso de exaustão porque, na verdade, dançaram sem parar por um ano e um dia; por outro lado, também podem se reduzir a esqueletos famintos porque não tiveram chance de comer durante todo esse tempo.[373]

Uma permanência de qualquer duração no Mundo Feérico pode mudar o corpo de modo que não seja possível voltar à vida antiga. Esse é o resultado de alterações físicas causadas pelo consumo de comida feérica. Embora seja libertado, o abduzido que retorna geralmente morre em pouco tempo, como reação ao tocar na comida humana, agora efetivamente venenosa.

Os efeitos nocivos podem ser menos drásticos e mais insidiosos que isso, mas, ainda assim, o contato com o outro mundo pode levar a alterações fisiológicas permanentes. Nas Ilhas Shetland, dizia-se que as moças levadas pelos *trows* voltavam muito bonitas, mas propensas a morrer jovens.

Riscos Psicológicos da Feéria

Menos relatados são os efeitos psicológicos negativos de uma estada no mundo feérico. Os abduzidos podem ser liberados da Terra Feérica após um cativeiro convencional de sete anos, mas raramente conseguem se estabelecer de novo ou sentir que se encaixam na sociedade humana. Afirma-se que quem volta geralmente não se lembra de quase nada do tempo em que esteve fora, porém, mesmo assim, fica arrasado. Um homem chamado Iago ap Dewi, de Llanllawddog, na região central do País de Gales, foi levado por sete anos pelas *Tylwyth Teg*. Quando finalmente retornou, nunca disse uma palavra sobre suas experiências. Talvez, o receio de trair o que viu e ouviu tenha sido decisivo para isso (e sabemos quanto a discrição é valorizada pelos feéricos); porém,

372. Leather, *Folklore of Herefordshire*, pp. 45-6; MacPherson, *Barra*, p. 173; Owen, *Welsh Folklore*, p. 48.
373. Davies, *Folklore of West and Mid-Wales*, p. 110; Owen, *Welsh Folklore*, p. 37.

o efeito desorientador e alienante da exposição a outro mundo também deve ser considerado.[374]

Com base em várias fontes e depoimentos reunidos ao longo dos séculos, podemos identificar consequências mentais nocivas geradas pela visita à Terra Feérica: as pessoas que retornam nunca mais são as mesmas, e há muitas descrições desse fato. Na Inglaterra do século XVII, John Aubrey coletou uma história sobre um pastor que trabalhava para o Sr. Brown, de Winterbourne Bassett, Wiltshire, que viu o chão se abrir, "transportando-o a lugares estranhos no subsolo", onde se tocava música. Como Aubrey observou a respeito dos visitantes, uma vez que tivessem testemunhado os prazeres da Feéria, eles "nunca mais poderiam se divertir depois disso".[375]

Mais tarde, no mesmo século, o reverendo Robert Kirk conheceu uma mulher que havia retornado do Reino das Fadas e, segundo ele, a jovem pouco se alimenta e "ainda permanece melancólica e silenciosa, quase nunca é vista rindo. Seu Calor natural e sua Umidade essencial parecem estar igualmente equilibrados, como uma lamparina que nunca se apaga, porém ela anda em círculos, não muito diferente da triste vida das Abelhas e de alguns tipos de pássaro, que dormem durante todo o Inverno e revivem na *Primavera*".[376]

Os principais sintomas parecem ser sensação de luto e desejo de recuperar as alegrias da Terra Feérica. Por exemplo, aqueles que voltaram para casa, na Escócia, "nunca mais apreciaram as obras e os costumes de seus semelhantes. Amavam as ribanceiras ensolaradas, os vales e os bosques que ficavam longe das moradas dos homens... Com olhos sonhadores e saudosos, olhando ao longe em busca de algo que não conseguiam alcançar, lamentavam-se pelo resto de seus dias, como se fossem seres à parte".[377]

Uma descrição idêntica dessa aflição vem da Cornualha. Os sequestrados foram descritos como criaturas infelizes que nunca mais se estabeleceram para trabalhar, "vagavam sem rumo, sem fazer nada, esperando e desejando que um dia pudessem voltar ao lugar de onde haviam sido banidos".[378]

Para aqueles que retornam, a vida mortal se torna uma substituição pálida do que vislumbraram, e eles só podem permanecer aqui aguardando ou esperando a fuga. No famoso poema de James Hogg, "Kilmeny", a heroína sofre de todos esses sintomas: "nenhum sorriso na face de Kilmeny/... seu olhar paralisado e...

374. Davies, *Folklore of West and Mid-Wales*, p. 110.
375. Briggs, *Fairies in Literature & Tradition*, p. 12.
376. Kirk, *Secret Commonwealth*, cap. 15.
377. Gregor, *Notes on the Folklore*, p. 62.
378. Courtney, *Cornish Feasts*, p. 121; ver também a história de *Cherry de Zennor*.

seu olho imóvel". Embora ela não pudesse descrever para a família onde esteve nem o que viu, seu local de nascimento não era reconhecível: "aquela não era sua casa, e ela não poderia permanecer". Em amargo contraste com a alegria e o alívio dos pais com seu retorno, ela estava desesperada para deixar "o mundo de tristeza e dor".

Talvez, o mais perturbador e difícil para familiares e amigos seja o fato de que aqueles que foram abduzidos parecem incapazes de falar sobre suas experiências. Os *trows* da Ilha de Shetland levavam as crianças por um tempo, libertando-as na puberdade. De volta à sociedade humana, elas sempre mantiveram "silêncio ininterrupto sobre a terra de cativeiro". De fato, esse silêncio podia ser imposto fisicamente: na Irlanda, acreditava-se que "os pequeninos (os *trows*) lhes colocavam algo na boca para que não pudessem falar". Em termos modernos, podemos até ver isso como um tipo de transtorno de estresse pós-traumático: aqueles que permaneceram em casa nunca poderão entender o que o retornado passou.[379]

O poeta irlandês W. B. Yeats ficou fascinado com a condição de elfo confuso e fez um estudo especial a respeito. Relacionou vários sintomas físicos à distração e à tristeza sofridas. Uma pessoa levada terá a pele pálida, toque frio e voz baixa. Sofrerá desmaios, fadiga, languidez, sono longo e pesado, além de definhamento. Por estarem atordoados e até mesmo em transe, os retornados raramente cuidam de forma adequada de si mesmos.[380]

Às vezes, é claro, é difícil determinar se os efeitos posteriores são principalmente psicológicos ou fisiológicos (embora um possa levar ao outro). Tudo o que podemos dizer com certeza é que as pessoas abduzidas nunca mais são as mesmas, e seu retorno a esse mundo raramente é o evento feliz que poderíamos esperar.

Estudos de Caso da Cornualha

Um exemplo da condição conhecida como "elfo-estragado" vem da história *A casa de Selena Moor (The House on Selena Moor)*.[381] Em Selena Moor, no extremo

379. Spence, *The Fairy Tradition in Britain*, p. 262.
380. Yeats, *Unpublished Prose*, vol. 1, p. 418, e vol. 2, p. 281; ver também Jones, *The Appearance of Evil*, parágrafos 70, 68, 82, 56, 62 e 69.
381. Bottrell, *Traditions and Hearthside Stories*, vol. 1, pp. 94-102.

oeste da Cornualha, o Sr. Noy encontra uma casa de fazenda onde está ocorrendo uma celebração. Ao se aproximar, vê Grace, sua ex-amante, que pensava estar morta, mas, na verdade, fora capturada e escravizada pelos seres feéricos. Ela o adverte para não tocar nem na comida nem na bebida feérica – ao contrário do que ela fez – e lhe conta algo sobre a vida feérica da qual ela agora compartilha. A experiência de ver os seres sobrenaturais e de saber que seu amor perdido ainda estava vivo na Terra da Feéria o afetou profundamente:

> A partir daquela noite... ele parecia diferente; pouco falava além do que viu e ouviu ali... Muitas vezes, ao entardecer, na véspera e nas noites de luar, ele vagava pelos pântanos na esperança de encontrar Grace; porém, quando entendeu que sua busca era em vão, tornou-se melancólico, negligenciou sua fazenda, cansou-se de caçar e partiu desta vida antes da próxima colheita. Ninguém sabe se realmente morreu ou foi para a Terra Feérica.

Noy não teve contato físico com Grace, nem tocou nas frutas ou na cerveja da Feéria, pois, se o tivesse feito, jamais teria conseguido voltar para casa. No entanto, o que viu e ouviu foi suficiente para tirar seu prazer pela vida mortal.

Uma história muito semelhante proveniente da mesma região é a de Richard Vingoe, que descobriu o Mundo Feérico em uma longa passagem sob os penhascos, nas proximidades de Land's End. Ele também encontrou por lá uma ex-amante que acreditava ter morrido, mas, na verdade, havia sido "modificada para um estado feérico". Ela o salvou de seu destino, levando-o de volta à superfície; porém, mesmo assim, ele nunca mais foi o mesmo: começou a beber e morreu jovem e solteiro.[382]

Em ambos os casos, a sorte dos amantes daqueles que foram raptados não parece especialmente feliz, mas, mesmo assim, os homens desejam se reunir aos seres feéricos. Talvez fosse apenas doença de amor, mas parece também que o vislumbre de outro mundo além do nosso é parte da causa de sua infelicidade.

382. Bottrell, *Traditions and Hearthside Stories*, vol. 2, p. 102.

A Possessão Feérica e a Medição da Cinta

Não é necessário ser abduzido fisicamente para a Terra Feérica para sofrer os efeitos nocivos do contato com o feérico. Já vimos algumas das outras maneiras pelas quais a doença pode surgir da proximidade neste mundo com o sobrenatural. Por exemplo, no País de Gales, acreditava-se que a simples visão de um elfo era perigosa, e, na Escócia, dizia-se que, ao ver um anão, a pessoa ficaria doente em um ano, enquanto o hálito de um feérico pode causar furúnculos e doenças, de modo instantâneo. Como já foi mencionado, ser guiado por um *pixie* e viajar com um *sluagh* podem ser experiências debilitantes ou fatais.[383]

De fato, parece que qualquer exposição física prolongada aos Bons Vizinhos poderia ser fatal. Em uma história escocesa, um homem acordou e encontrou três homenzinhos reunidos em frente à sua fogueira de turfa, aproveitando o calor. Enquanto se aqueciam, os três se encostaram nas pernas dele. Na manhã seguinte, seus membros pareciam pesados, e o homem não conseguia movê-los. Com o passar dos dias, eles ficaram cada vez mais doloridos, de modo que, em uma semana, o homem estava morto.[384]

Além disso, é bastante difundido nas Ilhas Britânicas que os feéricos podem propositadamente infligir danos aos seres humanos, atingindo-os com doenças ou deficiências, seja por meio de um tiro de elfo ou por algum "assopro" misterioso. Essa doença era tão familiar no passado que era conhecida como "a feéria", cujos sintomas também podiam ser descritos como "ser possuído por um feérico" ou "assombrado por uma feéria".

Em uma análise mais detalhada, a situação acaba sendo ainda mais complicada. Há casos relatados de pessoas que adoecem neste mundo por causa dos feéricos; há também aqueles que continuam fisicamente presentes, porém sua alma está ausente. Algumas visitas à Terra Feérica não precisam envolver viagem física: em vez disso, o corpo é deixado para trás, aparentemente acometido pela doença, enquanto o espírito é transportado. Acredita-se que parte de sua substância tenha sido levada, assim como a porção nutritiva do alimento é abstraída. Para amigos e familiares em casa, o ausente parece ter caído em sono profundo, permanecendo "tão imóvel quanto pedras". O paciente abduzido foi acometido de uma doença debilitante chamada *phairie*, em gaélico, isto é,

383. Crofton Croker, *Fairy Legends*, p. 116.
384. Murray, *Tales from Highland Perthshire*, nº 219.

"doença feérica", que o deixa mudo e incapaz de mover os membros. Por exemplo, nas Ilhas Shetland, acreditava-se que os *trows* poderiam roubar parte de uma mãe que dera à luz recentemente, e a parte mantida em casa parecia "pálida e ausente". W. B. Yeats descreveu como doentes irlandeses (especialmente mulheres logo após o parto) ficavam na cama, talvez por semanas, e, não raro, por anos (quase sempre pelo período magicamente significativo de sete anos, mas, às vezes, por décadas ou até mesmo pelo resto da vida), em estado de inconsciência, como se estivessem em transe. Durante esse tempo, acreditava-se que estivessem vivendo na Terra Feérica.[385]

No passado, muitas doenças misteriosas eram atribuídas à influência feérica. Em 1677, no livro *The Displaying of Supposed Witchcraft* (A Exibição da Suposta Bruxaria), John Webster disse: "... pessoas comuns, se tiverem qualquer tipo de epilepsia, paralisia, convulsões e coisas do gênero, logo se convencem de que estão enfeitiçadas, com voz de adivinho, medo, sob o domínio feérico ou diante da assombração por espíritos malignos e coisas do tipo...". Uma série de doenças e sintomas poderia ser atribuída a causas sobrenaturais, e, se fosse o caso, os médicos deveriam ser capazes de agir com diagnósticos precisos e curas eficazes.[386]

Além disso, a condição de ter o mal feérico não era necessariamente uma doença única. Alguns indivíduos parecem ter sofrido várias crises ou recaídas. Isso explica um detalhe do registro das acusações feitas contra Isobel Sinclair, julgada por bruxaria em Orkney, em 1633. Durante o julgamento, afirmou-se ao tribunal que ela fora "seis vezes controlada por seres feéricos". À luz do exposto, é possível concluir que Isobel teve seis períodos diferentes da doença, nos quais ficou inconsciente e foi considerada, pela família e por vizinhos, como tendo sido abduzida para "Elfame".[387]

O estado de coma associado à "assombração pelos espíritos" parece ter tido sintomas consistentes e reconhecíveis, o que fez com que os curandeiros se sentissem confiantes de que poderiam identificar e tratar casos de indivíduos "possuídos". Com muita frequência, isso era feito por meio de "medição". Essa era uma prática de diagnóstico antiga, usada em todo o mundo, e pode ser rastreada na Europa Ocidental pelo menos até a época de Plínio. Foi usada na Inglaterra até o fim do século XVI e em partes do País de Gales até o século XIX. Uma mudança

---

385. William Browne, *Britannia's Pastorals*, Livro I; Mr. S., *Gammer Gurton's Needle*, 1562, Ato I, cena 2; Dalyell, *Darker Superstitions*, p. 538; Young e Houlbrook, *Magical Folk*, p. 132; Yeats, nota 39 para Lady A. Gregory, *Visions and Beliefs in the West of Ireland, Dublin* (1920), pp. 287-88.
386. *Webster*, p. 323.
387. Ver *The Survey of Scottish Witchcraft*. Disponível em: http://www.shca.ed.ac.uk/Research/witches/.

no tamanho de uma cinta ou cinto poderia indicar que uma pessoa havia sido tomada por um feérico ou espírito maligno, havendo claramente sugestões de possessão demoníaca. Encantamentos e orações poderiam exorcizar o espírito, e o cinto também poderia ser cortado como parte da cura. Na Irlanda, dores de cabeça eram tratadas medindo-se a cabeça do paciente, enquanto no País de Gales uma série de condições, incluindo depressão, icterícia, problemas nervosos, tuberculose e bruxaria, eram detectadas por meio de medições rituais do cotovelo à ponta dos dedos ou amarrando um pano ou uma corda ao redor do corpo ou dos membros. Uma mulher suspeita de bruxaria, a escocesa Bessie Dunlop, que teria aprendido sua medicina à base de ervas com os seres feéricos, também recebeu uma cinta feérica. Ela a amarrava em torno de uma mulher em trabalho de parto para ajudá-la a dar à luz.

A medição da cinta era explicitamente usada para identificar e ajudar a curar aqueles que haviam sido "tomados" pelos feéricos. Aqui estão alguns exemplos: em 1438, autoridades eclesiásticas descobriram que Agnes Hancock, de Somerset, estava tratando crianças que sofriam da doença feérica inspecionando suas cintas ou seus sapatos. Em 1566, Elizabeth Mortlock, de Pampisford, Cambridgeshire, estava oferecendo a mesma cura. Ela repetia uma série de orações católicas e depois media a criança do cotovelo até o polegar, pedindo a Deus que confirmasse se a criança estava sendo assombrada por um feérico. Se a cinta ou o cinto estivesse mais curto que o normal, a natureza da aflição era clara. Mortlock afirmou que havia ajudado várias crianças dessa maneira. Por volta de 1570, outra mulher, Jennet Peterson, foi acusada de bruxaria perante o tribunal eclesiástico de Durham. De acordo com Robert Duncan, de Wallsend, ela praticara a "medição de cintas para preservar as pessoas da doença feérica". Assim como Elizabeth Mortlock, Jennet parecia estar ganhando a vida identificando e curando males feéricos nos vizinhos. Por fim, Lady Gregory contou a história de uma criança irlandesa que parecia estar muito saudável até que uma vizinha a chamou em casa. A visitante propôs medir o próprio filho e o bebê trocado com o barbante de seu avental. A partir daquele momento, o bebê deixou de ser saudável e estava sempre gritando.[388]

Eu me pergunto se o processo de medição da cinta está, de alguma forma, relacionado à obtenção de controle sobre a magia feérica. Em uma história de Ardnamurchan, nas Terras Altas da Escócia, um homem chamado Luran enganou os seres feéricos que colhiam sua safra à noite, deixando um

388. A. Gregory, *Visions and Beliefs in the West of Ireland*, p. 237, porém, vale consultar o capítulo IV, "Away".

velho sábio no campo. Os seres surgiram numa colina e começaram a colher; o homem, então, contou seu número em voz alta e, dessa forma simples, baniu-os para sempre. Certamente, há algo de mágico e poderoso nos números, mas, em geral, o folclore funciona ao contrário e em favor dos feéricos. Também do nordeste da Escócia vem a crença de que os bolos assados nunca deveriam ser contados, pois os feéricos comeriam metade deles ou, simplesmente, eles desapareceriam com rapidez. Nas Ilhas Shetland, acreditava-se que contar qualquer um de seus bens – ovelhas, cavalos, peixes ou bens móveis – atraía má sorte. É provável que, mais uma vez, enumerá-los os colocava em poder dos feéricos – como se, talvez, uma pessoa estivesse "contando suas bênçãos".[389]

Resumo

Uma visita à Terra Feérica não precisa ser prejudicial. Muitos viajantes chegam e saem ilesos. Alguns até mesmo mudam para melhor após a experiência. Como mencionado anteriormente, as meninas podem ser raptadas pelos *trows* das Ilhas de Shetland, mas retornam para casa quando atingem a idade adulta; são devolvidas às famílias "na flor da idade, com beleza e *glamour* sobrenaturais e selvagens". No entanto, devemos lembrar que muitos são prejudicados, seja na mente ou no corpo, em virtude da experiência, e algumas pessoas nunca retornam do Mundo Feérico: são abduzidas e nunca mais são vistas.[390]

Os seres feéricos não eram intencionalmente malvados quando abduziam pessoas. Na verdade, não se importavam com as consequências produzidas nos humanos, pois suas necessidades tinham prioridade total. Pode ser significativo o fato de que relatos de abdução por feéricos sejam hoje em pequeno número. Talvez, a opinião dos seres feéricos sobre nós tenha mudado à medida que nos tornamos tecnicamente mais sofisticados, ou, em vez disso, eles prefiram agora tentar trabalhar em cooperação conosco.

Para concluir, podemos afirmar que o tempo passado em Terras Feéricas deve sempre ser visto como potencialmente perigoso. Mesmo que a pessoa não seja escravizada nem aprisionada, ainda poderá sentir os efeitos dessa aventura a longo prazo.

---

389. J. G. Campbell, cap. 2; Gregor, *Notes on the Folklore*, pp. 65 e 157; *County Folklore*, vol. 3, p. 162.
390. Young e Houlbrook, *Magical Folk*, p. 132; Davies, *Folklore of West and Mid-Wales*, p. 122.

Capítulo 13

A Mágica e Cura Feérica

Os feéricos são seres mágicos, e é essa a qualidade que permeia seu relacionamento com os mortais. Muitas atividades feéricas dependem da capacidade mágica de manipular o ambiente – ou a si mesmos. É inevitável, portanto, que as pessoas sempre tenham procurado moldar esse relacionamento em benefício próprio, tentando controlar os seres feéricos por meio da magia ou adquirir, em alguma medida, seus poderes mágicos para obter vantagens no mundo material.

A magia feérica pode ser poderosa, mas também bastante "sombria", no sentido de que é utilizada com mais frequência para fins de ocultação e engano. Os seres feéricos sempre usaram suas habilidades, em primeiro lugar, para promover seus interesses e se proteger de intrusões indesejadas de seres humanos. No entanto, essa não é a história completa. A magia feérica pode ser empregada para curar e ajudar tanto a própria espécie quanto os vizinhos mais próximos. Neste capítulo, discutirei alguns desses poderes, principalmente no contexto do relacionamento dos seres feéricos com as pessoas, e, em particular, considerarei como os poderes mágicos podem ser obtidos pelas pessoas por intermédio dos feéricos e para que fins podem se destinar.

Ilusão Feérica

Os poderes mágicos dos seres feéricos foram resumidos como incluindo capas de névoa, voos rápidos, profecias, mudanças de forma, bem como conhecimento e habilidades sobrenaturais. Já examinamos seu poder de mudar de tamanho ou de forma e, adiante, consideraremos sua capacidade de ver o futuro. Nossa preocupação aqui será a manipulação da aparência de outros objetos e lugares.

Os seres feéricos são capazes de produzir ilusões de curto prazo e em grande escala e, mais raramente, transformações de longo prazo. Por exemplo, são conhecidos por fazer passar conchas, esterco de cavalo ou folhas mortas como moedas de ouro; acredita-se na Cornualha que, se o estanho for colocado em um formigueiro na época da lua nova, os *pixies* o transmutarão em prata. Esse controle mágico dos elementos é impressionante, mas dada a natureza contraditória dos seres feéricos temos de nos lembrar de que, ao mesmo tempo, seus poderes parecem curiosamente limitados: eles não conseguem consertar as próprias ferramentas quebradas, mas podem realizar alquimia.[391]

O uso do brilho feérico para criar a aparência de lugares e coisas que não existem é, provavelmente, a mais impressionante das demonstrações mágicas dos seres feéricos. Temos relatos regulares de que isso é feito em duas situações: para enganar as parteiras, fazendo-as acreditar que estão assistindo a partos em mansões, ou para ludibriar viajantes desorientados.

Para as parteiras, grandes espaços e mobílias são, na verdade, apenas cavernas entrecortadas por juncos, uma ilusão talvez criada para encorajar as mulheres a permanecer e fazer seu trabalho sem nenhuma dúvida sobre o pagamento.[392]

No caso dos viajantes, a complexidade das ilusões evocadas são mais difíceis de explicar. Casas inteiras cheias de pessoas e celebrações aparecem onde antes não havia nenhuma habitação. O visitante participará da festa e da dança e será levado para um quarto esplêndido, com roupas de cama macias, mas acordará na manhã seguinte deitado na charneca vazia. Em um exemplo de Gloucestershire, a ilusão durou até o dia seguinte. Um homem perdido no escuro em meio à neve densa no topo de Cotswolds, perto de Dursley, encontrou uma pousada, onde conseguiu um quarto para passar a noite. Ele dormiu bem e encontrou um excelente café da manhã preparado para ele no dia seguinte. Quando estava pronto para sair, não encontrou nenhum funcionário

391. Courtney, *Cornish Feasts*, p. 125.
392. Rhys, *Celtic Folklore*, pp. 63, 213 e 247.

por perto, então pôs dois guinéus no balcão como pagamento pela acomodação antes de continuar a jornada. Ao chegar ao destino, ele contou aos amigos sobre sua boa sorte, e eles disseram que não havia nenhuma pousada como aquela no local que ele descreveu. Ao retornar ao lugar para resolver a discussão, o homem não encontrou nenhum sinal da taverna, e suas moedas estavam espalhadas pela neve.[393]

O brilho feérico pode ser usado para enganar, tranquilizar, ajudar e proteger os seres humanos. Como acontece com muitos dos poderes e habilidades dos seres feéricos, a forma como a ilusão pode ser aplicada em um caso pode parecer questão de capricho.

Feitiços para Invocar o Feérico

Antes de ter a esperança de receber poderes mágicos dos seres feéricos, é preciso estar na presença deles. Algumas pessoas têm a sorte de ser dotadas da segunda visão e nascem capazes de ver feéricos – embora uma criança deixada dormindo em uma colina feérica também possa ser imbuída do poder e haja evidências de que as crianças, em geral, são mais propensas a ver feéria que os adultos. Pessoas com segunda visão são poucas e raras e devem usar seu poder com cautela: falar muito abertamente sobre o que viram ou ouviram pode fazer com que percam seu dom. Nas Ilhas Shetland, a crença é de que, embora seja sinal de boa sorte ouvir os *trows*, é uma infelicidade para a maioria das pessoas vê-los de fato; a diferença aqui pode ser que aqueles com segunda visão estão imbuídos de poder feérico e dispõem de certa proteção por isso.[394]

Outros indivíduos, embora não tenham a segunda visão, ainda podem ter a sorte de estar no lugar certo, na hora certa, e encontrar os Bons Vizinhos. Esses momentos são universalmente aceitos como sendo à noite, sob a luz da lua, com os seres sobrenaturais regularmente retratados como fugindo na hora em que o galo canta, mas também logo após o amanhecer nas manhãs de verão e entre o crepúsculo e a escuridão, no mês de maio e durante o início do verão, consideradas épocas fortuitas. Se tiver a sorte de vislumbrar um feérico, é importante não mover um músculo, mantendo silêncio absoluto. Enquanto o olhar estiver fixo neles, eles não poderão desaparecer ou escapar. É claro que feéricos são

393. Rhys, *Celtic Folklore*, pp. 99, 115, 150 e 215; Palmer, *Gloucestershire*, p. 145.
394. Sutherland, *Folklore Gleanings*, p. 22; MacDougall, *Folk Tales*, p. 183; Saxby, *Shetland Traditional Lore*, pp. 127 e 130.

astutos e sempre encontrarão uma maneira de distrair as pessoas: esse lapso momentâneo de atenção será suficiente para que desapareçam. Por exemplo, um minerador de estanho da Cornualha que entrou num túnel dos *pixies* descobriu um grupo de *knockers* trabalhando; eles lhe pediram uma vela, e, assim que ele desviou o olhar para pegá-la, eles desapareceram.[395]

No início do livro, mencionei que o estado de espírito pode desempenhar um papel na visualização de feéricos, e ser um pouco "distraído" pode tornar uma pessoa mais receptiva. Numa manhã, o reverendo Robert Hughes, ministro do norte do País de Gales, no início do século XIX, viu alguns seres mágicos andando na estrada. Ele descobriu que, se "dominasse os olhos", a visão desapareceria, mas depois retornaria de forma bastante vívida. Deixar o pensamento racional intervir para excluir a experiência sensorial parece ter sido o que fez a diferença aqui.[396]

A maioria de nós não terá a sorte de receber – ou tropeçar em – uma visão feérica, e, nesse caso, pode ser uma surpresa descobrir que a magia tem sido usada há muito tempo para tentar convocar e controlar os feéricos. Aqui, oferecerei aos leitores uma pequena seleção de magias práticas relacionadas à feéria. Preparação adequada para todas elas é bastante aconselhável: muitas fontes mais antigas recomendam jejum e purificação por três ou quatro dias antes de qualquer tentativa de contato com o outro mundo. Durante esse período, o(a) mago(a) comeria apenas pão e água e evitaria sexo e outras "poluições" (presumivelmente, álcool e tabaco). Imediatamente antes da cerimônia, é necessário banhar-se, vestir roupas limpas e fumigar com incenso. Esse tipo de purificação é recomendado porque demonstra o devido respeito pelos seres feéricos. Em segundo lugar, alguns locais são mais auspiciosos para estabelecer contato. Anteriormente, discuti os locais preferidos da feéria: uma fonte mágica sugere que bosques e montanhas são os melhores espaços para encontrar feéricos e ninfas.[397]

Os primeiros feitiços para invocar feéricos são acessíveis a todos. Já mencionei que correr ao redor de um anel de fadas permitirá que você ouça a música dos seres feéricos; correr nove vezes ao redor de uma colina feérica, em sentido anti-horário, no Dia das Bruxas, também abre a porta da morada desses seres ao visitante. Da mesma forma, se na primeira noite de lua nova você correr nove vezes ao redor de um anel de fadas, seres dançantes se revelarão.

---

395. Bottrell, *Traditions and Hearthside Stories*, vol. 1, p. 77.
396. Rhys, *Celtic Folklore*, p. 215.
397. Scot, *Discoverie of Witchcraft*, Livro XV, caps. 4 e 1665, *Supplement*, cap. 1.

Em seguida, em uma noite de luar, quando o pólen da flor de abóbora estiver maduro, você pode pegar dois galhos e balançá-los suavemente, entoando este verso:

Venha na quietude, venha à noite;
Venha logo e traga deleite.
Acenando, acenando, mão esquerda e direita,
Venha agora – Oh, venha esta noite.

Esse verso pode parecer muito simples, mas uma garota da Cornualha chamada Anne Jeffries, famosa pelos dons de cura e profecia durante a Guerra Civil Inglesa, inicialmente atraiu os seres feéricos para si entoando canções igualmente despretensiosas, quase infantis, enquanto caminhava entre samambaias e dedaleiras. Eram elas:

Fada feérica e fada brilhante
Venha e seja meu espírito escolhido.

A lua brilha, as águas correm claras.
Estou aqui, mas onde está minha fada querida?

Esses versos podem ser simplórios, mas conseguiram evocar os *pixies* para Anne.[398]

O último encantamento requer apenas que a pessoa caminhe em torno do campo onde vacas estiverem pastando. Ao conseguir completar o circuito e voltar ao ponto de partida exatamente à meia-noite, a visão lhe será concedida.[399]

O segundo conjunto de feitiços exige muito mais preparação. Às vezes, só é preciso adquirir os materiais corretos: por exemplo, se conseguir encontrar uma pele de gado que tenha sido perfurada por uma flecha feérica ou um tiro de elfo, olhar pelo buraco feito nela revelará a feéria. Às vezes, é necessário muito mais que isso: em um manuscrito que pertenceu a Elias Ashmole, datado de cerca de 1600, há uma receita de um unguento para os olhos, para ser usado quando se deseja convocar seres feéricos ou quando a visão que se tem deles não é perfeita:

398. Simpson, *Sussex*, p. 59.
399. Graham, *Sketches Descriptive*, p. 103; Simpson, *Sussex*, p. 59; Palmer, *Shropshire*, p. 141.

> Pegue 570ml de azeite para salada e coloque em um frasco de vidro, mas primeiro lave [misture?] com água de rosas e água de calêndula (as flores devem ser colhidas em direção ao leste). Lave até que o azeite fique claro [ou seja, até que uma emulsão seja feita], então coloque no frasco de vidro e ... coloque nele os botões de malva-rosa e avelã jovem, as flores de calêndula e as pontas ou flores de tomilho selvagem. O tomilho deve ser colhido ao lado de uma colina frequentada por feéricos. Adicione também um pouco de grama colhida de um trono feérico encontrado por lá. Coloque tudo isso no azeite, no frasco de vidro, e deixe dissolver por três dias ao sol, então guarde para seu uso.[400]

A maioria desses ingredientes está disponível de forma fácil e barata, mas há dois problemas: primeiro, é necessário ter certeza de que a colina onde se colherá o tomilho é um dos lugares favoritos do Bom Povo. Em geral, locais que tradicionalmente se acredita serem uma aposta segura; caso contrário, sua própria experiência e investigação podem ser necessárias. Em segundo lugar, a colina deve ser um "trono feérico". O termo *cathair*, proveniente do gaélico escocês, designa "colinas feéricas", tendo como significado literal "assento". A colina escolhida deve, portanto, ser um local habitado pelos feéricos. O poeta William Browne menciona um lugar assim: "Uma colina se eleva, onde frequentemente a rainha das fadas / Se sentava ao crepúsculo e comandava seus elfos...". Se sua colina feérica for um lugar assim, você está definitivamente no lugar certo.[401]

Outro manuscrito do século XVII fornece um encantamento para invisibilidade, o qual parece muito simples de preparar:

> Pegue água e despeje-a em um formigueiro. Cuide dele imediatamente, e você encontrará uma pedra de várias cores enviada pelos feéricos. Carregue-a na mão direita, e você se tornará invisível.

Outro encantamento encontrado no mesmo manuscrito consiste numa invocação em latim e inglês para chamar um ser feérico. Ele depende de palavras mágicas combinadas com os preparativos pessoais adequados (purificação corporal e espiritual) e a criação de um círculo de giz. O manuscrito de Ashmole, mencionado há pouco, contém feitiços de invocação bastante longos e bem semelhantes,

---

400. J. Halliwell, *Illustrations of the Fairy Mythology of Midsummer Night's Dream* (London, Shakespeare Society, 1845), p. 62.
401. Dixon, *Gairloch*, p. 159; *Britannia's Pastorals*, Livro I, música 2.

nos quais seres feéricos são mencionados, incluindo Margaret Barrance e Elaby Gathen, invocadas para prestar ajuda. Os materiais e o preparo correto são essenciais para que esses encantamentos sejam eficazes; além disso, ao que tudo indica, apenas às quartas e sextas-feiras é que devem ser realizados, dias que – como já vimos – têm significado especial para os feéricos.[402]

Os círculos desenhados no chão são um aspecto importante da magia relacionada aos feéricos: geralmente ajudam a proteger o mortal de forças sobrenaturais malignas. Por exemplo, se você for atacado por um ser feérico malévolo, estará seguro se tiver desenhado um círculo ao seu redor, em especial se isso for feito com um objeto de ferro, como uma faca, ou se forças religiosas forem invocadas ao mesmo tempo. Talvez a contrapartida disso seja o caráter mágico dos anéis de fada.[403]

Por fim, uma "miscelânea mágica" contida em um manuscrito na Biblioteca Bodleian, em Oxford, datada do início do século XVII, contém um feitiço para conjurar Oberon em uma pedra de cristal, usando orações católicas em latim. Há também um feitiço para conjurar outros feéricos, o qual emprega a "geada" encontrada em uma tigela de água deixada do lado de fora da casa durante a noite para que os seres sobrenaturais se banhassem. Mais uma vez, isso pressupõe o acesso a um ingrediente-chave que – assim como o trevo de quatro folhas – é, antes de tudo, muito difícil de obter. Primeiro, faça com que os feéricos venham se banhar e banhar seus filhos; depois, raspe a marca da água que tenham deixado.

No entanto, os leitores devem tomar cuidado. Aqueles que tentaram tais feitiços com frequência falharam na finalização, no último instante, por causa do medo ou, quando conseguiram, acharam a presença dos seres feéricos excessiva, ou, ainda, foram punidos por imprudência e falta de preparação adequada.[404]

Todos esses feitiços são temas complexos e sérios. Na crença cotidiana, pode parecer tão simples invocar o poder e a ajuda feérica quanto pedir um desejo diante de um bolo de aniversário, mas a realidade atestada por aqueles com longa experiência é que será necessário muita dedicação e aplicação, além de boa dose de coragem.[405]

---

402. Halliwell, *Illustrations of the Fairy Mythology*, pp. 62-3.
403. Sutherland, *Folklore Gleanings*, p. 94; Murray, *Tales from Highland Perthshire*, n°s 167, 176 e 199.
404. W. Lilly, *Life of William Lilly*, pp. 230-31.
405. Bennett in Narvaez, *Good People*, pp. 112-13.

Feitiços para se Livrar dos Feéricos

Por mais que muitas pessoas queiram entrar em contato com feéricos, muitas vezes a presença deles pode ser um incômodo, especialmente devido às suas constantes travessuras. Pessoas que viveram com os seres feéricos se viram desgastadas pelas constantes brincadeiras e pelo barulho. Conforme descrito anteriormente, muitas vezes é impossível se afastar dos feéricos, pois eles vão embora, partindo com você. Portanto, assim como existem meios mágicos de invocá-los, existem encantamentos para mandá-los embora.

Uma das maneiras mais fáceis de banir um feérico são as palavras - e não é necessário nada muito complexo. Foi dito que a linguagem feérica não contém "nem maldições, nem bênçãos", e isso é uma pista de como se livrar deles. Como já sugeri, muitos dos nossos Bons Vizinhos parecem ter antipatia instintiva pela religião cristã, o que significa que algumas palavras sagradas podem ser suficientes para expulsá-los. Uma mulher das Ilhas Shetland que acordou à noite e viu um garotinho de boné branco sentado ao lado da lareira automaticamente se benzeu de surpresa, e ele desapareceu. Um ministro eclesiástico, perdido à noite em uma região pantanosa, encontrou uma casa onde lhe foi oferecido abrigo. No entanto, quando o jantar foi servido, como era de hábito, ele começou a dar graças e logo percebeu que, de repente, toda a casa desapareceu ao redor. Esses foram banimentos não intencionais; porém, conta-se sobre outro ministro que afugentou o *brownie* de uma família ao pregar o sermão de domingo direcionado a ele; por sua vez, uma tentativa de batizar um *brownie* acabou tendo o mesmo desfecho.[406]

Orações e palavras piedosas podem repelir feéricos, mas, ao que parece, insultos também podem. Na Cornualha, diz-se que os *knockers* das minas de estanho não gostam de palavrões ou de assobios, e, portanto, mineradores mais cautelosos evitam ambos. Uma mulher de Loch Aline, na Escócia, foi capturada por feéricos que a advertiram que de era inútil resistir, porque não conseguiria escapar. Então, ela argumentou que gostaria que o ser segurasse um punhado de terra no lugar dela. Ao dizer isso, conforme a versão publicada em linguagem culta, ela pronunciou "uma palavra muito grosseira e indecorosa", e os feéricos abandonaram instantaneamente a ação. Considero que podemos especular qual foi o termo dito em vez de "terra".[407]

---

406. Edmondston, *A View of the Zetland Isles*, p. 211; Addy, *Household Tales*, p. 23; Aitken, *Forgotten Heritage*, p. 36; Hogg, "Odd Characters", p. 151.
407. Joseph Hammond, *A Cornish Parish – St. Austell*, 1897, p. 359; Campbell, *Superstitions*, p. 78.

No País de Gales, dizia-se que os seres feéricos costumam entrar nas casas no inverno. Eles podem se tornar um incômodo com suas exigências de arrumação, comida e água, além de suas brincadeiras. Mary Lewes registrou que, nesses casos, a única maneira de se livrar deles era a medida extrema de lançar-lhes materiais de ferro. No entanto, para fazê-lo, era preciso conseguir enxergar os seres, uma vez que são muito hábeis em evitar que isso aconteça.[408]

Mencionei antes que, no final do Yule, habitantes das Ilhas Shetland levam os *trows* de volta para debaixo de sua colina, acendendo enormes fogueiras. Um costume relacionado em Stronsay, Orkney, era o "aprisionamento" noturno dos *trows* locais. A cada pôr do sol, um círculo de homens e mulheres se formava em torno de uma colina feérica e, em seguida, avançava em direção ao centro, batendo em baldes de leite e coisas do gênero. Essa prática continha a ação dos "seres cinzentos" durante a noite e protegia as propriedades vizinhas.[409]

Vários encantamentos simples oferecem proteção contra feéricos incômodos e são facilmente usados. Um deles é marcar qualquer objeto a ser protegido com o sinal de um coração entre duas cruzes. O símbolo do coração usado aqui parece ser particularmente significativo: em Herefordshire, os seres feéricos podiam ser mantidos fora dos estábulos à noite torcendo sete fios de cabelo da cauda de uma égua cinza em um coração duplo e suspendendo-o sobre a porta. Cruzar os dedos e, se estiver usando um chapéu, virá-lo de trás para a frente também funcionará.[410]

Os poderes mágicos dos metais são igualmente uma opção. Na Cornualha Ocidental, botões de chumbo chamados "pés de *pixie*" eram colocados nos telhados das fazendas para evitar que os feéricos dançassem lá em cima e azedassem o leite da leiteria. Nas Ilhas Shetland, os *trows* podem ser privados de seu poder sobre uma casa ao colocar chaves em todas as fechaduras, deixando-as destrancadas. Nesses encantamentos, o metal é o responsável por fornecer a proteção principal; no caso das chaves, o ferro colocado nos buracos das fechaduras fecha uma rota de acesso tradicional dos seres feéricos, representando um obstáculo físico e espiritual.[411]

Há, ainda, um procedimento para "enterrar" os feéricos, assim como os fantasmas. A cerimônia parece se aplicar particularmente aos *boggarts* do noroeste da Inglaterra – vale dizer que a diferença entre *boggarts* e fantasmas nem sempre

---

408. Lewes, *Stranger than Fiction*, p. 171; *Queer Side*, p. 119.
409. Marwick, *The Folklore of Orkney*, p. 37.
410. Tongue, *Somerset Folklore*, p. 111; Leather, *Folklore of Herefordshire*, p. 48.
411. Courtney, *Cornish Feasts*, p. 126; Deane e Shaw, *Folklore of Cornwall*, p. 91; *County Folklore*, vol. 3, p. 26. É claro que as fadas podem ser contrárias: S. Baring-Gould, *A Book of Cornwall*, 1899, c. XVI, relata que, em torno de Helston, os principais *pixy-pots*, na verdade encorajavam a dança *pixy*, que trazia boa sorte.

é clara nas histórias contadas na região. "Enterrar" um *boggart* pode envolver apenas o pronunciamento de uma bênção ou algo semelhante. Em Dalswinton, no sudoeste da Escócia, um fazendeiro e o ministro local concordaram que o *hob* da fazenda deveria ser batizado. O ser ficou surpreso e, quando foi jogada água benta em seu rosto, ele se afastou para sempre. Às vezes, porém, são necessários rituais muito mais complexos. O *boggart* chamado Robin Red Cap, em Spaldington Hall, perto de Selby, foi "enterrado" por meio das orações simultâneas de três membros da igreja; com seus esforços, ele foi confinado a um poço local – no entanto, isso foi eficiente apenas por um período limitado de tempo. As orações combinadas de uma vila inteira de Lancashire foram necessárias para acabar com o incômodo *boggart* chamado Gatley Shouter. Em Rowley Hall, no mesmo condado, apenas as orações não foram suficientes; também foi necessário colocar uma lápide na junção de dois riachos. Como acabei de indicar, essas formas de exorcismo nem sempre eram soluções permanentes. No norte da Escócia, o incômodo *bogle* de Auld-na-Beiste foi eliminado por meio de um serviço religioso que consagrou o local onde ele se escondia. Mesmo assim, a cerimônia tinha de ser repetida anualmente, para que o *bogle* finalmente entendesse e desistisse de assombrar.[412]

Em alguns lugares, métodos macabros e até mesmo de "magia negra" eram necessários para "enterrar" um espírito. Em Gristlehurst, no condado de Lancashire, um *boggart* foi colocado em uma cova sob um freixo e uma sorveira, com um galo no espeto. No entanto, essa combinação de encantamentos não funcionou, pois em 1857 a criatura ainda estava aterrorizando os habitantes locais à noite. Em Hothersall Hall, perto de Ribchester, o *boggart* foi colocado sob uma árvore de louro. O leite ainda precisava ser derramado regularmente sobre as raízes da árvore, beneficiando-a e prolongando o feitiço. Assim como vimos árvores feéricas importantes envolvidas no feitiço em Gristlehurst, as aplicações de leite em Hothersall nos lembram do leite dado como oferenda a muitos seres feéricos em toda a Grã-Bretanha.

Foi mencionado anteriormente que alguns *hobs* e *boggarts* parecem ser um tanto tolos, e essa característica foi explorada em alguns dos "enterros". Em Holden Clough, em Lancashire, o *boggart* foi persuadido a prometer não voltar enquanto houvesse hera nas árvores; no entanto, a criatura evidentemente se esqueceu de que se tratava de uma planta perene. Um truque semelhante foi aplicado em Hollins Hey Clough, onde a tarefa do *boggart* era ficar longe enquanto houvesse folhas verdes crescendo no riacho. O *Hollin*, presente no nome que

---

412. Bailey, *Lancashire Folk Tales*, p. 93; Browning, *Dumfries & Galloway Folk Tales*, p. 57; Roberts, *Folklore of Yorkshire*, p. 100; Sutherland, *Folklore Gleanings*, p. 93.

designa o Vale, faz referência ao azevinho, planta perene em grande quantidade em toda a região, mantendo-a verde o ano inteiro.

Como vimos, muitas vezes é importante que os feitiços sejam periodicamente renovados, da mesma forma que nada deve ser feito para quebrá-los. Em Written Stone Lane, Dilworth, Lancashire, encontra-se uma lápide de pedra de aproximidamente 2m50cm x 60cm x 30cm, com a inscrição "Rauffe Radcliffe depositou essa pedra para descanso eterno, AD 1633". Acredita-se que isso foi feito para prender um *boggart* que assombrava a estrada e assustava os viajantes. Mais tarde, um fazendeiro local decidiu ignorar o desejo (e aviso) de Radcliffe e roubou a lápide para usá-la como balcão em sua despensa. Seis cavalos levaram várias horas para arrastar a pedra até a fazenda, e, depois que a pedra foi instalada, infortúnios se abateram sobre o homem. Nenhuma panela ou pote jamais se manteve de pé sobre ela, o que acabou convencendo o avarento fazendeiro a devolver a pedra para o lugar de onde fora retirada. Para transportar a lápide de volta, ele precisou de apenas um cavalo, e, uma vez restaurada ao seu lugar, os distúrbios cessaram imediatamente. No condado de Durham, *Hob Headless* (ou *Hob Sem Cabeça*), que assombrava uma estrada, foi colocado sob uma grande laje de pedra durante noventa e nove anos e um dia; assim como no caso Dilworth, dizia-se que a rocha nunca foi um lugar seguro para se sentar, e os viajantes cansados que ali paravam para descansar muitas vezes eram alertados sobre os perigos da pedra.

As lápides não são necessariamente permanentes nem sempre são bem recebidas pela comunidade humana. Em Monmouthshire, no País de Gales, havia um tipo de *pixie* doméstico chamado *pwcca* que, como toda sua espécie, fazia muitas tarefas agrícolas, como alimentar o gado e limpar os galpões. Algum intrometido decidiu interferir, deixando-o em "repouso" por três gerações; entretanto, seu retorno era muito aguardado pelos moradores locais, pois acreditava-se que, assim, a prosperidade seria retomada.

Transferência de Magia Feérica pelo Toque

Um aspecto pouco conhecido dos poderes mágicos dos nossos Bons Vizinhos é a capacidade de transmiti-los pelo simples toque. A consequência mais significativa desse aspecto de sua magia é que ela demonstra que suas habilidades parecem não ser necessariamente inatas; podem ser aprendidas em grimórios ou ser transferidas por meios sobrenaturais, sendo possível transmiti-las de maneira simples e rápida, de pessoa para pessoa. Nesse quesito, a questão se assemelha à pomada ou ao unguento feérico, que será discutido a seguir. Pode-se dizer que a habilidade mágica é uma mercadoria que pode ser adquirida por qualquer pessoa, independentemente de nascimento ou *status*.

O recebimento físico da visão mágica é demonstrado por várias fontes. Videntes (aqueles dotados de segunda visão) podem admitir outras pessoas em suas visões por meio de mero contato. O reverendo Kirk, no capítulo 12 de *The Secret Commonwealth*, comenta a respeito:

> O Método usual para que uma pessoa curiosa obtenha uma Visão passageira dessa equipe invisível que habita os Subterrâneos (se procurada de forma imprudente e precipitada) é colocar o pé (esquerdo sob o pé direito do Feiticeiro) e a mão do Vidente sobre a cabeça do Inquiridor, que deve olhar por cima do ombro direito do Feiticeiro (que tem aparência maligna, como se, por meio dessa cerimônia, fosse feita uma entrega implícita de tudo o que está entre o pé do Feiticeiro e sua mão, antes que a pessoa possa ser admitida no âmbito íntimo dessa Arte). Ele verá, então, uma Multidão de Seres, como homens fortes e furiosos, correndo na direção dele vindo de todos os cantos, tão densos quanto átomos no ar...

A transferência por meio do toque era amplamente conhecida no passado, conforme demonstrado na literatura, nas lendas dos santos e no folclore, e ocorre que os seres feéricos têm o mesmo poder que aqueles que têm a segunda visão. Em várias baladas e poemas escoceses, ouvimos falar de um processo idêntico. Na "Balada de Thomas, o Rimador" (Ballad of Thomas the Rhymer), o herói encontra a rainha das fadas, que lhe diz:

> Desça, desça agora, Verdadeiro Thomas,
> E encoste sua cabeça sobre meu joelho;
> Permaneça e descanse um pouco,
> E lhe mostrarei três maravilhas.

O mesmo é relatado em "Thomas of Erceldoune" e em "A Ama da Rainha da Terra Élfica" (The Queen of Elfland's Nourice). Incidentes registrados no folclore confirmam os relatos literários. Em Papa Stour, um homem foi informado pela esposa – a qual tinha a segunda visão – de que os *trows* haviam saído de sua colina e estavam dançando à beira-mar. Ele não conseguia ver nada até segurar a mão dela ou colocar o pé sobre o dela. Um fazendeiro de Gwynedd, no norte do País de Gales, teve a visão de uma das *Tylwyth Teg*. Todas as noites ele costumava se aliviar do lado de fora do chalé, antes de ir para a cama. Certa noite, um homem estranho apareceu e disse ao fazendeiro quanto ele e a família se sentiam incomodados com esse hábito. O fazendeiro não conseguia entender, até que o estranho explicou que sua casa ficava logo abaixo de onde eles estavam. O fazendeiro olhou para baixo e viu claramente que todos os resíduos de sua casa desciam pela chaminé da casa daquele homem, localizada justamente ali embaixo, em uma rua que ele nunca tinha visto antes. O ser feérico o aconselhou a fazer uma porta no outro lado da casa, e que, se ele fizesse isso, seu gado nunca sofreria de doenças. O fazendeiro fez o lhe foi dito: fechou a porta antiga e abriu outra, no outro lado do chalé, como lhe foi solicitado; desde então, tornou-se um homem muito próspero naquela região do país.[413]

Do noroeste da Inglaterra vem esse trecho de informação sobre o *barguest* (tipo de *boggart* que só podia ser visto por um número limitado de pessoas): "Em geral, acredita-se que a faculdade de ver esse *goblin* era peculiar a certos indivíduos, mas o dom podia ser transmitido a outro no momento da aparição do fantasma por um simples toque". [414]

Por fim, de Skye, no início do século XX, vem o caso de três crianças levadas por uma senhora idosa para ver os seres feéricos dançando no crepúsculo. Ela fez com que dois meninos e uma menina segurassem sua mão, e, dessa forma, as crianças puderam ver pequenas figuras vestidas de verde dançando ao redor de uma fogueira. Duas dessas crianças eram o pai e a tia de Katharine Briggs, renomada especialista do tema feérico – e está claro que ela aceitou completamente o que eles lhe descreveram.[415]

O poder mágico dos feéricos também pode ser investido em itens de vestuário, de modo que, ao usá-los, o "brilho" (ou *glamour*) é transferido para o usuário humano. Em uma história das Terras Baixas da Escócia, um homem foi convidado a participar de um casamento feérico. Recebeu um boné para usar durante a celebração, porém, em algum momento, ele o tirou e se viu em casa, no celeiro. Um relato relacionado, mas oposto, de North Yorkshire afirma que os feéricos só são visíveis quando retiram seus gorros mágicos. Os gorros dos feéricos também são um meio de transmitir suas capacidades mágicas aos seres

413. Marwick, *The Folklore of Orkney*, p. 35; Rhys, *Celtic Folklore*, p. 230.
414. Halliwell, *Dictionary of Archaic and Provincial Words*, 1865 – *barguest*.
415. K. Briggs, "Some Late Accounts of the Fairies", *Folklore*, vol. 72 (1961), pp. 514-15.

humanos: em um relato de Herefordshire, um menino perdido na floresta à noite foi abrigado por duas mulheres feéricas e depois uniu-se a elas em suas viagens, furtanto um de seus gorros.[416]

O que podemos concluir de tudo isso? Bem, o processo de transferência pelo toque certamente sugere o poder considerável da magia envolvida, mas, ao mesmo tempo, implica que a habilidade mágica não é única. Qualquer pessoa pode adquiri-la, desde que tenha os materiais (por exemplo, para fazer pomada) ou a habilidade certa. Também sugere que talvez não exista um abismo tão grande entre humanos e feéricos: ao que tudo indica, somos parentes próximos, e a pequena distância que nos separa pode ser facilmente transposta. Tudo de que precisamos, então, é sorte, contatos certos e/ou determinação e comprometimento (por exemplo, para reunir a quantidade suficiente de trevos de quatro folhas para produzir a porção necessária de unguento mágico).

Unguento Feérico

Há muitas histórias sobre o efeito do unguento feérico usado para dissipar o brilho feérico, responsável por disfarçar ou esconder elementos mágicos. A história mais comum é a de uma parteira ou ama de leite humana chamada para ajudar no parto de uma feérica e é solicitada a cuidar do bebê recém-nascido, o que inclui ungi-lo regularmente, embora o motivo não seja revelado. Apesar das severas advertências para que tivesse cuidado, a mulher acidentalmente toca um dos próprios olhos com um pouco da pomada, revelando para si mesma a verdadeira natureza da vida feérica. Quando, tempos depois, esse lamentável deslize é revelado (quando a mulher espiava uma feérica furtando em um mercado), a infeliz vítima fica cega, e a visão privilegiada da feéria termina. Examino, a seguir, por que essa pomada era necessária para os seres sobrenaturais e como ela é concebida.

Como acabamos de mencionar, a história típica da pomada envolve um mortal cuidando de um recém-nascido feérico. Além da alimentação e da limpeza básica, parte essencial desse cuidado é ungir a criança com um unguento especial, e é essa tarefa que dá origem à revelação de que nem tudo é o que parece: que a magia está sendo usada para disfarçar o casebre em que os seres

416. Aitken, *Forgotten Heritage*, p. 19; Blakeborough, *Wit, Character, Folklore and Customs of the North Riding of Yorkshire*, p. 163; Leather, *Folklore of Herefordshire*, p. 176.

sobrenaturais realmente vivem ou para ocultar sua natureza não humana. Esse unguento tem importante função nas histórias que envolvem o ser humano, enquanto seu significado para os feéricos que o fornecem tende a ser ignorado ou desvalorizado. No entanto, o unguento é, obviamente, ainda mais vital para eles que para os ajudantes humanos: é essencial que um bebê recém-nascido seja ungido com essa pomada regularmente.

Mas por que o bebê recém-nascido precisa receber esse tratamento? Nunca nos é dito claramente; contudo, podemos apontar duas explicações prováveis. Primeira, isso confere poderes mágicos aos seres feéricos: a pomada (ou, às vezes, um óleo) é aplicada com mais frequência nos olhos do recém-nascido, sendo que – está claro – uma aplicação não intencional nos olhos do ser humano leva à expulsão da Terra Feérica ou à cegueira. Isso implica que o poder de ver por meio da ilusão ou da invisibilidade feérica é o que está sendo transmitido: bebês feéricos nascem com visão não feérica. Dito isso, de vez em quando, o tratamento prescrito é esfregar a poção no bebê inteiro (há exemplos disso no País de Gales e na Cornualha). Isso indica, obviamente, a busca por uma alteração mais geral da natureza física da criança, não apenas o poder de penetrar na ocultação ou no disfarce, mas uma série de outras habilidades mágicas estão sendo transmitidas, como voar e transformar objetos, entre outras.

A pomada feérica permite que uma pessoa que não tenha nascido com a segunda visão (chamada *pisky-eyed* na Cornualha) possa ver por meio do brilho feérico, mas também pode conceder outros benefícios. Uma parteira das Ilhas Shetland, ao receber o toque de unguento nos olhos, passou a ter visão incrivelmente aguçada, de modo que podia ver navios ao longe, a trinta e dois quilômetros de distância, e dizer quem era cada membro da tripulação e o que estava fazendo a bordo. No entanto, ela se deparou com um homenzinho feérico que questionou como ela – uma mulher tão velha – tinha visão tão boa, e, ao descobrir a verdade, ele instantaneamente subtraiu-lhe essa capacidade.[417]

Segunda explicação: parece que o unguento confere imortalidade, e, ao nascer, os bebês feéricos são muito semelhantes aos bebês humanos, em termos de tempo de vida, e precisam de alguma intervenção para lhes conferir imortalidade ou longevidade. Há algumas breves menções na literatura e no folclore de uma prática feérica que consistia em mergulhar os *changelings* para libertá-los da mortalidade humana. Na narrativa galesa *Eilean of Garth Dolwen*, a heroína é uma humana cativa na Terra Feérica, e seu filho – meio humano e meio feérico – precisa ser

417. Edmondston, *A View of the Zetland Isles*, p. 211.

tratado pela parteira, talvez para libertá-lo das fragilidades humanas herdadas da mãe. Análoga a essa narrativa, há o conto "O Jovem Rowland" (Childe Rowland), no qual o rei de Elfame usa uma poção vermelho-sangue para reviver dois cavaleiros que ele matara. Para alcançar o feito, ele toca os olhos, as orelhas, os lábios, as narinas e as pontas dos dedos dos cadáveres com o unguento. No poema *Comus*, de John Milton, um ritual semelhante é descrito. A Dama (*The Lady*) foi encantada e aprisionada por Comus; Sabrina, espírito do Rio Severn, a liberta do cativeiro com gotas de sua "fonte pura", aplicadas no peito, nos lábios e nas pontas dos dedos da Dama. Portanto, em todas essas histórias, um líquido mágico confere vida, seja prevenindo a morte ou revertendo-a.

A confirmação final da necessidade de transformar crianças feéricas com unguento vem de uma história da Nortúmbria sobre a criação de um bebê feérico por um casal de Netherwhitton. Os pais feéricos exigem que eles untem os olhos da criança diariamente com um suprimento interminável de pomada. Previsivelmente, o conto termina de forma infeliz: o homem fica cego por abusar da pomada mágica, e o menino é levado de volta para a Terra Feérica. Entretanto, parece claro que o tratamento deve ser aplicado a todos os bebês feéricos, onde quer que sejam criados.[418]

Poderia-se imaginar que as qualidades mágicas são inerentes a todas as linhagens feéricas e fundamentais para sua natureza não humana, mas parece que não é bem assim. Esses atributos precisam ser especificamente transmitidos, sem o que – ao que tudo indica – a criança seria pouco diferente de qualquer outra. Esses poderes mágicos também podem ser removidos, de modo que até mesmo a água na qual um bebê feérico ungido foi banhado poderá transmitir a segunda visão para a babá humana que respingar essa água nos olhos durante o processo.[419]

Levando esse pensamento à sua conclusão lógica, parece possível que um humano que obtenha o unguento (ou seja capaz de fabricá-lo) possa aplicá-lo no próprio corpo e, assim, conceda a si mesmo poderes quase sobrenaturais. Se isso estiver correto, devemos nos perguntar quais seriam os ingredientes dessa pomada. Cherry de Zennor é uma das diversas histórias da Cornualha que nos informam que o unguento é verde. Outro conto, também dessa região, trata de um bálsamo feérico verde feito com certas ervas encontradas em Kerris Moor, fora de Paul, perto de Newlyn, no extremo oeste. Ele concedia invisibilidade quando esfregado nos olhos. Os trevos de quatro folhas eram famosos por dissipar

418. Grice, *Folk Tales*, cap. 1.
419. Young e Houlbrook, *Magical Folk*, p. 127.

feitiços feéricos, e parece muito provável que essa planta seja o principal constituinte da pomada, embora outras possam ser adicionadas à mistura – as plantas prováveis podem incluir giesta escocesa (*Cytisus scoparius*), artemísia e prímula, para citar apenas algumas. A pomada de ervas, por si só, parece ter propriedades mágicas inerentes, sem a necessidade de qualquer outra cerimônia (como recitar encantamentos enquanto a mistura é preparada).[420]

Em resumo, as evidências apresentadas parecem sugerir que os seres feéricos e a humanidade não são tão diferentes assim. Nossa proximidade em termos fisiológicos e nossa capacidade de gerar seres híbridos seriam, então, totalmente compreensíveis, já que o que nos separa não são diferenças físicas ou mentais profundas, mas a aplicação de uma pomada que confere poderes mágicos. Essa pode parecer uma conclusão surpreendente, mas é o que as histórias nos permitem deduzir. Isso pode diminuir a misteriosa alteridade dos seres feéricos, porém, ao mesmo tempo, coloca a Feéria a um alcance tentador: com a receita correta da pomada em mãos, todos nós poderíamos aspirar a passar para outra dimensão. Kerris Moor parece ser um bom lugar para ir, contudo o maior problema será colher trevos de quatro folhas para fazer pomada na quantidade suficiente...

Esporos de Samambaia

Acredita-se que os esporos de samambaia tenham poderes mágicos. No continente europeu, os esporos eram usados para revelar tesouros, enquanto na Grã-Bretanha eram responsáveis por trazer amor ou evocar a invisibilidade. Podiam também ser empregados tanto pelos feéricos quanto pelos seres humanos para se esconder. O dramaturgo e poeta Ben Jonson, confiante de que seu público entenderia a referência, mencionou isso na peça *The New Inn*: "Eu não tinha / Nenhuma poção para ficar invisível / Nenhum esporo de samambaia no bolso".[421]

O segundo uso dos esporos de samambaia é bem mais prosaico. Samuel Bamford, testemunha do massacre de Peterloo, de 1819, registra uma tradição de Lancashire segundo a qual esporos de samambaia eram usados para conquistar o coração do ser amado e, para confirmar isso, conta a história de uma tentativa de colher alguns esporos de modo bastante melodramático. No poema épico de

420. Evans-Wentz, *Fairy Faith*, p. 175.

421. Bamford, *Passages in the Life of a Radical*, caps. 20-22 – ver depois: *New Inn*, Ato 1, cena 6.

Michael Drayton, "Nimphidia", também encontramos tanto seres feéricos como mortais usando esporos de samambaia para conquistar o afeto do ser amado.

O uso sobrenatural dos esporos de samambaia é mencionado de tempos em tempos na literatura feérica. Em uma versão publicada da narrativa córnica *Cherry of Zennor*, a jovem heroína é mostrada parando em uma encruzilhada, sem saber para onde ir. Ela colhe e logo esmaga preguiçosamente algumas folhas de samambaia, o que faz com que surja um cavalheiro feérico, que se torna seu empregador e pretendente. O mesmo livro inclui o poema "Mabel on Midsummer Day", de Mary Howitt. Nele, uma garota é enviada uma missão para a casa da avó, mas é avisada de que é o dia do Solstício de Verão (*Midsummer Day*), "quando todo o Povo Feérico / Da terra dos elfos, estão à solta". É, portanto, uma época perigosa do ano, e ela deve tomar cuidado para não ofender os seres feéricos; por exemplo, deve obedecer às seguintes recomendações: "Não colha a flor do morango / Nem rompa a samambaia".[422]

Para aumentar o mistério do processo, os esporos só podiam ser vistos e colhidos em determinadas épocas do ano, quando se desprendiam das folhas das plantas: a véspera do Solstício de Verão era o principal momento, embora a meia-noite da Véspera de Natal também seja mencionada. O poeta William Browne, em *Britannia's Pastorals*, referiu-se à "maravilhosa semeadura de uma noite". A véspera do Solstício de verão corresponde à véspera da festa de São João Batista, e dizia-se que os esporos da samambaia caíam no momento exato de seu nascimento.

O processo de coleta e o vínculo com o Mundo Feérico foram descritos mais detalhadamente pelo teólogo inglês Thomas Jackson, em 1625:

> Foi minha sorte, desde que assumi o ministério, questionar uma alma ignorante... sobre o que ele viu ou ouviu quando observava a queda dos esporos de samambaia em uma hora inoportuna e suspeita. Por que (disse ele)... você acha que o diabo tem algo que ver com essa boa semente? Não: ela está sob os cuidados do rei da Terra Feérica, e ele — eu sei — não me fará mal: no entanto, ele tinha esquecido completamente o nome desse rei até que eu o lembrei da minha leitura de *Huon de Bordeaux*.[423]

Dadas essas fortes associações sobrenaturais, não é surpreendente que a recolha dos esporos tenha sido acompanhada de algum risco, como conta o escritor Richard Bovet:

---

422. Ver Frances Olcott, *The Book of Elves and Fairies*, 1918, cap. VIII.
423. *A Treatise Concerning the Original of Unbelief*, 1625, pp. 178-79.

Muito se discute a coleta de esporos de samambaia (considerada uma erva mágica) na noite da véspera de São João, e lembro-me de que me contaram sobre alguém que foi colhê-los, e os Espíritos assobiavam em seus ouvidos como balas e, às vezes, batiam em seu chapéu ou em outras partes de seu corpo. No final: embora ele tivesse conseguido uma boa quantidade deles e os guardado em papéis em uma caixa, quando chegou em casa, encontrou tudo vazio.[424]

Por causa desses riscos, era necessário tomar grandes precauções para proteger o coletor, com encantos e feitiços. O relato do escritor Samuel Bamford revela o tipo de ritual e encantamento que acompanhava a tentativa de colher os esporos e o terrível castigo que poderia recair sobre o buscador que errasse nas súplicas ou fosse considerado inadequado pelos espíritos. A samambaia podia ser encontrada em Boggart*, no Mundo Feérico, ou em *Clough*** (desfiladeiro), e os coletores iam até lá levando itens como pratos de cerâmica, uma travessa de estanho, um crânio revestido de musgo e argila, com uma mecha de cabelo da pessoa amada presa a ele. Diversas fórmulas eram proferidas, enquanto os esporos eram mexidos nos pratos com uma vara de avelaneira. [425]

Os esporos de samambaia constituem-se, aparentemente, em elementos muito poderosos, embora haja um problema prático substancial com eles, pois coletar o suficiente para produzir uma quantidade eficiente provavelmente consumirá muito tempo e exigirá muita sorte. Em outras palavras, a dádiva do brilho feérico nos é oferecida como se fosse uma miragem, a qual foi, para sempre, retirada de nós.

Encantamentos Manuais

Em uma ilustração de "Story of Ciccu" (História de Ciccu), no *Pink Fairy Book* (Livro Feérico Rosa), de Andrew Lang, de 1897, o artista Henry Justice Ford retratou uma cena em que três irmãos adormecidos são magicamente agraciados com presentes por três mulheres feéricas, que os encontram em um bosque.

424. Bovet, *Pandaemonium*, p. 217.

* Há vários lugares e referências arquitetônicas na região de Lancashire que homenageiam os Boggarts. (N. da T.)

** *Clough* é um termo do dialeto do Norte que dá nome a um vale arborizado com encostas íngremes. (N. da T.)

425. Ver *Sir* Walter Scott, *Minstrelsy of the Borders*, II, p. 27; Bamford, *Passages from the Life of a Radical*.

As mulheres são mostradas de pé sobre os cavaleiros adormecidos, fazendo gestos curiosos com as mãos.

Essa ilustração me fez lembrar de versos do poema de Tennyson, "Merlin e Vivien", que integra o livro de poemas intitulado *Idílios do Rei*. A jovem Vivien/ Nimue deseja aprender com Merlin as habilidades desse experiente mago, em especial um encantamento de "passos entrelaçados e mãos agitadas". Ela lentamente o envolve com promessas de amor, até que ele, "convencido e exausto", e, contrariando o melhor julgamento, revela à jovem o encantamento que ela tanto deseja saber. Quase imediatamente, ela realiza o encantamento e aprisiona o mago para sempre em um carvalho.

Em ambos os exemplos, temos mulheres feéricas "movendo as mãos" para lançar feitiços. Sei que vários gestos e movimentos individuais têm poder mágico ou espiritual. Atualmente, esses gestos e movimentos são, com frequência, rotulados em hindi como *mudras* e *bandhas* – termos emprestados da prática da ioga –, embora devam existir outros equivalentes que poderiam ser usados. Parece que a técnica envolve a criação de certas formas significativas, poderosas, ou, ainda, o desenho de certos sinais no ar. A maior parte do que encontrei está relacionada a posições estáticas, não ao "agitar das mãos", descrito por Nimue, mas parece razoável supor que uma sucessão de gestos na ordem certa poderia aumentar o poder de qualquer encanto e poderia ser outra parte do arsenal mágico dos feéricos.

Na balada escocesa "Allison Gross", ouvimos falar de uma bruxa que se vira três vezes antes de agitar a varinha e proferir um feitiço. Também vimos o uso da rotação em procedimentos mágicos para se livrar de *changelings:* girando o bebê *changeling* ou fazendo os pais girarem. O movimento é claramente integrado à magia feérica.

Livros de Feitiço

Há uma série de evidências de que os seres feéricos tinham os próprios livros de feitiço, embora as referências a eles sejam poucas e distantes entre si. Os livros de feitiço surgem em baladas e romances por razões dramáticas compreensíveis. O poema "Lord Soulis", por exemplo, apresenta um mago e "senhor de magias ocultas" que possui um "livro de feitiços sombrios", que é a fonte de seu conhecimento e poder. Essas ficções provavelmente contribuíram muito para moldar nossas expectativas; contudo, apesar disso, de fato existiam livros de feitiço.

No capítulo 7 de *Secret Commonwealth*, Robert Kirk nos informa:

> Afirma-se que eles têm muitos livros agradáveis e lúdicos; porém, as operações desse tipo só aparecem em alguns momentos de intensa alegria anticoribântica, como se fossem arrebatados e incitados por um novo Espírito que penetra neles no instante preciso e é mais leve e alegre que o próprio corpo. Eles possuem outros livros de sentido complicado e obscuro, muito semelhantes ao estilo rosacruciano. Não dispõem de nada relativo à Bíblia, exceto trechos coletados para encantamentos e contra-encantamentos, não para se defenderem, mas para agirem sobre outros animais, pois são um povo invulnerável às nossas armas...

Com base nisso, podemos deduzir que parece haver três variedades de livros de feitiço: um usado para fazer os seres feéricos entrarem em algum tipo êxtase por meio da dança; um segundo que usava fragmentos de versos bíblicos para lançar feitiços em outras pessoas (como os magos locais se ofereciam para fazer nas comunidades humanas); e um terceiro empregado para magias mais poderosas – talvez para entrar em contato com outros espíritos, como anjos, prática utilizada por magos, como o próprio conselheiro da rainha Elizabeth I, John Dee.

Sabe-se da existência de alguns livros de feitiços feéricos. Um deles é *O Livro Vermelho de Menteith*: a história conta que uma rainha do mundo feérico baniu alguns elfos problemáticos de Cnoc-n'an-Bocan (*Bogle-knowe* ou *Hobgoblin-hill*), perto de Menteith, para o *Livro Vermelho*. A condição era que só seriam libertados quando o senhor das terras de Menteith abrisse o volume. Isso acabou acontecendo por engano, e, instantaneamente, os elfos foram libertados, surgindo diante dele exigindo trabalho. Para se livrar deles, o senhor tinha que lhes dar várias tarefas impossíveis de serem cumpridas. O folclore escocês também fala de um livro de feitiços que pertencia ao Mago de Reay. Esse livro parece ter poderes muito semelhantes aos do *Livro Vermelho*. O jovem que servia ao mago abriu um livro e foi imediatamente cercado por homenzinhos que exigiam que lhes desse trabalho. Assim como na história anterior, o jovem primeiro lhes pediu que fizessem cordas de urze, o que fizeram rapidamente, depois pediu cordas de areia. Quando a tarefa se revelou impossível, os homenzinhos o abandonaram.[426]

---

426. MacGregor, *The Peat Fire Flame*, p. 7.

O Livro Vermelho de Appin é outro volume escocês que parece ter tido poder contra feitiços de bruxas e feéricos. Dito isso, seu conteúdo principal está relacionado à cura de gado doente e à manutenção da fertilidade dos campos (embora, é claro, ambos possam ser objeto de maldições feéricas). *O Livro Vermelho de Appin* era, portanto, um livro de encantamentos de um homem do campo bastante astuto, usado para ajudar pequenos fazendeiros com seus problemas comuns. A lenda diz que ele veio de um misterioso "gentil cavalheiro", embora não esteja claro se era ou não de origem feérica. Quando o homem obteve o livro por meios mágicos diabólicos, tomou várias formas, o que implica que era, no mínimo, mago ou, talvez, um demônio. No entanto, o homem foi derrotado, e o livro chegou a mãos humanas mais benignas.

Prevendo o Futuro

Seres feéricos têm a capacidade de prever o futuro e, se desejarem, de tornar esse conhecimento conhecido pelos seres humanos. Por exemplo, o reverendo Edmund Jones registrou que, no sul do País de Gales, os feéricos eram frequentemente ouvidos conversando, e o tema desses diálogos parecia ser eventos futuros. O *brownie* que vivia no castelo Lachlan, perto de Stralachlan, em Argyllshire, era conhecido pelos poderes proféticos.[427]

Embora os dois últimos exemplos indiquem que os seres feéricos podem simplesmente nos dizer o que previram, na maioria dos casos, eles preferem confiar em suas ações para nos transmitir o significado. Muitas vezes, porém, o que eles querem nos dizer não são boas notícias.

Há várias maneiras pelas quais os prognósticos podem ser revelados à humanidade. Primeiro, a previsão pode ser revelada a uma família, aos donos de uma casa ou a uma comunidade. Por exemplo, a *glaistig* da Ilha House, em Tiree, era conhecida por começar a trabalhar com mais afinco antes da chegada de visitantes inesperados. Esse esforço adicional alertava a família da chegada de prováveis convidados.[428]

Outro exemplo desse tipo de aviso vem de seres feéricos cujas ações predizem morte ou tragédia. A *banshee* escocesa e os relacionados *Caointeach* (mais aguçado) e *bean-nighe* são conhecidos por esse tipo de previsão. Seja com uivos

427. Jones, *Aberystruth*, p. 69; D. MacRitchie, *Testimony of Tradition*, p. 60.
428. MacGregor, *Peat Fire Flame*, p. 61.

ou lavando lençóis em rios, eles remeteriam à morte iminente, mas não eram os únicos a ter esses poderes.

Ell Maid of Dunstaffnage gritava para avisar sobre a alegria ou o infortúnio iminente; nas fronteiras, o *powrie* ou *dunter* assombrava antigas casas fortificadas chamadas *pele towers* ou *peel towers* – torres de cascalho – e fazia um barulho parecido com o esmagamento de linhaça ou de grãos. Quando esse som era mais alto que o normal ou se prolongava por mais tempo, era sinal de morte ou infortúnio. Em Lancashire, a família Walmsley de Poulton tinha um *boggart* ligado à casa que fazia barulho quando um membro da família estava prestes a morrer.[429]

Já vimos que os seres feéricos realizam os próprios funerais. Também usam esses eventos como modo de transmitir informações aos vizinhos humanos. No sul do País de Gales, o reverendo Edmund Jones relatou várias dessas exibições. Um homem num campo em Carmarthenshire viu uma procissão feérica fúnebre passar, entoando salmos. Logo depois, um funeral humano seguiu exatamente a mesma rota e da mesma maneira. Em Aberystruth, por volta de 1770, dois homens que cortavam grama em um campo viram um cortejo nupcial passar; porém, outro homem que passava ao mesmo tempo não viu nada, apesar de ter sido visto, de fato, encontrando o cortejo nupcial feérico. O evento acabou sendo um presságio da morte do empregador do terceiro homem e do casamento de sua filha.[430]

Em outro lugar, o reverendo Jones escreveu que os feéricos "sabiam infalivelmente quando uma pessoa estava prestes a morrer".[431] Disso decorre que, às vezes, em vez de um aviso geral de uma morte iminente, os feéricos apareciam para a própria vítima. Jones dá exemplos disso. Um homem viajava perto de Abertillery quando ouviu pessoas conversando. Ele parou para escutá-las e, em seguida, ouviu o som de uma árvore caindo e um gemido. Logo descobriu que o que havia testemunhado eram seres feéricos prevendo sua própria morte por uma queda de um galho de árvore. Em um relato muito semelhante, Jones descreveu um jovem em Hafod-y-dafal que viu uma procissão em direção à igreja. Caminhando com os feéricos, estavam uma criança e um jovem adulto do sexo masculino que desapareceram repentinamente. Isso acabou sendo uma premonição: primeiro o filho da testemunha adoeceu e morreu; depois ele também adoeceu e faleceu.[432]

---

429. Macgregor, *Peat Fire Flame*, cap. 5; Henderson, *Notes on the Folklore*, p. 255; Thornber, *Account of Blackpool*, p. 332.
430. Jones, *The Appearance of Evil*, parágrafos 24 e 69.
431. Jones, *Aberystruth*, p. 72.
432. Jones, *The Appearance of Evil*, parágrafos 56 e 62.

Uma demonstração muito semelhante, mas ainda mais macabra, dessa conduta vem de Lancashire. Dois homens encontraram um funeral feérico acontecendo na igreja de Santa Maria, perto de Penwortham Wood. Os feéricos vestiam preto e carregavam um pequeno caixão com um cadáver semelhante a uma boneca, que se parecia com uma das duas testemunhas. Esse homem estendeu a mão para tentar tocar um dos enlutados e fez com que a aparição desaparecesse instantaneamente. Em um mês, ele caiu de um palheiro e faleceu.[433]

Esses curiosos espetáculos silenciosos podiam prever não apenas morte, mas também desastres. Em épocas de conflitos civis, os feéricos costumavam ser vistos em Mellor Moor, Lancashire, acompanhando formações militares. Foi relatado que a presença deles foi particularmente percebida, por exemplo, na época da Rebelião Jacobita de 1745.[434]

Além de prever crises nacionais e mortes de indivíduos, os feéricos podiam revelar os futuros cônjuges aos amantes. O melhor exemplo disso é o *brownie* de fronteiras chamado Killmoulis. Esse ser vivia em moinhos perto dos fornos de grãos; no Halloween, predizia o amor. Se uma pessoa jogasse um novelo de linha em um pote e depois começasse a enrolá-lo em outro novelo, quando chegasse a um ponto próximo ao fim do fio, Killmoulis seguraria e pararia o enrolamento. Se você perguntasse "quem segura?", o *brownie* diria o nome do futuro cônjuge. Em East Yorkshire, algumas "pedras de feéricas" ficavam perto de Burdale, e dizia-se que, se uma pessoa as visitasse durante a lua cheia, vislumbraria o futuro(a) parceiro(a).[435]

Assim como a segunda visão, a capacidade dos feéricos de ver eventos que ainda estão por vir também pode ser transmitida aos seres humanos. A escocesa *Leanan Sidhe*, geralmente retratada como uma fada que toma para si amantes humanos, pode dotar os parceiros de conhecimentos sobre ervas medicinais e também sobre eventos futuros. Há, ainda, a história de um fazendeiro escocês perto de Dingwall que um dia estava cavando turfa, quando ouviu uma voz sobrenatural dizendo-lhe que coletasse as pedras brancas que encontraria em uma colina verde, porque elas lhe dariam conhecimento profético. Essa deve ter sido uma colina feérica, e as pedras tinham poderes feéricos.[436]

Embora raramente reivindicado em épocas mais recentes, o dom de prognosticar era um favor dos feéricos que se dizia ter sido concedido durante a

433. Bowker, *Goblin Tales*, p. 83.
434. Bord, *Fairies*, p. 36.
435. Henderson, *Notes on the Folklore*, p. 252; Nicholson, *Folklore of East Yorkshire*, p. 85.
436. Browne, *History of the Highlands*, p. 112; Anon, *Folklore & Legends*, p. 5.

Idade Média e nos períodos Tudor e Stuart. Marion Clerk, de Great Ashfield, em Suffolk, admitiu em um tribunal, em 1499, que as *Gracyousffayry* lhe deram a capacidade de curar e prever o futuro. Esse benefício foi concedido a um número significativo de outros homens e mulheres "astutos", ao longo dos cem a cento e cinquenta anos seguintes, mas parece que a prática foi deixada de lado pelos seres feéricos.

"Faça Três Desejos"

Pode ser um clichê de contos de fada que o Povo Feérico pode realizar desejos, porém trata-se de uma convenção que tem boa base em relatos folclóricos de encontros com os feéricos (e sereias). Parece que realizar desejos é um benefício que esses seres oferecem voluntariamente. Por exemplo, os seres feéricos de Glen Tilt, nas Terras Altas, concederam o desejo de um homem de ter um filho após ter várias filhas; da mesma forma, os seres de Baile Bhuidhe concederam ao homem o desejo de ser capaz de fazer qualquer coisa sobre a qual colocasse a mão.[437]

No entanto, algumas palavras de advertência devem acompanhar isso. Primeiro, como mencionei em um capítulo anterior, os seres feéricos estão sempre nos ouvindo, e, por isso, é aconselhável que sejamos cautelosos com o que dizemos. Um desejo casual feito em tom de brincadeira pode ser atendido – e podemos não gostar do que recebemos. Dois homens que caçavam em uma charneca escocesa se viram longe de casa quando a noite se aproximava. Em tom de brincadeira, desejaram que as namoradas estivessem com eles, e, em pouco tempo, duas lindas moças de verde apareceram e se sentaram ao lado deles. Os homens ficaram aterrorizados com suas intenções e tiveram de ficar acordados a noite toda com as duas. Na manhã seguinte, as moças os convidaram para encontrá-las novamente à noite, presumindo que o cansaço seria demais para eles. Os homens não voltaram, mas o resultado muito provável teria sido a morte. Dada a cor dos vestidos das jovens e o fato de que tinham flores, conhecidas como dedaleiras, no cabelo, eram claramente seres feéricos e, provavelmente, de acordo com a descrição, assemelhavam-se às vampiras que atacam homens infelizes.[438]

437. Murray, *Tales from Highland Perthshire*, n°s 44 e 47.
438. Murray, *Tales from Highland Perthshire*, nº 190.

Em segundo lugar, os seres feéricos podem, às vezes, se oferecer para conceder desejos em situações em que tenham sido irritados ou insultados por um ser humano. Em um caso ocorrido no País de Gales, uma mulher perdeu a paciência com os seres feéricos que continuavam indo à sua casa pedir emprestados utensílios de cozinha. Ela exigiu que lhe concedessem dois desejos em troca do item que queriam. Ela pediu que, quando acordasse, o primeiro item tocado se quebrasse (queria se livrar de uma pedra saliente na parede) e o segundo se alongasse (queria estender um rolo de tecido que tinha). A mulher recebeu exatamente o que ela pedira, mas os desejos não se realizaram conforme o planejado: na manhã seguinte, a primeira coisa que ela tocou foi o tornozelo, e a segunda, o nariz. A moral dessa história é clara: se você tiver a sorte de ter um desejo realizado por um ser feérico, pense com muito cuidado o que pedir, como pedir e como aplicar seu dom.[439]

Cura Mágica Pelos Seres Feéricos

Seres feéricos são considerados, com frequência, fonte de conhecimento e poderes de cura para seres humanos favorecidos, apesar da reputação paralela de arruinar o gado e trazer má sorte. Evidências de suas habilidades de cura são, no entanto, difíceis de avaliar e podem ser intrigantes.

Feéricos com poderes de cura aparecem primeiro nos romances medievais. O exemplo mais antigo está em "Brut", poema compilado e reelaborado pelo poeta do século XIII Layamon, no qual a rainha élfica Argante leva o rei Arthur, já ferido, para a Ilha de Avalon, com o intuito de curá-lo – e a mesma história descreve como os elfos concederam a Arthur os dons da boa sorte e outras qualidades em seu nascimento (agindo como verdadeiras fadas-madrinhas). No cantar de gesta francês *Huon of Bordeaux*, faz-se referência a um chifre de cura apresentado ao rei Oberon por quatro fadas-madrinhas. Ao ouvi-las, o homem mais doente fica são instantaneamente. Na balada posterior "The Son of the Knight of Green Vesture" (O Filho do Cavaleiro da Veste Verde), um vaqueiro é visitado por uma criada feérica e recebe a oferta de vários objetos mágicos, cada um em troca de uma vaca. Ele troca uma de suas vacas por uma joia capaz de curar ferimentos.

---

439. Jenkyn Thomas, *Welsh Fairy Book*, "A fairy borrowing".

Existem algumas histórias muito mais recentes das Ilhas Shetland sobre as habilidades de cura dos *trows*. Um dos vários relatos semelhantes fala de um incidente em que o "povo cinzento" foi visto tratando um bebê com icterícia, derramando água sobre ele: um humano roubou a tigela usada no processo e foi capaz de curar a icterícia em seres humanos. Em outra história, uma pomada é furtada dos *trows* e se mostra eficaz para curar qualquer ferimento humano. O que é particularmente notável nesses relatos é que são quase únicos ao descreverem seres feéricos sucumbindo a doenças e se curando. Numa terceira história das Ilhas Shetland, um homem doente, acamado, é visitado por dois *trows* que carregavam uma antiga garrafa de pedra, popularmente conhecida como *pig*. Eles discutem se o homem ficaria curado com um gole do líquido do recipiente, mas decidem que o tempo é muito curto e devem ir embora antes que a esposa volte para casa. O doente tem a presença de espírito de abençoar a si mesmo e à garrafa, a qual, assim, fica em sua posse. A garrafa contém um suprimento interminável de líquido que cura não só ao enfermo, mas também qualquer outra pessoa que precisar dele. Numa história comparável de Argyll, seres feéricos que deixaram uma casa de fazenda às pressas ao amanhecer, esqueceram uma pequena sacola contendo uma pequena pá de pedra, uma tigela e algumas bolas de pedra. A pá (que, na verdade, pode ter sido uma ponta de flecha de sílex), se colocada sob o travesseiro de uma pessoa doente, ajudaria a prever sua recuperação, dependendo de haver ou não suor na testa do paciente. As bolas de pedra, por sua vez, curavam o gado doente se fossem mergulhadas na água potável consumida pelos animais.[440]

Nesses quatro casos, os feéricos possuem materiais de cura, mas eles só são repassados aos humanos por acaso e contra a vontade dos seres sobrenaturais. A capacidade mágica de cura dos seres feéricos também pode ser transmitida de forma não intencional e involuntária: parece que o toque de cura pode ser transferido tão somente pela proximidade com algum feérico. Um ferreiro escocês foi pego pelo *sluagh* e levado pelo campo à noite. No caminho, os Bons Vizinhos pararam para curar uma vaca doente, e, após aquela estranha noite, o ferreiro também se viu para sempre imbuído dos mesmos poderes.[441]

No caso de Argyll, que acabamos de relatar, a "pá feérica" ajudou a prever o resultado de uma doença, e, certamente, parece que os poderes feéricos de prever o futuro incluem realizar prognósticos sobre enfermidades. Uma mulher

440. Saxby, *Shetland Traditional Lore*, pp. 151-52; J. Nicolson, *Some Folktales and Legends of Shetland*, p. 38; Pegg, *Argyll Folk Tales*, p. 35.
441. Murray, *Tales from Highland Perthshire*, nº 191.

de Gloucestershire, no início do século XVIII, foi acusada de bruxaria porque era capaz de dizer se um doente morreria ou se recuperaria. Ela explicou aos juízes que um "júri" formado por seres feéricos a visitava à noite e analisava a situação do paciente. Se, no final, após a discussão, eles parecessem alegres, a pessoa se recuperaria; se parecessem tristes, a doença seria fatal.[442]

Poderes mágicos de cura são definitivamente um atributo dos seres feéricos, conforme demonstram relatos vindos de vários lugares ao redor da Grã-Bretanha, estando associados mais ou menos diretamente ao feérico, como poços de cura, pedras eretas e elementos do gênero. Por exemplo, dizia-se que o *Hob Hole* (Buraco de Hob), na costa de North Yorkshire, era habitado por um *hobgoblin* que poderia curar a coqueluche se assim lhe fosse solicitado; a "caverna gotejante" dos feéricos de Craig-a-Chowie, em Ross-shire, poderia curar a surdez. Uma história particularmente interessante diz respeito ao Poço Feérico perto de Blackpool. A água do poço era conhecida localmente por ser boa para o tratamento de olhos fracos. Uma mãe cuja filha parecia estar perdendo a visão foi até o poço encher uma garrafa. Lá, encontrou um homenzinho verde que lhe deu uma caixa de pomada para aplicar na criança. Antes de tratar a filha, a mãe cautelosa decidiu testar a segurança da substância em si mesma e colocou um pouco da pomada no próprio olho, sem nenhum efeito colateral. Assim, ela aplicou o produto na menina, que ficou curada. Essa é uma história feliz de um ser feérico benevolente que concedeu seu poder de cura por pura boa vontade. Entretanto, há uma sequência familiar. Algum tempo depois, a mãe viu o mesmo homenzinho no mercado. Ela lhe agradeceu a cura; no entanto, ele ficou furioso e exigiu saber com qual olho ela o tinha visto. Ela foi prontamente cegada, como acontece em todas as narrativas de parteiras e babás. Parece, portanto, que seu crime foi aplicar a pomada curativa em alguém que não fosse a filha – ou seja, nela mesma –, pois o unguento se destinava apenas à menina.[443]

Por fim, há alguns casos em que os Bons Vizinhos transmitem de modo voluntário e deliberado seu conhecimento de cura aos seres humanos. O primeiro vem do País de Gales: a história da esposa feérica de Llyn y Fan Fach segue o curso normal de todas as narrativas de casamento entre humanos e feéricos. *Gwraig Annwn* é persuadida a se casar com um humano, mas ele acaba violando as condições do noivado, e ela o abandona. No entanto, nesse caso específico, ela ainda mantém contato regular com os três filhos, a quem ensina habilidades de cura. Eles se tornaram renomados médicos de Myddfai. Vale a pena ressaltar

---

442. John Beaumont, *A Treatise of Spirits*, 1705, pp. 104-5.
443. Spence, *The Fairy Tradition in Britain*, p. 156.

que esses beneficiários constituem um caso especial, pois já são metade feéricos e, de qualquer modo, podem ter nascido com habilidades inatas. Mesmo assim, nas Ilhas Shetland, ouvimos falar de uma esposa feérica que ensinou ao marido humano a realização de curas.

A capacidade de cura pode, portanto, ser transmitida a parentes e entes queridos, como também ser recebido como um dos "três desejos" de uma pessoa, como já sugeri. Na história da Cornualha conhecida como "O Velho de Cury", o herói do título resgata uma sereia encalhada na maré. Em gratidão por tê-la levado de volta ao mar, a sereia oferece-lhe três pedidos a serem realizados. Ele não pede riqueza, mas habilidades para afastar doenças, quebrar feitiços de bruxaria e descobrir ladrões e restaurar propriedades roubadas. Esses são os poderes clássicos dos seres feéricos sempre reivindicados por "homens e mulheres astutos" locais. Em segundo lugar, vem das Terras Baixas da Escócia uma história semelhante de uma mulher que ganhou favores ao amamentar um bebê feérico. Ela foi recompensada com vários presentes, entre os quais pomadas para restaurar a saúde humana.[444]

Contudo, há outro conjunto de evidências que descreve feéricos ensinando habilidades de cura aos seres humanos, porém é preciso abordá-lo com muito cuidado. Trata-se dos registros de julgamentos britânicos de bruxas nos séculos XVI e XVII. Em primeiro lugar – e, naturalmente, o mais importante –, é preciso ter em mente que essas pessoas estavam sendo julgadas e enfrentando tortura e execução, de modo que seus testemunhos dificilmente são imaculados. Em segundo lugar, elas tendiam a alegar que haviam recebido três habilidades – encontrar bens perdidos, prever o futuro e diagnosticar e curar doenças. A previsão do que está por vir e o conhecimento de coisas ocultas são atributos convencionais dos seres feéricos, como acabamos de ver. Além disso, como vimos na discussão anterior sobre o diagnóstico de doenças por meio de cintas, a doença que esses indivíduos frequentemente alegavam ser capazes de curar era "a feérica" – mal infligido pelos próprios seres sobrenaturais. Muitos homens e mulheres astutos alegavam ter recebido desses seres a capacidade de diagnosticar e curar doenças misteriosas e mágicas. No caso de Joan Willimot, acusada de bruxaria em 1619, ela disse que um feiticeiro soprara um ser feérico em sua boca, e esse espírito emergiu "com aspecto e forma de uma mulher", que costumava ajudá-la a identificar as pessoas que haviam sido amaldiçoadas.

444. Aitken, *Forgotten Heritage*, p. 14; Dalyell, *The Darker Superstitions of Scotland*, p. 28.

É no mínimo curioso pensar que os feéricos ofereçam aos humanos a capacidade de desfazer os próprios feitiços. Isso me leva a suspeitar de que esses prisioneiros tentavam mostrar aos inquisidores que a magia deles era, na verdade, a chamada "magia branca", não maligna, numa desesperada (e fadada ao fracasso) esperança de acabar com as acusações. Considerando também que muitos dos remédios populares que parecem ter usado são bastante semelhantes aos diagnósticos e às curas anglo-saxões mencionados no início deste livro, parece inevitável que esse conhecimento de cura tenha sido transmitido de geração em geração, ao longo dos séculos. Quando homens e mulheres acusados de bruxaria diziam que obtinham sua sabedoria do Mundo Feérico, isso poderia muito bem ter sido a maneira encontrada de desviar a suspeita sobre parentes e vizinhos, a verdadeira fonte de suas habilidades.

Certamente, todos os remédios recomendados pelos feéricos tendem a ser curas simples e tradicionais com ervas, como o uso de urtigas colhidas antes do nascer do sol em três manhãs sucessivas, para tratar "febres trêmulas". Há uma história de East Yorkshire que fala de um "pó branco" medicinal fornecido pela rainha das fadas; porém, a preferência por unguentos elaborados com ervas parece ser apoiada pela história de Dartmoor, de uma planta desconhecida usada pelos feéricos para curar uma criada que haviam ferido anteriormente por se recusar a deixar água a eles à noite. Semelhante a esse caso é o de um incidente na peça teatral *Endimião* (*Endymion*), de John Lyly: o personagem Corsites é primeiro beliscado pelos feéricos até ficar coberto de hematomas e, depois, curado por eles, com o uso da planta "da lua". Comum no hemisfério norte, essa samambaia, chamada *Botrychium lunaria*, é usada por alquimistas por ter, segundo dizem, o poder de abrir fechaduras e desferrar cavalos. A suspeita de bruxaria, a escocesa Alison Peirson, disse em seu julgamento que tinha visto os Bons Vizinhos preparando bálsamos e pomadas em panelas sobre fogueiras, usando ervas colhidas antes do amanhecer. Outra suspeita de bruxaria, Bessie Dunlop, disse que um homem feérico também lhe ensinou curas com ervas, embora a única receita dela que conhecemos envolvesse gengibre, alcaçuz, cravo-da-índia e semente de anis – todos considerados elementos muito mais exóticos e caros que urtigas.[445]

Sem dúvida, os Bons Vizinhos podem provocar efeito sobre a saúde humana; porém, esse é, em geral, negativo, seja por meio de pragas deliberadas que infligem ou porque uma pessoa se torna um "elfo confuso", por causa do

445. *County Folklore*, vol. 6, p. 55; John Lyly, *Endymion* (1591), Ato IV, cena 3.

contato com o feérico. A habilidade de cura raramente é transmitida de livre e espontânea vontade aos humanos; contudo, quando isso acontece, o receptor é altamente favorecido.

Por fim, devemos observar mais uma vez a natureza contrária das habilidades dos feéricos. Eles podem ter curas e recipientes mágicos, mas às vezes ainda precisam de ajuda humana. Sabemos que o parto é um processo no qual a intervenção de uma parteira humana pode ser considerada essencial. Da mesma forma, em uma história de Somerset, uma idosa com habilidades de cura e conhecimento medicinal foi chamada para cuidar da esposa de um ser feérico quando seus próprios remédios haviam se esgotado e parecia que nada mais produzia feito sobre ela. A mulher cuidou da esposa do feérico por longo período, pela manhã e à noite, até que estivesse completamente recuperada, sendo bem paga pela dedicação.[446]

Conclusão

Para aqueles que têm contato regular com o Bom Povo, a "magia cotidiana" faz parte da vida diária. Atos como carregar alfinetes ou revirar os bolsos tornam-se proteções habituais contra a influência feérica. Essas proteções instintivas são algo do qual muitos de nós já nos esquecemos hoje. Encantamentos para atrair os Bons Vizinhos podem ser igualmente simples, embora mais difíceis de encontrar.

Vale a pena encerrar esta seção com uma breve relação de gostos e desgostos, o que os atrai e repele. Os seres sobrenaturais serão atraídos por qualquer pessoa que seja limpa, bem-arrumada e respeitosa; ofereça pão, queijo e outros produtos lácteos; e melhore sua casa ou a si mesma com perfumes e flores, além do verdor de certas plantas. Os feéricos serão afastados por fumaça ou odores fortes, palavras sagradas (faladas ou escritas), ferro em quase todas as formas, sal (e isso parece incluir água do mar e itens associados a ele), certas plantas e flores e formas e números específicos. Muitos desses elementos eram, de fato, eficazes contra uma série de ameaças sobrenaturais; sua maneira específica de uso é o que pode distingui-los quando direcionados ao Mundo Feérico.

---

446. Mathews, *Blackdown Borderland*, p. 59.

Ao mesmo tempo, a magia feérica é estranhamente acessível, pois, com frequência, requer apenas a posse dos ingredientes ou das palavras certas, a maioria das quais é comum. Há muitos anos, Katharine Briggs, especialista na tradição feérica, observou que "os feéricos devem seus poderes a feitiços, não à própria natureza". Como tentei demonstrar neste capítulo, isso parece estar perfeitamente correto, e o que nos separa dos feéricos não é um abismo tão grande, como alguns podem imaginar.[447]

447. Briggs, "English Fairies", p. 277.

SEÇÃO 3

Tempos Modernos

Capítulo 14

Elfos e Feéricos Ainda Hoje?

A poetisa Dora Owen incentivou as crianças a nunca se esquecerem de que "ainda existem elfos e feéricos". Ela as estimulou a manter suas crenças no fato aparente de que os feéricos deixaram para sempre o mundo humano, para nunca mais serem vistos por nós. E, no entanto, eles nunca foram embora de forma definitiva e completa. Em *Farewell to the Faeries* (Adeus ao Feérico), no capítulo final do livro *Strange and Secret People* (Pessoas Estranhas e Secretas), Carole Silver comenta: "Os seres feéricos estão deixando a Inglaterra desde o século XIV, mas nunca foram embora em definitivo, apesar do surgimento das cidades, da ciência, das fábricas e das mudanças de religião".[448]

Acredita-se que dois processos estejam acontecendo em paralelo. Há uma partida ativa dos elfos, uma retirada permanente para a Terra Feérica – separada e provavelmente distante –, que ocorre de maneira simultânea à descrença crescente entre a população humana. Combinados, esses fatores convenceram os observadores de que nossos Bons Vizinhos tinham nos abandonado. No entanto, apesar desses protestos, os seres feéricos ainda permanecem. Nem eles, nem nós, jamais poderemos nos separar por completo.

448. Dora Owen, "Children, children, don't forget"; Silver, *Strange & Secret People*, p. 185.

Sempre Indo Embora, Mas Nunca Partindo

O poeta Geoffrey Chaucer, já nas últimas décadas do século XIII, foi o primeiro a declarar que os seres feéricos haviam desaparecido; desde então, um coro de vozes vem-se erguendo, lamentando a situação. Essas vozes foram reforçadas a partir de meados do século XVI, pela crença de que foi a Reforma que expulsou os seres sobrenaturais.[449]

No final do século XVI, Reginald Scot sentiu-se confortável para declarar que "Robin Goodfellow deixou de ser temido". Em outro momento, em *The Discovery of Witchcraft* (A Descoberta da Bruxaria), ele observou que, "a essa altura, todos os homens de Kent sabem (com exceção de alguns tolos) que Robin Goodfellow é um patife". Não se tratava, portanto, apenas de descrença, mas, sim, de desprezo crescente por qualquer coisa considerada infantil ou ingênua. Em 1591, George Chapman fez com que um personagem de uma peça questionasse se "feéricos assombravam o verde sagrado, como sempre pensaram meus ancestrais". A fé no feérico é cada vez mais vista, de maneira nostálgica, como algo do passado ou, no mínimo, um assunto para uma geração mais velha e pessoas menos instruídas e mais supersticiosas. Escrevendo em 1639, Richard Willis descreveu como "poucos dias após meu nascimento... fui retirado da cama do lado de [minha mãe] e, com meu choro repentino e feroz, me recuperei novamente, sendo encontrado preso entre a cabeceira da cama e a parede, e, se não tivesse chorado daquela maneira, os fofoqueiros de plantão pensariam que eu havia sido levado pelas fadas...".[450]

Essas primeiras fontes sugerem que a crença na Feéria é apenas questão de imprecisão dos "tempos antigos", e teria terminado no início do século XVII, exceto para algumas velhas tolas. Isso está longe de ser verdade. Até 1669, ao que parece, um espírito chamado *Ly Erg* ainda assombrava Glen Moor, nas Terras Altas. Ao descrever as Hébridas, em 1716, Martin Martin afirmou: "não faz muito tempo que todas as famílias de considerável importância nessas ilhas eram assombradas por um espírito chamado *Browny*...". Aparentemente, os feéricos domésticos haviam sobrevivido até o final do século XVII, apesar das previsões confiantes do contrário, datadas de, pelo menos, cem anos antes.[451]

---

449. Ver, por exemplo: Jones, Aberystruth, p. 85, ou James Hogg, *The Queen's Wake*, 1813, p. 380, e *A Queer Book*, 1831, p. 168.
450. Scot, *Discovery*, "To the Reader" e Livro XVI, cap. 7; Chapman, *A Humorous Day's Mirth*; R. Willis, *Mount Tabor – or Private Exercises of a Penitent Sinner*, pp. 92-3.
451. M. Martin, *A Description of the Western Isles*, p. 391.

No entanto, ao descrever Northumberland, em 1729, o reverendo John Horsley sentiu que "as histórias de feéria agora parecem estar muito desgastadas, desatualizadas e desacreditadas". Cinquenta anos mais tarde, em 1779, o reverendo Edmund Jones alegou que, na paróquia de Aberystruth, as aparições feéricas haviam "praticamente cessado", embora a *Tylwyth Teg* já tivesse sido muito familiar para a população local.[452] Em outras palavras, embora ainda existissem crenças, elas foram diminuindo no decorrer do século XVIII ou desapareceram por completo.

Aparentemente, a fé no feérico ainda estava em declínio, ou apenas se dissipando, no início do século seguinte. Acreditava-se que esse era o caso da Escócia, em particular. O poeta e pastor James Hogg descreveu as experiências de William Laidlaw, também chamado Will O'Phaup, nascido em 1691, "o último homem dessa região selvagem que ouviu, viu e conversou com os seres feéricos; e isso não apenas uma vez, mas em vários momentos e estações". Will vivia à beira da floresta Ettrick, "o último retiro dos espíritos do vale, antes de deixarem definitivamente a terra que amavam...". A partida dos feéricos era tema comum para Hogg. Por exemplo, em 1818, no livro *The Queen's Wake* (O Despertar da Rainha), ele afirmou que "os feéricos desapareceram totalmente... Hoje, restam apenas algumas poucas pessoas vivas que já os viram". Dois anos depois, *Sir* Walter Scott também anunciou, confiante, que "os seres feéricos abandonaram seu território ao luar". Escrevendo sobre a Bacia do Tay, em 1831, James Knox concordou que, "durante o último século, a superstição dos feéricos perdeu terreno rapidamente, e, mesmo para os ignorantes, os elfos não são mais temidos, embora sirvam como tema de um conto de noite de inverno". Em uma descrição das Terras Altas, de 1823, foi dito (novamente) que os *brownies* haviam se tornado raros, mas todas as famílias de classe tinham um. Do mesmo modo, Alan Cunningham, escocês das Terras Baixas, disse que, em Nithsdale e Galloway, "poucos são os idosos que não acreditam piamente na influência e no domínio dos feéricos...".

Mais uma vez, dizia-se que a crença estava desaparecendo, exceto entre os idosos e os pobres das zonas rurais, com pouca instrução, e, mesmo para eles, a crença estava se degradando a nada mais que história para dormir.[453]

Simultaneamente, os feéricos de Lake District foram declarados extintos, e no extremo oposto do país Fortescue Hitchins lamentou-se pelo fato de que

452. Dalyell, *Darker Superstitions*, p. 541; Martin, *A Description of the Western Isles*, p. 391; Horsley, *Materials for a History of Northumberland*, 1730, citado em: *Denham Tracts*, p. 136; Jones, *Aberystruth*, p. 84.
453. Hogg, "Odd Characters", *in*: *The Shepherds Calendar*, vol. 2, p. 150; *The Queen's Wake*, 1813, p. 380; Knox, *Topography of the Basin of the Tay*, p. 111; W. Grant Stewart, *Popular Superstitions*, p. 139; A. Cunningham, *Remains of Nithsdale and Galloway Song*, p. 236.

na Cornualha "a era dos *piskays*, assim como a da cavalaria, tenha desaparecido. Talvez não haja quase nenhuma casa que eles tenham a fama de visitar... Os campos e as ruas estão abandonados".[454]

Várias testemunhas oculares relatam a partida dos seres feéricos das Terras Altas da Escócia por volta de 1790, de modo que, no século XIX, os dias feéricos pareciam definitivamente ter terminado. No entanto, uma fé persistente resistiu até meados do século. Contudo, em 1850, um policial rodoviário de Galloway se recusou a derrubar um espinheiro feérico local. Em Northamptonshire, em 1851, foi dito que "a fé no feérico ainda persiste, mas está nos últimos estágios de decadência". Mais que isso, havia bolsões de resistência. Em 1867, John Harland afirmou que "os elfos, ou o Povo das Colinas, ainda vivem entre as pessoas da zona rural de Lancashire". Pesquisando o folclore de Devon no mesmo ano, *Sir* John Bowring entrevistou quatro velhos camponeses em Dartmoor, que lhe garantiram que "os *piskies* já haviam desaparecido, embora tenham existido muitos no passado". Entretanto, Bowring ouviu, simultaneamente, uma versão da história comum de *pixies* flagrados furtando grãos de um celeiro, e isso teria acontecido havia apenas três anos. Comentando a respeito da mesma região algumas décadas mais tarde, John Page considerou que "a fé na raça élfica estava se enfraquecendo a cada dia... Os *pixies* estão se afastando de Dartmoor". Portanto, claramente, tudo dependia de com quem se estivesse falando.[455]

Repetindo o que já era, então, um lamento bastante conhecido, John Brand declarou a respeito das Ilhas Shetland, em 1883, que "há não mais de quarenta ou cinquenta anos, toda família tinha um espírito maligno chamado *Browny* que a servia". Essa foi a terceira vez que a recente partida dos *brownies* foi registrada. À luz disso, quando, no mesmo ano, Menzies Fergusson comentou que "os tempos de crendice já se acabaram há muito tempo, e não podemos mais ver o *trow* do mar flutuante... A civilização se infiltrou em todos os redutos feéricos e desencantou as inúmeras belas cenas nas quais costumavam realizar suas cortes encantadas" – podemos ficar inclinados a duvidar dessa confiante afirmação.[456]

No entanto, o tom valorativo persistiu. Falando de sua juventude na primeira metade do século XIX, o historiador e religioso Charles Hardwick afirmou que os feéricos eram "tão abundantes quanto as amoras", mas isso não parecia mais ser o caso em Lancashire da década de 1870. Em 1893, ao relatar a crença popular da

---

454. Craig Gibson, "Ancient Customs", p. 108; Hitchens, *A History of Cornwall from the Earliest Records*, 1824.
455. Aitken, *A Forgotten Heritage*, cap. VI; Sternberg, *Dialect and Folklore*, p. 131; *Lancashire Folklore*, p. 110; J. Bowring, "Devon Folklore Illustrated", *Transactions of the Devonshire Association*, vol. II (1867) p. 70; *Crossing agreed – Tales of Dartmoor Pixies*, caps. 1 e 4; Page, *Dartmoor*, p. 40.
456. Brand, *Zetland*, p. 169; Fergusson, *Rambling sketches*, p. 121.

Cornualha, Bottrell citou um verso que dizia: "Os feéricos foram embora de seus lugares". No início do século seguinte, em 1912, a Sra. Leather, de Cusop, perto de Hay-on-Wye, lembrou-se de seres feéricos vistos dançando sob dedaleiras, em Cusop Dingle: visão essa que permanecia na memória das pessoas ainda vivas, segundo ela.[457]

Repetidamente, do século XVI ao XIX, dizia-se que os feéricos tinham partido havia pouco e se sentia que a fé na Feéria estava em processo de extinção em face do progresso e do racionalismo. Os seres feéricos sempre foram relacionadas ao "ontem" e, ao que parece, eram propriedade de uma geração que estava diminuindo. Eram lembrados, mas não mais encontrados.

Descrença Moderna

Como era de esperar, talvez os escritores do século XX tenham feito eco aos seus antecessores, provavelmente, de forma ainda mais forçada, dada a urbanização e a mecanização aceleradas do nosso mundo.

Em 1923, a folclorista Mary Lewes registrou uma "crença praticamente universal entre o povo galês do interior, em meados do século passado, [que] quase não foi esquecida". Ela culpou a educação e os jornais por terem apagado os espíritos populares: "Olhos mortais em Cambria não mais contemplarão o Povo Feérico em suas festas". Ela lamentou que "até mesmo o conceito de feéria parece ter se perdido na geração atual". Alguns anos mais tarde, refletindo sobre a região oeste de Argyll, na década de 1850, outro escritor relembrou da "Terra dos Sonhos", na qual as pessoas moravam antes que "o olhar feroz da onisciência moderna de óculos" dissipasse as crenças. "Aqueles eram os dias dos espíritos elementares, das imagens e dos sons relegados pelos céticos atuais ao reino da superstição ou da imaginação." Adotando tom semelhante – embora confirmasse que a crença nos *piskies* da Cornualha não estava totalmente extinta –, Bottrell condenou, no entanto, o "amor pelos fatos não poéticos [que] havia se tornado moda, até que eles foram afugentados". Na década de 1920, eram apenas os idosos que de fato se lembravam da riqueza dos contos populares da Cornualha. Nessa época, sentia-se que a fé no Mundo Feérico também estava em declínio ou desaparecendo de Herefordshire, Shropshire e Lake District.[458]

---

457. Hardwick, *Traditions, Superstitions and Folklore*, p. 124; Bowker, *Goblin Tales*, Introduction; Brand, *Description of Zetland*, p. 169; Fergusson, *Rambling Sketches*, p. 121; *Traditions and Hearthside Stories of Cornwall*, 2a. séria, p. 112.
458. Lewes, *Queer Side*, pp. 111, 113 e 139; Grant, *Myth, Tradition & Story*, pp. 1 e 3; Bottrell, *Traditions and Hearthside Stories*, vol. 1, p. 75; Leather, *Folklore of Herefordshire*, p. 43; Palmer, *Shropshire*, p. 141; Rowling, *Folklore of the Lake District*, p. 28.

Os tempos mudaram, mas o refrão, não. No final do século XX, descrevendo a crença popular de Sussex, Jacqueline Simpson fez uma declaração conhecida dizendo que, "embora seja muito improvável que qualquer adulto da atual geração acredite seriamente em fadas, no século XIX a situação era diferente... Mesmo uma geração atrás, ela não estava totalmente extinta". Com relação aos *pixies* de Dartmoor, outra escritora do mesmo período tinha dúvidas de se a fé verdadeira persistiu até a década de 1960. Por um lado, ela achava que eram apenas os estrangeiros que gostavam de manter as histórias vivas, e a fé genuína havia se extinguido séculos antes; por outro lado, ela ainda ouvia, de tempos em tempos, relatos de avistamentos e da manutenção de conduta respeitosa.[459]

"Os Feéricos Ainda Viajam"

Muitas vezes, pesquisadores têm considerado que a crença no Mundo Feérico era forte apenas até a geração anterior (ou antes, inclusive), considerando a data em que registram sua investigação, a qual julgam um período em que vigora a incredulidade. Essa posição vem sendo reafirmada a cada década, ao longo de vários séculos. Por essa razão, quando Robin Gwyndaf alegou, em 1997, que "a crença em feéricos persistiu no País de Gales até o final da década de 1940 ou o início da década de 1950", surgiu a pergunta: é possível confiar nessa linha-limite traçada por ele? Como vimos, muitos escritores já fizeram o mesmo antes dele e se viram, posteriormente, refutados (ou, mais uma vez, reiterados). O tema do desaparecimento do feérico tem se prolongado no decurso de gerações; o feérico é sempre – aparentemente – algo do passado, fora de vista, além dos limites. Da mesma forma, houve escritores obstinados que não estavam prontos para proferir o obituário feérico.[460]

Como já observado, os seres feéricos foram declarados mortos e desaparecidos do Lake District tanto em 1825 quanto no início do século XX. Outra observadora não foi tão pessimista: "A timidez do feérico britânico nos tempos modernos deu origem a uma crença generalizada de que todo o gênero deve ser considerado extinto" – escreveu a Sra. Hodgson, em 1901, entretanto ela se sentia confiante de que espécimes ainda poderiam ser encontrados em regiões remotas de Cumberland e Westmorland. Nas fronteiras galesas, na década de 1870, Francis Kilvert

459. Simpson, *Folklore of Sussex*, p. 52; St. Leger Gordon, *The Witchcraft and Folklore of Dartmoor*, pp. 16 e 21.
460. Gwyndaf, in Narvaez, *The Good People*, p. 155.

foi informado por David Price, de Capel-y-ffin, de que "não vemos seres feéricos agora porque temos mais fé no Senhor e não pensamos neles. Mas acredito que eles ainda realizem viagens". Em 1873, William Bottrell escreveu com convicção que, na Cornualha Ocidental, "a crença na feéria está longe de ser extinta".[461]

Ao avaliar o verdadeiro estado da crença no Mundo Feérico, parece que tudo depende de quem pergunta e com quem se está falando. Evidências do recente *Censo das Fadas* e da coleção de avistamentos de Marjorie Johnson, apresentado em *Seeing Fairies,* sugerem que – ao contrário de todos os relatos – os feéricos ainda estão presentes e ativos. Em retrospecto, observa-se que, quando temos a chance de reunir evidências, podemos realmente analisar o estado da fé no Mundo Feérico em determinado momento. Nossa perspectiva sobre o presente pode ser restrita, mas em retrospectiva podemos avaliar melhor a escala e a continuidade dos avistamentos e da crença. Quando referências díspares são combinadas, parece, muitas vezes, que nossos Bons Vizinhos estão tão vivos e bem como sempre estiveram.

Novas Formas do Feérico

As pessoas continuam a ver seres feéricos, avistando também novas formas e realizando novos eventos. Anteriormente, mencionei os novos e surpreendentes aspectos assumidos pelos seres, identificados durante o último século: seres peludos, fadas que parecem árvores e feéricos vistos como pontos de luz. O que vemos quando ouvimos termos como "feéria", "seres feéricos" ou "fadas" parece estar sob constante desafio e revisão.

No entanto, há mais nessa transformação que apenas uma descrição física exterior. Nossas concepções sobre o *propósito* dos feéricos também têm evoluído nos últimos cem anos. A última seção deste livro esboça muito brevemente algumas das ideias mais recentes que surgiram.

O impacto do pensamento rosacruz e da teosofia tem crescido constantemente desde o século XVII e, nos últimos cento e cinquenta anos, tornou-se particularmente forte na tradição feérica. Como resultado dessa influência, convencionou-se entender os seres feéricos como espíritos da natureza, parte de uma hierarquia natural que pode variar dos quase invisíveis "elementais" até chegar

461. Hodgson, "On Some Surviving Fairies", p. 116; Simpson, *Welsh Border,* p. 72; Bottrell, *Traditions and Hearthside Stories*, vol. 2, p. 245.

a anjos, cujo objetivo é estimular e até mesmo orientar o crescimento das plantas. Com base nisso, nas últimas décadas, surgiu um conceito mais amplo dos feéricos como sendo guardiões de todo o planeta e de seu ambiente. Em contrapartida, como sugere a descrição anterior das funções e dos comportamentos tradicionais dos feéricos, o registro folclórico desses seres é bastante limitado.

Essas percepções mais recentes ampliaram o escopo do feérico, identificando também novos membros da família feérica. No entanto, isso gerou certa confusão sobre a natureza e o propósito dos seres já conhecidos. O conceito de "espírito da natureza" pode indicar uma tendência a reduzir todos os seres feéricos a pequenas engrenagens da máquina natural, privando-os de individualidade e livre-arbítrio. Seres primordiais e elfos não devem ser equiparados: trata-se de seres diferentes, com funções distintas.

Em segundo lugar, a importação de ideias externas, inerentes à teosofia, também teve efeito complicador na tradição feérica. A lista de seres feéricos britânicos nativos, esboçada no início deste livro, foi livremente ampliada com a adição de categorias de seres sobrenaturais de muitas outras terras e culturas. Anões, *vilas, peris* e *devas* – além dos seres totalmente inventados, como os gnomos – foram todos separados de suas raízes e assimilados, e, como resultado, os escritores, muitas vezes, se esforçam para encontrar alguma relação entre eles, embora possa haver pouca (ou nenhuma). Pode haver confusão e incerteza quando se tenta identificar e classificar os seres; além disso, ideias preconcebidas das pessoas sobre o que veem podem ser afetadas, o que pode dificultar a avaliação do que de fato testemunharam. Evitar o risco dessa confusão foi parte de meu foco, concentrando-me, neste livro, somente nos tipos de feéria britânica.

O segundo elemento forte no pensamento recente sobre o Mundo Feérico não é alheio ao anterior. Pode ser chamado de "Fé na Feéria" e envolveu uma reavaliação do relacionamento do feérico conosco, em termos espirituais, não físicos. Na verdade, as duas novas visões sobre o Feérico – *Faery* – não se distanciam; contudo, a Fé na Feéria é vista como retorno a uma interação mais antiga com os seres feéricos. Eles são vistos como semideuses poderosos, com os quais os seres humanos podem entrar em contato por meio da adoração e da magia. Os feéricos podem usar suas habilidades sobrenaturais para ajudar aqueles que lhes demonstram o devido respeito. Mais uma vez, essa visão do feérico se baseia em temas autênticos dos materiais tradicionais, combinando-os com elementos de bruxaria e adoração à deusa. Essa consciência espiritual da natureza, conjugada com cerimônias mágicas reconstruídas, reconfigura toda a dinâmica que existe entre os seres feéricos e nós, seres humanos, ao mesmo tempo que serve ao poder do Mundo Feérico e ao senso de reverência com o qual deve ser abordado.

O resultado dessas combinações de ideias foi, especialmente na América do Norte, o surgimento de uma tradição de bruxaria que enfatiza muito os contatos com o Feérico para obter sabedoria e poder mágico. Desde a década de 1960, diversos caminhos foram formulados por vários professores e grupos distintos da Wicca britânica, inspirada por Gardner e Alex Sanders. Embora a bruxaria tradicional possa ser diferenciada em virtude do foco na teoria e prática medievais, bem como pela percepção de ser uma arte em vez de uma religião neopagã, um elemento central das diversas novas abordagens tem sido a incorporação do folclore e das crenças no feérico à prática pessoal. Os métodos usados incluem contato com seres feéricos, viagem ao outro mundo e homenagem aos seres feéricos específicos que aparecem em um percurso mitológico.

Entre esses percursos, destacam-se *Feri* (ou *Vicia*)[462], desenvolvido por Victor e Cora Anderson no final da década de 1940; *Faery Wicca*, ou Wicca Feérica, caminho celta que trabalha com os *Tuatha Dé Danann*[463]; e "Fé no Feérico" (*Faerie Faith*), prática neopagã que se ramificou da tradição *Old Dianic*, desenvolvida por Mark Roberts e Morgan McFarland, no Texas, na década de 1970. A Fé acredita numa relação simbiótica com o Povo Feérico, na realidade espiritual por trás da natureza e na reverência pela terra. A alegria e a espontaneidade do Reino Feérico são usadas como foco para uma conexão espiritual dinâmica com os feéricos internos. Por fim, a bruxaria de herança – como exemplificado pelos ensinamentos de Ari Devi e Grayson Magnus – busca colaborar com os seres feéricos para a iniciação nos mistérios feéricos, na autorrealização e na consciência superior. Isso é alcançado por meio de um relacionamento romântico entre o místico e os amantes da Feérica.

Muitas dessas novas percepções são difíceis de entrar em sintonia com o testemunho da experiência folclórica que este livro expõe. Nessa visão mais tradicional, há evidências muito limitadas de qualquer preocupação dos seres feéricos com nosso desenvolvimento espiritual ou moral – ou, ainda, com o desenvolvimento deles próprios, já que podem ser considerados amorais e, às vezes, imorais. Da mesma forma, fontes fornecem apenas indicações esparsas de qualquer desejo da parte deles de colaborar ou de nos ajudar no aprimoramento material ou pessoal. Visões mais antigas são claramente mais pessimistas em relação às motivações e aos humores dos feéricos. Uma nova abertura e

---

462. No neopaganismo, *Feri* consiste numa tradição espiritual e mágica que ressalta a importância da experiência mística e direta com o sagrado; *Vicia* é um termo usado como variante ou sinônimo de *Feri*. Essas práticas, desenvolvidas por Victor e Cora Anderson, enfatizam a conexão direta com o divino e o exercício da magia de forma personalizada. (N. da T.)

463. De natureza sobrenatural e religiosa, *Tuatha Dé Danann* ("povos da deusa Danu") consiste em um grupo de personagens da mitologia irlandesa e escocesa. (N. da T.)

receptividade de nossa parte – e talvez uma nova urgência e necessidade de nos reconectarmos com as forças naturais – pode muito bem ter mudado a maneira como interagimos com o sobrenatural, revelando aspectos e interesses antes ocultos do Mundo Feérico. Por exemplo, no caso citado referente aos consortes feéricos, podemos identificar um desenvolvimento positivo de nosso relacionamento, que deixou de ser a *Lhiannan Shee*, muitas vezes possessiva e perigosa, para se tornar muito mais recíproca e espiritual.

Considerações Finais

É impossível ser didático sobre o Bom Povo, especialmente quando se trata de seres invisíveis e secretos. Os contatos com eles são raros e fugazes, portanto qualquer impressão formada será sempre incerta e não confirmada. Como sugeri, a falta de consistência em todos os relatos pode parecer excelente base para rejeitá-los e entendê-los como ficções. O que é estranho, no entanto, é que essas histórias derivam de um período em que havia uma crença genuína e generalizada em (e medo de) seres feéricos. Assim, é de se esperar que as narrativas folclóricas forneçam aos ouvintes depoimentos consistentes e coerentes sobre os seres sobrenaturais, de modo que o público possa ser avisado e preparado. A falta de correspondência entre os relatos pode, então, ser considerada indicador de autenticidade.

Em última análise, a experiência é a chave – e as pessoas ainda têm encontros com seres feéricos, provavelmente com a mesma frequência de sempre. Embora a crença possa não ser tão difundida como antes, nossas interações com o Mundo Feérico continuam e, em muitos aspectos, parecem mais intensas que nunca. Continuamos a nos surpreender e a aprender.

NOTA DO EDITOR

Por meio de uma pesquisa minuciosa, o autor deste livro – que, a essa altura, dispensa apresentações após os prefácios, tanto de Morgan Daimler como de nossa tradutora, Sandra Trabucco Valenzuela – nos trouxe um compêndio sobre mitos, lendas, folclore e contato com o mundo feérico.

Para pessoas não familiarizadas com determinados termos em gaélico escocês, galês e irlandês, entre outros de localidades diversas, John T. Kruse criou um *Glossário* para o final do livro, antes de nos brindar com a extensa bibliografia utilizada em sua pesquisa.

Sem sombra de dúvida, o *Glossário* ajuda muito na compreensão da obra. Contudo, para o público brasileiro, consideramos necessário ampliá-lo, pois o autor cita uma infinidade de nomes, assim como suas variantes linguísticas, para cada ser feérico de diversas épocas e tradições, de maneira que, para nós, que não temos herança forte da cultura nórdica, britânica ou do Leste Europeu – entre outras localidades –, muitas vezes John T. Kruse faz uma citação como se o leitor – já familiarizado com o assunto – soubesse totalmente do que ele está falando, sem dar mais explicações. E, para que isso não nos desse a impressão de uma citação aleatória, ou mesmo superficial, tanto para nós, leitores brasileiros, como para outros falantes de língua portuguesa –, pedimos à nossa tradutora que alimentasse esse *Glossário* com mais termos, como forma de enriquecer a leitura do livro, com um anexo, no qual muitas coisas óbvias a leitores de língua inglesa – e outros idiomas de origem anglo-saxônica – pudessem constar do *Glossário* em nossa edição de forma ampliada.

Durante esse processo, percebemos que uma ou duas linhas para descrever alguns verbetes – já bastante conhecidos no Brasil por conta de literatura, jogos de RPG, séries, filmes e *games* – seria pouco, pois em muitas situações o que conhecemos como *pixies*, elfos, duendes, *goblins* e anões eram correlatos ou totalmente diversos do modo como os conhecemos no Brasil.

Desse modo, criamos um "pequeno dicionário", deixando o texto com mais informações sobre o que são determinados seres e suas variantes, conforme época, cultura ou localização geográfica, trazendo ao leitor brasileiro mais informações sobre cada um deles.

Assim, os termos que constam desse *Pequeno Dicionário do Mundo Feérico* – ao qual o leitor terá acesso a seguir – não estão presentes no *Glossário* e foram ampliados para maior compreensão de cada entrada e maior aproveitamento do leitor.

Adilson Silva Ramachandra, Inverno de 2024.

Pequeno Dicionário do Mundo Feérico

Afanc: na mitologia galesa, trata-se de um espírito malévolo, de aspecto monstruoso, semelhante a um cavalo, que vivia em lagos. O Afanc também é chamado de Addanc, ('aðaŋk, em escocês). Além da semelhança com um cavalo, as descrições sobre esse ser variam, sendo apresentado como semelhante também a um crocodilo, um castor ou uma criatura parecida com um anão, ou até mesmo com um grande e monstruoso ornitorrinco. As lendas sobre esse ser afirmam que vive em Llyn Llion, Llyn Barfog, perto da ponte Brynberian ou em Llyn yr Afanc, lago próximo a Betws-y-coed, que recebeu o nome do ser.

Anão: ser mítico humanoide que aparece com mais frequência na mitologia nórdica. São normalmente baixos e atarracados, medindo 1,30 m, em média, de altura; estão conectados com a Terra e vivem em lugares subterrâneos. São caracterizados como mineiros, engenheiros, artesãos e ferreiros.

Asrai: espírito aquático das Midlands inglesas, principalmente da região de Cheshire e Shropshire. Na mitologia celta e britânica, as Asrai são fadas de água doce que tentam se manter longe dos seres humanos. Existem muitos seres míticos, como a Asrai no antigo folclore britânico. Contudo, esse ser é único, porque pode se transformar em água, tornando-se sem forma. Ao contrário de outros seres aquáticos ligados ao mundo feérico, as Asrai também podem se misturar perfeitamente ao ambiente. Dizem que seu corpo é extremamente frio, a ponto de causar queimaduras em seres humanos, e têm poderes de hidrocinesia, ou seja, podem controlar as águas. São tipicamente femininas, semelhantes a uma ninfa da água. Podem crescer até cerca de 60 cm a 1,20 m de altura e são esbeltas e bonitas. Algumas histórias afirmam que as Asrai têm asas de fada, enquanto outras afirmam que têm pés ou pernas palmadas. Em algumas outras recontagens, elas têm cabelos verdes e cauda de peixe semelhante a uma sereia, em vez de pernas.

Banshee: termo irlandês para designar "mulher fada". Em gaélico irlandês, *bean-sidhe* significa, literalmente, "mulher do monte de fadas", e sua grafia em gaélico escocês é *Bean Nighe*. Nas tradições da mitologia celta, a *banshee* é um espírito feminino – ou uma fada – que anuncia a morte de uma pessoa por meio de um grito estridente, triste, como um lamento agudo de um som ao longe, como do vento. Acredita-se que a *banshee* lamenta a morte apenas de alguém próximo, geralmente ligado a uma família específica. Dizem que, quando membros de uma família ouvem esse grito ou lamento, esse é um aviso de que alguém da família morreu, podendo vir acompanhado de ventos fortes e tempestades. Sua aparência é de uma fada/

mulher obscura, uma figura feminina assustadora com longos cabelos totalmente desgrenhados vestida com um manto ou um vestido branco ou cinza.

***Bean-nighe*:** espírito feminino do folclore escocês, conhecido como "a lavadeira", é considerado presságio de morte, lavando a roupa em riachos solitários daqueles que estão prestes a morrer.

***Blithe-meat*:** literalmente, "comida de agrado". Era preparada com pão e queijo e oferecida às pessoas que vinham visitar a mãe e o bebê recém-nascido. Parte desse alimento seria dada em oferenda aos seres feéricos, com o objetivo de ganhar seu favor e para se proteger do risco de rapto.

***Brownie*:** espírito doméstico do leste e norte da Inglaterra e das Terras Baixas da Escócia. Lendas dizem que os brownies executam tarefas domésticas, como varrer e encerar o chão, enquanto os seres humanos dormem. Em troca, gostam de receber leite, creme ou pão recém-assado, que devem ser deixados perto do fogão ou da lareira. Têm esse nome por serem descritos como homenzinhos de pele amarronzada, que usam pouca roupa ou apenas trapos. Em alguns casos, trajam gorros. Podem se tornar desagradáveis se forem criticados por seus trabalhos e evitam ser vistos pelos humanos, preferindo realizar essas tarefas durante a noite.

Caointeach: espírito feminino do folclore escocês, semelhante à *Ben-nighe* e à *Banshee*, conhecido como "a perspicaz"; considerado presságio de morte.

***Changeling*, ou criança trocada:** termo que significa que um ser feérico deixa outro ser feérico no lugar de uma criança humana, que é roubada/trocada e transportada para o Reino das Fadas. Essa crença foi levada a sério até o início do século XX em diversos lugares da Europa. Os *Changeling* podiam ser reconhecidos por desenvolver características estranhas, especialmente deformidades físicas; também podiam ser crianças que sempre ficavam doentes ou tinham apetite incomum, o que significava que a criança não era humana, mas um *Changeling* feérico.

Changeling Oaf: criança trocada por um estoque de madeira ou por outro ser feérico, em geral menos capacitado que o original humano.

Devas: no hinduísmo, são deuses que regem as forças da natureza, correlatos aos anjos. Seu nome se origina da raiz sânscrita *div*, que significa "resplandecente", "brilhante", o que denota sua aparência luminosa, sendo também um adjetivo para algo de natureza divina, gloriosa. No entanto, no zoroastrismo, são vistos de forma radicalmente oposta. Grafados como *daeva*, são seres espirituais desagradáveis, malignos, que, em textos antigos do zoroastrismo, conhecidos como Gathas, são "deuses que devem ser rejeitados", divindades que promovem o caos e a desordem. Em tradições e folclores posteriores, são considerados personificações de todos os males imagináveis. No contexto ocidental, em escritos esotéricos, podem ser entendidos como espíritos da natureza ou guardiões de alguns lugares, sendo semelhantes a certas concepções dos seres feéricos da mitologia celta, escocesa e galesa.

Elfo: termo do inglês antigo, de origem anglo-saxã, para designar o ser que agora tendemos a chamar de "fada". Os elfos surgem em histórias da mitologia nórdica, celta e escandinava e são muito citados na literatura medieval europeia. São consideradas seres luminosos e benévolos. Contudo, nos *Eddas*, aparecem também os elfos negros e cinzentos, visto como maléficos. No passado mais remoto, eram considerados divindades maiores da natureza e da fertilidade. Geralmente, são retratados como jovens de grande beleza que vivem entre as florestas, sob a terra, em nascentes e outros lugares belos da natureza. Foram retratados em muitas obras como seres sensíveis, de longa vida ou imortais, com poderes mágicos e grande conexão com a natureza.

***Ent* ou *Ent Fae*:** árvores feéricas ambulantes e inteligentes. São vistas também como entidades híbridas menores, formadas por plantas, insetos e cascas de árvore.

***Fideal*:** criatura maligna de água doce do folclore gaélico escocês, personificação das gramíneas de pântano e ervas daninhas aquáticas emaranhadas no assombrado Loch, na Fideil, perto de Gairloch, nas Terras Altas do Noroeste.

Gnomos: citados pela primeira vez na literatura ocidental na obra *Liber de Nymphis, Sylphis, Pygmaeis et Salamandris* (Um Livro sobre Ninfas, Silfos, Pigmeus e Salamandras e Sobre os Outros Espíritos), de Paracelso, médico, alquimista e filósofo alemão do século XVI, publicado em 1566, postumamente na cidade de Nysa (atual Polônia). O livro versa sobre as quatro classes de seres elementais, espíritos que correspondem aos quatro elementos da natureza: ninfas (água), sílfides ou silfos/fadas (ar), pigmeus ou gnomos (terra) e salamandras (fogo). Os gnomos, classificados por ele como elementais da terra, são os espíritos da terra. São descritos pelo folclore popular europeu como criaturas de aparência humanoide com cerca de dois palmos de altura (aproximadamente 46 cm), e às vezes menos, numa média de 10 cm a 15 cm, sendo muito relutantes em interagir com humanos. São seres inteligentes que vivem sob a terra, podendo falar a língua dos humanos e a sua própria.

Goblin: ser feérico originário do folclore europeu, mais comum na região da Escandinávia (Noruega, Dinamarca, Finlândia, Suécia e Islândia). A palavra *goblin* é originalmente derivada da palavra grega *Kobalos*, que significa algo como "desonesto", "enganador" ou "espírito malévolo". O termo *goblin* tem sido usado para descrever grande variedade de criaturas féericas encontradas em tradições por quase toda a Europa. Após a publicação de *O Hobbit*, em 1937, e de *O Senhor dos Anéis* (entre 1954 e 1955), ambos de J. R. R. Tolkien, a forma como os *goblins* eram representados começou a mudar, notadamente em obras de fantasia e depois em jogos de RPG. Assim, os *goblins* passaram a ser vistos como uma raça de criaturas humanoides com características distintas, que incluem: baixa estatura (por volta de 1,2 m), pele verde-amarronzada, nariz achatado ou longo e adunco, orelhas de morcego e comportamento travesso ou completamente malévolo, podendo haver tipos maiores ou mais altos e disformes, como o Rei Goblin, de *O Hobbitt*.

Gwragedd Annwn: literalmente, "esposas do outro mundo". São as mulheres fadas galesas que vivem sob lagos; o termo no singular é *gwraig annwn*. Na mitologia e no folclore galês, são belas mulheres do mundo feérico, fadas de cabelos louros, com altura correlata à dos seres humanos. Vivem em palácios subaquáticos em lagos próximos às Montanhas Negras. As lendas em torno desses seres dizem que tomam maridos humanos para viver com elas, embora raramente permaneçam com eles por longo período. Por conta disso, existem muitas famílias da região que se dizem aparentadas desses seres, reivindicando, dessa forma, sua herança feérica.

Gwyllion: na tradição galesa, são fadas femininas assustadoras, relacionadas com as cabras. Têm a pele verde ou cinza, de aparência suja, e seu olhar é ameaçador.

Hobgoblin: seres feéricos da Inglaterra que medem 1,4 m, chegando até a altura média de um ser humano. Seu nome vem da junção de duas palavras: *hob* ("duende") e *goblin* ("fada travessa e feia"). Shakespeare identifica o personagem Puck, da peça *Sonhos de uma Noite de Verão*, como um *goblin*. Têm parentesco com os *brownies*.

***Kelpie*:** monstro aquático das Terras Altas da Escócia. Tem forma de cavalo, e dizem as lendas que, se os *Kelpies* forem tocados, será impossível se soltar deles. São também conhecidos como cavalos-d'água, mas em nada têm que ver com "cavalos-marinhos". Como muitos outros seres folclóricos, são metamorfos e assumem a forma de cavalos para enganar viajantes desavisados, que lhes montam e são levados para o fundo dos lagos. Podem também se transformar em homens de bela aparência.

***Knocker* ou *Nuggy*:** espírito pequeno relacionado ao trabalho nas minas de estanho. Tipo de *goblin* que vive em minas, especialmente na Cornualha ou no País de Gales, onde são chamados de *koblynnau* – *goblins*.

***Jenny Greenteeth*:** assim como Peg Powler, é conhecida como espírito da água que assusta e afoga crianças errantes. Tem a forma de uma *Hag* (feiticeira velha e decrépita). Está ligada a histórias do folclore do rio Tweed, na Escócia.

***Leanan Sidhe* ou *Lhiannan Shee*:** retratada como bela mulher fada, que toma para si amantes humanos. Amante feérica. Considerada "musa dos poetas gaélicos", busca por amantes humanos e, se for rejeitada, torna-se escrava do humano, mas, se ele a aceitar, torna-se escravo dela, em troca de inspiração artística. Em algumas versões dessa lenda, essa "mulher fada" tem aspectos vampíricos, e, durante o relacionamento, o homem definha, enquanto ela continua jovem e bonita, fazendo com que o homem tenha uma vida breve.

Leprechaun: duende originário do folclore da Irlanda. É desse ser que se originou a lenda de que um duende pode levar você a um local onde há um pote de ouro escondido. É representado como um pequeno homenzinho, diminuto (com apenas 30 cm ou 50 cm de altura). Considerado o sapateiro do mundo das fadas, tradicionalmente é retratado trajando roupas verdes, um barrete vermelho e, às vezes, um chapéu de três pontas, avental de couro e sapatos com fivelas.

Mabinogion: coletânea de contos medievais galeses. Sua origem vem de dois manuscritos antigos, o *Livro Vermelho de Hergest* e o *Livro Branco de Rhydderch*, ambos escritos entre os séculos XIV e XV, recompilados de tradições anteriores. A obra contém onze histórias nas quais são retratados duelos, magia, luta com feras e a vida de cavaleiros medievais, contando mitos galeses e as primeiras histórias envolvendo o rei Arthur. Suas narrativas foram parcialmente baseadas em eventos históricos que podem remontar até 3 mil anos a.C. Foram traduzidos pela primeira vez para a língua inglesa por *Lady* Charlotte Elizabeth Guest, em dois volumes, publicados em 1838 e 1845.

Nimue: um dos nomes da "Dama do Lago" das lendas arturianas. Trata-se de uma figura controversa que, em várias versões das lendas e histórias, pode aparecer como uma "mulher féerica", uma maga ou apenas uma mulher mortal.

Pedra de Serpente (*Adder Stone*): pedra com um orifício central esculpido de forma natural. É chamada *Glain Neidr* no País de Gales; *milpreve* na região da Cornualha; *adderstanes* no sul da Escócia; e *Gloine nan Druidh* (ou "Vidro dos Druidas", em gaélico escocês) no Norte. No Antigo Egito, as pedras de serpente eram conhecidas como *aggry* ou *aggri* e acreditava-se que tinham poderes para curar doenças oculares. A elas são atribuídos poderes mágicos, como proteção contra mau-olhado, podendo ser utilizadas para proteger pessoas contra pesadelos como também de encantamentos malignos. Têm esse nome porque se acredita, em algumas tradições, que sejam cabeças de serpente petrificadas, mas seu formato seria, na realidade, o resultado de uma ação da natureza por erosão aquática. Atribui-se a elas, ainda, o poder de enxergar disfarces e armadilhas de fadas ou bruxas, olhando pelo seu orifício.

Peri: espírito benevolente da luz e da bondade da mitologia persa, oposto aos devas. No Ocidente, os *peris* são vistos como seres etéreos e benévolos, semelhantes às fadas, que ajudam ou protegem os seres humanos.

***Pharisee*:** termo para denominar um ser feérico no condado inglês de Suffolk. Nos dialetos de regiões como Herefordshire, Suffolk e Sussex, as fadas eram chamadas *farisees*. O termo surgiu da confusão com fariseus da Bíblia, os quais, muitas vezes, soletravam a palavra de acordo com o hebraico. Trata-se, na realidade, de um plural reduplicado de forma equivocada, como "vespases" para "vespas" ou "fantasmases" para "fantasmas".

***Pixie*:** ser feérico que habita subterrâneos, como círculos de pedra, túmulos, dólmens e fortalezas circulares, entre outros. Na tradição regional do oeste da Inglaterra, os *pixies* são geralmente benignos, travessos, de baixa estatura e infantis, gostam de dançar e lutar ao ar livre, especialmente durante a noite.

***Sprites* de Berçário (*Nursery Sprites*):** termo moderno usado para descrever seres feéricos cuja função principal parece ser assustar crianças para longe de lugares perigosos, como rios e lagoas, assim como barrancos, lugares abandonados ou outros. Sua aparência pode variar, conforme a época, o lugar ou a tradição mítica, mas, em geral, são pequenos humanoides medindo, no máximo, 30 cm de altura.

Súcubo: demônio com aparência feminina que invade o sonho dos homens para obter uma relação sexual, roubando-lhes a energia vital.

***Tiddy One*:** conhecidos também como *Yarthkin*, *Stranger* ou *Greencoaty*, esses espíritos da fertilidade têm um palmo de altura, membros finos, mãos, pés e cabeças grandes, nariz comprido e boca larga; habitam os pântanos de Lincolnshire, estão enraizados no solo local, ajudam no crescimento e no amadurecimento da vida vegetal; recebem homenagens ou oferendas dos primeiros frutos e da primeira degustação de qualquer refeição ou bebida. Podem ser vingativos quando negligenciados, afetando as colheitas, os rendimentos e até mesmo a taxa de natalidade. Gostam de dançar em pedras grandes e planas ao luar.

***Tom-Tit-Tot*:** conhecido também como Sili-go-Dwt, Trwtyn-Tratyn, Terry-Top, Perrifool e Whuppity-Stoorie, é uma espécie de diabrete que surge nos contos populares britânicos, semelhante a um elfo; ajuda a girar a roca de fiar, exigindo algo fundamental (como a vida da pessoa que está sendo auxiliada) em troca, a menos que seu nome seja adivinhado. Semelhante ao personagem Rumpelstiltskin, do conto dos Irmãos Grimm.

***Trow*:** ser feérico, ou espírito maligno, ou travesso. Etimologicamente, deriva de *troll*, do folclore escandinavo.

***Tinker Bell* (Sininho):** a fada mais famosa que conhecemos, em razão de sua representação na animação *Peter Pan* (1953), dos Estúdios Disney. Originalmente criada por James Matthew Barrie, foi apresentada pela primeira vez na peça *Peter and Wendy*, em 1904. Foi a Disney que atribuiu a aparência de duende a Sininho (um *pixie* com asas, em algumas versões de histórias folclóricas sobre esses seres), como é conhecida em português brasileiro. Na peça original e no livro de J. M. Barrie, ela é simplesmente uma fada. A Disney a transformou em uma duende que usa pó de fada, alterando permanentemente a percepção que as pessoas tinham da Sininho original de J. M. Barrie.

***Vila*:** espíritos femininos da natureza originários do folclore eslavo, semelhantes às ninfas da mitologia grega e comparadas às fadas do folclore escocês, as quais habitam florestas e rios e cuidam da natureza.

***Will-o'-the-wisp*:** ser sobrenatural que desvia os viajantes do caminho, levando-os para lagoas e pântanos.

Glossário de Termos

Aberdare. Na tradição de Glamorganshire, ocorre uma batalha de fadas travada no ar entre Aberdare e Merthyr.

Aelfblot. Elfos da Escandinávia, de natureza divina. Sacrifícios dos elfos escandinavos.

Aelfscyne. Mito saxão, mulheres élficas brilhantes.

Aelfsidenn. Encantamento dos elfos; significa, literalmente, "encantamento dos elfos"; semelhante a uma febre noturna, marcada por pesadelos.

Aelfsogetha. Doença causada por elfos, semelhante à bronquite ou à azia.

Ainsel. Nome de um ser mágico: "eu mesmo(a)".

Alffieim. Casa dos elfos de luz.

Alltna Sith. Riacho das Fadas.

Apple Tree Man (**Homem da Macieira**). Ver *Velho Goggy*.

Argante. Rainha élfica na narrativa do rei Arthur.

Aughisky. Ver *Each-uisge*.

Bandogs. Cães de grande porte usados para buscar as almas daqueles que morreram sem batismo ou sem perdão.

Barguest. Tipo de *boggart* que só podia ser visto por número limitado de pessoas.

Black Boy. Ver *Gille Dugh*.

Bloody Bones. Bicho-Papão.

Bobby Griglans. Duende brincalhão, com caráter infantil.

Boggart. *Brownie* que se tornou malévolo e faz brincadeiras, causando, inclusive, ferimentos. Bicho-Papão.

Bogie. Ver *Bogle*.

Bogle. *Bogie* ou *Bug*. Espírito travesso associado a assombrações ou a aparições noturnas.

Bogle-knowe. *Hobgoblin-hill*. Elfos problemáticos banidos pela rainha do mundo feérico para o *Livro Vermelho de Menteith*.

Bons Vizinhos (***Good Folk***). Ver Seres Feéricos.

Broonie. Ver *Brownie*.

Brother Mike (**Irmão Mike**). Ser feérico capturado e levado como prisioneiro ao mundo humano, onde morreu de tristeza e inanição.

Brownie Clod. Seu nome pode derivar, em parte, do hábito de jogar torrões de terra nos transeuntes; propenso ao trabalho duro e incessante, por pouca recompensa.

Brownie*. Broonie, Browny ou Dobby.* Tipo de duende ou espírito maligno que, no folclore, habita e tutela casas da Inglaterra e da Escócia. Costuma fazer tarefas domésticas enquanto os habitantes dormem.

Browny. Espírito doméstico maligno das Ilhas Shetland.

Bucca. *Bwca.* Espírito marinho galês do folclore da Cornualha relacionado a Puck.

Bug. Ver *Bogle.*

Bugbear. Ver Goblinoides.

Bwca. Ver *Bucca.*

Bwyd ellyllon. Comida de elfo.

Cabaillushtey. Ver *Each-uisge.*

Cães brancos como leite (***Milk White Hounds***). Cães que acompanham as damas élficas dos lagos.

Caminhos dos *Pixy*. Caminhos dos duendes. Ver *Pixy Lanes.*

Caointeach (pronuncia-se *koniuch*). *Banshee* das Terras Altas, cujo nome significa "mais aguçada".

Cathair. Termo gaélico escocês para designar colinas de fadas, cujo significado literal é "assento".

Cearb. Espírito malévolo, de aspecto monstruoso e assassino.

Ceol Sidhe (pronuncia-se *kyolshee*). Termo gaélico irlandês para "música feérica".

Cinzentos. *Grey Folk.* Ver Seres Cinzentos.

Colinas de fadas. Local onde habitam as fadas. Ver *Cathair.*

Comida de agrado. Ver *Blithe-meat.*

Connall. Espírito masculino das florestas.

Coranyeit ou ***Corannyeid*** (em galês moderno, ***coraniaid***). Seres responsáveis por trazer a peste à Grã-Bretanha na história de Lludd e Llefelys, possivelmente de origem asiática.

Corpo sem Cabeça de Morar. Espírito das florestas.

Corte *seelie*. Corte de fadas do bem.

Corte *unseelie*. Ver Corte de fadas malvadas.

Crodhmara. Vacas marinhas das fadas.

Cwn Annwn. Da mitologia galesa, cães do inferno ou do outro mundo.

Dama de verde. Vampira feérica.

Dartmoor. Área ao redor de Lustleigh, conhecida pelo labirinto de tocas de coelho que poderiam servir como refúgio de seres feéricos.

Derrick. Elfo ou *pixy* que habita a costa sul da Inglaterra (Dorset e Hampshire); costuma guardar tesouros.

Dobbie. Ver *Brownie*.

Dobbs. *Brownie* de Sussex.

Doonie. *Brownie* escocês das Terras Baixas, é um ser feérico selvagem da Escócia; pode se apresentar como um(a) velho(a), mas também como um cavalo.

Dunter. Ver *Powrie*.

Each-uisge. Também chamado *Aughisky*, é um cavalo aquático mitológico escocês muito perigoso. É um espírito similar ao *kelpie*, de caráter maligno.

Elaby Gathen. Fada invocada por parteiras para vigiar e proteger bebês adormecidos.

Elfame. Elphame. Termo do inglês da Escócia para designar o mundo das fadas, situado sob as colinas. Reino Feérico, *Faeryland, Faery ou Faerie*, lugar onde os seres feéricos habitam e de onde se originam. Reino subterrâneo das fadas, nas Terras Baixas da Escócia.

Elfo. Termo do inglês antigo, de origem anglo-saxã, para o ser que agora tendemos a chamar de "fada".

Elfos continentais. Vivem sob colinas, as quais periodicamente se erguem ou se abrem para revelar banquetes e música em seu interior.

Elfos das trevas. Vivem no subsolo.

Elfos de luz. Vivem no céu.

Elfos escandinavos. Adoram cantar e dançar; preferem danças em círculos, em locais gramados, que deixem marcas no chão.

Ell Maid of Dunstaffnage. Ser feérico que gritava, anunciando alegrias ou infortúnio iminente.

Elle-maids. Pertencentes ao folclore dinamarquês, apresentam bela face, mas têm costas encovadas ou rabos de vaca.

Ellillon. Elfos galeses.

Ellyll. Elfo.

Ellyllon. ***Ellillon***. Termo galês para elfo.

Espírito *hyter*. *Sprite hyter*. Espírito feérico minúsculo da Ânglia Oriental.

Estoque. Pedaço de madeira como amieiro ou carvalho usado pelos seres feéricos (como elfos) para produzir *changelings* à semelhança de alguma pessoa.

Fae. Ser feérico.

Faerie* ou *Faery. Reino Feérico, Mundo Feérico, Reino das Fadas, Terra das Fadas, *Faeryland, Faery* ou Elfame, lugar onde as fadas habitam e de onde se originam.

Faeryland. Reino Feérico, Mundo Feérico, Reino das Fadas, Terra das Fadas, *Faeryland, Faery* ou Elfame, lugar onde as fadas habitam e de onde se originam.

Fairies. Ver Seres feéricos.

Farisees. Fadas, seres Feéricos.

Feéria. *Faery*. Terra ou Mundo das Fadas; Reino Feérico. Variantes para denominar o local onde vivem os seres feéricos.

Feérico (*Faery*). Termo empregado para nomear um elfo. Em inglês, *Fae*, *fay* e *fairy* são todas variantes e denotam um ser sobrenatural de algum tipo. É usado no livro como termo genérico.

Fenodyree. *Phynoderee*. Termos usados na Ilha de Man para identificar o *Brownie*.

Feorin. Ver *Ferisher*.

Feriers. Fadas, seres feéricos.

Ferisher. Termo usado para seres feéricos no noroeste da Inglaterra (Lancashire). *Feorin* é outro termo dessa região.

Foison. *Foyson*. Essência nutricional da comida roubada pelos seres feéricos.

Frairies. Fadas, seres feéricos.

Frairy. Termo do dialeto da Ânglia Oriental para denominar os seres feéricos.

Fuath. Espírito malévolo da água, de aparência monstruosa.

Gabriel Houdes of Lancashire. Cães de caça conhecidos como Gabriel Rachets ou *rachets*.

Gatley Shouter. *Boggart* conhecido em Lancashire.

Gean-Cannah. Ser feérico masculino que seduz mulheres.

Ghillie. Ser feérico gentil, costumava auxiliar em expedições de pesca e caça.

Gille Dugh. Também chamado de *gilly doo* ou *garoto sombrio*.

Gilly Doo. Ver *Gille Dugh*.

Gilpin Horner. Goblin personagem do poema narrativo *The Lay of the Last Minstrel* (1805), de Walter Scott.

Glaistig. (1) Espírito doméstico feminino, também associado às florestas.

Glaistig. (2) Proveniente das Terras Altas, trata-se de uma mulher adorável que usa longo vestido verde que esconde seu corpo de cabra. Costumava entrar nas casas para fiar.

Glaistig. (3) Entidade feérica peluda das Terras Altas da Escócia.

Goblin. *Gobelyn*, em inglês arcaico.

Goblinoide. *Goblin* gigante, *Hob Goblin*, semelhante ao Bicho-Papão.

Goggy. Ver Velho *Goggy*.

Good Folk. Ver Seres feéricos.

Good Neighbours. Bons Vizinhos. Ver Seres Feéricos.

Greencoatie. Ver *Tiddy One*.

Grey Folk. Seres Cinzentos.

Grig. Ver Velho *Goggy*.

Gruagach. Do folclore gaélico escocês, trata-se de um espírito doméstico semelhante a um *Brownie*.

Gwartheg yllyn. Gado do lago.

Gwithlaw. Garoa fina que encobre as montanhas galesas nos dias chuvosos.

Gyre-Carlin. Rainha das fadas em Fife; espírito semelhante a Loreag, é responsável pela fiação e produção de tecidos.

Habetrot. Fada conhecida como o espírito "patrono da fiação", atua ao lado de uma equipe de auxiliares, incluindo Scantlie Mab.

Halloween. *Samhain*.

Hidden Folk. Povo Oculto. Forma como eram chamados os seres feéricos pelo reverendo Robert Kirk.

Hob Goblin. Ver Goblinoides.

Hob Headless. *Hob* Sem Cabeça que assombrava o condado de Durham.

Hob Sem Cabeça. Ver *Hob Headless*.

Hob. Espírito doméstico, habita as Terras Médias, o norte da Inglaterra e as fronteiras da Escócia.

Hobglin. Ser feérico macabro, hoje também conhecido como *Brownie*.

Hobgoblin-hill. Ver *Bogle-knowe*.

Hobthrush. *Goblin* ou duende.

Homem da Macieira. Ver Velho *Goggy*.

Hyter Sprite. Ser feérico da Ânglia Oriental, pode assumir a forma de andorinha.

Junkets. Alimento das fadas constituído de uma mistura de coalhada e creme, adoçada e aromatizada.

Killmoulis. *Brownie* de Borders que previa o amor, perto do Halloween.

Korriganed. Fadas bretãs, talvez de origem asiática.

Lazy Lawrence (**Preguiçoso Lawrence**). Ver Velho *Goggy*.

Leanan Sidhe. Lhiannan Shee. Nome irlandês ou da Ilha de Man para uma fada que seduz e assombra os homens.

Lean-nan-sit. Mulheres fadas vistas pelos mortais como súcubos, amantes ou prostitutas.

Lhiannan Shee. Amante feérica. Ver Leanan Sidhe.

Llamhigyn y dwr. Espírito malévolo que vivia em pântanos e lagoas.

Lobs. Ver *Hobgoblin*.

Loireag (pronuncia-se ***loryack***). Das Terras Altas da Escócia, é uma fada da água, considerada "padroeira" do processo de fiação.

Ly Erg. Espírito que assombrava Glen Moor, nas Terras Altas.

Mab. Rainha das fadas; nome pessoal comum para nomear mulheres fadas.

Maistir. Urina velha usada para lavar roupas, mas também para afastar as fadas.

Manikin. Do alemão, *Männchen*, tipo de elfo ou goblin.

Manx Fae. Seres feéricos que habitam a Ilha de Man.

Merthyr. Ver *Aberdare*.

Midsummer. Beltane ou solstício de verão. Festival feérico da Ilha de Man.

Muileart-each. Forma de água da monstruosa fera *Cailleach Bheur*, da tradição gaélica escocesa.

Njugl. Na Escócia, são fadas más, pertencentes à corte *unseelie*.

Nuggy. Ver *Knocker*.

Peallaidh. Espírito malévolo, vive perto da água, variação do *Fuath*.

Pedra de Bruxa (***Witch stone*** ou ***Hag stone***). Ver Pedra de Serpente.

Pedra de Serpente. Rocha com um buraco no meio usada como amuleto e proteção contra seres feéricos.

Peel towers. Ver *Peel towers*.

Peg Powler. Ver *Jenny Greenteeth*.

Pele towers. Peel towers. Torres de cascalho assombradas por *Powries*.

Perrifool. Ver Tom-Tit-Tot.

Phynoderee. Ver *Fenodyree*.

Pisgie. *Pixie*.

Piskie, Pisky ou ***Piskay***. Ver *Pixie*.

Pisky-eyed. Segunda visão.

Pixy (Pisgy, Pisky, Pixie). Ser feérico de pequeno porte, do sudoeste da Inglaterra (condados de Cornwall, Devon e Somerset).

Pixy Lanes. Caminhos dos duendes, onde as pessoas sempre se perderão.

Pixyland. Terra dos duendes, trata-se de um reino sombrio, abaixo dos pântanos, onde os duendes desaparecem no amanhecer.

Pixy-Led. Experiência de ser travessamente encantado e desencaminhado por seres feéricos, em especial *pixies*.

Pobel Vean. Nome atribuído aos *pixies*, na região da Cornualha, que significa "pessoas pequenas".

Portunes. Nome medieval que designa pequenas criaturas parecidas com *brownies* encontradas no leste da Inglaterra.

Povo Cinzento (***Grey Folk***). Eufemismo das Ilhas Shetland para os *trows*.

Powrie. Ver *Red Cap*. Espécie de goblin malévolo. Também chamado *Dunter, Red Cap, Bloody Cap*. Assombrava as *pele towers* ou *peel towers* – torres de cascalho.

Prencriafol. Sorveira, em galês.

Puck. Duende inglês, também chamado de *brownie* e de *hobgoblin*; tem a habilidade de se transformar em pessoas e animais.

Puck Peludo. Tipo de ser feérico conhecido também como *Robin Goodfellow*.

Pwcca. *Brownie* ou *pixie* doméstico do País de Gales.

Rachets. Cães de caça feéricos que perseguiam seguindo o olfato e a visão.

Rachland. Ilha encantada, na costa noroeste da Escócia; seus habitantes eram fadas ou descendentes de Vikings; tornava-se visível a cada sete anos.

Rade. Alguns seres feéricos são conhecidos por se "agruparem" em procissão, montando a cavalo; desfile chamado "parada feérica" (*faery rade*). Trata-se de uma procissão da corte feérica no Halloween.

Rainha Mab. Parteira das fadas.

Rawhead. Bicho-Papão.

Red Cap. *Red Cappies* ou *Cappies* Vermelhos. Tipo de goblin. Goblin malévolo das fronteiras escocesas.

Red Gauntlet. *Brownie* doméstico, responsável por cuidar das crianças e das riquezas em casa.

Redman. Elfo.

Redshanks. Duendes que enterram ouro, assim como os *Spriggans*; também chamados Daneses de Somerset.

Reino Feérico. *Faeryland*, *Faery*, *Faerie* ou Elfame, lugar onde as fadas habitam e de onde se originam.

Robin Goodfellow. Ser feérico conhecido como *Puck* Peludo.

Robin Red Cap. *Boggart* conhecido em Spaldington Hall, perto de Selby.

Rumpelstiltskin. Ver *Tom-Tit-Tot*.

Sagina. *Mothan* ou *pearlwort*. Planta usada como amuleto e proteção contra seres feéricos.

Saining. Prática tradicional escocesa de proteção, purificação ou bênção com palavras sagradas.

Samhain. Halloween.

Scantlie Mab. Fada assistente de Habetrot.

Seelie. Nome em inglês, na Escócia, usado para fadas boas.

Selkie. Do folclore escocês, seres que vivem no mar como focas e podem se tornar humanos, trocando a pele de foca.

Seres Cinzentos. Seres Feéricos semelhantes aos *trows*.

Seres Feéricos. *Fairies, Grey Folk, Good Folk, Good Neighbours,* Bons Vizinhos. Inclui-se aqui todo tipo de ser mágico ou sobrenatural: fadas, elfos, goblins, *trows*, monstros etc.

Shoopiltree. Espírito da água em forma de cavalo.

Sidh. ***Sith***. ***Sidhe*** (pronuncia-se ***shee***). Termos em gaélico irlandês e escocês para designar um ser feérico.

Sili-go-Dwt. Ver *Tom-Tit-Tot*.

Sith. Seres feéricos das Terras Altas da Escócia.

Sithbruaich (pronuncia-se *shee-brooack*). Colina das fadas; colina onde residem os seres feéricos.

Sithean (pronuncia-se *shee-an*). Colina onde residem os seres feéricos.

Skillywidden. Duende brincalhão, com caráter infantil.

Slooashee. *Sluaghsith*. Legião das fadas.

Sluagh. Do folclore escocês, legião de espíritos dos mortos sem descanso, ou, em algumas tradições, espírito feérico que cavalga pelos céus à noite.

Sluaghsith. *Slooashee*. Legião das fadas.

Spriggan. Espécie de *pixy* mal-humorado e talvez malévolo que enterra ouro; tem a habilidade de inchar até ficar gigante.

Strangers. Ver *Tiddy One*.

Teia dos homens cinzentos. Feitiço dos feéricos que enfraquecia as crianças, antes de abduzi-las.

Teir nos ysprydnos. Noites espirituais, durante datas festivas.

Terry-Top. Ver *Tom-Tit-Tot*.

Tiddy. Homens *Tiddy*, Seres *Tiddy*. Seres feéricos exclusivos dos pântanos da Ânglia Oriental, na Inglaterra.

Tiddy Mun. Conhecido duende dos pântanos da região da Ânglia Oriental. Semelhante ao *Tiddy One*, controla os níveis de água dos pântanos, na região de Fenland.

Tiro de Elfo (***Elf bolt*** ou ***Elf shot***). Flechas de sílex disparadas pelos elfos.

Toradh. Termo gaélico equivalente a *foison*.

Trwtyn-Tratyn. Ver *Tom-Tit-Tot*.

Tylwyth Teg (pronuncia-se ***terlooethtayg***). Coletivo de seres feéricos galeses; significado literal: "a bela família" ou "família justa". No País de Gales, podem ser boas ou más.

Unseelie. Ver Corte *Seelie*. Denominação escocesa, em inglês, para os seres feéricos malévolos.

Up-Helly-Aa. Grandes fogueiras acesas no período do Yule para afastar os *trows*, enviando-os de volta ao subsolo.

Urisk. Ser semelhante a um *Brownie* das Terras Altas da Escócia.

Velho *Ghillie*. Ver *Ghillie*.

Velho *Goggy*. Também chamado de Lazy Lawrence (Preguiçoso Lawrence), *Grig* e *Apple Tree Man* (Homem da Macieira). Espírito cuja principal função é dar vida às árvores frutíferas e proteger a colheita, os bosques e os pomares de frutas, coibindo roubos por crianças.

Velho *Goggy*. Ver *Goggy*.

***Waeteraelfaedle*.** Doença do elfo aquático caracterizada por unhas lívidas, olhos lacrimejantes e olhar abatido do paciente.

***Whuppity-Stoorie*.** Ver *Tom-Tit-Tot*.

***Y fuwchfrech*.** Vaca pintada, de caráter mágico.

***Y menyntylwyth teg*.** Chamado de manteiga de fada, trata-se de um fungo.

***Yarthkin*.** Outra forma de nomear os Homens *Tiddy*. Ver *Tiddy* e *Tiddy One*.

Yule. Data correspondente ao período de Natal e Ano-Novo.

Referências Bibliográficas

Addy, Sidney. *Household Tales*. Londres: Nutt, 1895.

Aitken, Hannah. *A Forgotten Heritage: Original Folk Tales of Lowland Scotland*. Scottish Academic Press, 1973.

Allies, Jabez. *On the Ancient British, Roman and Saxon Antiquities of Worcestershire*. Worcester, 1840.

Anon. *Folklore and Legends: Scotland*. W. W. Gibbings, 1889.

Atkinson, John. *Forty Years in a Moorland Parish*. Londres: MacMillan & Sons, 1891.

Bailey, Jennie. *Lancashire Folk Tales*. Stroud, UK: The History Press, 2014.

Barbour, John. *Unique Traditions, Chiefly of the West and South of Scotland*. Hamilton, Adams & Co., 1886.

Barton, Ingrid. *North Yorkshire Folk Tales*. Stroud, UK: The History Press, 2014.

Beaumont, John. *A Treatise of Spirits*. Londres: D. Browne, 1705.

Berry, Claude. *Cornwall*. Robert Hale Ltd., 1949.

Besant, Annie; Charles Webster Leadbeater. *Thought-Forms*. Londres: The Theosophical Society, 1905.

Bett, Henry. *English Myths and Traditions*. Batsford Ltd., 1952.

Billingsley, John. *West Yorkshire Folk Tales*. Stroud, UK: The History Press, 2010.

Blakeborough, Richard. *Wit, Character, Folklore and Customs of the North Riding of Yorkshire*. Londres: H. Frowde, 1898.

Bord, Janet. *Fairies: Real Encounters with Little People*. Nova York: Carroll & Graf, 1997.

Bottrell, William. *Traditions and Hearthside Stories of West Cornwall*. Penzance, vol. 1, 1870; vol. 2, 1873.

Bovet, Richard. *Pandaemonium*, 1684.

Bowker, James. *Goblin Tales of Lancashire*. Londres: Swan Sonnenschein, 1878.

Bowring, John. "Devon Folklore Illustrated". *Transactions of the Devonshire Association for the Advancement of Science and Literature*, vol. 2 (1867-1868), p. 70.

Brand, John. *A Description of Zetland*. Edimburgo: W. Brown, 1883.

Bray, Anna. *A Description of the Part of Devonshire Bordering the Tamar and the Tavy*. Londres: W. Kent & Co., vol. 1, 1886.

Bray, Anna. *Peeps on Pixies*. Londres: Grant and Griffith, 1854.

Briggs, John. *Remains of John Briggs*. Kirkby Lonsdale: A. Foster, 1825.

Briggs, Katharine Mary. "English fairies", *Folklore*, vol. 68.

Briggs, Katharine Mary. "The Fairies and the Realms of the Dead", *Folklore*, vol. 81, 1970.

Briggs, Katharine Mary. *The Fairies in Tradition and Literature.* Londres: Routledge & Kegan Paul, 1967.

Briggs, Katharine Mary. "The Fairy Economy: As It May Be Deduced from a Group of Folk Tales", *Folklore*, vol. 70, 1959.

Briggs, Katharine Mary. "Some Late Accounts of the Fairies". *Folklore*, vol. 72, 1961.

Browne, James. *History of the Highlands.* Glasgow: A. Fullerton & Co., vol. 1, 1838.

Browning, T. *Dumfries and Galloway Folk Tales.* Stroud, UK: The History Press, 2016.

Burne, Charlotte. *Shropshire Folklore: A Sheaf of Gleanings.* Londres: Trubner & Co., Parte I, 1883; Parte III, 1886.

Campbell, James. *More West Highland Tales.* Edimburgo: Oliver & Boyd, vol. 1, 1940.

Campbell, John. *Popular Tales of the West Highlands.* Edimburgo: Edmonston & Douglas, vol. 2, 1860.

Campbell, John. *Waifs and Strays of Celtic Tradition* (Argyllshire Series, vol. 5). Londres: Nutt, 1895.

Carmichael, Alexander. *Carmina Gadelica.* Edimburgo: Oliver & Boyd, vol. 2, 1900.

Chambers, Robert. *Popular Rhymes of Scotland.* Londres: W. Chambers, 1905.

County Folklore, vol. 2-8. Londres: The Folklore Society, 1901-1965.

Courtney, Margaret. *Cornish Feasts and Folklore*. Penzance: Beare & Son, 1890.

Cowper, Henry. *Hawkshead.* Londres: Bemrose & Sons, 1899.

Coxhead, J. *Devon Traditions and Fairy Tales.* Exmouth: Deiderfield & Sons, 1959.

Craig Gibson, A. "Ancient Customs and Superstitions of Cumberland", *Transactions of the Historical Society of Lancashire and Cheshire*, vol. 10, 1858.

Cririe, James. *Scottish Scenery.* Londres: T. Cadell, 1803.

Crofton Croker, Thomas. *Fairy Legends and Traditions.* Londres: John Murray, vol. 3, 1828.

Crombie, R. Ogilvie. *Encounters with Nature Spirits.* Rochester, VT: Inner Traditions/ Bear & Company, 2018.

Crossing, William. *Tales of Dartmoor Pixies*. Newcastle upon Tyne: F. Graham, 1890.

Cumming, Joseph. *A Guide to the Isle of Man*. Londres: E. Stanford, 1861.

Cunningham, Allan. *Remains of Nithsdale and Galloway Song*. Londres: T. Cadell, 1810.

Daimler, Morgan. *Fairies: A Guide to the Celtic Fair Folk*. Alresford, UK: John Hunt Publishing, 2017.

Davies, Jonathan. *Folklore of West and Mid-Wales*. Aberystwyth, 1911.

Dalyell, John. *The Darker Superstitions of Scotland*. Edimburgo: Waugh & Innes, 1834.

Dathen, Jon. *Somerset Fairies and Pixies*. Milverton: Capall Bann, 2010.

Deane, Tony; Shaw, Tony. *Folklore of Cornwall*. Stroud, UK: The History Press, 2009.

"Denham Tracts", *Folklore Society*, vol. 35, Londres, 1895.

Dixon, John. *Gairloch in North West Ross-shire*. Edimburgo: Co-operative Printing Co., 1886.

Doyle, Arthur Conan. *The Coming of the Fairies*. Londres: Hodder & Stoughton Ltd., 1922.

Edmondston, Arthur. *A View of the Ancient and Present State of the Zetland Isles*. Edimburgo: Ballantyne & Co., vol. 2, 1809.

Edmonston, Biot; Saxby, Jessie. *The Home of a Naturalist*. Londres: J. Nisbet, 1888.

Edmonston, Eliza. *Sketches and Tales of Shetland*. Edimburgo: Sutherland & Knox, 1856.

Edwards, Gillian. *Hobgoblin and Sweet Puck, Fairy Names and Natures*. Londres: Bles, 1974.

Evans-Wentz, Walter. *The Fairy Faith in Celtic Countries*. Oxford: Oxford University Press, 1911.

Fairy Census (ver S. Young).

Fergusson, Robert. *Rambling Sketches in the Far North and Orcadian Musings*. Londres: Simpkin, Marshall & Co., 1883.

Firth, John. *Reminiscences of an Orkney Parish*. Stromness: Orkney Natural History Society, 1974.

Gascoigne, George. *The Buggbears* (play), 1565.

Gill, Walter. *A Manx Scrapbook*. Londres: Arrowsmith, 2 volumes, 1929 & 1932.

Gordon Cumming, Constance. *In the Hebrides*. Londres: Chatto & Windus, 1883.

Graham, Patrick. *Sketches Descriptive of Picturesque Scenery in Perthshire.* Edimburgo: Ballantyne & Co., 1810.

Grant, Katharine. *Myth, Tradition and Story from Western Argyll.* Oban: Oban Times Press, 1925.

Grant Stewart, William. *The Popular Superstitions and Festive Amusements of the Highlanders of Scotland*. Londres: Aylott & Jones, 1823.

Gregor, Walter. *Notes on the Folklore of the North East of Scotland.* Londres: Folklore Society, 1881.

Gregory, A. *Visions & Beliefs in the West of Ireland.* Dublin, 1920.

Grice, Frederick. *Folk Tales of the North Country: Drawn from Northumberland and Durham.* Londres: Nelson & Sons, 1944.

Grieve, Symington. *A Book of Colonsay and Oronsay.* Edimburgo: Oliver & Boyd, vol. 2, 1923.

Halliwell, James. *Illustrations of the Fairy Mythology of Midsummer Night's Dream.* Londres: Shakespeare Society, 1845.

Halliwell, James. *Popular Rhymes and Nursery Tales*. Londres: J. R. Smith, 1849.

Hardwick, Charles. *Traditions, Superstitions and Folklore (Chiefly of Lancashire and the North of England).* Manchester: Ireland & Co., 1872.

Harland, John. *Lancashire Legends and Traditions.* Londres: Routledge, 1873; Lancashire Folklore. Londres: Warne & Co., 1867.

Harris, Henry. *Cornish Saints and Sinners.* Londres: Clowes & Sons, 1907.

Harte, Jeremy. *Explore Fairy Traditions.* Avebury: Heart of Albion, 2004.

Hawker, Robert. *Footprints of Former Men in Far Cornwall* (capítulo intitulado "Old Trevarten"). Londres: John Lane, 1893.

Hayward, L. "Shropshire Folklore of Yesterday and Today", *Folklore,* vol. 49, 1938.

Henderson, George. *Survivals of Belief Amongst the Celts.* Londres: Macmillan, 1861.

Henderson, William. *Notes on the Folklore of the Northern Counties of England and the Borders.* Londres: Folklore Society, 1879.

Herbert, Agnes. *The Isle of Man.* Londres: John Lane, 1909.

Hewett, Sarah. *Nummits and Crummits: Devonshire Customs, Characteristics and Folklore.* Londres: T. Burleigh, 1900.

Hibbert, Samuel. *A description of the Shetland Isles.* Lerwick: T. Manson, 1891.

Hill, Paul. *Folklore of Northamptonshire.* Stroud: The History Press, 2005.

Hobbes, Thomas. *Leviathan*, 1651.

Hodgson, Mrs. "On Some Surviving Fairies", *Transactions of the Cumberland and Westmorland Antiquarian and Archaeological Society*, vol. 1, 1901.

Hodson, Geoffrey. *Fairies at Work and Play.* Theosophical Publishing House, 1925.

Hodson, Geoffrey. *The Kingdom of Faerie,* 1927.

Hogg, James. "Odd characters", *Shepherd's Calendar*. Londres: T. Cadell, vol. 2, 1829.

Hogg, James. *A Queer Book*. Edimburgo: Blackwood, 1831.

Hunt, Robert. *Popular Romances of the West of England.* Londres: Chatto & Windus, vol. 1, 1903.

Hutton, Ronald. *The Witch*. New Haven: Yale University Press, 2017.

Jackson, Thomas. *A Treatise Concerning the Original of Unbelief,* 1625.

Jenkinson, Henry. *A Practical Guide to the Isle of Man.* Londres: E. Stanford, 1874.

Jenkyn Thomas, William. *Welsh Fairy Book.* Nova York: F. A. Stokes, 1908.

Johnson, Marjorie. *Seeing Fairies.* San Antonio: Anomalist Books, 2014.

Jones, Edmund. *The Appearance of Evil: Apparitions of Spirits in Wales.* Cardiff: University of Wales Press, 2003.

Jones, Edmund. *A Geographical, Historical and Religious Account of the Parish of Aberystruth*. Trevecka, 1779.

Jones, Edmund. *A Relation of the Apparition of Spirits in the County of Monmouth.* Newport: E. Lewis, 1813.

Keightley, Thomas. *The Fairy Mythology*. Londres: G. Bell, 1850.

Knox, James. *Topography of the Basin of the Tay.* Edimburgo: J. Anderson, 1831.

Kruse, John. *British Fairies.* Street: Green Magic Publishing, 2017.

Leather, Ella. *Folklore of Herefordshire*. Hereford: Jakeman & Carver, 1912.

Leney, I. *Shadowland in Ellan Vannin.* Londres: E. Stock, 1880.

Lewes, Mary. *Stranger Than Fiction.* Londres: Rider & Son, 1911.

Lewes, Mary. *The Queer Side of Things.* Londres: Selwyn & Blount, 1923.

Licauco, Jaime. *Dwarves and Other Nature Spirits.* Quezon City: Rex Book Store, 2005.

Lilly, William. *Life of William Lilly*. Londres, 1681.

MacDougall, James; Calder, George. *Folk Tales and Fairy Lore in Gaelic and English.* Edimburgo: John Grant, 1910.

Macgregor, Alasdair. *The Peat Fire Flame: Folk Tales and Traditions of the Highlands and Islands.* Edimburgo: Moray Press, 1937.

MacKenzie, Donald. *Scottish Folklore and Folk Life.* Londres: Blackie & Sons, 1935.

MacKenzie, Donald. *Wonder Tales From Scottish Myths.* Londres: Blackie & Sons, 1917.

Mackinlay, James. *Folklore of Scottish Lochs and Springs.* Glasgow: W. Hodge, 1893.

MacPhail, Malcolm. "Folklore from the Hebrides I", *Folklore*, vol. 7, 1896.

MacPhail, Malcolm. "Folklore from the Hebrides II", *Folklore*, vol. 8, 1897.

MacPherson, John. *Tales of Barra, told by the Coddy.* Edimburgo: W. Johnstone, 1960.

MacRitchie, David. *The Testimony of Tradition*. Londres, Kegan Paul, 1890.

Martin, Martin. *A Description of the Western Isles of Scotland.* Londres: A. Bell, 1716.

Marwick, Ernest. *The Folklore of Orkney and Shetland.* Edimburgo: Birlinn Ltd., 2011.

Mathews, F. *Tales of the Blackdown Borderland.* Taunton: Somerset Folk Press, 1923.

McDougall, James. "Craignish Tales", *Waifs and Strays of Celtic Tradition.* Londres: A. Nutt, vol. 1.

McPherson, Joseph. *Primitive Beliefs in the North East of Scotland.* Londres: Longmans, 1929.

Miller, Hugh. *Scenes and Legends of the North of Scotland.* Edimburgo: Johntone & Hunter, 1835.

Moore, Arthur. *Folklore of the Isle of Man.* Londres: D. Nutt, 1891.

Morrison, Sophia. *Manx Fairy Tales*. Londres: D. Nutt, 1911.

Murray, Lady Evelyn. "Gaelic texts nº 7", *Tales from Highland Perthshire.* Edimburgo: Scottish Gaelic Texts Society, 2009.

Napier, James. *Folklore or Superstitious Beliefs in the West of Scotland Within this Century*. Paisley: A. Gardner, 1879.

Narvaez, Peter (org.). *The Good People: New Fairylore Essays*. Lexington: University of Kentucky Press, 1997.

Nicholson, Edward. *Golspie: Contributions to its Folklore*. Londres: D. Nutt, 1897.

Nicholson, John. *Folklore of East Yorkshire*. Londres: Simpkin & Co., 1890.

Nicholson, John. *Some Folktales and Legends of Shetland*. Edimburgo: T. Allen, 1920.

Norway, Arthur. *Highways and Byways of Yorkshire*. Londres: Macmillan, 1899.

O'Neill, Susanna. *Folklore of Lincolnshire*. Stroud: History Press, 2012.

Owen, Elias. "Rambles over the Denbighshire Hills", *Archaeologia Cambrensis*, vol. 3, 5th series, nº 9, 1886.

______. *Welsh Folklore*. Oswestry: Woodall, Minshall & Co., 1896.

Page, John. *An Exploration of Dartmoor and its Antiquities*. Londres: Seeley & Co., 1892.

Palmer, Kingsley. *Folklore of Somerset*. Londres: Batsford, 1976.

Palmer, Roy. *Folklore of Hereford and Worcester*. Hereford: Logaston Press, 1992.

______. *Folklore of Leicestershire and Rutland*. Stroud: History Press, 2002.

______. *Folklore of Radnorshire*. Hereford: Logaston Press, 2001.

______. *Folklore of Shropshire*. Hereford: Logaston Press, 2004.

______. *Folklore of Warwickshire*. Stroud: History Press, 2004.

______. *Folklore of Worcestershire*. Hereford: Logaston Press, 2005.

Pegg, Bob. *Argyll Folk Tales*. Stroud: History Press, 2015.

Pennant, Thomas. *The History of the Parishes of Whiteford & Holywell*. Londres: B. White, 1796.

Pennant, Thomas. *A Tour in Scotland*. Londres: B. White, 1769.

Pennant, Thomas. *A Tour in Scotland and a Voyage to the Hebrides*. Chester: John Monk, 1771.

Pike, Signe. *Faery Tale*. Londres: Hay House, 2010.

Plot, Robert. *The Natural History of Staffordshire*. Oxford, 1686.

Poole, Charles. *The Customs, Superstitions and Legends of the County of Stafford*. Londres: Rowney & Co., 1875.

Poole, Charles. *The Customs, Superstitions & Legends of the County of Somerset.* Londres: Sampson Low, 1877.

Purkiss, Diane. *Troublesome Things: A History of Fairies and Fairy Stories.* Londres: Penguin Books, 2000.

Rabuzzi, Daniel. "In Pursuit of Norfolk's Hyter Sprites", *Folklore*, vol. 95, 1984.

Rhys, John. *Celtic Folklore.* Oxford: Clarendon Press, 1901.

______. *Manx Folklore and Superstition.* Ilha de Man: Chiollagh Books, 1994.

Richardson, Moses. *Local Historian's Table Book.* Newcastle upon Tyne: M. Richardson, 1844.

Riche, David; Froud, Brian. *Art of Faery.* Londres: Paper Tiger, 2003.

Roberts, Kai. *Folklore of Yorkshire.* Stroud: History Press, 2013.

Roeder, Charles. *Manx Folk Tales.* Ilha de Man: Chiollagh Books, 1993.

Rowling, Marjorie. *Folklore of the Lake District.* Londres: Harper Collins, 1976.

St. Leger Gordon, Ruth. *The Witchcraft and Folklore of Dartmoor.* Londres: Robert Hale, 1965.

Saxby, Jessie. *Shetland Traditional Lore*. Edimburgo: Grant & Murray, 1932.

Scot, Reginald. *The Discoverie of Witchcraft* (1584). Londres: Elliot Stock, 1886.

Sikes, Wirt. *British Goblins.* Londres: Sampson Low, 1880.

Simpson, Evelyn. *Folklore in Lowland Scotland.* Londres: J. M. Dent, 1908.

Simpson, Jacqueline. *Folklore of Sussex.* Stroud: History Press, 1973.

______. *Folklore of the Welsh Border*. Londres: Harper Collins, 1976.

Spence, John. *Shetland Folklore.* Lerwick: Johnson & Greig, 1899.

Spence, Lewis. *The Fairy Tradition in Britain.* Londres: Rider & Co., 1948.

Stanley, W. "Folklore superstition in Anglesey", *Notes and Queries*, 4th series, vol. 9, 1871.

Sternberg, Thomas. *Dialect and Folklore of Northamptonshire.* Londres: J. R. Smith, 1851.

Stewart, Alexander. *'Twixt Ben Nevis and Glencoe.* Edimburgo: W. Patterson, 1885.

"Stories of Fairies from Scotland", Folk-Lore Journal, vol. 1, 1883.

Sutherland, George. *Folklore Gleanings & Character Sketches from the Far North.* Wick: John O'Groats Journal, 1937.

Taylor, Lea; Troon, Sylvia. *Midlothian Folk Tales.* Stroud: History Press, 2018.

Terrell, Henry. *The Wee Folk of Menteith*. Londres: Houghton Publishing, 1935.

Thomas, Taffy. *Cumbrian Folk Tales*. Stroud: History Press, 2012.

Thornber, William. *A Historical and Descriptive Account of Blackpool and its Neighbourhood.* Blackpool: Smith, 1837.

Tongue, Ruth. *Somerset Folklore*. Londres: Folklore Society, 1965.

Tregarthen, Enys. *North Cornwall Fairies and Legends*. Londres: Wells Gardner, 1906.

Tregarthen, Enys. *Pixie Folklore & Legends*. Nova York: Gramercy Books, 1996.

Udal, John. *Dorsetshire Folklore*. Hertford, 1922.

Waldron, George. *A Description of the Isle of Man.* Douglas: Manx Society, 1731.

Watson, Rosamund Marriott. *The Poems of Rosamund Marriott Watson.* Londres: John Lane, 1912.

Waugh, Edwin. *Sketches of Lancashire Life & Localities.* Londres: Simpkin & Co., 1855.

Willis, Richard. *Mount Tabor, or Private Exercises of a Penitent Sinner*, 1639.

Wilson, William. *Folklore and Genealogies of Uppermost Nithsdale.* Dumfries: J. M. Laing, 1904.

Wimberley, Lowry. *Folklore in the English and Scottish Ballads.* Nova York: Frederick Ungar Co., 1928.

Worthy, Charles. *Devonshire Parishes.* Devon: W. Pollard & Co., 1887.

Wright, Mary. *Rustic Speech and Folklore.* Londres: H. Milford, 1913.

Wright, William. *Picturesque South Devonshire.* Dundee: Valentine & Co., 1905.

Yeats, William Butler. *Faery and Folk Tales of the Irish Peasantry.* Londres: W. Scott, 1888.

Yn Lioar Manninagh, 1895-1901.

Young, Ella. *At the Gates of Dawn: A Collection of Writings of Ella Young.* J. Matthews & D. Sallee (orgs.). Cheltenham: Skylight Press, 2011.

Young, Simon (org.). *Fairy Census 2017.* Fairy Investigation Society, 2018.

Young, Simon; Ceri Houlbrook. *Magical Folk*. Londres: Gibson Square Books, 2018.